教育部人文社会科学重点研究基地重大项目
“211工程”重点学科建设项目
湖北省学术著作出版专项资金资助项目

湖北方言研究丛书

顾问：邢福义　张振兴

主编：汪国胜

荆门方言研究

刘海章／著

華中師範大學出版社

序　言

汉语方言研究，意义重大。可以帮助我们追溯古代语音、语汇和语法之源流，更好地了解古代汉语，释读经典，研究中国文化，认识汉民族的发展；可以帮助我们全面了解"整体汉语"，有效地促进现代汉语共同语的发展，推进华语的全球化传播，加强全球华人的相互团结和寻根意识，提高华语在国际交往中的精确性和表述力。

湖北省有多种方言，包括西南官话、江淮官话、赣方言等，情况复杂多样，而且有相当大的代表性。多年来，学者们十分关注湖北方言。《湖北方言调查报告》，应是系统性很强的关于湖北方言的第一部重要著作。1936年,赵元任、丁声树、杨时逢、吴宗济等几位先生调查了当时湖北省的71个市县中的64个市县，于1948年由商务印书馆出版了《湖北方言调查报告》。序言中，作者们希望此书"成为方言调查报告的一个模型"，表达了老一辈著名语言学家对发展湖北方言研究的期盼。

湖北省智者众多，人才辈出。多位学者，从不同范围、不同角度，对湖北方言研究的推进作出了令人瞩目的贡献。在以往的研究基础上，由汪国胜教授领头，组织编写一套大型的"湖北方言研究丛书"，有二三十部。这是一个浩瀚的工程，将使湖北方言研究进入一个新的阶段。

这套丛书，由张振兴先生和我担任顾问。由于我比振兴先生大几岁，他一定要我来写序言。所知甚少，不敢多言。借用苏轼诗句，为这篇短序作结："山鸣谷应，风起水涌。"

邢福义

2014年9月16日

前　言

湖北地处我国中部，处于汉语南北方言（官话和非官话）的交汇过渡地带，语言状况相当复杂。根据目前学界关于汉语方言的分区，湖北境内分布有赣语（鄂东南）和属于官话系统的江淮官话（鄂东北）及西南官话(其他地区)。就境内的赣语来说，相邻市县之间有的难以通话，可见内部差异之大。研究湖北方言，无论是对方言史、汉语史和语言（方言）接触问题的研究，还是对湖北地域文化的开发，和谐语言生活的建构，都有着重要的意义。

1936年，赵元任等先生全面调查了湖北方言，并于1948年出版了划时代的不朽之作《湖北方言调查报告》；同时，赵先生还重点调查了湖北钟祥方言，于1939年出版了方言重点调查的样本《钟祥方言记》，为我们留下了宝贵的方言史料。时隔70多年，湖北方言发生了哪些变化？赵先生当年的调查，重点是在语音，湖北方言在词汇、语法方面具有哪些特点？随着普通话的推广，特别是改革开放以来，人际交往的频繁，语言生活的活跃，给方言带来了怎样的影响？这些既是语言学关注的问题，也是社会学研究的课题。尤其是经济快速发展的城镇区域，方言面貌也在快速变化，有的甚至处于濒危状态。记录方言事实，抢救方言资源，已经成为语言学界的当务之急。上世纪90年代以来，湖北的语言学者就拟对湖北方言展开全面深入的调查和研究，特别是周边省份方言调查研究成果的不断推出，更增添了我们的使命感和紧迫感。但限于人力和财力等方面条件，工作难以推进，直到2007年才开始启动。2007年12月1日，华中师范大学“语言与语言教育研究中心”召开“湖北方言研究”项目会议，正式提出研究计划，并邀请张振兴先生到会讲学，就方言调查研究的有关问题提出具体要求。我们的设想是，通过调查研究，弄清湖北语情。力求做到两个结合：一是“点”“面”结合，以“点”见“面”，通过对重点方言的调查，反映当今湖北方言的基本面貌；二是“语”“文”结合，以“语”观“文”，透过方言现象，发掘方言背后的文化内涵，展示地方文化的自然生态。项目的实施拟分两个阶段。第一阶段：方言重点调查；第二阶段：综合比较研究。先期启动第一阶段工程，计划选择20～30个市县方言点，进行全面深入的调查，形成系列成果“湖北方言研究丛书”。

为了便于第二阶段的比较研究，“丛书”在内容和体例上做了统一的规定，并制定了详细的内容大纲和体例规范。特别是语法方面，要求具有相对的系统性，既能显示方言语法的基本格局，又能突出方言语法的主要特点。当然，统一是相对的，在保证基本内容的前提下，作者可以根据各地点方言的实际情况做出适当的变通。比如，“方言的现代发展”要求写成一章，但如果觉得可写内容不多，难以成章，也可放在“导言”部分来叙述。全部书稿，哪怕是后记，都要求风格统一，力求朴实，体现良好的学风和文品，反映湖北语言学者一贯坚持的崇实主张。

项目的实施和“丛书”的出版得到了多方面的大力支持。邢福义先生和张振兴先生作为顾问，身体力行，自始至终关心项目和“丛书”的进展，给予具体全面的指导。邢先生还亲自为“丛书”作序，表明对本项工作的高度重视和积极回应。张先生认真审读了每一部书稿，提出了非常详细的修改意见。项目由华中师范大学“语言与语言教育研究中心”组织实施，武汉大学、华中科技大学、中南民族大学等湖北高校的一批方言学者参与合作，得到教育部人文社会科学重点研究基地重大项目和“211工程”重点学科建设项目的资助。“丛书”被列入华中师范大学出版社重点图书出版计划，并得到湖北省学术著作出版专项资金的资助。出版社社领导为“丛书”的出版花费了不少心血。对于各方面的支持，我们在此表示衷心的感谢。“丛书”力求客观反映方言事实，揭示方言特点，期望成为一部有价值的作品，能够得到学界的关注和肯定，但能否真正实现这一目标，还有待实践的检验。我们期盼着读者的批评和建议。

汪国胜

2014年10月6日

目　　录

第一章　导　言

一、荆门概况

（一）地理人口

荆门为湖北省地级市，位于湖北省中部，东经111°51′～112°42′，东西最大距离79公里；北纬30°23′～31°27′，南北最大距离119公里。全市总面积1.24万平方公里，总人口300.6万。

荆门北枕荆山余脉，东靠大洪山南麓。北部层峦叠翠，峰奇谷幽；中部岗岭起伏，河港交错；南部沃野舒展，稻香鱼肥。属亚热带季风性湿润气候，四季分明，气候温暖，日照充足，雨量充沛，无霜期长，十分有利于农作物生长。全市年平均气温16.9℃，年均降水量949.4毫米。

荆门交通发达便捷，境内铁路总里程255公里，公路通车里程9355公里，水运总通航里程465.9公里。高速公路“两纵一横”；铁路“一纵一横”；江汉（长江、汉江）运河、长湖水运得天独厚。市中心距宜昌三峡国际机场115公里、距武汉天河国际机场245公里，是湖北中部的交通枢纽。

荆门古城地处江汉平原西部，在南条荆山之南，春秋时为楚国坂高，是楚上国之地的南部重镇，东眺武汉，西临三峡，南望潇湘，北通川陕，素以“荆楚门户”著称于世。今荆门城区分属东宝、掇刀两区，东西以东宝山为界，南北以古当山为界，东、南属掇刀区，西、北属东宝区，面积为44.6平方公里，人口38.1万（常住人口30.5万）。汉代当阳在古当山之阳，即今荆门城掇刀区袁集阴界城遗址；长坂坡位于古当山北坡的荆襄古道。荆门山川秀美，生态旅游资源富集，自然人文景观独特，被评为中国优秀旅游城市。

（二）历史沿革

荆门历史悠久，早在新石器时代，汉江、长湖、漳河三大水系就有人类聚居生息。夏代分天下为九州，荆门在荆州地域。商代，“武丁后裔于汉西（汉水西岸）建立权国”；周代，封姬姓宗室于江汉间，周公弟季载于那处建立冉国。是时，荆门城北为鄀国南境，城东南为权国，正南为冉国。春秋时期，立国荆山（今湖北南漳县西北）的楚人逐渐强大起来。楚先祖鬻熊之曾孙熊绎，周初受封子男之田，居丹阳。熊绎五传至熊渠，“得江汉间民和”。熊渠七代孙熊通自立为武王。春秋初，武王由丹阳徙郢，征服汉东，经营上国。“武王克权”之后，今荆门以及南漳、宜城，同为荆楚腹地。

春秋战国时，荆门属楚，汉置当阳县，唐立荆门县，宋建荆门军，明复荆门县，清为荆门直隶州，民国降州为县，新中国成立后续为荆门县。1979 年分设荆门县、荆门市。1983 年 8 月 19 日，国务院批准荆门市升为地级市，撤销荆门县，将荆门县的行政区域并入荆门市。1985 年，设立荆门市东宝区、沙洋区。1992 年 5 月 20 日，民政部批准撤销钟祥县，设立钟祥市。1996 年 12 月 2 日，国务院批准将荆州市管辖的京山县划归荆门市管辖，将荆州市代管的钟祥市划归荆门市代管。1998 年 12 月 9 日，国务院批准撤销荆门市沙洋区，设立沙洋县。2001 年 3 月 17 日，国务院批准设立荆门市掇刀区，划沙洋县何场乡和东宝区麻城镇、团林铺镇、白庙街道，与掇刀经济技术产业开发区合并成立掇刀区。2011 年 9 月，成立漳河新区，托管原漳河镇、原掇刀区双喜街办。

（三）行政区划

荆门现辖京山县、沙洋县、钟祥市、东宝区、掇刀区、漳河新区和屈家岭管理区 7 个县、市、区，其中镇 50 个，乡 2 个，街道办事处 7 个，农业办事处、农（牧）场、水库单位等 11 个，省级高新经济技术开发区 4 个。

（四）语言使用状况

据 1987 年《中国语言地图集》，荆门市全境方言属于西南官话。原荆门市地区属于成渝片，原钟祥县地区属于鄂北片。但境内两片方言差别不大，习惯上都通称为荆楚方言。

荆楚方言没有入声，古清音入声字，北京官话、中原官话读阴平的，多读阳平，如“接”“插”“压”，“七”“八”“刷”，“粥”“郭”“哭”；少数读阴平，如“挖”“秃”；个别的与北京官话一样读为上声或去声，如“眨”读上声，“牧”读去声。古入声字今调类的分派，大致上跟湖北省境内的其他西南官话一致。

颤音是荆楚方言在语音上的重要特点。

荆楚颤音是舌尖浊辅音，自成音节，作名词词尾时，发音响亮，时间长、幅度大，可记作［r］；作特殊形容词词尾时，近似闪音，可记作［ɽ］。［r］、［ɽ］，书面用“子”记写。

一般来说，北方话带“子”尾的名词，在荆楚方言中，“子”都念作［r］，如：桌子、椅子、房子。有些北方话不带“子”尾的泛指性地名、物名，荆楚方言也加颤音尾，如戏台子、山沟子、电影机子、打米机子、树桩子、门闩子等。甚至像“丁字街”“十字镐”以及“大字报”“打字机”“垂直线”“呢制衣服”“政治课”“性质”“位置”“胭脂”中的 zi 或者 zhi 音节也念作［r］。

荆楚方言中一般没有儿化韵，北方话用儿化韵的地方，荆楚方言多用“子”尾代替，如“盖子”“头子”“一点子”“老头子”中的“子”念作［r］，这些念作［r］的“子”尾有儿化一样的作用。

荆楚方言中有“气（气恼）人子”“挤人子”“走人子”等“动词＋人子”的说法，表示人的一种特定感受，对某一事物或者活动来说，就是该事物或者活动具有使人有这种特定感受的性质。这里的“子”念作［ɽ］。

荆楚方言中还有“这座山好高子”“那个坑好深子”“好大子浪”（波涛汹涌）“好长子人”（人高马大）的说法，表示对事物的某种性质的一种极度的感受，程度副词“好”与“子”尾配合，“子”尾念作［ɽ］。

荆楚方言在语音上的第二个特点是后鼻韵尾［ŋ］逐渐演化成前鼻韵尾［n］。

荆楚方言与西南官话的其他地区一样，不能分辨［iŋ］和［in］，“英”＝“因”，一律念［-in］。［-ŋ］混入［-n］是荆楚方言的总趋势，但北片与南片［-ŋ］混入［-n］的程度有别。沿 207 国道，愈往南［-ŋ］混入［-n］程度愈大。襄阳话中只有［-iŋ］混入［-in］，“星”＝“心”，念［-in］。宜城的刘侯集、钟祥的双河到沙洋的十里铺，不仅［-iŋ］混入［-in］，而且

[-əŋ] 混入 [-ən]，“庚” = “根”，念 [-ən]。沙洋的拾回桥、纪山往南至荆州的沙市，不仅 [-iŋ] 混入 [-in]、[-əŋ] 混入 [-ən]，而且 [-ɑŋ] 混入 [-an]、[-iɑŋ] 混入 [-iæn]、[-uɑŋ] 混入 [-uan]，沙市话“旁” = “盘”，念 [-an]，“枪” = “遣”，念 [-iæn]，“往” = “碗”，念 [-uan]。

二、荆门方言的内部差异

从方言腔调来看，荆门方言又有荆门话、钟祥话、京山话之别；荆门话、钟祥话、京山话之中，还有各种口音之分。

荆门市全境，大多数人说荆门话。荆门话有城北（东宝）口音、城南（沙洋）口音、冷水口音、石牌口音、旧口口音，使用人口约 170 万，占荆门市人口总数的 57%。荆门话以荆门市区话为代表。荆门话的主要特点：(1) 荆门语音与北京语音相比，[ts tsʻ s] 与 [tʂ tʂʻ ʂ] 相混，近似北京语音的 [ts tsʻ s]，但舌位较后，相当于舌尖中音，“糟” = “招” 念 [tsɑu˥]、“仓” = “昌” 念 [tsʻɑŋ˥]、“苏” = “书” 念 [su˥]。[n] 与 [l] 相混，“怒” = “路” 都念 [lu˧]，但与带鼻韵的韵母相拼时，[l] 带鼻音。(2) 荆门语音与中古语音相比，荆门话没有浊声母，“布” = “步” 都念 [pu˧]、“到” = “道” 都念 [tɑu˧]、“贵” = “跪” 都念 [kuei˧]；不分尖团，“精” = “经” 都念 [tɕin˥]、“秋” = “丘” 都念 [tɕʻiəu˥]、“修” = “休” 都念 [ɕiəu˥]。(3) 荆门话中有 [r] 和 [ɽ] 两个颤音，[r] 发音时，舌尖接近上齿龈，气流冲出，舌尖颤动，带音，书面写作“子”，作名词、量词尾；[ɽ] 发音时，舌尖接近硬腭前部，气流呼出，带音，书面也写作“子”，作特殊形容词词尾。[r] 颤动时间较长，发音响亮；[ɽ] 颤动时间较短，发音不十分响亮。[r]、[ɽ] 都自成音节。

钟祥郢中以北说钟祥话。钟祥话有郢中口音、胡集口音、张集口音、东桥口音。使用人口约 60 万，占荆门市人口总数的 20%。钟祥话以郢中话为代表。钟祥话的主要特点：(1) 钟祥语音与北京语音相比，[ts tsʻ s] 与 [tʂ tʂʻ ʂ] 也相混，与荆门语音混入的方向相反，都念 [tʂ tʂʻ ʂ]，“糟” = “招” 都念 [tʂ-]、“仓” = “昌” 都念 [tʂʻ-]、“苏” = “书” 都念 [ʂ-]，其声母为舌尖后音。[n] 与 [l] 相混，“怒” = “路” 都念 [n-]，与荆门语音混入的方向相反。(2) [p‘ t‘ k‘] 发音时比北京语音要粗重一些。[tɕ tɕ‘] 发音时舌位比北京语音要偏后一些。[tʂ] 发音时舌位比北京语音较前，舌尖微翘。[ɕ] 和 [tʂ‘ ʂ] 发音时，舌位与北京语音相近。(3) 钟祥话中也有 [r] 和 [ɽ] 两个颤音，都自成音节，书面上也都写作“子”。但跟荆门话比较起来，钟祥话的 [r] 和 [ɽ] 发音时显得粗重。

京山县境内，大多数人说京山话。京山话有新市口音、永隆口音、罗店口音、孙桥口音，使用人口约 63 万，占荆门市人口总数的 21%。京山话以新市话为代表。京山话的主要特点：(1) 京山语音与北京语音相比，[ts ts‘ s] 与 [tʂ tʂ‘ ʂ] 也相混，都念 [ts ts‘ s]，与荆门语音混入的方向相同。[n] 与 [l] 相混，“怒”＝“路”，都念 [n-]，与荆门语音混入的方向相反。(2) 京山语音中没有卷舌韵母 [ər]，有 [ɯ]；北京话中与 [t t‘ n] [ts ts‘ s] 相拼的 [u uei uan] 韵的字，分别念成 [əu ei an] 韵。(3) 京山话没有荆门话、钟祥话中的 [r] 和 [ɽ] 两个颤音，“子”尾多念成 [d]。例如永隆杨泽人说“桌子” [tsuo˧˥ d˧]，“子”听起来像“得”。

从声调来看，荆门话、钟祥话和京山话都有阴平、阳平、上声、去声四个声调，但荆门话分别为高平调（实为“高升调”）、低升调、高降调、中升调，说话腔调或升或降，无曲折；钟祥话分别为低升调、中降调、高降调，低降升调，说话腔调有曲折；京山话分别为高平调、低升调、中降调、半高平调，说话腔调也无曲折。总的来说，在语感上荆门话“高”而“促”，简捷明快；钟祥话“低”而“曲”，朴实厚重；京山话“柔”而“轻”，跌宕铿锵。

荆门方言中，即使口音相同的话语中，也有内部差异。以城南沙洋口音的荆门话而言，沙洋人与官垱人说话的腔调就大不相同。例如日常生活用语“称盐”“打油”，沙洋人说 [ts‘ən˥ iɛn˨˦]、[ta˧˩ iəu˨˦]，官垱人则说 [ts‘ən˨˦ iɛn˥]、[ta˨˦ iəu˥]。官垱人说“盐”“油”，用高升调 (45)，比这里记写的还要高，是真正的“高八度”。沙洋人与沈集人说话也很不相同。例如说天气变化“日出东南红，无雨便是风”“日出天发紫，有雨不能止”，其中的“风”和“发”，沙洋人念 [fəŋ˥]、 [fa˧˥]，沈集人念 [xuəŋ˥]、[xuɑ˧˥]。沈集人口语中，存在 [f]、[x] 混读的现象，有 [x] 无 [f]，凡 [f] 声母，都读为 [x] 声母。

三、关于荆门方言的研究

早在20世纪30年代，荆门方言就受到中央研究院历史语言研究所的学者们的重视。1935年秋到1936年春，赵元任先生在调查了安徽徽州的6个县的方言之后，与丁声树等先生一道调查了湖北各县城乡的方言。赵元任先生撰写了《钟祥方言记》，丁声树先生与赵元任先生等合著了《湖北方言调查报告》。

《钟祥方言记》1936年写成，1939年作为中央研究院历史语言研究所单刊甲种之十五发表，上海商务印书馆发行。王力先生在他的《中国语言学史》中这样评价："《钟祥方言记》比起《现代吴语的研究》来，在方法上有了明显的进步。第一，著作把'语音'和'音韵'分开了：'语音'只是客观描写，'音韵'则是声、韵、调相互间的关系；第二，著作拿前两章来做纯粹静态的研究，基本上不涉及历史。这样，描写语言学的性质就较浓厚。"《钟祥方言记》第一次对一个县的方言所做的描写研究，是赵元任先生研究单点方言的代表作，也是单点方言调查研究的一个好样板，对后来的方言调查研究具有一定的影响。

《湖北方言调查报告》，1948年由商务印书馆出版，被视为方言调查报告的蓝本，受到国际语言学界的重视。《湖北方言调查报告》206—226页是荆门方言记音部分（实际记的是团林铺的音），705—724页是钟祥方言记音部分。这是荆门方言、钟祥方言的最早记录。其成绩主要是：首次整理出了荆门、钟祥方言的语音系统，并且对其中的各个声母、韵母和声调做了非常细致的描写和分析，同时制作了同音字表。在这个基础上进行了荆门、钟祥方言的古今对比，并讨论了荆门、钟祥方言的音韵特点。这次调查记录，为荆门、钟祥方言后来的调查研究工作奠定了基础。

20世纪80年代，华中师范大学的语言学者们，特别关注荆门方言。邢福义先生的研究生萧国政、李宇明等赴钟祥调查，发表了《钟祥方言本字考》（《华中师范学院学报》[人文社会科学版] 1984年5期）、《钟祥方言中的亲属称谓》（《华中师范学院研究生学报》1984年5－6期）等重要学术论文；刘兴策先生偕研究生王秋隆，赴京山、钟祥进行方言调查后，与王秋隆合著了《京山方言》(《京山县志》，湖北人民出版社 1990)，发表了《钟祥方言的历史演变》(载《首届官话方言国际学术讨论会论文集》，青岛出版社 2000)。

在华中师范大学的语言学者们的带动下，荆门本地学者刘海章、连永龙等也对荆门方言进行了研究。刘海章发表了《荆楚方言的形成及其特点》(载《首届官话方言国际学术讨论会论文集》，青岛出版社 2000)，与连永龙等合著了《荆楚方言研究》(华中师范大学出版社 1992)。刘海章的《荆门方言》、连永龙的《钟祥方言》，分别载入《荆门市志》《钟祥县志》。

《荆楚方言研究》是第一部研究荆楚方言的论文集，总论三篇，分论十五篇，共十八篇。刘兴策先生在《荆楚方言研究·序》中指出：《荆楚方言研究》总论部分，“对于今天属于北方方言的荆楚方言从古到今纵的演变和当今在地理上横的分布状况，都作了有说服力的论证”。分论部分，基于作者对各自日常习用的方言的深入理解，对其方言语音、词汇、语法进行了具体描写和科学概括。《荆楚方言研究》“内容提要”云：“本书见解新颖，发人之所未发，具有较强的学术性。关于方言语法的几篇论文，更是别开生面，令人耳目一新。”

四、音标符号

	部位 方法			双唇	唇齿	舌尖前	舌尖中	舌尖后	舌面前	舌根 (舌面后)
辅音	塞	清	不送气	p			t			k
			送气	p‘			t‘			k‘
	塞擦	清	不送气			ts		tʂ	tɕ	
			送气			ts‘		tʂ‘	tɕ‘	
	鼻	浊		m			n			ŋ
	滚/颤	浊					r			
	闪	浊						ɽ		
	边	浊					l			
	擦	清			f	s		ʂ	ɕ	x
		浊				z		ʐ		

		舌尖元音		舌面元音		
		前	后	前	央	后
元音	高	ɿ ʮ	ʅ ʯ	i y	ɨ ʉ	u
	半高			e		o
					ə	
	半低			ɛ		ɔ
	低			a		ɑ

五、发音合作人

涂宗源，男，1948 年 10 月 11 日生，荆门城郊建设村人，小学文化，菜农，三代以种菜为生，从未迁徙他处。

本书作者祖居荆门古城东门外，1962 年至今，一直居住在荆门古城区。

本书记录的是六十岁以上的老荆门人的发音。

第二章　荆门方言语音

一、语音系统

（一）声韵调分析

1. 声母

荆门方言有18个声母（含零声母，自成音节的［r］、［ɽ］和自成音节的鼻音［n］不在内）。

列表如下：

p- 八播布列　p‘- 怕破普撇　m- 马摸门灭　f- 发非浮翻

t- 答多呆堆　t‘- 他拖胎推　l- 拉挪勒捞

k- 哥该高勾　k‘- 轲开看苦　x- 好花黄虎

tɕ- 精举加节　tɕ‘- 悄秋牵亲　ɕ- 肖休先辛

ts- 左栽招周　ts‘- 曹仓超轴　s- 司散收山　z- 而扰仍戎

ø 恩岸延围

荆门话中的零声母从来历上看，除了包含古影组字外，还包含了古疑母字，如“拟 i˩˧”“逆 i˩˧”“牛 iəu˩˧”等，并包含了部分古日母字，如“人 ən˩˧”“仁 ən˩˧”“忍 ən˧˨”等。

荆门话中有颤音［r］和［ɽ］，字面上都写作“子”，自成音节，作词缀，参见本书第一章第二节。能自成音节的还有鼻音［n］和［m］，如：你郎（您）n˧˨ lɑŋ｜姆妈 m˥ ma。鼻音［n］，只作鼻音韵尾，不能跟其他元音相拼作声母；鼻音［m］可以跟其他元音相拼作声母，也可以自成音节。

2. 韵母

荆门方言韵母36个，其中单韵母9个：舌尖单韵母1个，舌面单韵母

8 个（其中-ɛ 只与 i、y 构成复韵母 iɛ、yɛ，不直接与声母相拼）；复韵母 27 个：开口呼 9 个，齐齿呼 9 个，合口呼 6 个，撮口呼 3 个。

列表如下：

-ɿ 资支此斯	-ɨ 去而耳二		
	-i 第衣急比	-u 故绿补主	-y 居欲女虚
-a 巴怕拉查	-ia 家架夹虾	-ua 瓜花抓刷	
-o 多哥喝左	-io 略药削学		
-e 播坡摹车			
-ɛ 欸	-iɛ 别姐且写		-yɛ 决缺靴雪
-ai 该开败排		-uai 乖快怀帅	
-ei 杯倍妹雷		-uei 规灰追吹	
-ɑu 宝跑倒老	-iɑu 飘瞄交雕		
-əu 都偷周抽	-iəu 丢刘就求		
-an 班短丹贪	-iɛn 盐间前闲	-uan 官宽专拴	-yɛn 捐权宣玄
-ən 裉坑针村	-in 紧灵心星	-uən 昏魂昆春	-yn 均群勋旬
-on 东冬充钟			
-ɑŋ 忙帮党桑	-iɑŋ 良亮讲想	-uɑŋ 光广荒双	
-oŋ 工洪翁恭	-ioŋ 兄雄雍用		

3. 声调

荆门方言声调 4 个（不包括轻声）。

列表如下：

阴平	˥（高平调）	55	诗梯亲需
阳平	˩˧（低升调）	13	时提秦徐
上声	˦˨（高降调）	42	使体请许
去声	˧˥（中升调）	35	世替庆序

荆门方言第一、第二、第四声分别为高升、低升、中升的调子，第三声为高降的调子。第一声实际读音是由“半高”升至“高”（45），第二声实际读音是由“中”升至“半高”（34），第三声实际读音是由“高”降到“半高”（54），第四声实际读音是由“半高”升至“高”（45）。由于荆门方言的第一声（阴平）接近北京话的阴平调，本书据此也写作高平 55 调（高平调）。荆门方言的第二、第三、第四声在音域上区别不大，本书将荆门方

言的第二声（阳平）写作低升的 13 调（低升调），将第三声（上声）写作高降 42 调（高降调），将第四声（去声）写作中升的 35 调（中升调），在保持低升、高降、中升基本格局的基础上，从音域上拉开阳平、上声、去声之间的距离，使其在书面上差别明显，便于把握。

（二）声韵调配合关系

1. 声韵配合关系

声母＼韵母		开口呼	齐齿呼	合口呼	撮口呼
双唇音	p、p‘、m	+	+	只跟 u 相拼	
唇齿音	f	+		只跟 u 相拼	
舌尖中音	t、t‘	+	+	+	
	l	+	+	+	+
舌根音	k、k‘、x	+		+	
舌面音	tɕ、tɕ‘、ɕ		+		+
舌尖音	ts、ts‘、s、z	+		+	
零声母	ø	+	+	+	+

荆门话与北京话的声韵拼合规律基本一致。主要有以下几方面：

(1) 双唇音 [p] [p‘] [m] 只能拼开口呼、齐齿呼，不能拼撮口呼，合口呼除 [u] 以外，其他的都不能拼。

(2) 唇齿音 [f] 只能拼开口呼，不能拼齐齿呼、撮口呼；除 [u] 以外，其他的合口呼都不能拼。

(3) 舌尖中音 [t t‘] 能拼开口呼、齐齿呼、合口呼，而不能拼撮口呼；[l] 能拼开、齐、合、撮四呼。

(4) 舌根音 [k k‘ x] 只能拼开口呼、合口呼，不能拼齐齿呼、撮口呼。

(5) 舌面音 [tɕ tɕ‘ ɕ] 只能拼齐齿呼、撮口呼，不能拼开口呼、合口呼。

(6) 舌尖前音 [ts ts‘ s z] 只能拼开口呼、合口呼，不能拼齐齿呼、撮口呼。

(7) 零声母四呼都有字。

2. 声韵调配合表

声韵调配合表之一

	ɿ				ɨ				a				o			
	阴平˥	阳平˧	上声˨˩˧	去声˧˥	阴平˥	阳平˧	上声˨˩˧	去声˧˥	阴平˥	阳平˧	上声˨˩˧	去声˧˥	阴平˥	阳平˧	上声˨˩˧	去声˧˥
p									巴	拔	靶	坝				
p‘									趴	爬	扒	怕				
m									妈	麻	马	骂				
f										罚						
t									耷	答	打	大	多	夺	朵	舵
t‘									他	踏			拖	砣	妥	拓
l									拉	拿	喇	落①	挪	罗	裸	懦
k								去	嘎	夹		尬	哥	割	果	个
k‘						而	耳	二	胩②	掐	卡	跨	科	渴	可	课
x									哈	哈	哈	奋③	喝	活	火	货
tɕ																
tɕ‘																
ɕ																
ts	资	直	止	字					渣	杂	眨	炸	左	啄		坐
ts‘	雌	尺	此	次					差	察	叉	岔	搓	戳		错
s	斯	失	死	市					沙	杀	洒	萨	梳	说	锁	傞
z														若		诺
ø									腌	呵	啊	哑④	窝	恶	我	饿

①落 la˧˥，丢三～四。

②胩 k‘a˥，衣服、鞋帽太小，穿戴起来给人一种不舒服的感觉，称之为“～人”或“～人子”。

③哈 xa˥，点头～腰。哈 xa˧，副词，相当于普通话的“全”“都”，“你嚷太客气哒，满桌子～是荤菜”。哈 xa˥，姓。哈 xa˨˩˧，办事莽撞，说话不分场合，称之为“～里～气”。

④腌 a˥，脏，“～臜” a˥ tsa˧。呵 a˧，表示疑问或反问。啊 a˨˩˧，表示疑惑。哑 a˧˥，哑巴，不会说话的人。

声韵调配合表之二

	e				ai				ei				ɑu			
	阴平˥	阳平˧	上声˦˨	去声˨˦	阴平˥	阳平˧	上声˦˨	去声˨˦	阴平˥	阳平˧	上声˦˨	去声˨˦	阴平˥	阳平˧	上声˦˨	去声˨˦
p	波	白	跛	簸			摆	败	杯			焙	包		宝	报
pʻ	坡	泼	叵	破		排		派	胚	培		倍	抛	袍	跑	泡
m	摸	魔	抹	磨		埋	买	卖	霉	煤	美	妹	猫	毛	卯	冒
f									非	肥	匪	肺				
t		德	得		呆		歹	代	堆		兊⑦	对	刀	导	岛	盗
tʻ		特			胎	台	呔	太	推	颓	腿	退	滔	逃	讨	套
l		劣		勒		来	乃	耐		雷	累	类	捞	劳	老	闹
k	疙	革	嗝	割	街	戒	解						高		槁	告
kʻ	搹	客	恪⑤		开	概	凯						尻		考	靠
x	呵	核	嘿⑥		咳	鞋	海	害					蒿	豪	好	浩
tɕ																
tɕʻ																
ɕ																
ts		折	者	这	栽		宰	在					糟	灶	早	诏
tsʻ	车	撤	扯	掣	猜	才	采	菜					超	曹	草	糙
s	奢	舌		射	腮			晒					烧	韶	嫂	哨
z														饶	扰	
ø	呃	热	惹		哀	埃	矮	艾		诶			凹	熬	袄	傲

⑤ 搹 kʻe˥，“握”的意思，“～笔杆子”。恪 kʻe˦˨，“有意为难”的意思，“存心～人”。

⑥ 嘿 xe˦˨，荆门话中有“嘿么”xe˦˨ me˨˦ 一词，是“很”的意思，如“～大”“～粗”，“嘿么”表示程度。

⑦兊 tei˦˨，抵消。如：你先差我三元，这时候我该给你三元，两不找，～哒。

声韵调配合表之三

	əu				an				ən				on			
	阴平˥	阳平˧	上声˨˩	去声˦˥	阴平˥	阳平˧	上声˨˩	去声˦˥	阴平˥	阳平˧	上声˨˩	去声˦˥	阴平˥	阳平˧	上声˨˩	去声˦˥
p					班		版	半	奔	笨		本	怦			蹦
p'					潘	盘		判	烹	盆				朋	捧	碰
m	哞	谋	某	茂	满	蛮	幔	曼	焖	门		闷	蒙	木	猛	梦
f		浮		否	翻	烦	反	范	分	坟	粉	粪	封	冯	讽	奉
t	都	豆	抖		丹		短	淡	灯	顿	等		东	侗	董	动
t'	偷	头		透	贪	团	坦	叹	吞	疼			通	同	桶	痛
l	搂	楼	篓	陋		兰	懒	乱	抡	能	冷	嫩	聋	龙	垄	弄
k	沟		狗	购	甘		赶	赣	庚		耿	更				
k'	抠		口	扣	刊	看	砍	瞰	坑		肯					
x	齁	喉	吼	厚	鼾	寒	喊	汉	亨	衡	很	恨				
tɕ																
tɕ'																
ɕ																
ts	周		走	奏	粘		展	战	针		枕	阵	宗		总	众
ts'	抽	仇	丑	臭	参	蚕	惨	灿	村	呈	逞	衬	聪	从	宠	冲
s	搜		手	受	山	婵	闪	善	森	神	审	慎	松		什⑧	送
z		柔				髯	冉		扔	仍				戎		
ø	欧		偶	怄	安	厈	掩	暗	恩	人	忍	刃				

⑧什 son˨˩，荆门话中有"什么子" son˨˩ me˦˥ r一词，20 世纪 60 年代及其以后出生的人，大都说"么子"，表疑问，相当于普通话的"什么"。

声韵调配合表之四

	ɑŋ				oŋ				i				ia			
	阴平˥	阳平˧	上声˅	去声˦	阴平˥	阳平˧	上声˅	去声˦	阴平˥	阳平˧	上声˅	去声˦	阴平˥	阳平˧	上声˅	去声˦
p	帮		榜	谤						鼻	比	篦				
p'	胖	旁	徬	胖					丕	匹	痞	屁				
m	忙	芒	莽						眯	迷	米	縻				
f	方	房	仿	放												
t	当	宕	党						低	笛	抵	帝			嗲⑩	
t'	汤	唐	淌	烫					梯	提	体	替				倜⑪
l	琅	狼	朗	浪					妮	离	礼	厉				乜⑫
k	刚	疘⑨	港	杠	工	蚣	巩	共								
k'	康	扛	框	亢	空		孔	控								
x	夯	杭		巷	轰	红	烘	讧								
tç									饥	及	挤	嫉	家	甲	贾	架
tç'									期	其	起	弃	掐		洽	卡
ç									希	席	喜	细	虾	辖		夏
ts	章		掌	丈												
ts'	仓	藏	厂	唱												
s	丧	常	赏	尚												
z																
ø	嚷	昂	攘	让	翁			瓮	衣	宜	以	义	鸦	牙	雅	亚

⑨疘 kɑŋ˦，人的腰直不起来，称之为“疘背”。

⑩嗲 tia˅，说话故作娇嗔，“～声～气”。

⑪倜 t'ia˦，下垂。他～着脑壳，没精打采的。

⑫乜 lia˦，荆门话中有“乜侉”lia˦ k'ua˦一词，就是不注意收捡或不讲整洁的意思。

声韵调配合表之五

	io				iɛ				iau				iəu			
	阴平˥	阳平˧	上声˨˩	去声˧˥	阴平˥	阳平˧	上声˨˩	去声˧˥	阴平˥	阳平˧	上声˨˩	去声˧˥	阴平˥	阳平˧	上声˨˩	去声˧˥
p					憋	鳖	瘪	别⑬	标		表					
p'						瞥	苤	撇⑭	飘	嫖	瞟	票				
m					咩			灭	瞄	苗	秒	庙				
f																
t					爹	跌			刁		屌	掉	丢			
t'						铁		餮		条	挑	跳	瘤	刘	扭	拗
l		略			捏			聂	撩⑮	疗	鸟	料				
k																
k'																
x																
tɕ		觉			嗟	结	姐	借	交	嚼	狡	叫	究		酒	就
tɕ'				却		切	且	惬	悄	乔	巧	俏	秋	球	扏	捄
ɕ	削	学	屑		些	血	写	泻	肖	淆	小	效	休	囚	朽	袖
ts																
ts'																
s																
z																
ø	哟	岳			耶	爷	也	夜	妖	瑶	咬	耀	优	尤	有	右

⑬别 piɛ˧˥，别扭。

⑭撇 p'iɛ˨˩，从整块物品上分一点下来。

⑮撩 liau˥，细长。

声韵调配合表之六

	iɛn				in				iaŋ				ioŋ			
	阴平˥	阳平˧	上声˨˩˧	去声˧˥	阴平˥	阳平˧	上声˨˩˧	去声˧˥	阴平˥	阳平˧	上声˨˩˧	去声˧˥	阴平˥	阳平˧	上声˨˩˧	去声˧˥
p	边		匾	变	兵		丙	病								
pʻ	篇	遍⑯		片	拼	平	品	聘								
m		棉	免	面		民	皿	命								
f																
t	颠		典	店	丁		顶	定								
tʻ	天	田	舔		听	亭	挺									
l	拈	年	脸	恋	凛	林	领	另		良	两	亮				
k																
kʻ																
x																
tɕ	坚		剪	箭	金		井	静	姜		讲	匠			炯	
tɕʻ	牵	前	浅	欠	亲	秦	请	庆	腔	强	抢			穷		
ɕ	先	闲	显	现	辛	形	醒	信	相	祥	想	向	兄	雄		
ts																
tsʻ																
s																
z																
ø	烟	言	眼	厌	因	银	引	印	央	羊	养	样	痈	庸	拥	用

⑯遍 pʻiɛn˩˧，遍地。

声韵调配合表之七

	u				ua				uai				uei			
	阴平˥	阳平˧	上声˩	去声˦	阴平˥	阳平˧	上声˩	去声˦	阴平˥	阳平˧	上声˩	去声˦	阴平˥	阳平˧	上声˩	去声˦
p	逋	不	补	布												
pʻ	捕	仆	普	铺												
m																
f	夫	伏	府	父												
t	兜	毒	肚	度												
tʻ	秃	徒	土	兔												
l	噜	卢	鲁	怒												
k	姑	骨	古	故	瓜	刮	寡	挂	乖	怪	拐		规		轨	桂
kʻ	枯	哭	苦	库	夸		垮	跨		快	块		亏	葵	跬	愦
x	呼	胡	虎	户	花	华		化		怀		坏	灰	回	悔	会
tɕ																
tɕʻ																
ɕ																
ts	朱	足	祖	住	抓	挝[17]	爪		跩		拽	拽[19]	追		嘴	最
tsʻ	初	出	处	醋		欻	欻[18]		揣		揣	啜[20]	吹	垂	璀	萃
s	苏	俗	暑	素	唰	唰	耍		衰	帅	甩		虽	谁	水	岁
z		儒	乳											蕤	蕊	锐
ø	巫	吾	五	务	蛙	袜	瓦	凹	歪			外	威	唯	伪	畏

⑰挝 tsua˧，用脚把地上的东西踢开。

⑱欻 tsʻua˧，指乱画乱写。欻 tsʻua˩，碰运气得到的、无意得到的，称之为“～到的”。

⑲跩 tsuai˥，蹲在地上。拽 tsuai˩，丢弃。拽 tsuai˦，用力拉。

⑳揣 tsʻuai˥，～在怀里。揣 tsʻuai˩，～摩。啜 tsʻuai˦，放～，借故哭闹。

声韵调配合表之八

	uan				uən				uɑŋ				y			
	阴平˥	阳平˧	上声˦˩˥	去声˧˥	阴平˥	阳平˧	上声˦˩˥	去声˧˥	阴平˥	阳平˧	上声˦˩˥	去声˧˥	阴平˥	阳平˧	上声˦˩˥	去声˧˥
p																
p‘																
m																
f																
t																
t‘																
l														驴	吕	虑
k	官		管	惯			滚	棍	光		广	逛				
k‘	宽	梡	款		昆		捆	困								
x	欢	环	缓	患	昏	魂		混	荒	皇	谎	晃				
tɕ													居	菊	矩	具
tɕ‘													区	曲	取	趣
ɕ													需	徐	许	序
ts	专	赚	转	撰	谆		准		庄		戆	壮				
ts‘	穿	船	喘	串	春	鹑	蠢		窗	床	闯	创				
s	酸			算		唇	吮	顺	双		爽					
z			软					润								
ø	弯	完	宛	万	温	文	吻	问	汪	王	往	望	迂	于	宇	誉

声韵调配合表之九

	yɛ				yɛn				yn							
	阴平˥	阳平˧	上声˨˩˦	去声˧˥	阴平˥	阳平˧	上声˨˩˦	去声˧˥	阴平˥	阳平˧	上声˨˩˦	去声˧˥	阴平˥	阳平˧	上声˨˩˦	去声˧˥
p																
pʻ																
m																
f																
t																
tʻ																
l																
k																
kʻ																
x																
tɕ	撅	决		倔	捐		卷	倦	均			俊				
tɕʻ		缺			圈	权	犬	劝	倾	群						
ɕ	靴	雪			宣	玄	选	绚	勋	旬		迅				
ts																
tsʻ																
s																
z																
ø		月	抈	龠	渊	元	远	愿	晕	云	允	韵				

（三）音变

1. 连读变调

荆门话也存在连读变调的问题，基本规律与北京话差不多。有上声变调，也有“一”“不”变调。不过因为荆门话“高”而“促”，本调与变调的区别不十分明显，变调只是本调的重读或弱化。

（1）上声变调

北京话上声的调值为［214］，上声音节单念或在末尾不变调，两个上声音节相连，前一个上声音节变［35］，上声音节位于非上声音节（包括阴平、阳平、去声）之前时，上声音节的调值变为［21］。由［214］变为

[35]，变调的调值高于本调，是中升调；由[214]变为[21]，变调的调值相对于本调，只降未升，是一种弱化。

荆门话上声的调值为[42]，两个上声音节相连，前一个上声音节重读，略高于本调；后一个上声音节不变调，相对轻读。如“土改”“雨水”“买马”“百米”等等，“土”“雨”“买”“百”重读，与荆门话的阴平差不多，只是尾音不上扬；“改”“水”“马”“米”相对轻读，仍旧是高降调。当上声音节位于非上声音节（包括阴平、阳平、去声）之前时，上声音节的调值由[42]变为[31]。上声音节位于阴平音节之前的如“火车、海滨、语音、抵消”，上声音节位于阳平音节之前的如“朗读、讲台、旅行、导游”，上声音节位于去声音节之前的如“法律、讨论、感谢、土地”等，其中“火”“海”“语”“抵”“朗”“讲”“旅”“导”“法”“讨”“感”“土”等上声音节重读。

(2)“一”“不”变调

北京话“一”的本调是阴平，“不”的本调是去声。“一”有四种变调：一是在去声音节前调值变为[35]（阳平），例如，一样、一下子、一座、一位、一次、一块儿；二是在阴平、阳平、上声前，即在非去声音节前，调值变为[51]（去声），例如，大吃一惊、一般、一年、一门、一口、一起、一种，当“一”作为序数表示“第一”时不变调；三是夹在重叠动词中间时念轻声，例如，试一试、想一想、看一看；四是用在动词、形容词与量词中间一般也读轻声，例如，去一趟、认识一下儿、好一点儿、贵一些。“不”字有两种变调：一是在去声音节前调值变为[35]（阳平），例如，不要、不错、不是、不再、不认识；二是用在动补结构的词语中间或相同词语中间时念轻声，例如，起不来、说不定、用不着、差不多、等不及、能不能、会不会、贵不贵、认识不认识。

荆门话中的“一”的本调是阳平，“不”的本调也是阳平。荆门话阳平为低升调˩˧[13]，“一”用在去声音节前读本调，在非去声音节前变为去声，调型变为中升调˧˥[35]，夹在重叠动词中间时念轻声，用在动词、形容词与量词中间一般也读轻声。“不”用在去声音节前重读，用在动补结构的词语中间或相同词语中间时变为去声，调型变为中升调˧˥[35]。

2. 轻声和儿化

轻声是四声之外的一种特别声调。在词语或句子里，有的音节常常失去原有的声调而读成又轻又短的调子，这种又轻又短的调子就是轻声。荆门话的轻声，与普通话的轻声一样，是从阴平、阳平、上声、去声四个声调弱化而来的，是一种体现在词语或句子中的音变现象，离开了一定的词语或句子，轻声音节就不存在了。

(1) 荆门话与北京话相一致，下面一些音节念轻声：

① 助词“的”“地”“得”“逗”“哒”“过”，语气词“吧”“嘛”“呢”“啊”等。如：

砍柴的（人）、高兴地（说）、跑得（快）、站逗、吃哒、（他）来过、（你）放心吧、(你说）好嘛、(你看）怎么办呢、(你）走啊

② 构词用的“头”“化”，以及表示多数的“们”等。如：

木头、石头、锄头、革命化、知识化、年轻化

同志们、朋友们、战友们

③ 叠音词、动词重叠形式的后一个音节。如：

叔叔、伯伯、哥哥、妹妹、星星、看看、想想、试试、跑跑、跳跳

研究研究、考虑考虑、商量商量

④ 用在名词、代词后表示方位的“上”“下”“里”“边”等。如：

天上、山上、操场上、地下、山下、床底下

家里、屋里、菜园里、这边、那边、墙里边

⑤ 用在动词、形容词重叠式动词后表示趋向的“来”“去”“起来”“下去”等。如：

拿来、进来、起来、拿去、出去、下去

看起来、红起来、走下去、好下去

(2) 荆门话中没有北京话那样的儿化，颤音尾代替了北京话儿化的作用。

① 颤音尾可以区别词类。如：

盖 kaiʌ（动词）　　盖子 kaiʌ r（名词）

滚 kuən˨（动词）　　滚子 kuən˨ r（名词）

包 pɑu˥（动词）　　包子 pɑu˥ r（名词）

② 颤音尾可以区别词义。如：

头 tʻəuʌ（脑袋）　　头子 tʻəuʌ r（领头人）

老 lɑu˨（年纪大）　　老子 lɑu˨ r（父亲）

③ 颤音尾可以表示细小。如：

鹅巴子 o˩ pa˥ r（小鹅）

丫巴子 ia˥ pa˥ r（最小的儿女）

末鳅子 me˥ tɕʻiəu˥ r（最小的东西）

④ 颤音尾可以表示感情色彩。如：

老哥子 lɑu˨ ko˥ r（兄长）——亲切的称呼

老头子 lɑu˨ tʻəu˩ r（妻子称丈夫）——某些地方作为亲爱的称呼

老巴子 lɑu˨ pa˥ r（年老的妇女）——某些地方作为略含贬义的称呼

二、语音特点

（一）音系特点

1. 从声母看

荆门方言的主要特点是：古全浊声母在荆门话里全部清化，今读塞音、塞擦音时，逢平声读送气清音，逢仄声读不送气清音，与多数官话方言一致。但舌尖音北京话有平舌、卷舌之分，荆门话不分，荆门话都读［ts tsʻ s z］。

影母和疑母混同，皆读为零声母。

泥母和来母混同，皆读为［l］。

不分尖音与团音，［ts tsʻ s］不与［i］［y］相拼，“精”＝“经”，都读为［tɕin］。

有自成音节的颤音，词尾“子”读为［r］或［ɽ］。

2. 从韵母看

荆门方言的主要特点是：古开口一、二等“洪音”，荆门话为开口呼复韵母；古开口三、四等“细音”，荆门话为齐齿呼复韵母；古合口一、二等“洪音”，荆门话为合口呼复韵母；古合口三、四等“细音”，荆门话为撮口呼复韵母。

荆门话带鼻音韵尾复韵母，后鼻音韵尾弱化，［ən］与［əŋ］、［in］与［iŋ］不分，分别读为［ən］、［in］。

3. 从声调看

荆门方言的主要特点是：荆门方言有四个声调。古入声字今多读为阳平。荆门话为高音方言，没有曲调。

（二）文白异读

荆门方言中，文白异读只见于古见系的开口二等字，文读今念［tɕ tɕʻ ɕ］，白读今念［k kʻ x］，常见的如下：

汉字：	文读	白读
家	tɕia˥（家庭）	ka˥（家家，外婆）
教	tɕiɑu˦（教书先生）	kɑu˥（我教你）
窖	tɕiɑu˦（地窖）	kɑu˦（挖窖）
觉	tɕiɑu˦（睡觉）	kɑu˦（睡中觉）
街	tɕiɛ˥（街心花园）	kai˥（上街）
解	tɕiɛ˧˩（解放）	kai˧˩（解扣子）
去	tɕʻy˦（去年）	kʻɨ˦（回去）
掐	tɕʻia˩˧（掐断）	kʻa˩˧（掐算）
敲	tɕʻiɑu˥（敲锣打鼓）	kʻɑu˥（敲脑壳）
闲	ɕiɛn˧˩（闲暇无事）	xan˧˩（不得闲，很忙）
虾	ɕia˥（金虾路）	xa˥（虾子、螃蟹）
鞋	ɕiɛ˧˩（皮鞋）	xai˧˩（穿鞋子）
杏	ɕin˦（杏花）	xən˦（杏子）

（三）新老派异读

最近几十年来，特别是推广普通话以来，60年代及以后出生的荆门人（新派）的口语与老一辈荆门人（老派）的口语相比较，在一些语词的读音上已有些不同，形成新老派异读。“家”“教”“窖”“觉”“街”“解”“去”“掐”“敲”“闲”“鞋”等，在新派口语中没有“文读”与“白读”之分，一律读［tɕ-、tɕʻ-、ɕ-］。另外一些老派口语中的土语词，如“什么子”son˦ me˦ r，在新派口语中消失，改说成“么子”或“么事”。

三、同音字汇

本字汇先按韵分部，同韵的字按声母排列，声、韵相同的字按声调排列。

韵母次序：

a o e ɿ ɨ

ai ei ɑu əu an ən on ɑŋ oŋ

i ia io iɛ iɑu iəu iɛn in iɑŋ ioŋ

u ua uai uei uan uən uɑŋ

y yɛ yɛn yn

声母次序：

p pʻ m f t tʻ l

k kʻ x tɕ tɕʻ ɕ

ts tsʻ s z

ø

声调次序：

˥（阴平）[55] ˩˧（阳平）[13] ˦˨（上声）[42] ˧˥（去声）[35]

字汇中小号字是注释，“～”代表所注的字。“｜”表示并立。

a

pa ˥ 叭巴疤粑吧把拖～扒～墙

˩˧ 拔跋捌八爸

˦˨ 靶把介词

˧˥ 霸笆坝罢把巴求求～

pʻa ˥ 葩趴啪象声词

˩˧ 筢钯爬扒～手琶琵～

˦˨ 汃一～尿啪打～什｜作弊

˧˥ 怕

ma ˥ 妈嘛厄～

˩˧ 麻抹

˦˨ 蟆马码玛～瑙蚂～蟥

˧˥ 骂吗么什～子

fa ˧˥ 罚乏伐垡阀发法砝

ta ˥ 耷

˩˧ 达劄瘩答跶搭褡妲哒

˦˨ 打～击

˧˥ 大

tʻa ˥ 它他她

˩˧ 塌踏獭塔拓～片榻沓挞嗒闼

la ˥ 拉啦

˩˧ 拿蜡腊辣捺衲呐钠纳

˦˨ 喇～叭哪疑问代词

˧˥ 落丢三～四

ka ˥ 嘎笑声家走人～

˩˧ 夹甲指～尕低～

˧˥ 尬放着｜开始做

kʻa ˥ 胩～人子

˩˧ 掐白

˦˨ 卡白

˧˥ 跨～过｜越过胯～巴｜两股之间

xa ˥ 哈点头～腰

˨˦ 哈都｜全
˧˩ 哈姓下打一～
˧˥ 奋蠢笨
tsa ˥ 渣揸～开查姓
˨˦ 杂砸投扎闸铡咂轧札炸油～
˧˩ 眨蔗咋砟拃用手指比量
˧˥ 榨乍诈吒栅　炸～弹
tsʻa ˥ 差叉杈
˨˦ 察查茶搽擦插
˧˩ 姹叉两腿～开
˧˥ 岔诧衩汊
sa ˥ 沙莎砂纱吵
˨˦ 杀卅刹煞鞁撒～尿｜尿床
˧˩ 洒傻霎撒啥
˧˥ 萨厦飒歃
a ˥ 腌阿啊丫～头桠树～子
˨˦ 呵叹词｜表疑问娃～子
˧˩ 啊叹词｜表惊愕
˧˥ 啊应诺哑～巴

o

to ˥ 多哆
˨˦ 夺咄掇裰度铎踱
˧˩ 朵垛躲
˧˥ 舵剁惰堕跺柁
tʻo ˥ 拖
˨˦ 砣托脱驮驼鸵陀跎庹酡柁橐
˧˩ 妥椭唾～弃
˧˥ 柝拓开～
lo ˥ 挪捋
˨˦ 罗骡锣椤箩螺萝逻骆烙洛落络珞乐快～
˧˩ 裸羸
˧˥ 懦糯泺
ko ˥ 哥歌戈锅
˨˦ 割阁葛搁各角国郭帼掴虢廓馘椁隔鸽合一～米
˧˩ 果裹课讲说餜～子｜油条
˧˥ 个过
kʻo ˥ 科苛柯轲坷蝌珂棵疴叩～头
˨˦ 渴壳磕瞌阔扩颏咳嗑
˧˩ 可棵颗
˧˥ 骒课功～
xo ˥ 喝豁～巴齿
˨˦ 活惑或获霍褐鹤和禾荷涸盒貉河何合～抱
˧˩ 火伙夥
˧˥ 货贺壑祸和～稀泥
tso ˥ 左佐
˨˦ 啄浊拙桌焯卓琢茁酌擢濯镯浞涿作昨捉凿酢祚掘着睡～哒
˧˥ 坐座唑
tsʻo ˥ 搓磋蹉～跎
˨˦ 戳绰龊辍
˧˥ 错厝措挫锉撮
so ˥ 梳蓑梭唆
˨˦ 说朔搠硕妁烁铄勺芍溯塑率蟀索
˧˩ 锁琐所唢～呐
˧˥ 傞～动｜挨个儿向后移动
zo ˨˦ 若箬偌弱

˧ 诺喏

o ˥ 窝涡挝莴蜗倭婀斡屙排泄

˩˥ 恶噩鄂谔萼愕谔哦鹅蛾娥俄讹握沃

˥˧ 我

˧ 饿卧

e

pe ˥ 波播菠掰啵玻~璃

˩˥ 白百北柏佰伯剥拨博薄搏缚驳脖帛柏舶渤勃膊魄钹

˥˧ 跛—颠—~簸颠~

˧ 簸~箕

pʻe ˥ 坡

˩˥ 泼婆鄱粕拍迫泊珀帕魄魂~

˥˧ 叵颇

˧ 破

me ˥ 摹末最小｜最后摸~底

˩˥ 魔默墨蓦莫漠膜殁陌沫茉馍幕墓暮募慕脉麦蘑磨~刀石

˥˧ 抹往墙上~灰模~写

˧ 磨~子么那~

te ˩˥ 德得舍~

˥˧ 得~气

tʻe ˩˥ 特忑忒

le ˩˥ 劣恶~肋~骨勒~令

˥˧ 勒来回拉动

˧ 那

ke ˥ 疙圪仡搁咯蛇~古滆~人｜使人感到冰冷

˩˥ 革鬲骼格恪膈镉隔胳~膊蛇~蚤疙~疤鞨牛~头

˥˧ 嗝给~予

˧ 割锯木料个—~

kʻe ˥ 搭~笔杆子

˩˥ 咳客刻克髁~膝蝌~蟆子

˥˧ 恪存心~人

xe ˥ 呵嘿

˩˥ 吓恐~赫显~骸残~骇惊涛~浪核阂黑纥

˧ 嘿~么｜~么大｜~么粗

tse ˩˥ 折谪蛰辄哲责啧帻迮箦则仄昃褶贼摘翟窄浙摺择选~

˥˧ 者锗赭溜卖弄

˧ 这柘鹧~鸪

tsʻe ˥ 车

˩˥ 撤澈彻泽辙宅拆策测恻厕侧册側

˥˧ 扯~不抻扯~谎｜撒谎

˧ 掣

se ˥ 奢赊歙张嘴露齿

˩˥ 设摄慑涉滠舌蛇佘涩塞瑟啬色穑虱折~本些语气词｜祈使语气

˧ 射舍社赦

ze ˩˥ 热

˥˧ 惹~事生非

e ˥ 呃小声哼唱

˩˥ 厄扼遏额

ɿ

tsɿ ˥ 资粢趑咨恣姿兹滋嵫孳訾

姓觜赀髭孜缁淄鲻锱之芝支枝吱肢知卮栀胝蜘～蛛只量词
˩˧ 摭跖直值植殖侄执职汁织挚置帜质踬炙滓翅蛰惊～踯～躅指～甲梓
˦˩ 止趾祉址芷茈紫秭籽仔咫枳旨脂酯纸指～示只仅仅訾～议子～弟
˧˥ 字自志痣痔至室致桎蛭栉豸制智郅轾埴姪滞
tsʻɿ ˥ 雌呲疵痴蚩侈弛驰差参～
˩˧ 尺峙词瓷慈磁辞祠糍佽迟池赤魑褫鸱叱嗤哧媸擦秩饲嗣
˦˩ 此耻齿庇仳沘茈玼骴
˧˥ 次刺茨治赐伺敕饬整～
sɿ ˥ 斯撕嘶厮蛳澌耜偲厶私思缌锶偲禗丝噝鸶笥师狮噬施诗尸司饰
˩˧ 失湿实十什时石识拾室释适食蚀埘莳
˦˩ 死使史屎驶始豕豉
˧˥ 市柿寺四汜泗驷兕姒姒似祀巳示士世事仕誓式试拭弑逝势侍氏视柹是
zɿ ˧˥ 日肏

ɨ

kʻɨ ˧˥ 去
zɨ ˩˧ 而儿
˦˩ 耳饵洱珥尔迩
˧˥ 二贰佴停留

ai

pai ˦˩ 摆捭
˧˥ 败拜稗湃澎～
pʻai ˩˧ 排俳牌徘～徊
˧˥ 派湃哌蒎
mai ˩˧ 埋
˦˩ 买
˧˥ 卖霾迈
tai ˥ 呆
˦˩ 歹逮～老鼠傣～族
˧˥ 代待戴袋贷怠殆玳迨岱黛带大～夫
tʻai ˥ 胎苔
˩˧ 台抬邰骀跆
˦˩ 呔肽奋
˧˥ 太态泰酞汰呔钛忕忕～缓
lai ˩˧ 来涞莱赉崃涞铼徕睐俫
˦˩ 乃奶氖迺釢
˧˥ 耐奈鼐佴柰赖濑籁癞濑
kai ˥ 该垓陔赅街皆阶喈
˩˧ 盖钙芥溉戒界届介疥诫概
˦˩ 改解
kʻai ˥ 开揩～油
˩˧ 概慨忾溉
˦˩ 凯恺垲铠剀～切楷～模
xai ˥ 嗨咳叹词
˩˧ 孩骸还鞋谐偕懈～怠
˦˩ 海醢蟹

˧˥ 害亥氦解姓懈廨邂~逅

tsai ˥ 栽灾哉斋

˥˧ 宰崽

˧˥ 在再载债寨呰擦~被卧

ts'ai ˥ 钗差出~

˩˧ 才裁材财豺柴

˥˧ 采睬踩彩啋保埰

˧˥ 菜蔡瘥侪

sai ˥ 腮鳃鰓筛

˧˥ 赛晒

ai ˥ 哀皑挨依次

˩˧ 崖癌挨~打呆~板埃尘~捱~时间岩埃

˥˧ 矮霭蔼嗳叹词 | 表示不同意

˧˥ 艾爱碍哎隘嫒瑷嗳暧~昧

ei

pei ˥ 杯悲卑碑婢蓖背~包袱

˧˥ 焙备被贝辈钡狈惫臂褙悖蓓避币弊蔽毙敝陛薜闭关~背脊~

p'ei ˥ 胚呸坯砒批披

˩˧ 培陪赔裴譬帔

˧˥ 倍配沛旆佩霈辔姵旆婄掊悖蓓

mei ˥ 霉酶没~有

˩˧ 煤枚玫眉梅媒媚嵋湄楣鹛莓

˥˧ 美每镁嵄

˧˥ 妹寐昧魅袂

fei ˥ 非扉霏啡飞妃菲芳~

˩˧ 肥

˥˧ 匪诽蜚绯翡篚悱扉斐~然菲~薄

˧˥ 肺费废吠芾痱佛沸~腾

tei ˥ 堆

˥˧ 兑抵消 | ~哒

˧˥ 对兑怼碓队

t'ei ˥ 推

˩˧ 颓

˥˧ 腿

˧˥ 退蜕煺褪魋

lei ˩˧ 雷擂镭蕾

˥˧ 垒磊缧酹嫘羸儡馁鲠屡~次累积~

˧˥ 类泪内檑~子 | 农具累劳~

ei ˥˧ 诶

au

pau ˥ 包胞苞鲍褒雹

˩˧ 宝保饱褓葆鸨

˧˥ 报暴爆豹趵菢龅抱

p'au ˥ 抛脬尿~泡松软

˩˧ 袍刨咆匏狍

˥˧ 跑

˧˥ 泡炮疱

mau ˥ 猫冇

˩˧ 毛矛茅髦牦芼蝥蟊旄麾锚

˥˧ 卯铆茆泖牡

˧˥ 冒帽貌耄瑁袤勖娼旄萺蝐

tau ˥ 刀叨唠~

˩˧ 导

˦˨ 岛倒捣
˧˥ 盗到道稻悼
t'ɑu ˥ 滔涛焘韬梼搯瑫弢掏
˩˧ 逃陶绦桃萄啕洮绹淘～汰
˦˨ 讨
˧˥ 套
lɑu ˥ 捞～钱孬～种挠～痒
˩˧ 劳牢涝耢铹醪痨酪捞打～唠～叨
˦˨ 老姥佬栳潦脑恼瑙垴
˧˥ 闹淖落角～｜角角～
kɑu ˥ 高篙膏羔糕镐皋睾槔
˦˨ 槁稿缟杲搞
˧˥ 告郜诰锆铰剪子～觉睡中～
k'ɑu ˥ 尻
˦˨ 考烤拷
˧˥ 靠铐犒～赏
xɑu ˥ 蒿薅耗～电
˩˧ 豪嚎壕郝濠毫
˦˨ 好～人
˧˥ 浩昊颢呺澔淏晧号好～学
tsɑu ˥ 糟遭醩召昭招沼钊朝～霞
˩˧ 灶皂燥躁慥造照罩兆肇赵
˦˨ 早枣藻澡蚤枣找
˧˥ 爪笊诏啅枛
ts'ɑu ˥ 超操抄钞～票
˩˧ 曹槽嘈漕傮愺慅潮巢嘲晁朝
˦˨ 草炒吵～闹
˧˥ 耖篫糙～米造～就
sɑu ˥ 烧搔骚缫瘙鳋掻鞘艄稍筲臊～臭梢～公｜驾船的
˩˧ 韶绍苕红薯
˦˨ 嫂扫少
˧˥ 哨邵潲～水筲～帚少～年臊～子
zɑu ˩˧ 饶娆挠铙蛲
˦˨ 扰绕
ɑu ˥ 凹
˩˧ 熬～药敖姓遨～游翱～翔鳌～鱼
˦˨ 袄皮～嗷用口咬
˧˥ 拗坳澳傲骜聱獒螯奥懊

əu

məu ˥ 哞牛叫声
˩˧ 谋缪眸蝥侔牟～取
˦˨ 某亩
˧˥ 茂贸茂懋
fəu ˩˧ 垺芣浮
˧˥ 否缶瓿
təu ˥ 都逗～小孩
˩˧ 豆饾梪浢荳痘窦渎斗～争逗～留
˦˨ 抖陡蚪斗～胆斗一～米
t'əu ˥ 偷
˩˧ 头投
˦˨ 透敨
ləu ˥ 耨搂～柴火
˩˧ 楼槈六
˦˨ 篓娄蝼喽耧髅镂瘘嵝搂
˧˥ 陋漏

kəu ˥ 沟勾钩篝溝拘蚼佝～腰
˦˨ 狗苟笱
˧˥ 购够构垢枸诟彀媾遘觏缑
k'əu ˥ 抠眍
˦˨ 口
˧˥ 扣寇蔻扣笳叩～首
xəu ˥ 齁瘊～子
˩˧ 喉猴堠瘊糇篌箜～
˦˨ 吼吽响
˧˥ 厚后骺垕侯候～车
tsəu ˥ 邹陬鲰驺周洲州舟宙诌啁
˦˨ 走肘
˧˥ 奏揍皱昼骤咒繇胄纣做
ts'əu ˥ 抽
˩˧ 仇稠绸酬筹踌愁惆雠轴
˦˨ 丑媵
˧˥ 臭凑～巧
səu ˥ 搜馊溲嗖飕收
˦˨ 手首守艘狩舞艏叟溲小～
˧˥ 受瘦授兽售绶寿醻
zəu ˩˧ 柔揉糅鞣瑈媃楺蹂～躏
əu ˥ 欧讴鸥殴瓯
˦˨ 偶呕藕耦
˧˥ 怄沤

an

pan ˥ 班斑般扳瘢颁搬
˦˨ 版板坂舨
˧˥ 半办拌伴扮瓣
p'an ˥ 潘攀
˩˧ 盘磐爿
˧˥ 判盼绊袢畔叛襻
man ˥ 满螨
˩˧ 蛮馒樠瞒隐～埋～怨
˦˨ 幔覆盖
˧˥ 曼慢漫蔓谩幔鳗墁镘缦
fan ˥ 翻番帆藩幡
˩˧ 烦凡繁樊矾钒梵
˦˨ 反返
˧˥ 范饭泛贩畈犯
tan ˥ 丹单耽郸箪啗聃端担～心
˦˨ 短掸胆诞疸
˧˥ 淡但蛋旦氮弹惮段断锻缎
煅担～架石两～五斗
t'an ˥ 贪滩瘫坍～塌摊～贩
˩˧ 谈潭坛痰谭昙团抟彖弹～琴
˦˨ 毯坦忐～忑不安袒～护
˧˥ 叹炭碳探
lan ˩˧ 兰蓝拦篮栏婪阑谰澜岚滦
峦孪挛脔娈鸾南楠喃男
难赧
˦˨ 懒览揽罱卵暖
˧˥ 乱缆烂滥～竽充数难灾～
kan ˥ 甘柑干杆竿肝疳泔矸尴～
尬间中～
˦˨ 赶擀感敢杆笔～橄～榄
˧˥ 赣干～蛋｜笨蛋干～部干躯～
k'an ˥ 刊堪勘戡龛嵌
˩˧ 看
˦˨ 砍侃槛坎
˧˥ 瞰阚

xan ˥ 鼾酣憨
˩˧ 寒汗邯涵韩含函闲白读咸不淡
˦˨ 喊罕～见
˧˥ 汉翰旱焊汗捍憾悍颔苋～菜
tsan ˥ 毡旃詹谵簪粘～贴沾～染瞻～仰蟮蛐～
˦˨ 展斩崭暂攒錾盏辗～转
˧˥ 战栈站占湛绽～开颤～栗
tsʻan ˥ 参掺餐骖搀羼
˩˧ 蚕残惭孱缠阐谗蝉馋蟾澶
˦˨ 惨产铲谄tsan˥
˧˥ 灿憯颤～动
san ˥ 三叁山衫杉苫芟讪舢疝煽～风点火
˩˧ 婵单汕禅嬗
˦˨ 闪陕伞散～盘～沙
˧˥ 扇善擅缮鳝膳散赡～养
zan ˩˧ 髯
˦˨ 冉苒染
an ˥ 安鞍氨胺庵鹌
˩˧ 犴墙脚然～而燃～烧
˦˨ 埯小洞眼小孔
˧˥ 按暗雁案谙黯岸江～

ən

pən ˥ 奔锛崩绷
˩˧ 笨坌搀和
˧˥ 本苯
pʻən ˥ 烹膨～胀
˩˧ 盆彭澎～湃
mən ˥ 焖扪
˩˧ 门们
˧˥ 闷～热
fən ˥ 分芬吩～咐
˩˧ 坟焚汾酚
˦˨ 粉纷～繁
˧˥ 份棼粪奋愤喷忿氛鼢蚡
tən ˥ 灯登瞪蹲敦趸墩礅惇
˩˧ 顿吨钝盾囤遁炖沌盹邓凳蹬磴镫澄～清
˦˨ 等戥
tʻən ˥ 吞焞用文火烘烤食品
˩˧ 疼豚腾藤誊滕籐臀囤～积
lən ˥ 抡丢弃
˩˧ 能鳖棱轮伦沦仑纶囵
˦˨ 冷
˧˥ 嫩愣论
kən ˥ 庚跟根耕羹赓
˦˨ 耿哏亘艮梗埂骾鲠哽绠更～改粳～稻
˧˥ 更～好
kʻən ˥ 铿坑吭～声
˦˨ 肯啃恳垦肎
xən ˥ 亨哼
˩˧ 衡恒横珩痕
˦˨ 很狠～心
˧˥ 恨杏～子树
tsən ˥ 针真斟珍臻尊遵贞侦箴增罾睁争挣征帧蒸狰峥铮筝净徵甄～别曾姓正～月砧～板
˦˨ 枕震缜整振诊轸赈朕怎拯疹

	˧˥	阵赠憎缯甑症证正怔镇鸩政圳郑
tsʻən	˥	村皴抻参郴撑瞠称～颂逞～能
	˩˧	层臣尘晨沉陈橙忱成诚城呈乘承岑丞存程蹭盛
	˧˩	惩
	˧˥	衬趁骋寸忖秤称～职
sən	˥	森僧身伸深申绅呻声生升甥牲笙孙荪参海～
	˩˧	神娠绳辰晨唇
	˧˩	审婶沈哂矧省损笋隼榫
	˧˥	慎肾甚胜渗剩圣谌
zən	˥	扔
	˩˧	仍任壬
ən	˥	恩
	˩˧	人仁妊衽
	˧˩	忍荏稔刃纫韧仞轫
	˧˥	认硬

on

pon	˥	怦砰绷～子床
	˧˥	蹦泵迸
pʻon	˩˧	朋棚硼鹏篷
	˧˩	捧蓬莲～
	˧˥	碰
mon	˥	蒙～骗
	˩˧	檬萌懵甍濛懞曚木牧沐目苜睦穆钼蒙～蔽朦～胧
	˧˩	猛锰蜢艋母拇姆
	˧˥	梦孟
fon	˥	封丰蜂峰锋烽风枫疯
	˩˧	冯缝～纫逢～年过节
	˧˩	讽～刺
	˧˥	奉凤缝～隙
ton	˥	东冬咚氡
	˩˧	侗铜瞳
	˧˩	董懂
	˧˥	动洞冻栋恫～吓
tʻon	˥	通嗵彤捅～娄子
	˩˧	同铜筒童桐瞳酮潼峒僮
	˧˩	桶统
	˧˥	痛恸
lon	˥	聋
	˩˧	龙隆窿癃咙泷珑栊农脓笼～罩浓～厚
	˧˩	垄陇笼～统
	˧˥	挵弄做丨干
tson	˥	宗棕踪鬃枞中钟终盅忠衷琮综
	˧˩	总偬冢肿踵种～子
	˧˥	纵仲众种～植重～量粽～子
tsʻon	˥	聪匆葱忡充舂从～容冲～洗憧～憬
	˩˧	从崇虫从～来重～复
	˧˩	宠～信
	˧˥	铳猎枪丨放～
son	˥	松嵩菘崧
	˧˩	耸竦悚怂～恿什～么子
	˧˥	送宋颂诵讼
zon	˩˧	戎绒冗茸

aŋ

paŋ ˥ 帮邦梆

˩˧ 榜绑膀

˧˥ 棒谤诽~蚌~壳泵水~磅~秤

p'aŋ ˥ 乓胖~臭胖~头

˩˧ 庞旁滂傍磅膀~胱彷~徨螃~蟹

˦˨ 徬碰撞趽蹄~

˧˥ 胖

maŋ ˥ 忙撮~｜不做的事偏要做

˩˧ 芒盲氓茫牤虻忙~碌

˦˨ 莽蟒

faŋ ˥ 方芳枋~子｜棺材

˩˧ 房防坊妨~碍

˦˨ 仿纺访~问仿~佛

˧˥ 放

taŋ ˥ 铛珰当~代裆裤~

˩˧ 宕砀垱凼荡~漾当~成

˦˨ 党挡~路档~案

t'aŋ ˥ 汤镗象声词

˩˧ 唐堂糖塘搪棠膛螳瑭溏

˦˨ 躺淌倘帑

˧˥ 烫趟

laŋ ˥ 琅榔~树朗~诵囊~括

˩˧ 狼郎廊螂稂瑯硠小石籽

˦˨ 朗明~攮用手推

˧˥ 浪~潮俍晾晒衣物

kaŋ ˥ 刚钢纲缸岗冈肛罡豇~豆子

˩˧ 疘~背｜腰伸不直

˦˨ 港

˧˥ 杠~杆

k'aŋ ˥ 康糠慷~慨

˩˧ 扛

˧˥ 亢抗炕伉忼矿

xaŋ ˥ 夯

˩˧ 杭行~列航~空

˧˥ 巷大街小~项~目

tsaŋ ˥ 章樟张彰漳蟑脏肮~

˦˨ 掌涨长~辈

˧˥ 账胀帐葬丈杖瘴障藏~族臧姓仗~义脏五~

ts'aŋ ˥ 仓沧苍伥昌娼猖~狂

˩˧ 场肠裳苌藏躲~长~度

˦˨ 厂敞昶氅

˧˥ 唱畅怅玚倡~导

saŋ ˥ 丧桑商墒伤觞殇熵

˩˧ 常嫦尝

˦˨ 赏磉偿~还嗓~子

˧˥ 尚上绱~鞋底

zaŋ ˩˧ 瓤

˦˨ 壤

aŋ ˥ 囔

˩˧ 昂盎

˧˥ 让

oŋ

koŋ ˥ 工公功弓攻宫恭躬龚肱

˩˧ 蚣

˦˨ 巩拱汞珙拱栱

˧˥ 共供贡

k'oŋ ˥ 空天~倥~偬

˦˨ 孔恐~吓

˧˥ 控空~白

xoŋ ˥ 轰薨哄～骗｜～堂大笑
˩˧ 红虹洪宏鸿泓弘～扬
˦˨ 烘～托
˧˥ 讧内～哄一～而起

oŋ ˥ 翁嗡
˧˥ 瓮～中捉

i

pi ˥ 蝠屄
˩˧ 鼻逼笔碧必毕壁璧秘哔荜
˦˨ 比彼匕妣俾
˧˥ 箆裨毖

pʻi ˥ 丕邳擗竹木裂开
˩˧ 匹弼辟愎霹僻脾皮疲琵枇啤罴癖陂劈～柴荸～荠
˦˨ 痞毗媲鄙庇箅
˧˥ 屁

mi ˥ 眯咪芈姓
˩˧ 迷蜜密谜觅秘弥靡糜醚汨猕幂谧
˦˨ 米弭
˧˥ 縻

ti ˥ 低氐
˩˧ 笛敌滴嫡狄翟嘀荻的～确涤镝不可闻
˦˨ 抵邸诋～毁羝砥坻底
˧˥ 帝地第递弟蒂睇娣棣的目～

tʻi ˥ 梯锑
˩˧ 提题踢蹄啼嚏惕倜迪堤
˦˨ 体涕剔～除绨～结
˧˥ 替剃屉

li ˥ 妮
˩˧ 离漓篱璃蓠丽郦鹂骊俪栎黎犁梨厘匿溺立粒笠栗砾历力沥泥尼妮倪霓
˦˨ 礼里李哩理狸鲤悝澧醴娌俚你
˧˥ 厉例利莉荔雳吏励隶疠粝蜊砺戾俐痢唳詈罹鬲腻

tɕi ˥ 饥机鸡基姬冀骥箕讥畸畜笄虮矶畿屐羁乩奇与偶相对
˩˧ 及急即积级极激吉瘠汲绩缉迹辑籍寂集击疾棘圾诘笈佶岌亟鲫稷给箕捞～子洎～小脊～梁
˦˨ 挤已麂纪虮跻几
˧˥ 嫉记季既剂际计蓟技伎祭济忌妓悸继寄稽暨霁跽觊～觎

tɕʻi ˥ 期妻骑欺骑凄歧栖桤萋悽畸企蹊～跷
˩˧ 其齐棋奇漆戚祁乞祈畦柒七缉迄讫旗祺骐萁蕲芪荠琪麒崎脐琦淇吃哄沏切卷～慽膝髁～
˦˨ 起启岂屺
˧˥ 弃器砌契气汽憩葺

ɕi ˥ 希西稀溪嘻牺浠嬉犀兮郗欷唏曦熹奚蹊携
˩˧ 席吸悉袭惜习熄锡息夕昔媳汐葸玺析淅皙泣檄觋蟋晰蜥徙
˦˨ 喜僖禧洗铣

˦˥ 细戏卻盻隙~缝系~统

i ˥ 衣依医伊裔漪猗翳

˩˧ 宜谊益溢缢壹一乙殪懿遗绎译驿怿姨夷痍咦胰彝抑揖颐移逸遗邑悒怡贻眙饴佚轶佾拟仪亦奕弈疑沂弋腻逆液掖腋曳

˧˩ 以已矣旖椅倚~仗尾~巴

˦˥ 义易异意屹艺毅翼忆亿诣翌羿蚁议肄

ia

tia ˧˩ 嗲~声~气

˦˥ 倜~尾巴

lia ˦˥ 乜~侉丨不讲卫生丨不注意收检

tɕia ˥ 家佳加嘉枷葭痂袈笳戛

˩˧ 夹荚颊铗甲钾岬胛呷

˧˩ 贾假

˦˥ 架驾嫁稼价

tɕʻia ˩˧ 掐文

˧˩ 卡文

˦˥ 洽~谈恰~当

ɕia ˥ 虾

˩˧ 辖瞎霞暇狭峡匣侠狎遐吓

˦˥ 夏厦下

ia ˥ 鸦涯呀

˩˧ 牙芽蚜鸭押压崖衙揠轧

˧˩ 雅

˦˥ 亚垭娅哑

io

lio ˩˧ 略掠

tɕio ˩˧ 珏脚~步觉~悟爵~位角~色

tɕʻio ˦˥ 却确鹊雀攫榷商~壳~士

ɕio ˥ 削~足适履

˩˧ 学~习

˧˩ 屑竹头木~

io ˥ 哟

˩˧ 岳约跃乐钥~匙药虐~待疟~疾

iε

piε ˥ 憋蹩~脚

˩˧ 鳖甲鱼别~开生面

˧˩ 瘪干~

˦˥ 别~扭

pʻiε ˩˧ 瞥撇~开丨分成两半

˧˩ 苤~蓝

˦˥ 撇~嘴丨要哭的样子

miε ˥ 咩羊叫声

˦˥ 灭篾蔑~视

tiε ˥ 爹喋~巴丨啰唆

˩˧ 跌叠碟堞蝶迭谍牒耋垤

tʻiε ˩˧ 铁贴帖

˦˥ 餮

liε ˥ 捏呢

˦˥ 列裂猎烈冽聂蹑镊蘖孽捩

tɕiε ˥ 嗟

˩˧ 结截捷睫节孑揭接疖竭羯碣偈桀颉讦洁诘劫杰秸

˧˩ 姐

˦˥ 借藉

tɕʻiε ˩˧ 切窃怯妾挈

˧˩ 且

˥ 箧惬～意慊意犹未～

ɕiɛ ˥ 些
˨˩ 血斜邪协胁勰楔歇～息谑开玩笑｜疯疯～
˥˧ 写
˧˥ 泻燮谢卸榭泄～密亵～渎

iɛ ˥ 耶椰噎
˨˩ 爷叶页业邺
˥˧ 也野冶
˧˥ 夜谒～见

iau

piau ˥ 标彪飙镳骠镖
˥˧ 表婊裱俵

pʻiau ˥ 飘漂～流缥～缈
˨˩ 嫖殍瓢～泼大雨剽～窃
˥˧ 瞟漂～白
˧˥ 票漂～亮

miau ˥ 瞄看｜～一眼喵象声词
˨˩ 苗描瞄～准
˥˧ 秒渺眇淼邈
˧˥ 庙妙缪姓谬～论

tiau ˥ 刁雕碉凋钓叼貂
˥˧ 屌～里～气
˧˥ 掉铫吊调

tʻiau ˨˩ 条迢调～控窕窈～
˥˧ 佻轻～｜不成熟挑～拨
˧˥ 跳粜

liau ˥ 撩～长｜细长
˨˩ 疗聊燎嘹辽镣撩～干
˥˧ 鸟了～解
˧˥ 料尿撂～挑子

tɕiau ˥ 交茭焦娇郊浇矫蕉椒礁跤
˨˩ 嚼
˥˧ 狡缴绞搅饺侥剿皎
˧˥ 叫教轿较觉睡～校～对

tɕʻiau ˥ 悄敲锹劁橇跷～胯子
˨˩ 乔桥瞧侨
˥˧ 巧
˧˥ 俏窍翘～尾巴

ɕiau ˥ 肖消销萧宵硝啸霄嚣枭
˨˩ 淆爻
˥˧ 小晓筱
˧˥ 效校孝啸哮笑

iau ˥ 妖腰邀夭幺要～求
˨˩ 瑶摇窑谣姚尧幺iau˥
˥˧ 咬舀窈～窕
˧˥ 耀鹞曜要～道

iəu

tiəu ˥ 丢

liəu ˥ 瘤溜～之大吉镏～金
˨˩ 刘流留硫琉
˥˧ 榴柳绺扭纽～带
˧˥ 拗溜～唰

tɕiəu ˥ 揪赳糾阄鬏究纠～正
˥˧ 酒久玖疚灸柩鸠韭九
˧˥ 就旧救舅厩臼咎鹫蹴

tɕʻiəu ˥ 秋丘蚯湫鳅邱楸煍莯孳～
˨˩ 球求逑酋裘
˥˧ 瞅～机会｜等待时机
˧˥ 揪～一下｜勉强凑合

ɕiəu ˥ 休羞修

˨˦ 因～犯泅～水
˥˧ 朽～木
˧˥ 袖锈绣秀
iəu ˥ 优忧悠攸幽
˨˦ 尤游由油邮鱿蚰犹铀牛
˥˧ 有友酉
˧˥ 右又幼佑釉诱黝蚴囿

iɛn

piɛn ˥ 边编鞭蝙
˨˦ 遍普～
˥˧ 匾扁贬砭蝙
˧˥ 变便辩辨辫弁
pʻiɛn ˥ 翩篇偏～爱
˨˦ 便骈
˧˥ 片谝
miɛn ˨˦ 棉绵眠
˥˧ 免缅勉冕腼娩眄沔渑
˧˥ 面
tiɛn ˥ 颠掂滇癫巅玷踮～脚
˥˧ 典碘点
˧˥ 店电殿淀垫佃甸钿惦～记
tʻiɛn ˥ 天添洇鼻～
˨˦ 田填甜恬佃阗
˥˧ 舔腆
liɛn ˥ 拈信手～来搛～菜
˨˦ 年连联莲链廉帘镰涟琏鲢鲇怜
˥˧ 脸敛辇捻碾撵蹍殓
˧˥ 恋念廿唸练炼楝链
tɕiɛn ˥ 坚尖肩监歼奸艰煎槛兼
˥˧ 剪减捡检简剑涧柬笺俭碱拣缄茧翦
˧˥ 箭贱见件间键建健荐渐涧鉴溅践舰饯谏菅
tɕʻiɛn ˥ 牵千铅迁谦纤仟阡愆悭签
˨˦ 前钱钳乾潜黔虔钤溅
˥˧ 浅谴遣缱
˧˥ 欠歉倩堑慊嵌～入
ɕiɛn ˥ 先祢
˨˦ 闲娴嫌衔咸～阳贤涎垂～
˥˧ 显险燹冼
˧˥ 现献线县陷馅腺羡霰宪
iɛn ˥ 烟胭淹焉奄阉腌咽～喉
˨˦ 言延盐炎严颜阎蜒檐茔坟～
˥˧ 眼演掩衍
˧˥ 厌宴堰艳验唁谚燕筵砚焰

in

pin ˥ 兵宾彬斌滨豳膑髌殡鬓冰缤～纷摈～弃
˥˧ 丙饼柄炳秉禀槟邴怲
˧˥ 病并摒～弃
pʻin ˥ 拼乒娉
˨˦ 贫平凭瓶评屏萍苹坪颦濒～临
˥˧ 品
˧˥ 姘聘牝～马
min ˥ 民缗珉名酩铭明鸣螟冥暝溟酩
˥˧ 皿闽闵抿敏悯愍
˧˥ 命
tin ˥ 丁疔町酊盯钉虰疔叮～嘱

˧˩ 顶鼎～足之势
˧˥ 定锭订～合同钉～鞋底
tʻin ˥ 听汀厅
˩˧ 亭停庭廷婷蜓
˧˩ 挺艇梃
lin ˥ 拎～篮子
˩˧ 林临淋邻磷鳞琳霖嶙躏宁柠泞咛零铃玲聆龄羚灵凌陵菱棱绫凝
˧˩ 檩领～袖凛～冽岭山～拧～成一股绳
˧˥ 另令赁租～吝～啬蔺姓凌～冰
tɕin ˥ 金今斤巾京荆旌惊经径筋精津～贴矜～持
˧˩ 井景警颈仅紧谨锦
˧˥ 静尽进近劲禁晋襟靳缙镜净敬兢竞境睛
tɕʻin ˥ 亲钦轻清青氢卿氰箐蜻
˩˧ 秦琴勤擒芹禽覃噙晴情
˧˩ 请寝
˧˥ 庆清沁～人心脾
ɕin ˥ 辛新心欣芯薪锌馨鑫星兴腥
˩˧ 形行型刑邢硎
˧˩ 醒惺省反～擤～鼻涕
˧˥ 姓信幸衅兴～趣杏～花
in ˥ 因音阴荫殷茵姻蝇鹰英婴鹦樱缨瑛膺璎
˩˧ 银寅淫夤胤龈垠霪赢盈营迎
˧˩ 引饮隐尹蚓影颖郢颍
˧˥ 印应映滢～园子水

iaŋ

liaŋ ˩˧ 良凉粮梁粱娘酿
˧˩ 两辆俩魉
˧˥ 亮量晾谅喨
tɕiaŋ ˥ 姜将江疆僵缰浆 ～洗
˧˩ 讲奖蒋桨
˧˥ 匠降浆酱将大～
tɕʻiaŋ ˥ 腔枪羌呛锵筐匡框门～子
˩˧ 墙樯蔷强～制襁～褓
˧˩ 抢强勉～
ɕiaŋ ˥ 相～爱箱镶厢湘襄香乡骧
˩˧ 祥降翔详
˧˩ 想响享饷飨
˧˥ 向象像橡相
iaŋ ˥ 央秧殃鞅鸯泱快～然不悦
˩˧ 羊洋扬杨阳佯徉
˧˩ 仰养痒氧
˧˥ 样漾恙烊

ioŋ

tɕioŋ ˧˩ 炯迥窘
tɕʻioŋ ˩˧ 穷琼穹
ɕioŋ ˥ 兄凶汹匈胸
˩˧ 雄熊
ioŋ ˥ 蛹痈背～壅～滞
˩˧ 庸慵墉镛容融溶熔荣蓉
˧˩ 拥～护勇～敢
˧˥ 用佣～金

u

pu ˥ 逋晡

˩ 不
˥˩ 补哺捕逮～
˦ 布怖步部簿埠
pʻu ˥ 捕～风捉影铺～天盖地
˩ 仆卜蒲葡朴扑菩噗濮蹼璞瀑曝
˥˩ 普谱圃脯
˦ 铺杂货～
fu ˥ 夫孵敷肤俘芙
˩ 伏茯扶幅福复馥服符跗拂腹覆袱辐蝠赴氟佛弗
˥˩ 府俯斧辅腐抚甫釜脯腑滏
˦ 父富赋妇傅附负付苻驸咐副
tu ˥ 兜篼嘟都首～
˩ 毒独督犊笃椟牍读宣～
˥˩ 肚堵赌睹
˦ 度蠹渡镀妒杜肚～脐眼
tʻu ˥ 秃
˩ 徒图涂荼突徒凸途屠
˥˩ 土吐～故纳新
˦ 兔堍菟
lu ˥ 噜～苏
˩ 卢炉芦庐颅鸬鲈泸栌轳陆奴驽鹿簏辘漉麓录碌绿禄渌逯
˥˩ 鲁橹虏掳卤努
˦ 怒路露鹭漏陋
ku ˥ 姑菇孤箍辜跍沽～名钓誉
˩ 骨谷跍
˥˩ 古股鼓臌贾蛊估酤轱牯
˦ 故顾固雇
kʻu ˥ 枯骷～髅
˩ 哭酷窟～窿
˥˩ 苦
˦ 库裤喾喾绔
xu ˥ 呼糊～墙纸
˩ 忽狐胡湖葫蝴煳糊面～
˥˩ 虎唬
˦ 户互护沪瓠～子
tsu ˥ 租朱猪株珠蛛诸诛洙邾侏
˩ 足卒竹筑祝逐烛竺
˥˩ 祖阻诅组主煮渚
˦ 住注柱驻助蛀苎著贮铸
tsʻu ˥ 粗初雏刍漉～箅子
˩ 厨橱蹰除出族锄触储畜怵黜搐触帚妯
˥˩ 处拄楚础杵
˦ 醋簇促蹙
su ˥ 苏舒酥稣输梳书蔬疏殊抒枢
˩ 俗宿缩速肃熟叔属术束述蜀塾孰赎淑戍庶续继～
˥˩ 暑薯墅鼠曙署数～不清
˦ 素诉塑～造树竖漱恕
zu ˩ 儒如茹入肉嚅辱缛褥垫絮
˥˩ 乳汝孺蠕辱～骂
u ˥ 巫捂污钨乌坞诬邬姓
˩ 吾屋物勿吴无芜梧蜈寤
˥˩ 五舞武伍午鹉忤

˧˥ 务雾鹜毋误晤戊悟恶可～

ua

kua ˥ 瓜
˩˧ 刮
˦˨ 寡剐～皮｜剥皮
˧˥ 挂褂卦

k‘ua ˥ 侉膀子弄～了皮｜刺破了皮 夸～奖咵～其谈
˦˨ 垮～台挎～包胯～子
˧˥ 胯～下之辱

xua ˥ 花
˩˧ 华铧哗～众取宠划～船滑～雪
˧˥ 化话画～龙点睛划～分

tsua ˥ 抓～紧
˩˧ 蚱～蜢子挝用脚踢开
˦˨ 爪鸡～子

ts‘ua ˩˧ 欻～雨｜被雨淋欻～尿｜解小溲 欻乱～｜随意图写
˦˨ 欻～到的｜碰运气得到的

sua ˥ 唰象声词
˩˧ 刷～新纪录刷印～
˦˨ 耍～赖

ua ˥ 蛙挖娲鸹
˩˧ 袜～子
˦˨ 瓦～屋呱干～｜呕而不吐
˧˥ 凹山～子洼低～｜田整的高低不平瓦～匠

uai

kuai ˥ 乖
˩˧ 怪～不得
˦˨ 拐～骗

k‘uai ˩˧ 蒯筷快～乐刽～子手
˦˨ 块土～傀～儡

xuai ˩˧ 淮徊槐瀤怀～念
˦˨ 穙
˧˥ 坏

tsuai ˥ 跩蹲在地上
˦˨ 拽丢弃
˧˥ 拽用力拉

ts‘uai ˥ 猜～谜语揣～在怀里
˦˨ 揣～摩
˧˥ 啜放～｜哭泣

suai ˥ 衰～老
˩˧ 帅～气
˦˨ 甩～手

uai ˥ 歪～门邪道
˧˥ 外～地人

uei

kuei ˥ 规归龟闺圭皈瑰～宝
˦˨ 轨鬼宄诡～诈
˧˥ 桂贵柜癸跪

k‘uei ˥ 亏窥魁盔岿
˩˧ 葵奎逵夔
˦˨ 刲跬～步
˧˥ 愦溃馈匮

xuei ˥ 灰恢挥辉珲晖隳徽麾咴
˩˧ 回蛔徊茴洄
˦˨ 悔毁
˧˥ 会汇惠晦秽慧贿讳卉烩诲蕙喙恚荟蟪

tsuei ˥ 追锥骓椎
˦˨ 嘴咀觜
˧˥ 最醉罪蕞坠赘惴缀缒
tsʻuei ˥ 催摧崔吹炊
˩˧ 垂锤捶棰陲倕槌
˦˨ 璀
˧˥ 萃脆翠瘁粹悴萃
suei ˥ 虽绥睢濉荽
˩˧ 随隋谁
˦˨ 水
˧˥ 岁瑞髓睡税祟碎~裂
zuei ˩˧ 蕤
˦˨ 蕊
˧˥ 锐睿蚋
uei ˥ 威葳煨偎隈巍~然屹立
˩˧ 微唯维惟帷潍违韦帏苇围闱桅薇危~害为作~
˦˨ 伪纬伟萎委诿逶尾娓隗
˧˥ 畏喂胃猬渭谓蔚尉慰位未味卫魏遗为~了

uan

kuan ˥ 官观关倌棺纶鳏冠~冕堂皇
˦˨ 管馆
˧˥ 惯罐灌冠贯观道~
kʻuan ˥ 宽
˩˧ 梡妨碍｜不要在面前~来~去
˦˨ 款~待
xuan ˥ 欢獾
˩˧ 环还桓鬟寰
˦˨ 缓
˧˥ 患换唤幻涣宦焕痪
tsuan ˥ 专砖钻颛~顼
˦˨ 转啭
˧˥ 撰赚篆传
tsʻuan ˥ 穿川氽西红柿~汤
˩˧ 船椽传~递
˦˨ 喘
˧˥ 窜篡蹿串钏鹨
suan ˥ 酸栓拴闩跚珊删~除
˧˥ 算蒜
zuan ˦˨ 软阮
uan ˥ 弯湾腕豌剜
˩˧ 完玩丸烷顽莞纨~绔子弟
˦˨ 宛晚碗腕挽~救蜿~蜒
˧˥ 万

uən

kuən ˦˨ 滚辊鲧
˧˥ 棍
kʻuən ˥ 昆坤琨鲲
˦˨ 捆
˧˥ 困
xuən ˥ 昏婚荤诨
˩˧ 魂横浑~身
˧˥ 混~淆惛惶~｜不清白
tsuən ˥ 谆~告诫
˦˨ 准~确无误
tsʻuən ˥ 春椿
˦˨ 蠢~事
suən ˩˧ 唇纯醇~醲淳~朴
˦˨ 吮~吸

˧ 舜顺和～瞬～息万变

zuən ˧ 润闰孕～育熨～烫

uən ˥ 瘟～疫蕴～涵酝～酿愠～怒温～暖

˩˧ 闻文蚊纹雯

˦˨ 吻紊刎稳愠深忧远虑

˧ 问

uaŋ

kuaŋ ˥ 光胱

˦˨ 广犷

˧ 逛

k'uaŋ ˥ 夼动作｜罩住

˩˧ 狂

˦˨ 筐框匡眶

xuaŋ ˥ 荒肓慌

˩˧ 皇凰惶隍蝗篁徨遑湟偟黄簧磺潢蟥璜

˦˨ 谎幌～子晃～荡

˧ 晃摇～

tsuaŋ ˥ 庄装桩妆奘状

˦˨ 戆

˧ 壮撞幢僮

ts'uaŋ ˥ 窗疮

˩˧ 床

˦˨ 闯

˧ 创～造

suaŋ ˥ 双霜孀

˦˨ 爽

uaŋ ˥ 汪

˩˧ 王亡芒麦～

˦˨ 往网枉魍惘罔

˧ 望旺妄忘～怀

y

ly ˩˧ 驴率效～律法～

˦˨ 吕铝旅侣履女

˧ 虑滤

tɕy ˥ 居拘驹狙沮

˩˧ 菊鞠局焗～长师傅橘～子

˦˨ 矩举龃～龉

˧ 具距锯拒句剧惧据矩俱

tɕ'y ˥ 区趋驱躯蛆祛黢黑～

˩˧ 曲渠诎屈蛐

˦˨ 取娶

˧ 趣去

ɕy ˥ 需虚嘘墟须

˩˧ 徐畜蓄旭恤煦戌

˦˨ 许栩诩

˧ 序叙婿絮绪酗遂燧隧穗

y ˥ 迂淤纡

˩˧ 于育欲鱼余狱渔予愚虞娱疫域郁盂隅浴寓裕榆～树

˦˨ 宇与屿雨予羽禹语

˧ 誉瑜逾愈喻御愉渝预豫驭芋玉

yɛ

tɕyɛ ˥ 撅～尾巴噘～嘴

˩˧ 决诀抉绝厥撅蹶珏攫崛～起掘～进噘骂｜～人

˧ 倔～强

tɕ'yɛ ˩˧ 阙阕缺～乏瘸腿有病｜～子茄～子

ɕyɛ ˥ 靴

˩ 雪薛
yɛ ˩ 月越悦曰粤
˨ 拐折断
˧ 龠管乐器名

yɛn
tɕyɛn˥ 捐娟涓鹃
˨ 卷~烟蜷~缩
˧ 锩绢隽券倦~怠圈猪~眷~恋桊牛鼻~犍~子卷~宗
tɕʻyɛn˥ 圈~套
˩ 权全泉痊醛筌诠拳铨颧蜷
˨ 犬畎
˧ 劝
ɕyɛn ˥ 宣喧轩暄萱锨掀鲜仙籼
˩ 玄悬眩泫璇弦旋~转
˨ 选癣
˧ 绚旋楦~涡羡~慕
yɛn ˥ 渊冤鸳
˩ 元圆园援猿源缘原袁垣辕媛爰沅员
˨ 远
˧ 愿怨院垸

yn
tɕyn ˥ 均军君钧皲肫鸡~
˧ 俊菌峻浚骏
tɕʻyn ˥ 倾顷
˩ 群裙琼
ɕyn ˥ 勋熏醺薰
˩ 旬殉恂询巡循寻鲟浔
˧ 迅讯训驯汛逊巽
yn ˥ 氲晕~头转向
˩ 萤萦云匀耘郧芸纭荣~华富贵营~救荧~光屏
˨ 允狁永
˧ 陨~落韵~味

四、荆门音系与北京音系比较

（一）声母比较

1. 荆门音系的声母有 18 个，北京音系的声母有 22 个

最主要的不同是：北京话有［ts tsʻ s］和［tʂ tʂʻ ʂ ʐ］两套塞音塞擦音，而荆门方言合并为［ts tsʻ s z］；北京话区分［n］与［l］，荆门方言合并为［l］。例如：

荆门话	北京话	例　字
ts-	ts-	则册资籽自灾在糟操邹宗总租足卒
	tʂ-	折车支止志斋债招超周中肿朱竹竺

tsʻ-	tsʻ-	词此次才曹草造凑餐惨灿匆葱蹿窜
	tʂʻ-	池耻饬柴潮炒耖臭搀产颤充春穿串
s-	s-	思死四鳃赛骚扫搜三伞散苏俗素酸
	ʂ-	诗史示筛晒稍少收山闪善舒熟树拴
z-	ʐ-	日柔揉糅蹂髯冉苒扔仍任戎绒冗茸
l-	l-	赖捞老兰蓝篮棱龙隆李连脸恋良路
	n-	耐孬脑男难南能农脓你年碾念娘怒

2. 荆门话和北京话还有些不规则的差异

例如：

荆门话	北京话	例 字
pʻ-	p-	绊傍庇刨辟弼遍普～卜～卦
F -	pʻ-	喷
t-	tʻ-	拡
tʻ-	t-	缔堤提～防
l-	ø	研
kʻ-	k-	概溉盥
x-	ɕ-	鞋谐
ts-	tʂʻ-	颤
tsʻ-	tʂ-	滞治峙恃
tsʻ-	ts-	攥
tsʻ-	s-	嗣祠饲伺
s-	tʂʻ-	禅蝉婵阐尝偿裳常嫦唇纯
s-	ʐ-	瑞
z-	n-	挠铙
tɕ-	tɕʻ-	侵
tɕ-	s-	缫
tɕʻ-	tɕ-	歼笺溅蹇
tɕʻ-	tʂʻ-	吃
tɕʻ-	ɕ-	纤翔祥详
ɕ-	tɕ-	酵
ɕ-	tɕʻ-	囚泅泣

∅	ʐ-	溶容融荣

（二）韵母比较

1. 荆门音系的韵母36个，北京音系的韵母39个

最主要的不同是：

(1) 北京话有两个舌尖元音韵母，一个卷舌元音韵母，荆门话只有一个舌尖前元音韵母［ɿ］，没有舌尖前元音韵母［ʅ］，卷舌元音韵母由舌面元音韵母［ɨ］所取代；

(2) 北京话只有复合元音［yɛ］韵母，荆门话不仅有复合元音［yɛ］韵母，还有复合元音［io］韵母；

(3) 北京话有复合元音［uo］韵母，荆门话没有复合元音［uo］韵母，［uo］韵母的字融入［o］韵母之中；

(4) 北京话不仅有带前鼻韵尾的复合韵母［ən］和［in］，还有带后鼻韵尾的复合韵母［əŋ］和［iŋ］，荆门话只有带前鼻韵尾的复合韵母［ən］和［in］，没有带后鼻韵尾的复合韵母［əŋ］和［iŋ］，［əŋ］和［iŋ］的字分别融入［ən］和［in］韵母之中；

(5) 北京话有带后鼻韵尾的复合韵母［uŋ］［uəŋ］，没有带前鼻韵尾的复合韵母［on］和带后鼻韵尾的复合韵母［oŋ］，荆门话没有带后鼻韵尾的复合韵母［uŋ］［uəŋ］，有带前鼻韵尾的复合韵母［on］和带后鼻韵尾的复合韵母［oŋ］。

例如：

荆门话	北京话	例　字
-ɿ	-ɿ	资姿咨兹锱吱孜直值植殖侄执职子秭籽仔紫字自
	-ʅ	之芝支枝肢知蜘只止祉址芷指志痣痔至窒致桎蛭
-ɨ	er	而儿耳饵洱珥尔迩儿耳二
	-y	去
-io	-yɛ	略掠珏觉角爵却确鹊雀榷削学岳约跃乐虐疟
-o	-uo	多夺掇朵躲惰堕拖砣托脱驮妥椭拓挪罗骡锣逻骆个过阔扩豁活火伙货贺祸拙桌茁酌左佐作做搓磋戳梳蓑梭唆说搠硕妁烁铄锁琐所若弱诺喏窝涡挝莴蜗倭婀斡握沃我饿卧
-ən	-ən	奔锛笨本盆门扪闷分芬吩坟焚粉粪奋愤跟根亘艮

肯啃恳垦痕很狠恨针真斟珍贞枕诊阵镇振抻层臣
尘晨沉衬趁称身伸申绅深呻神审婶慎肾甚渗森人
仁忍

-uən 蹲敦趸墩礅惇炖沌盹顿吞蹩轮伦沦仑纶囵

-əŋ 崩绷烹膨彭澎灯登等瞪邓凳镫疼藤腾誊棱冷庚耕
羹耿梗更坑哼衡恒横曾增蹭僧征睁争挣峥诤整拯
正政证郑瞠称陈成诚城呈承岑橙丞骋逞秤声生升
胜剩圣

-in -in 宾滨斌彬缤殡鬓拼贫品聘牝民皿闽闵抿敏悯林临淋
邻磷凛赁吝金今斤巾矜津仅紧谨锦尽近劲禁晋亲钦
秦琴勤擒芹禽沁辛新心欣衅信因音阴荫银寅淫引饮
隐尹印

-iŋ 兵冰丙柄饼秉禀病并摒乒平凭瓶评屏萍苹名酩铭明
铭螟冥暝溟酩命丁钉叮盯顶鼎定锭订听汀厅亭停庭
廷挺艇宁拧铃玲聆龄羚灵零凌陵领岭另令京荆旌惊
经径筋精井景警颈竞境镜净敬轻清青静进晴庆清星
兴形行型刑邢醒惺姓幸兴英盈营迎应映

-on -əŋ 蹦泵迸朋棚硼鹏篷捧碰蒙檬朦萌猛锰梦孟封丰蜂峰
锋烽风枫疯冯缝讽奉凤缝

-uŋ 东冬董懂动洞冻栋通同铜筒童桶统痛龙隆垄陇笼弄
宗棕踪鬃枞中钟总纵粽聪匆葱从丛崇耸竦悚怂送宋
颂诵讼

-oŋ -uŋ 工公功弓攻宫恭躬巩拱汞共供贡空孔恐空轰薨哄红
虹洪宏鸿泓弘烘

-uəŋ 翁嗡瓮

2. 荆门人说话，在韵母方面，也有些不规则的差异

例如：

荆门话 北京话 例 字

-a -ɤ 蔗

-ai -iɛn 岩

-an -uan 段短断端锻缎团乱卵滦峦孪挛栾銮脔娈鸾

-o	-əu	剖
-o	-ɑu	郝凿
-o	-ɤ	饿哦讹峨娥恶～心鄂遏鳄萼颚腭愕噩各歌割哥搁葛鸽可科颗课壳渴苛柯磕蝌么和喝合河禾盒鹤貉褐壑颌
-o	-u	暮募慕梳
-o	-uo	戳掇咄郭豁脱捉桌卓获或惑扩阔廓若弱硕拓蓑左
-o	-uai	率蟀
-on	-u	母拇姆钼目苜亩牧木沐睦穆
-e	-a	帕
-e	-ai	百白柏佰骸翟摘窄侧宅麦脉择
-e	-o	伯铂墨默陌殁泊迫粕魄
-e	-ei	给黑嘿北贼
-ei	-i	蔽币避臂毙敝弊闭坯譬批
-ei	-y	屦
-əu	-u	浮
-əu	-uo	做
-ən	-uən	墩敦吨顿囤钝炖盾遁吞屯臀饨尊遵村存忖轮伦仑纶沦论抡孙损笋榫隼
-i	-iɛ	携液掖腋曳
-i	-uei	尾
-io	-iɑu	药脚钥
-io	-iɛ	屑
-u	-o	佛卜萝～
-u	-əu	粥妯嗽薮
-uan	-an	染删珊舢
-uən	yn	蕴酝
-y	-i	役疫
-yɛ	-iɛ	茄
-yn	-oŋ	荣嵘

（三）声调比较

1. 荆门音系与北京音系声调调类相同

荆门音系与北京音系声调，都有阴平、阳平、上声、去声四类（没有入声），但调值完全不同。北京音系四声分别为 55 ˥（高平调）、35 ˧˥（中升调）、214 ˨˩˦（低降升调）、51 ˥˩（全降调）；荆门话高而急促，或升或降，以升为主。荆门音系四声，除第三声是降调外，其余都是上升的调子，分别为 55 ˥（高升调|发音时尾音上扬）、13 ˩˧（低升调）、42 ˦˨（高降调）、35 ˧˥（中升调）。

2. 荆门音系与北京音系的调类系统都是从中古汉语继承下来的

中古四声有入声，荆门音系四声和北京音系四声都没有入声，中古四声的平声字、上声字、去声字，在荆门音系和北京音系中，一般都还是平声（阴平、阳平）、上声、去声。但中古四声的入声字，在荆门音系和北京音系中，都不是入声。在北京音系中，中古四声所表现出来的特点是“入派三声”，而在荆门音系中，中古四声所表现出来的特点则是“入声为阳”。

例如：

古入声例字	北京话读音	荆门话读音
哭	kʻu˥	kʻu˩˧
桌	tʂuo˥	tso˩˧
出	tʂʻu˥	tsʻu˩˧
瞎	ɕia˥	ɕia˩˧
笔	pi˨˩˦	pi˩˧
湿	ʂʅ˥	sʅ˩˧
革	kɤ˧˥	ke˩˧
国	kuo˧˥	ko˩˧
博	po˧˥	pe˩˧
节	tɕiɛ˧˥	tɕiɛ˩˧
急	tɕi˧˥	tɕi˩˧
谷	ku˨˩˦	ku˩˧
铁	tʻiɛ˨˩˦	tʻiɛ˩˧
北	pei˨˩˦	pe˩˧
百	pai˨˩˦	pe˩˧

客	kʻe˥˩	kʻe˩˧
必	pi˥˩	pi˩˧

（以上为中古清声母入声字）

木	mu˥˩	mon˩˧
绿	ly˥˩	lu˩˧
幕	mu˥˩	me˩˧
烙	lɑu˥˩	lo˩˧
麦	mai˥˩	me˩˧
纳	na˥˩	la˩˧
入	ʐu˥˩	zu˩˧
月	yɛ˥˩	yɛ˩˧

（以上为中古次浊声母入声字）

白	pai˧˥	pe˩˧
敌	ti˧˥	ti˩˧
学	ɕyɛ˧˥	ɕio˩˧
直	tʂʅ˧˥	tsʅ˩˧
昨	tsuo˧˥	tso˩˧
滑	xua˧˥	xua˩˧
贼	tsei˧˥	tse˩˧
读	tu˧˥	tu˩˧
食	ʂʅ˧˥	sʅ˩˧
局	tɕy˧˥	tɕy˩˧

（以上为中古全浊声母入声字）

中古清声母入声字“哭桌出瞎笔湿”，在北京音系中为阴平；“革国博节急”在北京音系中为阳平；“谷铁北百”在北京音系中为上声，“客必”在北京音系中为去声。古次浊声母入声字“木绿幕烙麦纳入月”，在北京音系中为去声；古全浊声母入声字“白敌学直昨滑贼读食局”，在北京音系中为阳平。相对于中古四声来说，北京音系中没有入声，入声字派入平（阴平、阳平）、上、去三声。相对于中古四声来说，荆门音系中也没有入声，但入声字不是派入平（阴平、阳平）、上、去三声，绝大部分被派入荆门音系平声的阳平之中。

五、荆门音系与中古音系比较

（一）声母比较

古今声母比较表

	清		全　浊		次　浊		清	全　浊	
帮组	帮 兵 pin˥	滂 披 pʻei˥	並 平 pʻin˩˧	傍 pʻɑŋ˩˧	明 母 mon˥˧				帮组
非组	非 富 fu˧˥	敷 芳 fɑŋ˥	奉 扶 fu˩˧	妇 fu˩˧	微 谋 məu˩˧				非组
端泥组	端 东 ton˥	透 添 tʻiɛn˥	定 塗 tʻu˩˧	动 ton˧˥	泥 闹 lɑu˧˥	来 览 lan˥˧			端泥组
精组	精 租 tsu˥ 精 tɕin˥	清 粗 tsʻu˥ 签 tɕʻiɛn˥	从 齐 tɕʻi˩˧ 钱 tɕʻiɛn˩˧	截 tɕiɛ˩˧ 净 tɕin˧˥			心 骚 sɑu˥ 星 ɕin˥	邪 旬 ɕyn˩˧ 似 sɿ˧˥ 相 ɕiɑŋ˧˥ 谢 ɕiɛ˧˥	精组
知组	知 转 tsuan˥˧	彻 畅 tsʻɑŋ˧˥	澄 持 tsʻɿ˩˧	阵 tsən˧˥					知组
庄组	庄 斋 tsai˥	初 吵 tsʻɑu˥˧	崇 床 tsʻuɑŋ˩˧	状 tsuɑŋ˥			生 狮 sɿ˥ 搜 səu˥		庄组
章组	章 指 tsɿ˥˧	昌 炊 tsʻuei˥	船 神 sən˩˧	实 sɿ˩˧			书 守 səu˥˧	禅 谁 suei˩˧ 树 su˧˥	章组
日母					日 认 ən˧˥				日母
见晓组	见 歌˥ 概 kai˩˧	溪 课 kʻo˧˥ 钦 tɕʻin˥	群 骑 tɕʻi˥ 群 tɕʻyn˩˧	舅 tɕiəu˧˥ 渴 kʻo˩˧	疑 岸 an˧˥ 严 iɛn˩˧		晓 昏 xuən˥ 许 ɕy˥˧	匣 闲 ɕiɛn˩˧ 厚 xəu˧˥ 行 ɕin˩˧ 下 ɕia˧˥	见晓组
影组	影 污 u˥				云 雨 y˥˧	以 与 y˥˧			影组

荆门音系与中古音系声母比较表中，表左、右两边把中古声母分为帮组、非组、端泥组、精组、知组、庄组、章组、日母、见晓组、影组 10 组，表端按发音方法把中古声母分为清、全浊、次浊三类，表中心各栏是荆门音系与中古音系声母比较，每栏上部是中古声母，下部是荆门声母例字。从比较表中可以看出：

（1）中古音系的全浊声母，在荆门音系中全部读为清声母。

並母荆门音系读［p‘］，如：平 p‘in˩˧、傍 p‘ɑŋ˩˧。

奉母荆门音系读［f］，如：扶 fu˩˧、妇 fu˥˧。

定母荆门音系读［t］［t‘］，如：动 ton˥˧、塗 t‘u˩˧。

从母荆门音系读［tɕ］［tɕ‘］，如：截 tɕiɛ˩˧ 净 tɕin˥˧、齐 tɕ‘i˩˧ 钱 tɕ‘iɛn˩˧。

澄母荆门音系读［ts］［ts‘］，如：阵 tsən˥˧ 持 ts‘ʅ˩˧。

崇母荆门音系读［ts］［ts‘］，如：床 ts‘uɑŋ˩˧ 状 tsuɑŋ˥˧

船母荆门音系读［s］，如：神 sən˩˧ 实 sʅ˩˧

群母荆门音系读［tɕ］［tɕ‘］、［k‘］ 如：舅 tɕiəu˥˧ 骑 tɕ‘i˥˧ 渴 k‘o˩˧

邪母荆门音系读［ɕ］［s］ 如：旬 ɕyn˩˧ 似 sʅ˥˧ 相 ɕiɑŋ˥˧ 谢 ɕiɛ˥˧

禅母荆门音系读［s］，如：谁 suei˩˧ 树 su˥˧

匣母荆门音系读［ɕ］，如：闲 ɕiɛn˩˧ 厚 xəu˥˧ 行 ɕin˩˧ 下 ɕia˥˧

以上中古全浊声母荆门音系读［p‘］［f］［t］［t‘］［tɕ］［tɕ‘］［ɕ］［ts］［ts‘］［s］［k‘］等，都是清声母。

（2）中古音系的“知”系声母，在荆门音系中读为［ts］［ts‘］［s］［z］。

（3）中古音系的“精”组声母，在荆门音系中分化为［ts］［ts‘］［s］和［tɕ］［tɕ‘］［ɕ］两组。

中古的“精”“清”“从”“心”“邪”五母的字，在荆门音系中的开口呼、合口呼韵母前读［ts-］［ts‘-］［s-］，在齐齿呼、撮口呼韵母前读［tɕ-］［tɕ‘-］［ɕ-］。

荆门音系只有［ts］［ts‘］［s］［z］，没有［tʂ］［tʂ‘］［ʂ］［ʐ］，［ts］［ts‘］［s］来源有二，一是由中古音系的“知”系声母演化而来；二是由中古音系的“精”组声母分化而来。

（4）中古音系的“见”“晓”组声母，在荆门音系中分化为［k］［k‘］［x］和［tɕ］［tɕ‘］［ɕ］两组。

中古的“见”“溪”“群”“晓”“匣”五母的字，在荆门音系中的开口呼、合口呼韵母前读［k-］［k‘-］［x-］，在齐齿呼、撮口呼韵母前读［tɕ-］［tɕ‘-］［ɕ-］。

（二）韵母比较

古今韵母比较表之一

		一等			二等				三、四等							
		帮系	端系	见系	帮系	泥组	知章组	见系	帮系	端组	泥组	精组	庄组	知章组	日母	见系
果	开		o	o												yɛ
	合	e	o	o												yɛ
假	开				a	a	a	ia				iɛ		e	e	iɛ
	合						ua a	ua	u		y	y	u	u	u	y ɨ
遇	合	u e	u	u												
蟹	开	ei	ai	ai	ai a	ai	ai	ai ia	ei i	i	i	i		ɿ		i
	合	ei	ei	ei ai				uai ua	ei			uei		uei		ei i
止	开								ei i	i	i	ɿ	ɿ	ɿ	ɨ	i
	合								ei i		ei	uei	uai	uei	uei	uei
效	开	ɑu	ɑu	ɑu	ɑu	ɑu	ɑu	iɑu	iɑu	iɑu	iɑu	iɑu		ɑu	ɑu	iɑu
流	开	əu ɑn	əu	əu					əu u ɑu iɑu	iəu	iəu	iəu	əu	ai	əu	iəu
咸舒	开		an	an			an	iɛn	iɛn	iɛn	iɛn	iɛn		an	an	iɛn
	合															
深舒	开								in	in		in	ən	ən	ən	in
山舒	开		an	an	an		an	iɛn an	iɛn	iɛn	iɛn	iɛn		an	an	iɛn
	合	an	an	uan			uan	uan	an		iɛn	yɛn		uan	uan	yɛn
臻舒	开		ən	ən					in	in		in	ən	ən	ən	in
	合	ən	ən	uən					ən		ən	ən		ən	ən	yn
宕舒	开	ɑŋ	ɑŋ	ɑŋ							iɑŋ	iɑŋ	uɑŋ	ɑŋ	ɑŋ	iɑŋ
	合			uɑŋ an					ɑŋ uɑŋ							uɑŋ
江舒	开				ɑŋ		uɑŋ	iɑŋ								
曾舒	开	ən on	ən	ən					in		in	ən		ən	ən	in
	合			oŋ												
梗舒	开				ən on	ən	ən	ən	in	in	in	in		ən		in
	合							ən oŋ								in ioŋ
通舒	合	on	on	oŋ					on		on	on	on	on	on	oŋ ioŋ
咸入	开		a	o			a	ia		iɛ	iɛ	iɛ		iɛ		iɛ
	合								a							
深入	开										i	i	e	ɿ	u	i
山入	开		a	o	a		a	ia	iɛ	iɛ	iɛ	iɛ		e	e	iɛ
	合	e	o	o			ua	ua	a		e	yɛ				iɛ ɛ
臻入	开								i		i	i	e	ɿ	ɿ	i
	合	u ei	u	u							y	u	o	u		y
宕入	开	e	o	o							io	io		o	o	io
	合			o					e							io
江入	开				e u		o	o io								
曾入	开	e	e	e					i		i	i	e	ɿ		i
	合			o												y
梗入	开				e		e	e	i	i	i	i		e ɿ		i
	合							ua o								y
通入	合	u on	u	u o					u on		u	u	u	u	u	y

古今韵母比较表之二

		一等			二等				三、四等							
		帮系	端系	见系	帮系	泥组	知章组	见系	帮系	端组	泥组	精组	庄组	知章组	日母	见系
果开	例字		多 他	歌												茄
	荆门		to˥ ti˦	ko˥												tɕʻyɛ˧˥
果合	例字	婆	朵	科												靴
	荆门	pʻe˧˥	to˧˩	kʻo˥												ɕyɛ˥
假开	例字				巴	拿	茶	家 下				姐 写		扯 蛇	惹	爷
	荆门				pa˥	la˧˥	tsʻa˧˥	tɕia˥ ɕia˦				tɕiɛ˧˩ ɕiɛ˧˩		tsʻe˧˩ se˧˥	ze˧˩	iɛ˧˥
假合	例字						耍 傻	瓜 花								
	荆门						sua˧˩ sa˧˩	kua˥ xua˥								
遇合	例字	布 模	土	姑					府		女	絮	楚	猪	如	许 去
	荆门	pu˦ me˧˩	tʻu˧˩	ku˥					fu˧˩		ly˧˩	ɕy˦	tsʻu˧˩	tsu˥	zu˧˥	ɕy˧˩ kʻi˦
蟹开	例字	贝	带	开	摆 罢	奶	柴	街 佳	闭 米	低	泥	西		世		鸡
	荆门	pei˦	tai˦	kʻai˥	pai˧˩ pa˦	lai˧˩	tsʻai˧˥	kai˥ tɕia˥	pei˦ mi˧˩	ti˥	li˧˥	ɕi˥		ʂʅ˦		tɕi˥
蟹合	例字	杯	推	灰 魁 外				乖 坏 挂 画	肺			脆		税		卫 惠 锐 携
	荆门	pei˥	tʻei˥	xuei˥ kʻuei˥ uai˦				kuai˥ xuai˦ kua˦ xua˦	fei˦			tsʻuei˦		suei˦		uei˦ xuei˦ zuei˦ ɕi˥
止开									眉 皮	地	梨	丝	师	诗	二	奇
									mei˥ pʻi˧˥	ti˦	li˧˥	ʂʅ˥	ʂʅ˥	ʂʅ˥	zɨ˦	tɕʻi˧˥
止合									飞 尾		类 泪	随 髓	衰	水	蕊	贵 辉
									fei˥ i˧˩		lei˦ lei˦	suei˧˥ suei˦	suai˥	suei˧˩	zuei˧˩	kuei˦ xuei˥
效开	例字	毛	草	高	包	闹	罩	教 巧	庙	跳	料	焦		照	饶	桥
	荆门	mɑu˧˥	tsɑu˧˩	kɑu˥	pɑu˥	lɑu˦	tsɑu˧˥	tɕiɑu˦ tɕʻiɑu˧˩	miɑu˦	tʻiɑu˦	liɑu˦	tɕiɑu˥		tsɑu˧˥	zɑu˧˥	tɕʻiɑu˧˥

续 表

		一等			二等				三、四等							
		帮系	端系	见系	帮系	泥组	知章组	见系	帮系	端组	泥组	精组	庄组	知章组	日母	见系
流开	例字	某 母	头	口					谋 富 毛 彪	丢	流	酒	瘦	爱	柔	久
	荆门	məu˦˨ mon˦˨	tʻəu˩˧	kʻəu˦˨					məu˩˧ fu˥ mau˩˧ piau˥	tiəu˥	liəu˩˧	tɕiəu˦˨	səu˥	ai˥	zəu˩˧	tɕiəu˦˨
咸舒开	例字		胆	甘			衫	陷 馅	贬	甜	念	尖		闪	染	险 嫌
	荆门		tan˦˨	kan˥			san˥	ɕiɛn˥ ɕiɛn˥	piɛn˦˨	tʻiɛn˩˧	liɛn˥	tɕiɛn˥		san˦˨	zan˦˨	ɕiɛn˦˨ ɕiɛn˩˧
咸舒合	例字															
	荆门															
深舒开	例字								品		林	心	参	深	任	金
	荆门								pʻin˦˨		lin˩˧	ɕin˥	sən˥	sən˥	zən˩˧	tɕin˥
山舒开	例字		单	汉	班		山	眼 苋	变	电	年	前		扇	然	肩
	荆门		tan˥	xan˥	pan˥		san˥	iɛn˦˨ xan˥	piɛn˥	tiɛn˥	liɛn˩˧	tɕʻiɛn˩˧		san˥	an˩˧	tɕiɛn˥
山舒合	例字	半	短	换			闩 篡	关 患	饭 万		恋	全		船	软	远
	荆门	pan˥	tan˦˨	xuan˥			suan˥ tsʻuan˥	kuan˥ xuan˥	fan˥ uan˥		liɛn˥	tɕʻyɛn˩˧		tsʻuan˩˧	zuan˦˨	yɛn˦˨
臻舒开	例字		吞	根					民		邻	新	衬	真	人	斤
	荆门		tʻən˥	kən˥					min˥		lin˩˧	ɕin˥	tsʻən˥	tsən˥	ən˩˧	tɕin˥
臻舒合	例字	本	寸	婚 困					分 文		轮	笋		春	润	云
	荆门	pən˥	tsʻən˥	xuən˥ kʻuən˥					fən˥ uən˩˧		lən˩˧	sən˦˨		tsʻuən˥	zuən˥	yn˩˧
宕舒开	例字	旁	糖	康							两	想	霜	张	让	羊
	荆门	pʻaŋ˩˧	tʻaŋ˩˧	kʻaŋ˥							liaŋ˦˨	ɕiaŋ˦˨	suaŋ˥	tsaŋ˥	aŋ˥	iaŋ˩˧
宕舒合	例字			光 黄					方 网							王
	荆门			kuaŋ˥ xuaŋ˩˧					faŋ˥ uaŋ˦˨							uaŋ˩˧
江舒开	例字				胖		窗	讲 江								
	荆门				pʻaŋ˥		tsʻuaŋ˥	tɕiaŋ˦˨ tɕiaŋ˥								

续 表

		一等			二等				三、四等							
		帮系	端系	见系	帮系	泥组	知章组	见系	帮系	端组	泥组	精组	庄组	知章组	日母	见系
曾舒开	例字	崩 朋	凳	肯					冰		凌	甑		蒸	仍	鹰
	荆门	pən˥ pʻon˩˧	tən˩˧	kʻən˧˩					pin˥		lin˩˧	tsən˦		tsən˥	zən˩˧	in˥
曾舒合	例字			弘												
	荆门			xoŋ˩˧												
梗舒开	例字				彭 猛	冷	生	庚 杏	兵	钉	领	清		正		英
	荆门				pʻən˩˧ mon˧˩	lən˧˩	sən˥	kən˥ xən˦	pin˥	tin˥	lin˧˩	tɕʻin˥		tsən˦		in˥
梗舒合	例字							横 轰								荣 营 兄
	荆门							xən˩˧ xoŋ˥								yn˥ yn˩˧ ɕioŋ˥
通舒合	例字	蓬	动	工					风		龙	颂	崇	忠	绒	弓 雄
	荆门	pʻon˩˧	ton˦	koŋ˥					fon˥		lon˩˧	son˦	tsʻon˩˧	tson˥	zon˩˧	koŋ˥ ɕioŋ˩˧
咸入开	例字		答	合			插	甲 狭		贴	猎	接		摺		业
	荆门		ta˩˧	xo˩˧			tsʻa˩˧	tɕia˩˧ ɕia˥		tʻiɛ˩˧	liɛ˦	tɕiɛ˩˧		tse˩˧		iɛ˩˧
咸入合	例字								法							
	荆门								fa˩˧							
深入开	例字										立	集	涩	十	入	急
	荆门										li˩˧	tɕi˩˧	se˩˧	ʂʅ˥	zu˩˧	tɕi˩˧
山入开	例字		辣	割	八		扎	瞎 辖	别	铁	捏	节		舌	热	歇
	荆门		la˩˧	ko˩˧	pa˩˧		tsa˩˧	ɕia˩˧ ɕia˥	piɛ˦	tʻiɛ˩˧	liɛ˥	tɕiɛ˩˧		se˩˧	ze˩˧	ɕiɛ˩˧
山入合	例字	末	脱	活			刷	滑 刮	发 袜		劣	雪				血 月
	荆门	me˥	tʻo˩˧	xo˩˧			sua˩˧	xua˩˧ kua˥	fa˩˧ ua˩˧		le˩˧	ɕyɛ˩˧				ɕiɛ˥ yɛ˩˧

续 表

		一等			二等				三、四等							
		帮系	端系	见系	帮系	泥组	知章组	见系	帮系	端组	泥组	精组	庄组	知章组	日母	见系
臻入开	例字								笔		栗	漆	瑟 虱	失	日	吉 乙
	荆门								pi˩˧		li˩˧	tɕʻi˩˧	se˩˧ se˩˧	ʂʅ˩˧	zʅ˧˥	tɕi˥ i˩˧
臻入合	例字	不 没	突	骨					佛		律	戌卒	蟀	出		橘
	荆门	pu˩˧ mei˥	tʻu˩˧	ku˩˧					fu˩˧		ly˩˧	su˩˧ tsu˩˧	so˩˧	tʂʻu˩˧		tɕy˩˧
宕入开	例字	薄 泊	托	各							略	雀		着 勺	弱	脚
	荆门	pe˩˧ pʻe˩˧	tʻo˩˧	ko˩˧							lio˩˧	tɕʻio˧˥		tso˩˧ so˩˧	zo˩˧	tɕio˩˧
宕入合	例字			郭					缚							攫
	荆门			ko˩˧					pe˩˧							tɕʻio˧˥
江入开	例字				剥 朴		捉	角 觉								
	荆门				pe˩˧ pʻu˩˧		tso˩˧	ko˩˧ tɕio˥								
曾入开	例字	北	得	黑					逼		力	息	色	食		极
	荆门	pe˩˧	te˩˧	xe˩˧					pi˩˧		li˩˧	ɕi˩˧	se˩˧	ʂʅ˩˧		tɕi˩˧
曾入合	例字			国 或												域
	荆门			ko˩˧ xo˩˧												y˩˧
梗入开	例字				白 拍		择	隔	壁 碧	滴 笛	历	席		射 释		益
	荆门				pe˥ pʻe˩˧		tse˩˧	ke˥	pi˩˧ pi˩˧	ti˩˧ ti˩˧	li˩˧	ɕi˩˧		se˥ ʂʅ˩˧		i˩˧
梗入开	例字							划 虢 获								疫
	荆门							xua˥ ko˩˧ xo˥								y˩˧
通入合	例字	扑 木	读	屋 沃					福 目		六	足	缩	熟	肉	玉 菊 曲
	荆门	pʻu˥ mon˩˧	tu˩˧	u˥ o˩˧					fu˩˧ mon˩˧		ləu˩˧	tsu˩˧	su˩˧	su˩˧	zu˩˧	y˧˥ tɕy˩˧ tɕʻy˩˧

中古音系的韵母以《广韵》为代表，共有206韵（凡韵腹、韵尾、声调以及韵头不同的字分别划为不同的韵），音韵学家按照韵腹和韵尾相同或相近，把《广韵》206韵归并为十六摄。我们说的中古音系的韵母，就指《广韵》206韵和十六摄。

荆门音系与中古音系韵母比较表有二：比较表之一，是荆门音系韵母的具体分布；比较表之二，是例字和荆门方言读音。二表为古音十六摄，顺序为：果假遇蟹、止效流咸、深山臻宕、江曾梗通。有舒入相对的摄，所有舒声在前，入声在后。各摄先开口后合口。表头和表尾是一、二、三、四等和古声母的系组。

从比较表中可以看出：

(1) 中古音系止摄的“支”“纸”“寘”“脂”“旨”“至”“之”“止”“志”，以及臻摄的“质”“栉”，曾摄的“职”等韵的字，在荆门音系中都念 [-ɿ]。荆门音系没有舌尖后元音 [ʅ] 韵母，只有舌尖前元音[ɿ]韵母。

(2) 中古音系果摄的“果”“过”，宕摄韵“铎”，通摄的“沃”等韵的字，在荆门音系中都念 [-o]。荆门音系没有 [uo] 韵母，只有舌面后元音 [o] 韵母。“国”“郭”与“各”都念 [-o]。

(3) 中古音系曾摄的“蒸”“拯”“证”“登”“等”“嶝”，梗摄的“庚”“梗”“耕”“耿”“诤”等韵的字，在荆门音系中都念 [-ən]。荆门音系没有带后鼻韵尾的 [əŋ] 韵母，只有带前鼻韵尾的 [ən] 韵母。

(4) 中古音系梗摄的“清”“静”“劲”“青”“径”等韵的字，在荆门音系中都念 [-in]。荆门音系没有带后鼻韵尾的 [iŋ] 韵母，只有带前鼻韵尾的 [in] 韵母。

(5) 中古音系宕摄开口三等以精组、见组、“来”“影”为声母的药韵字，江摄开口二等以见组、“匣”为声母的觉韵字，荆门音系念 [-io]。

(6) 中古音系通摄合口一等以帮组、端组、精组为声母的“东”“冬”两韵字，以及通摄合口三等以非组、“泥”“来”、精组、照组为声母的“东”“钟”两韵字，荆门音系念 [-on]；中古音系通摄合口一等以见组、“晓”“匣”“影”为声母的东韵字，以及通摄合口三等以见组为声母的钟韵字，荆门音系念 [-oŋ]；中古音系通摄合口三等以见组、“影”为声母的东韵字，以及以“晓”“影”为声母的钟韵字，荆门音系念 [-ioŋ]。

(三) 声调比较

古今声调比较表

中古 \ 荆门		阴平	阳平	上声	去声
平声	清	波 pe˥ 多 to˥ 车 tsʻe˥ 光 kuɑŋ˥ 掏 tʻɑu˥ 竿 kan˥			憎 tsən˦
	次浊	猫 mɑu˥	苗 miɑu˩˧ 雷 lei˩˧ 人 ən˩˧ 云 yn˩˧		
	全浊		皮 pʻi˩˧ 团 tʻan˩˧ 茶 tsʻa˩˧ 裙 tɕʻyn˩˧	跑 pʻɑu˧ 惩 tsʻən˧	
上声	清			补 pu˧ 等 tən˧ 纸 tsʅ˧ 假 tɕia˧	癸 kuei˦ 灸 tɕiəu˧
	次浊		蚁 i˦	美 mei˧ 两 liɑŋ˧ 软 zuan˧ 尾 uei˧	
	全浊				妇 fu˦ 社 se˦ 技 tɕi˦ 抱 pɑu˦ 动 ton˦ 柱 tsu˦ 旱 xan˦
去声	清	殡 pin˥		箅 pʻi˧	报 pɑu˦ 冻 ton˦ 注 tsu˦ 汉 xan˦ 泻 ɕiɛ˦ 沸 fei˦
	次浊				冒 mɑu˦ 虑 ly˦ 胃 uei˦ 愿 yɛn˦ 慢 man˦ 内 lei˦ 认 ən˩˧
	全浊		鼻 pi˩˧		滞 tsʅ˦ 具 tɕy˦ 示 sʅ˦ 暴 pɑu˦ 洞 ton˦ 住 tsu˦ 汗 xan˦

续　表

荆门 / 中古		阴平	阳平	上声	去声
入声	清		笔 pi˩˧　得 te˩˧ 湿 sʅ˩˧　急 tɕi˩˧		
	次浊	摸 me˥　捋 lo˥	膜 me˩˧　幕 me˩˧ 烙 lo˩˧　麦 me˩˧ 纳 la˩˧　入 zu˩˧ 月 yɛ˩˧		亿i˩˧
	全浊	屐 tɕi˥	昨 tso˩˧　滑 xua˩˧ 贼 tse˩˧　白 pe˩˧ 读 tu˩˧　食 sʅ˩˧ 局 tɕy˩˧		剧 tɕy˧　玉 y˧

从表中可以看出中古四声和荆门音系声调的对应关系：

中古四声的清声母平声字在荆门音系中绝大部分为阴平，如“波多车光掏竿”，有个别转为去声，如“憎”；次浊声母、全浊声母平声字多为阳平，如“苗雷人云”（次浊声母平声字）、“皮团茶裙”（全浊声母平声字）；部分全浊声母平声字转为上声，如“跑惩”。

中古四声的清声母和次浊声母的上声字在荆门音系中大多数仍为上声，如“笔得湿急”（清声母上声字）、“美两软尾”（次浊声母上声字）；部分清声母上声字和全浊声母上声字转为去声，如“癸灸”（清声母上声字）、“妇社技抱动柱旱”（全浊声母上声字）。个别次浊声母的上声字转为阳平，如“蚁”。

中古四声的去声字在荆门音系中绝大部分仍为去声，如“报冻注汉泻沸”（清声母去声字）、“冒虑胃愿慢内认”（次浊声母去声字）、“滞具示暴洞住汗”（全浊声母去声字）；个别清声母去声字在荆门音系中转为阴平和上声，如“殡”（阴平）“算”（上声）。个别全浊声母去声字在荆门音系中转为阳平，如“鼻”。

中古四声的清声母入声字和绝大部分次浊声母、全浊声母入声字，在荆门音系中转为阳平，如“笔得湿急”（清声母入声字）、“膜幕烙麦纳入月”（次浊声母入声字）、“昨滑贼白读食局”（全浊声母入声字）；个别次浊声母、全浊声母入声字转为阴平或去声，如“摸捋”（次浊声母入声字）、“屐”（全浊声母入声字）转为阴平，“亿”（次浊声母入声字）、“剧玉”（全浊声母入声字）转为去声。

第三章 荆门方言词汇

一、词汇特点

（一）构词方式

荆门方言词中的合成词，在数量上占绝大多数，其构词方式主要有两类，一类是词根连接词缀，一类是词根相互融合。

1. 词根连接词缀的方式主要有两种：

（1）词根加前缀，如：老表、老兄、老张、老虎、老鼠；小赵、小丑、小春、小玉；第一、第二、第五、第十。

（2）词根加后缀，如：桌子、胖子、木头、苦头、记性、野性、学者、作者、教员、职员、行家、冤家、好手、能手、美化、绿化、杀猪佬、讨米佬。

词缀不仅有单音节的，还有双音节的，如：姊妹伙里、郎舅伙里、兄弟伙里；不仅有前缀、后缀，还有放在中间的，如：土里土气、傻里傻气、胡里胡涂、古里古怪。

2. 词根相互融合的方式主要有五种：

（1）偏正式，如：春耕、秋收、四季、牯牛、母猪、水车、背篓、粗心，整个词义的构成，以后一个词根为主，前偏后正；

（2）陈述式，如：眼花、头疼、胆怯、心虚、性急、年轻、火旺、气盛，后一个词根陈述前一个词根；

（3）支配式，如：带头、耕田、放牛、栽秧、割谷、打场、买粮、赶集，后一个词根接受前一个词根支配；

（4）补充式，如：抓紧、放松、认清、改正、提高、降低、打倒、推翻，后一个词根补充说明前一个词根；

(5) 联合式，如：生产、学习、脱离、放弃、眉目、线索、山水、江湖、窗户、干净、兄弟、国家，前后两个词根并列融合。

（二）词义差异

荆门方言词中的常用词，与北方话相对应的词语比较，大多数在词义方面没有什么不同，只是感情色彩不同。有些口语常用词，是北方话中没有的，这类词语在词义上有自己的特点。例如：

“罢脚子” pa˦ tɕio˩˧ r，俗称“罢货” pa˦ xo˦，指别人选过后不要的，或者剩下的，有轻鄙的意味；这是些～，我不要。

“撇淘” p'iɛ˩˧ t'ɑu˩˧，不讲客套，也说“撇脱” p'iɛ˩˧ t'o˩˧，相当于北方话的“随和”，但更形象生动，有直观性：他这个人蛮～，好伺候。

“麻嘀嘎” ma˧ ti˥ ka˥，催促他人抓紧时间，相当北方话的“快一点”，表达说话者的急迫心情：你～沙，时间来不及哒！

“翻涎” fan˥ ɕiɛn˩˧，相当于北方话的“恶心”，但感情色彩更浓：他一个死皮赖脸地纠缠，真是～。

“打花渣” ta˨ xua˥ tsa˥，注意力不集中，办一件事，总想些不相干的事，相当于北方话的“心猿意马”“心不在焉”，但却具体、实在，可感可知：他的学习成绩不好，就是因为上课喜欢～。

“喋巴” tiɛ˨ pa˥，反反复复地说一件事，相当于北方话的“啰唆”，然而却比说人“啰唆”形象生动：他不晓得好～，简直让人受不了。

“兑磨” tei˦ me˩˧，① 对人不诚恳，说话不负责任，办事不讲信用：这个人蛮～，不能随便相信他。② 哄骗别人：他又～哒我一回。

“哈缓” t'ai˦ xuan˨，遇事不着急，办事不慌不忙：他是个性质～的人。

“懒慎” lan˨ sen˦，相当于北方话的“懒惰”，但更直观：这个人～，这事不能交给他。

“乜侉” lia˨ kua˦，有两层意思：① 不注意收捡：你怎么这么～，把屋里收哈子吵！② 不爱整洁：看你好～，为么子脸都不洗？

“尬事” ka˦ sɿ˦，意思是开始行动：时间不早哒，快～吧！

“掼” k'uan˨，有两层意思：① 动词，用一只肩膀背负重物：你帮大哥～几十斤谷去喂鸭子。② 动词，很随便地“说”话：他就是喜欢瞎～，不要听他的。

“哈数” xa˥ su˦，有三层意思：① 心中有数：不要替他担心，他有～。

② 有本事：别看他其貌不扬，他可是很有～！③ 懂规矩：你这个人就是找不到～，怎么能随便收别人的东西呢？

“黄浑”xuɑŋ˩˧ xuən˩˧，有两层意思：① 不清白：她是你的小姨，你不要～，那是打不得的。② 神志不清：不行，不能这样，我怎么一下子～哒呢？

“精扎”tɕin˥ tsa˧，意思是年纪虽然很大，手脚却很利索：这老人家好～呀！

“俏劲”tɕ'iɑu˥ tɕin˥，意思是年纪虽然很大，却很有精神：他的妈七十几哒，还蛮～呢。

“煬”ɕi˩˧，意思是冬天生火取暖，火烤得使人受不了：火盆的炭火好大，蛮～人子。

“扎实”tsa˩˧ ʂʅ˩˧，有三层意思：① 结实：这张竹床做得很～。② 分量重：这包东西好～，有二三十斤呢！③ 引申指人的功底深厚：他这篇文章写得蛮～。

“挝拉合子”tsua˩˧ la˥ xo˩˧ r，或者单说“挝”，表示肯定和赞同，与北方话的“对”的意思差不多，但有强烈的感情色彩：甲，这事请大哥先说。乙，～，该大哥先说。“挝拉合子”也说“挝合子”。

“拆辣”ts'a˩˧ la˩˧，有两层意思：① 指一个人行为夸张、过分、失度：这个人说话风风火火的，不晓好～。② 也指为人小气、不大方：你就把给她，免得她说你～。

“扯不抻”ts'e˧ pu˩˧ ts'en˥，有两层意思：① 说不清白：她是一个～的三弦子（不明事理的人）。② 衣服不平展：他穿的衣服哈是皱起的，不管怎样都～。

“耍干”sua˧ kan˩˧，有两层意思：① 办事干净利落：她蛮～，办事有魄力。② 打扮得体，穿戴整洁：她穿的蛮～，显得特别有精神。

“哑尚”a˧ saŋ˥，意思是有意出气：糖已放的不少哒，你还要放，何必使～呢！

“恶赊”o˩˧ se˥，有两层意思：① 不顾一切地：比赛开始，他～地朝前跑，最后跑哒第一。② 固执己见：是她～地要去的，怨不得别个。

“无空达萨”u˩˧ koŋ˥ ta˩˧ sa˧，有两层意思：① 毫无缘由：我真是背时，～被他噘tɕyɛ˩˧（骂）哒一餐。② 无中生有：根本没有的事，你～说么子？

荆门方言与北方话词语的差异，往往与词的构成方式有关。荆门方言中有些特殊的后缀，带有这些后缀的词，与北方话相对应的词的词义有明显差异。这些特殊的后缀，有名词后缀，也有形容词后缀。

“娃子”a˧ r，名词后缀，附在部分名词后表示幼小。例如：猪～（小猪）；狗～（小狗）；凳～（小凳子）；锅～（小锅）。

“伙里”xo˨ li˨，名词后缀，附在表称谓的双音节合成词之后表亲密关系。例如：姊妹～、郎舅～、兄弟～、妯娌～。

“佬”lA u˧，名词后缀，附在动宾短语之后，表示有某种身份或者有某种技艺的人，略带有贬义。例如：杀猪～、补锅～、剃头～、讨米～、烧火～、调皮～（特指喜欢惹是生非、不听话的小孩）、日白～（喜欢说谎话、说大话的人）。

“人子”ən˩ ʅ，形容词后缀，附在“恨”“饿”“走”一类动词之后，构成一种特殊形容词，表示事物具有使人产生某种感受的性质。例如：你真是不争气，太恨～哒！｜人家的成绩那么好，你门门功课都不及格，还不怄～？｜太阳晒～。｜红苕吃多哒膨～。｜这条路弯弯曲曲，真走～！

“声”sən˦，形容词后缀，附在重叠形式的象声词或重叠形式的单音节动词后面，从声音或形态方面描写事物的状态。例如：笑得咯咯～｜北风吹得呼呼～｜人多嘴杂吵得哄哄～｜老鼠子叫得叽叽～｜走得旋旋～｜眼泪滴滴～｜水荡荡～。

（三）特殊词语

1. 称谓词语

“姆妈”m˥ ma˧，母亲。

“家爷”ka˥ ye˩，外祖父。

“家家”ka˥ ka˥，外祖母。

“幺幺”iɑu˨ iɑu˨，叔父，也有称“幺爹”的，还有称“挨爷”ai˥ ye˩的。

“大爸”ta˧ pa˩，“大爸”是大伯父，“二爸”是二伯父。

“妲妲”ta˩ ta˩，姑妈、姨妈。

“祖父”“祖母”也有称“爹爹”“婆婆”的；“外祖父”“外祖母”也有称为“家 ka˥ 公”“家 ka˥ 婆”的。“姑妈”也有称“爸爸”的。若称“姑妈”为“爸爸”，“伯父”则称“伯伯”，“大伯父”称“大伯”，“二伯父”称“二伯”；“大爸”即是“大姑妈”，“二爸”即是“二姑妈”。对父亲、母亲，也有改口叫的，即称母亲为“爸爸”或“姐姐”，称父亲为“幺幺”或“幺爹”或“挨爷”。

“小妈”ɕiɑu˨ ma˥，婶娘。

“兄弟”ɕioŋ˥ ti˥，弟弟，也称“兄儿”ɕioŋ˥ zɨ˩。

“姑姐子”“姑妹子”，对夫姐妹的背称。“姨姐子”“姨妹子”，对妻姐妹的背称。“小叔子”，对夫弟的背称。“大伯子”，对夫兄的背称。“男将”“男展［站］（指男人站立的姿势，有显示、展示的意思）”，对夫的背称。“堂客”“屋里人”，对妻的背称。“老巴子”，指年老女人，也是对妻的背称。“老虎”俗称“老巴子”。“烧火佬”，对妻的贱称。“舅倌子”，对妻兄弟的背称。“舅母子”，对妻兄弟妻子的背称。“媳妇子”，对儿媳妇的背称。“老头子”：① 指年老的男人；② 子女对父亲的背称；③ 年纪较大的女人对丈夫的爱称。“幺屋里”，兄长对最小的兄弟的称呼。“姑娘”，对女儿的背称。“女婿”，对女儿的丈夫的背称。“奶巴子”，指婴儿，又称“奶托子”。

“暮气”mo˥ tɕʻi˥，指不晓事理的人。也称“智暮”tsʅ ˩ me˩、“苕气”sʌu˩ tɕʻi˥。

“洋袢”iɑŋ˩ pʻan˩，指办事不在行的人，也指精力不集中的人。

“泡皮”pʻau˥ pʻi˩，指外强内虚、中看不中用的人。

“嘿宝”xe˨ pau˨，指办事不顾后果的人。

“戆棒”tsuaŋ˨ paŋ˥，指行为粗鲁的人。

“二惶”zɨ˩ xuaŋ˩，指言行举止有违常理的人。

2. 婚丧词语

“过喜事”kuo˥ ɕi˨ sʅ˥，结婚，又叫“过期”kuo˥ tɕʻi˥、“过道路”kuo˥ tau˥ lu˥。

“纳八字”la˥ pa˥ r，订婚，经“媒人”说合，男女双方大人交换儿女的生辰八字（记每个人的出生“年”“月”“日”“时”用天干、地支称说，一共有八个字。“八字”就是指一个人的出生“年”“月”“日”“时”），如果双方生辰八字相合，就确定婚姻关系。“纳八字”也叫“说媳妇子”。

“择期”tsɤ˩ tɕʻi˥，选定结婚日期。

“过礼”kuo˧ li˧，送彩礼。

“嫁姑娘”tɕia˧ ku˥ liɑŋ˩˧，女儿出嫁。

“接媳妇”tɕiɛ˩˧ ɕi˩˧ fu˧，儿子娶亲。

“吃老米”tɕʻi˩˧ lɑu˨˦ mi˥，女儿在家招婿。

“上门”sɑŋ˧ men˨˦，男到女家为婿。

“送小媳妇子”suŋ˧ ɕiɑu˨˦ ɕi˩˧ fu˧ r，当童养媳。

“有喜哒”iou˨˦ ɕi˨˦ ta˩˧，怀孕。

“在月里”tsai˧ yɛ˧ li˨˦，坐月子。

“月母子”yɛ˧ on˨˦ r，坐月子的妇女。

“洗三”ɕi˧ san˥，小孩出生第三天的庆典。

“洗九”ɕii˧ tɕiu˨˦，小孩出生第九天的庆典。

“抓周”tsuɑ˥ tsou˥，小孩满周岁的庆典。

“白喜事”po˨˦ ɕi˨˦ sʅ ˧，老人寿终正寝的庆典。

“老哒”lɑu˨˦ ta˩˧，老人去世。

“走哒”tsou˧ ta˩˧，人死了，也叫“走路哒”。

“丢哒”tiu˧ ta˩˧，小孩夭折。

3. 农事词语

“下秧”ɕia˧ iɑŋ˥，育水稻秧苗。

“秧把子”iɑŋ˥ pa˨˦ r，一束秧苗。

“穰秧把子”xuai˨˦ iɑŋ˥ pa˨˦ r，拔秧苗（先把秧苗拔起来，然后扎成一把一把的）。

“扯秧草”tsʻe˨˦ iɑŋ˥ tsʻɑu˨˦，秧田除草。

“秧棵子”iɑŋ˥ kʻo˨˦ r，快出穗的秧苗。

“提沟”tʻi˩˧ kəu˥，把秧棵子拔起来开沟放水。

“稻场”tɑu˧ tsʻɑŋ˩˧，门前稻谷脱粒的场地。

“碾稻场”liɛn˨˦ tɑu˧ tsʻɑŋ˩˧，把稻场用石滚碾平，是收割的准备工作。

“草头”tsʻɑu˨˦ tʻəu˩˧，成捆的未脱粒的稻梗。

“挑草头”tʻiɑu˥ tsʻɑu˨˦ tʻəu˩˧，把成捆的未脱粒的稻梗搬到稻场上。

“打谷”ta˥ ku˩˧，把稻梗上的稻谷粒脱离下来。

“赶磙”kan˨˦ kun˨˦，用牛拉着石磙碾稻场、碾稻梗（脱粒）。

“翻杈”fan˥ tsʻa˥，把用石磙碾过后的稻梗用杨杈翻过来再碾。

"点绿豆" tiɛn˨ lu˥ təu˩，播种绿豆。

"出牛粪" tsʻu˩ iəu˩ fen˥，清除牛栏。

"铲草皮" tsʻan˨ tsʻɑu˨ pʻi˩，冬季积肥活动。

"千担" tɕʻiɛn˥ tan˥，挑草头用的木制扁担，两头尖尖的，包上铁皮。

"杨杈" iɑŋ˩ tsʻa˥，翻稻草用的叉子，用杨柳的枝杈做成。

"箩筐" lo˩ tɕʻiɑŋ˩，挑谷用的器具，竹制、圆形，麻绳穿四根系。

"粪筐" fen˥ tɕʻiɑŋ˩，挑粪用的器具，竹制，撮箕形，竹片穿三根系。

"篼子" yɛn˥ r，撮土用的器具，竹制，撮箕形，比粪筐小，一般不穿系，也可用麻绳穿三根系，用来挑土。

"牯牛" ku˨ iəu˩，公水牛。

"沙牛" sa˥ iəu˩，母水牛。

"黄牯" xuɑŋ˩ ku˨，公黄牛。

"黄沙" xuɑŋ˩ sa˥，母黄牛。

"叫驴子" jiɑu˥ ly˩ r，公驴子。

"骒驴子" kʻo˥ ly˩ r，母驴子。

二、分类词表

凡 例

1. 本词表所收录的词语是根据中国社会科学院语言研究所方言组《方言调查词汇表》调查整理所得。这些词语按意义分为二十九类。为反映方言特色，某些范围在《调查词汇表》基础上有所扩充。

2. 每条词语先写汉字，然后用国际音标注音，用五度制调号标调。一般较难理解的，就在标音后加以注释。不止一个义项的，注释时分别用圆圈数码表示。释文中"～"代表所注的字，"|"表示前后内容并立。

3. 同义或近义词语排列在一起，第一条顶格排列，其他各条降格另行排列。

4. 词汇表里的用字和标音，均依本书第二章同音字汇。

5. 分类词表目录如下：

（一）天文；（二）地理；（三）时令　时间；（四）农业；（五）植物；（六）动物；（七）房舍；（八）器具　用品；（九）称谓；（十）亲属；（十一）身体；（十二）疾病　医疗；（十三）衣服　穿戴；（十四）饮食；（十五）红白大事；（十六）日常生活；（十七）讼事；（十八）交际；（十九）商业　交通；（二十）文化教育；（二十一）文体活动；（二十二）动作；（二十三）位置；（二十四）代词等；（二十五）形容词；（二十六）副词　介词等；（二十七）量词；（二十八）附加成分等；（二十九）数字等。

（一）天文

1. 日、月、星

日头 zʅ˧ tʻəu˨　太阳
日光 zʅ˧ kuɑŋ˥　阳光
向阳 ɕiɑŋ˧ iɑŋ˧　朝太阳的一面
背阴 pei˧ in˥　背太阳的一面
日头地里 zʅ˧ tʻəu˨ ti˧ li˧　有太阳光的地方
阴凉地里 in˥ liɑŋ˨ ti˧ li˧　没有太阳光的地方
天狗蚀日 tʻiɛn˥ kəu˧ sʅ˨ zʅ˧　日蚀
月亮 yɛ˧ liɑŋ˧
月光 yɛ˧ kuɑŋ˥
月亮地里 yɛ˧ liɑŋ˧ ti˧ li˧　有月光的地方
天狗蚀月 tʻiɛn˥ kəu˧ sʅ˨ yɛ˧　月蚀
星宿 xin˥ ɕiu˩　星辰
天河 tʻiɛn˥ xo˧　银河
北斗星 pe˨ təu˧ xin˥
启明星 tɕʻi˥ min˧ xin˥
流星 liu˧ xin˥
扫帚星 sɑu˧ tsu˧ xin˥　彗星

2. 风、云、雷、雨

风 fon˥
大风 ta˧ fon˥
小风 ɕiɑu˧ fon˥
狂风 kʻɑŋ˨ fon˥
旋涡子风 ɕuan˧ uo˥ r fon˥
顶头风 tin˧ tʻəu˨ fon˥
迎风 in˨ fon˥　前进的方向与风向相反
顺风 suən˧ fon˥　前进的方向与风向相同
起风哒 tɕʻi˧ fon˥ ta˨
云 yn˨
乌云 u˥ yn˨
白云 pe˨ yn˨　一朵一朵像棉花的云
鱼鳞云 y˧ lin˧ yn˨
发霞 fa˧ ɕia˧　天边出现彩霞
早霞 tsɑu˧ ɕia˧　早上出现的彩霞
晚霞 uan˧ ɕia˧　傍晚出现的彩霞
雷 lei˨

雷公菩萨 lei˩ koŋ˥ p'u˩ sa˥
打雷 ta˧ lei˩
打炸雷 ta˧ tsa˥ lei˩
闪 san˧ 闪电
闪金娘娘 san˧ tɕin˥ liaŋ˩ liaŋ˩
扯闪 tɕ'e˥ san˧
扯金钩子闪 tɕ'e˥ tɕin˥ kəu˥ rsan˧
雨 y˧
雾露子雨 u˥ lo˥ ry˧ 雾状的雨
麻逢子雨 ma˩ fon˥ ry˧ 细小的雨
小雨 ɕiau˧ y˧
大雨 ta˥ y˧
暴雨 pau˥ y˧
连阴雨 liɛn˩ in˥ y˧
雷阵雨 lei˩ tsən˥ y˧
马艳 ma˥ iɛn˥ 彩虹
下雨哒 ɕia˥ y˧ ta˩
雨住哒 y˧ tsu˩ ta˩
跑暴 p'au˧ pau˥ 下暴雨。暴雨来得猛，晴得快，故称“跑”。
六月里下雨隔牛背 ləu˩ yɛ˥ li˧ ɕia˥ y˧ ke˩ iau˩ pei˧ 六月里的暴雨一阵阵，下雨的范围小，有时牛背的这边有雨，而那边却无雨。

3. 冰、雪、霜、露

凌冰 lin˥ pin˥ 冰
凌勾子 lin˥ kəu˧ r 屋檐下的冰挂
凌籽籽 lin˥ tsi˥ tsi˥ 冰雹
下凌籽籽 ɕia˥ lin˥ tsɿ˧ tsɿ˧ 下冰雹
上凌 soŋ˥ lin˥ 结冰
化凌 xua˥ lin˥ 解冻
雪 ɕyɛ˩
鹅毛雪 o˩ mau˩ ɕyɛ˩ 也叫鹅毛团
雪籽籽 ɕyɛ˩ tsɿ˧ tsɿ˧ 米粒状的雪
下雪 ɕia˥ ɕyɛ˩
化雪 xua˥ ɕyɛ˩
雨夹雪半个月 y˧ tɕia˩ ɕyɛ˩ pan˥ ko˥ yɛ˥ 时雨时雪，又是雨又是雪，就会下很长的时间
霜 suaŋ˥
打霜 ta˧ suaŋ˥ 降霜
雾 u˥
起雾 tɕ'i˧ u˥
下罩子 ɕia˥ tsau˩ r 浓雾弥漫
露水 lu˥ suei˧
下露 ɕia˥ suaŋ˥ 露水遍地

4. 气候

天道 t'iɛn˥ tau˥ 天气
天道晴 t'iɛn˥ tau˥ tɕ'in˩ 晴天
天道阴 t'iɛn˥ tau˥ in˥ 阴天
天道热 t'iɛn˥ tau˥ ze˩
天道冷 t'iɛn˥ tau˥ lən˧
好天道 xau˧ t'iɛn˥ tau˥
伏天 fu˩ t'iɛn˥ 最热的天道
入伏 zu˩ fu˩ 夏至后第三个庚日入伏
初伏 ts'u˥ fu˩ 初伏十天，夏至后第三个庚日开始
中伏 tson˥ fu˩ 中伏十天或二十天，夏至后第四个庚日开始

末伏 me˥ fu˩ 末伏十天，立秋后第一个庚日开始

闷热 mən˦ ze˩ 三伏天不热也有点闷

九天 tɕiəu˨ tʻiɛn˥ 最冷的天道

数九 su˨ tɕiəu˨ 冬至日开始数九，天道由最冷到转暖

冷清 lən˨ tɕʻin˦ 三九天不冷也有点清

三九 san˥ tɕiəu˨ 指“头九”（又叫“一九”）、“二九”、“三九”。三“九”，共二十七天，是冬天最冷的天道

天干 tʻiɛn˥ kan˨ 天旱

涨水 tsɑŋ˨ sue˨

淹水 an˥ sue˨

（二）地理

1. 田

田 tiɛn˩

熟田 su˦ tiɛn˩ 已耕种的田

荒田 xuɑŋ˥ tiɛn˩ 未耕种的田

水田 suei˨ tiɛn˩ 种水稻的田

旱田 xan˦ tiɛn˩ 种小麦、杂粮、棉花、花生等作物，无须土地表面蓄水的田

秧田 iɑŋ˥ tiɛn˩ 水稻育秧的田

园田 yɛn˩ tiɛn˩ 种菜的田

泡田 pʻau˥ tiɛn˩ 用水泡沤肥的休耕田

板田 pan˨ tiɛn˩ 不用水泡的休耕田

冲田 tsʻon˥ tiɛn˩ 两岗坡之间的水田

塝田 pɑŋ˥ tiɛn˩ 岗坡上的耕地

沙土田 sa˥ tʻu˨ tiɛn˩

黄土田 xuɑŋ˨ tʻu˨ tiɛn˩

2. 山

山 san˥

山头 san˥ tʻəu˩ 山的顶部

山崖 san˥ ai˩ 山边

山坡 san˥ pʻe˥ 山上的漫坡

山腰 san˥ iɑu˥ 半山腰

山脚 san˥ tɕio˩ 山的底部

山凹子 san˥ ua˦ r 山间的平地

山谷 san˥ ku˩ 两山之间低凹的地方

山涧 san˥ tɕin˦ 两山之间的流水沟

丘陵 tɕʻiəu˥ lin˩ 连绵成片的小山

3. 河、湖、水

河 xo˩

河坡 xo˩ pʻe˥ 河边的漫坡地

河滩 xo˩ tʻan˥ 河水浅时露出的地方

河岸 xo˩ an˦ 河的边缘

河堤 xo˩ tʻi˩ 人工构筑的土坝

港 kɑŋ˨ 小河沟

水沟 suei˨ kəu˥

水渠 suei˨ tɕʻy˩

总干渠 tson˨ kan˩ tɕʻy˩

三干渠 san˨ kan˩ tɕʻy˩

四干渠 sɿ˦ kan˩ tɕʻy˩

湖 xu˦

水库 suei˦ k'u˦ 大型水利设施

堰塘 iɛn˦ t'ɑŋ˦ 蓄水设施

垱 tɑŋ˦ 比水库小比堰塘大的蓄水设施

坝 pa˦ 河中拦水的建筑物

洲 tsəu˥ 水中陆地

水 suei˦

热水 e˦ suei˦ 加热的水

温水 uən˥ suei˦ 有一定温度的水

开水 k'ai˥ suei˦ 煮沸的水

冷开水 lən˦ k'ai˥ suei˦ 煮沸后冷却的水

生水 sən˥ suei˦ 自然水

凉水 liɑŋ˦ suei˦ 可以饮用的自然水

清水 tɕ'in˥ suei˦ 纯净没有混杂物的水

浑水 xuən˥ suei˦ 浑浊的水

江水 tɕiɑŋ˥ suei˦

河水 xo˦ suei˦

泉水 tɕ'yɛn˦ suei˦

雨水 y˦ suei˦

涨大水 tsɑŋ˦ ta˦ suei˦ 山洪暴发

洪水 xoŋ˦ suei˦

洪峰 xoŋ˦ foŋ˥ 最高水位的洪水

4. 石沙、土块、矿物

石头 sʅ˦ t'əu˦

大石头 ta˦ sʅ˦ t'əu˦

小石头 ɕiɑu˦ sʅ˦ t'əu˦

石板 sʅ˦ pan˦ 板状的石块

鹅卵石 o˦ lan˦ sʅ˦

金矿石 tɕin˥ kɑŋ˦ sʅ˦

银矿石 in˦ kɑŋ˦ sʅ˦

铜矿石 t'on˦ kɑŋ˦ sʅ˦

铁矿石 t'iɛ˦ kɑŋ˦ sʅ˦

锡矿石 ɕi kɑŋ˦ sʅ˦

煤矸石 mei˦ kan˥ sʅ˦

石灰 sʅ˦ xuei˥

磁石 ts'ʅ˦ sʅ˦

玉石 y˦ sʅ˦

沙籽 sa˥ tsʅ˦

沙滩 sa˥ t'an˥

砖 tsuan˥ 黏土等烧制成的建筑材料

灰砖 xuei˥ tsuan˥ 灰色的砖

红砖 xoŋ˥ tsuan˥ 红色的砖

瓷砖 ts'ʅ˥ tsuan˥ 用瓷土烧制的砖

土砖 t'u˦ tsuan˥ 在夯实土地上挖制的砖块

土坯 t'u˦ p'ei˥ 用模具制成的砖块

砖坯 tsuan˥ p'ei˥ 没有经过烧制的毛坯砖

瓦 ua˦ 铺屋顶用的建筑材料

布瓦 pu˦ ua˦ 手工制坯烧成的弧形状的瓦

机瓦 tɕi˥ ua˦ 机械制坯烧成的板状的瓦

红瓦 xoŋ˥ ua˦ 红色的机瓦

灰尘 xuei˥ tɕ'ən˦

泥巴 li˥ pa˥

土垡子 t'u˦ fa˥ r

5. 城乡处所

地方 ti˧ faŋ˥ 居住的所在

城墙 tsʻən˩ tɕʻiaŋ˩

城门 tsʻən˩ mən˩

城内 tsʻən˩ lei˧

城外 tsʻən˩ uai˧

巷子 xoŋ˧ r

城里 tsʻən˩ li˨

街里 kai˥ li˨

乡里 ɕiaŋ˥ li˨

集上 tɕi˩ saŋ˨

集场上 tɕi˩ tsʻaŋ˩ saŋ˨

山沟子里 san˥ kəu˥ r li˨

路 lu˧

走路 tsəu˨ lu˧ 房前屋后的人行通道

小路 ɕiau˨ lu˧ 车辆无法通行的路

大路 ta˧ lu˧ 很多人走的路

土路 tʻu˨ lu˧ 人来人往自然形成的路

公路 koŋ˥ lu˧ 人工修筑的交通大道

马路 ma˨ lu˧ 可通行车马的宽阔大道

（三）时令 时间

1. 季节

四季 sɿ˧ tɕi˧

春天 tsʻuən˥ tʻiɛn˥ 阴历正、二、三月

夏天 ɕia˧ tʻiɛn˥ 阴历四、五、六月

秋天 tɕʻiəu˥ tʻiɛn˥ 阴历七、八、九月

冬天 ton˥ tʻiɛn˥ 阴历十、冬、腊月

二十四节气 zö˧ sɿ˩ sɿ˧ tɕiɛ˩ tɕʻi˧

立春 li˩ tsʻuən˥

雨水 y˨ suei˨

惊蛰 tɕin˥ tsɿ˩

春分 tsʻuən˥ fən˥

清明 tɕʻin˥ min˥

谷雨 ku˩ y˨

立夏 li˩ ɕia˧

小满 ɕiau˨ man˨

芒种 maŋ˨ tson˧

夏至 ɕia˧ tsɿ˧

小暑 ɕiau˨ su˨

大暑 ta˧ su˨

立秋 li˩ tɕʻiəu˥

处暑 tsʻu˨ su˨

白露 pe˩ lu˧

秋分 tɕʻiəu˥ fən˥

寒露 xan˩ lu˧

霜降 suaŋ˥ tɕiaŋ˧

立冬 li˩ ton˥

小雪 ɕiau˨ ɕyɛ˩

大雪 ta˧ ɕyɛ˩

冬至 ton˥ tsɿ˧

小寒 ɕiau˨ xan˩

大寒 ta˧ xan˩˧

历书 li˩˧ su˥ 生产生活通书

黄历 xuɑŋ˩˧ li˩˧ 黄帝历

皇历 xuɑŋ˩˧ li˩˧ 旧时的官方历书

阳历 iɑŋ˩˧ li˩˧ 太阳历，以一个太阳回归年为一年

阴历 in˥ li˩˧ 太阴历，以十二个月亮公转周期为一年

农历 lon˩˧ li˩˧ 阴历与农业生产密切相关，亦称“农历”

2. 节日

过年 ko˧ liɛn˨˦ 辞旧迎新

除夕 tsʻu˩˧ ɕi˩˧ 农历一年最后一天的夜晚

大年初一 ta˧ liɛn˨˦ tsʻu˥ i˩˧ 农历一年开头的一天

元宵节 yɛn˩˧ ɕiɑu˥ tɕiɛ˩˧ 农历正月十五

清明节 tɕʻin˥ min˥ tɕiɛ˩˧

端午节 tan˥ u˨˦ tɕiɛ˩˧ 农历五月初五

七夕节 tɕʻi˩˧ ɕi˩˧ tɕiɛ˩˧ 农历七月初七的晚上

月半节 yɛ˩˧ pan˧ tɕiɛ˩˧ 农历七月十五

中秋节 tson˥ tɕʻiəu˥ tɕiɛ˩˧ 农历八月十五

重阳节 tsʻon˩˧ iɑŋ˩˧ tɕiɛ˩˧ 农历九月初九

3. 年

今年 tɕin˥ liɛn˨˦

去年 tɕʻyɛ˧ liɛn˨˦

前年 tɕʻiɛn˩˧ liɛn˨˦

大前年 ta˧ tɕʻiɛn˩˧ liɛn˨˦

明年 min˥ liɛn˨˦

后年 xəu˧ liɛn˨˦

大后年 ta˧ xəu˧ liɛn˨˦

往年 uɑŋ˨˦ liɛn˨˦ 过去的年头

年年 liɛn˨˦ liɛn˨˦ 年复一年

每年 mei˨˦ liɛn˨˦

整年 tsən˨˦ liɛn˨˦

年初 liɛn˨˦ tsʻu˥

年中 liɛn˨˦ tson˥

年底 liɛn˨˦ ti˨˦

上半年 sɑŋ˧ pan˧ liɛn˨˦

下半年 ɕia˧ pan˧ liɛn˨˦

4. 月

正月 tsən˥ yɛ˩˧

腊月 la˩˧ yɛ˩˧

闰月 zuən˧ yɛ˩˧

每月 mei˨˦ yɛ˩˧

月初 yɛ˩˧ tsʻu˥

月底 yɛ˩˧ ti˨˦

上旬 sɑŋ˧ ɕyn˩˧

中旬 tson˥ ɕyn˩˧

下旬 ɕia˧ ɕyn˩˧

一个月 i˩˧ ko˧ yɛ˩˧

前个月 tɕʻiɛn˩˧ ko˧ yɛ˩˧

这个月 tse˧ ko˧ yɛ˩˧

上个月 sɑŋ˧ ko˧ yɛ˩˧

下个月 ɕia˧ ko˧ yɛ˩˧

5. 日、时

今日 tɕi˥ zʅ˧ 今天
昨日 tso˨˦ zʅ˧ 昨天
明日 me˨˦ zʅ˧ 明天
后日 xəu˨˦ zʅ˧ 后天
外后日 uai˧ xəu˨˦ zʅ˧ 大后天
前日 tɕʻiɛ˨˦ zʅ˧ 前天
一星期 i˨˦ ɕin˥ tɕʻi˥
星期天 ɕin˥ tɕʻi˥ tʻiɛn˥
十几天 sʅ˨˦ tɕi˨˦ tʻiɛn˥ 比十天多
每天 mei˩ tʻiɛn˥
整天 tsən˩ tʻiɛn˥
上半天 sɑŋ˧ pan˧ tʻiɛn˥
下半天 ɕia˧ pan˧ tʻiɛn˥
半天 pan˧ tʻiɛn˥
大半天 ta˧ pan˧ tʻiɛn˥
一哈哈 i˨˦ xa˥ xa˥ 极言时间短
天蒙蒙亮 tʻiɛn˥ mon˨˦ mon˨˦ liɑŋ˧
清晨 tɕʻin˥ sən˨˦ 日出前后的一段时间
中界 tson˥ kai˨˦ 中午
中间午时 tson˥ kan˩ u˩ sʅ˨˦
白天 pe˨˦ tʻiɛn˥
打夜眼子 ta˧ iɛ˧ iɛn˩ r 天快黑的时候
晚上 uan˩ sɑŋ˩
晚界 uan˩ kai˨˦
整夜 tsən˩ iɛ˧
半夜 pan˧ iɛ˧
上半夜 sɑŋ˧ pan˧ iɛ˧
下半夜 ɕia˧ pan˧ iɛ˧
深夜 sən˥ iɛ˧

6. 其他时间概念

年份 liɛn˩ fən˧ 指某一年
月份 yɛ˨˦ fən˧ 指某一月
日子 zʅ˧ r 指岁月
时候 sʅ˨˦ xəu˧ 指某一段时间
先前 ɕiɛn˥ tɕʻiɛn˨˦
后来 xəu˧ lai˨˦
现在 ɕiɛn˧ tsai˧
未来 uei˧ lai˨˦

（四）农业

1. 农事

耕种 kən˥ tson˧
春耕 tsʻuən˥ kən˥
春种 tsʻuən˥ tson˧
夏收 ɕia˧ səu˥
秋收 tɕʻiəu˥ səu˥
早秋 tsɑu˩ tɕʻiəu˥
晚秋 uan˩ tɕʻiəu˥
种水田 tson˧ suei˩ tʻiɛn˨˦
育秧 y˨˦ iɑŋ˥
整田 tsən˩ tʻiɛn˨˦
赶耖 kan˩ tɕʻɑu˧
穰秧把子 xuai˩ tɕʻɑu˧ pa˩ r
插秧 tsʻa˨˦ iɑŋ˥

放水 faŋ˧ suei˨ 放渠道的水灌田
车水 ts'e˥ suei˨ 车水库及堰塘里的水灌田
扯秧草 ts'e˨ iaŋ˥ ts'au˨
施肥 sʅ˥ fei˩
打农药 ta˨ lon˩ io˩
滢水 in˧ suei˨ 滢菜园子水
浇水 tɕiau˥ suei˨
挖田角落 ua˥ t'iɛn˩ ko˩ lau˥
提沟 t'i˩ kəu˥
碾稻场 liɛn˨ tau˧ ts'aŋ˩
割谷 ko˩ ku˩
捆草头 k'uən˨ ts'au˨ t'əu˩
挑草头 t'iau˥ ts'au˨ t'əu˩
打谷 ta˨ ku˩
赶磙 kan˨ kuən˨
翻杈 fan˥ ts'a˥ 用杨杈把压过的稻草翻过来
晒谷 sai˧ ku˩
扬锨 iaŋ˩ ɕyɛn˥ 用木锨扬弃谷粒中较轻的杂物
归仓 kuei˥ ts'aŋ˥
种旱田 tson˧ xan˩ t'i
耕田 kən˥ t'iɛn˩
耙田 p'a˩ t'iɛn˩
薅草 xau˥ ts'au˨
松土 son˥ t'u˧
上粪 saŋ˨ fən˧
积肥 tɕi˩ fei˩
粪肥 fən˧ fei˩
牛粪 iəu˩ fən˧
猪粪 tsu˥ fən˧
狗粪 kəu˨ fən˧
鸡粪 tɕi˥ fən˧
大粪 ta˧ fən˧
草皮肥 ts'au˨ p'i˩ fei˩
化肥 xua˧ fei˩
尿素 liau˧ su˧
复合肥 fu˩ xo˩ fei˩
磷酸氨 lin˩ suan˥ an˥
过磷酸钙 ko˧ lin˩ suan˥ kai˩

2. 农具

犁 li˩
犁身 li˩ sən˥
犁把 li˩ pa˨
犁尾巴 li˩ i˨ pa˥
犁铧 li˩ xua˩
耙 p'a˩
耖子 ts'au˧ r 把高低不平的水田赶平的农具
锹 tɕ'iau˥
挖锄 tsua˩ ts'u˩
钉耙 tin˥ p'a˩ 铁器
薅锄子 xau˥ ts'u˩ r
铪耙子 xa˥ p'a˩ r 竹制的耙树叶的耙子
拖拉机 t'o˥ la˥ tɕi˥
手扶拖拉机 səu˨ fu˩ t'o˥ la˥ tɕi˥
插秧机 ts'a˩ iaŋ˥ tɕi˥
收割机 səu˥ ko˩ tɕi˥
打米机 ta˨ mi˨ tɕi˥
抽水机 tɕ'əu˥ suei˨ tɕi˥

水泵 sueiɴ paŋɨ

水车 sueiɴ ts'eㄱ

风斗 fonㄱ təuɴ 使米粒跟谷壳分离的器具

石磙 sɿɅ kuənɴ 打谷、碾稻场的圆柱形石器

磨子 meɨ r 磨面的石器

腰磨 iauㄱ meɨ 大磨子

檑子 leiɨ r 脱去稻谷外皮的器具

磨心 meɨ ɕinㄱ 磨子、檑子中心的铁轴

碾子 liɛnɴ r

碓窝子 teiɨ oㄱ r

连枷 liɛnɅ kaiɅ

镰刀 liɛnɅ tauㄱ

砍刀 k'anɴ tauㄱ 用来劈开或剁断木柴的刀

木锨 monɅ ɕyɛnㄱ

铁锨 t'iɛɅ ɕyɛnㄱ

筛子 saiㄱ r

大筛子 taɨ saiㄱ r

二筛子 zɨɨ saiㄱ r

小筛子 ɕiauɴ saiㄱ r

面筛子 miɛnɨ saiㄱ r

罗筛 loɅ saiㄱ

簸箕 peɨ tɕiㄱ

撮箕 ts'oɨ tɕiㄱ

荡窝 t'aŋɴ oㄱ 竹制的大盛器

箩筐 loɅ tɕ'iaŋɅ

粪筐 fenɨ tɕ'iaŋɅ 竹片穿三根系绳的竹器

箢子 yɛnㄱ r 比粪筐小，不穿系绳的竹器

扁担 piɛnɴ tanɨ

扫帚 sauɴ tsuɅ

大扫帚 taɨ sauɴ tsuɅ

小扫帚 ɕiauɴ sauɴ tsuɅ

镐头 keɅ t'əuɅ （钯头）

牛鼻桊 iəuɅ piɅ tɕyɛnɨ

（五）植物

1. 农作物

庄稼 tsuaŋㄱ tɕiaɨ

水稻 sueiɴ tauɨ

稻谷 tauɨ kuɅ

早稻 tsauɴ tauɨ

中稻 tsonㄱ tauɨ

晚稻 uanɴ tauɨ

粳稻 kənɴ tauɨ

紫金稻 tsɿɴ tɕinㄱ tauɨ

早糯 tsauɴ loɴ

一季晚籼 iɅ tɕiɨ uanɴ ɕyɛnㄱ

双季晚籼 suaŋㄱ tɕiɨ uanɴ ɕyɛnㄱ

麦子 meɅ r

大麦 taɨ meɅ

小麦 ɕiauɴ meɅ

荞麦 tɕ'iauɅ meɅ

苞谷 pɑu˥ ku˩ 玉米
  高粱梭子 kɑu˥ liɑŋ˩ so˥ r
高粱 kɑu˥ liɑŋ˩
芝麻 tsʅ˥ ma˩
白芝麻 pe˩ tsʅ˥ ma˩
黑芝麻 xe˩ tsʅ˥ ma˩
棉花 miɛn˩ xua˥
棉花桃子 miɛn˩ xua˥ t'ɑu˩ r
麻 ma˩
苎麻 tsu˥ ma˩
麻秆 ma˩ kan˥
红苕 xoŋ˩ sɑu˩
  红薯 xoŋ˩ su˧
油菜 iəu˩ ts'ai˦
油菜籽 iəu˩ ts'ai˦ tsʅ˧
向日葵 ɕiɑŋ˦ zʅ˦ k'uei˩
葵花籽 k'uei˩ xua˥ tsʅ˧
五谷杂粮 u˧ ku˩ tsa˩ lioŋ˩
粮食 lioŋ˩ sʅ˩
米 mi˧
  大米 ta˦ mi˧ 相对于杂粮而言
熟米 su˩ mi˧ 舂碾过的米
糙米 ts'ɑu˦ mi˧ 未舂碾的米
晚稻米 uan˧ tɑu˦ mi˧
早稻米 tsɑu˧ tɑu˦ mi˧
粳稻米 kən˧ tɑu˦ mi˧
糯米 lo˧ mi˧
籼米 ɕyɛn˥ mi˧
谷 ku˩ 未去壳的谷粒
瘪壳子 piɛ˧ k'o˩ r 空的或不饱满的谷粒
土豆 t'u˧ təu˦
芋头 y˦ t'əu˩
山药 san˥ io˩
藕 əu˧
  莲菜 liɛn˩ ts'ai˦
莲蓬 liɛn˩ p'on˩
莲籽 liɛn˩ tsʅ˧

2. 豆类、菜蔬

豆 təu˦
黄豆 xuɑŋ˩ təu˦
绿豆 lu˦ təu˦
豇豆子 p'e˩ kɑŋ˥ r
黑豆 xe˩ təu˦
红豆 xoŋ˩ təu˦
豌豆 uan˥ təu˦
小豌豆 ɕiɑu˧ uan˥ təu˦
大豌豆 ta˦ uan˥ təu˦ 蚕豆
豇豆子 kɑŋ˥ təu˦ r
扁豆 piɛn˧ təu˦
菜蔬 ts'ai˦ su˥
苋菜 xan˦ ts'ai˦
芥菜 kai˩ ts'ai˦
菠菜 pe˥ ts'ai˦
大白菜 ta˦ pe˩ ts'ai˦
小白菜 ɕiɑu˧ pe˩ ts'ai˦
球白菜 tɕ'iəu˧ pe˩ ts'ai˦
生菜 sən˥ ts'ai˦
芹菜 tɕ'in˩ ts'ai˦
芫荽 yɛn˧ suei˥

茭白 tɕiɑu˥ pe˧˩
菜薹子 ts'ai˦ ts'ai˦ r
莴笋 o˥ sən˨ 莴苣
莴笋叶子 o˥ sən˨ iɛ˧˩ r
萝卜 lo˧˩ pu˨
萝卜菜 lo˧˩ pu˨ ts'ai˦
萝卜干 lo˧˩ pu˨ kan˥
胡萝卜 xu˧˩ lo˧˩ pu˨
黄瓜 xuɑŋ˧˩ kua˥
菜瓜 ts'ai˦ kua˥
稍瓜 sɑu˥ kua˥
丝瓜 sɿ˥ kua˥
喜瓜子 ɕi˨ kua˥ r
苦瓜子 k'u˨ kua˥ r
南瓜 lan˧˩ kua˥
冬瓜 ton˥ kua˥
茄子 tɕ'yɛ˧˩ r
葫芦 xu˧˩ lu˧˩
瓠子 xu˦ r
姜 tɕiɑŋ˥
葱 ts'on˥
洋葱 iɑŋ˧˩ ts'on˥
大蒜 ta˦ suan˥
蒜头 suan˦ t'əu˧˩
蒜苗子 suan˦ miɑu˨ r
蒜泥 suan˦ li˧˩
韭菜 tɕiəu˨ ts'ai˦
韭黄 tɕiəu˨ xuɑŋ˧˩
西红柿 ɕi˥ xoŋ˧˩ sɿ˦
辣椒 la˧˩ tɕiɑu˥
辣椒面 la˧˩ tɕiɑu˥ miɛn˦
胡椒 xu˧˩ tɕiɑu˥
胡椒面 xu˧˩ tɕiɑu˥ miɛn˦

3. 树木

树林 su˦ lin˧˩
小树 ɕiɑu˨ su˦
大树 ta˦ su˦
栽树 tsai˥ su˦
砍树 k'an˨ su˦
树筒子 su˦ t'on˧˩ r
树颠子 su˦ tiɛn˥ r
树蔸子 su˦ tu˥ r
树叶子 su˦ iɛ˧˩ r
树枝子 su˦ tsɿ˥ r
树丫子 su˦ a˥ r
树苗子 su˦ miɑu˧˩
树木 su˦ mon˧˩
松树 son˥ su˦
马尾松 ma˨ uei˨ son˥
松毛 son˥ mɑu˧˩
松果子 son˥ ko˨ r
松子 son˥ tsɿ˨
松香 son˥ ɕiɑŋ˥
杉树 san˥ su˦
杉木 san˥ mon˧˩
水杉 suei˨ san˥
桑树 sɑŋ˥ su˦
桑枣子 sɑŋ˥ tsɑu˨ r
桑叶子 sɑŋ˥ iɛ˧˩ r
杨树 iɑŋ˧˩ su˦

白杨树 pe˩˧ iɑŋ˩˧ su˥˧
柳树 liəu˧˩ su˥˧
柳树枝子 liəu˧˩ su˥˧ tsɿ˥
油桐树 iəu˩˧ t'on˩˧ su˥˧
桐籽 t'on˩˧ tsɿ˧˩
桐油 t'on˩˧ iəu˩˧
泡桐树 p'ɑu˥ t'on˩˧ su˥˧
梧桐树 u˩˧ t'on˩˧ su˥˧
楝树 liɛn˥˧ su˥˧
楝树果拉子 liɛn˥˧ su˥˧ ko˧˩ la˥ r
柏树 pe˩˧ su˥˧
扁柏 piɛn˧˩ pe˩˧
刺柏 tɕ'ɿ˥˧ pe˩˧
檀树 t'an˩˧ su˥˧
檀木 t'an˩˧ mon˩˧
檀香木 t'an˩˧ ɕiɑŋ˥ mon˩˧
榔树 lɑŋ˥ su˥˧
榆树 y˩˧ su˥˧
槐树 xuai˩˧ su˥˧
栗树 li˩˧ su˥˧
香樟树 ɕiɑŋ˥ tsɑŋ˥ su˥˧
皂挂树 tsɑu˩˧ kua˥˧ su˥˧
皂挂 tsɑu˩˧ kua˥˧
樟树 tsɑŋ˥ su˥˧
桂花树 kuei˥˧ xua˥ su˥˧
荆条 tɕin˥ t'iɑu˩˧
果树 ko˧˩ su˥˧
枣树 tsɑu˧˩ su˥˧
桃树 t'ɑu˧˩ su˥˧
杏子树 xən˥˧ r su˥˧
李子树 li˧˩ r su˥˧
梨子树 li˩˧ r su˥˧
樱桃树 in˥ t'ɑu˩˧ su˥˧
枇杷树 p'i˩˧ p'a˩˧ su˥˧
石榴树 sɿ˩˧ liəu˧˩ su˥˧
橘子树 tɕy˩˧ r su˥˧
柑子树 kan˥ r su˥˧
柿子树 sɿ˥˧ r su˥˧
板栗树 pan˧˩ li˩˧ su˥˧
苹果树 p'in˩˧ ko˧˩ su˥˧
核桃树 xe˩˧ t'ɑu˩˧ su˥˧
白果树 pe˩˧ ko˧˩ su˥˧　银杏树
竹林 tsu˩˧ lin˩˧
竹子 tsu˩˧ r
水竹 suei˧˩ tsu˩˧
桂竹 kuei˧˩ tsu˩˧
竹笋 tsu˩˧ sən˧˩
冬笋 ton˥ sən˧˩
春笋 ts'uən˥ sən˧˩
笋衣壳 sən˧˩ i˥ k'o˩˧
竹竿子 tsu˩˧ kan˥ r
竹叶子 tsu˩˧ iɛ˩˧ r
劈篾 p'i˩˧ miɛ˥˧　将青竹竿劈成薄片
篾片 miɛ˥˧ p'iɛn˥˧
篾黄 miɛ˥˧ xuɑŋ˩˧
篾青 miɛ˥˧ tɕ'in˥

4. 瓜果

水果 suei˧˩ ko˧˩
枣子 tsɑu˧˩ r
桃子 t'ɑu˧˩ r

杏子 xən˧˥ r

李子 li˥˧ r

梨子 li˩˧ r

樱桃 in˥ tʻɑu˩˧

枇杷 pʻi˩˧ pʻa˩˧

石榴 sʅ˩˧ liəu˥˧

橘子 tɕy˩˧ r

柑子 kan˥ r

柿子 sʅ˧˥ r

板栗 pan˥˧ li˩˧

苹果 pʻin˩˧ ko˥˧

核桃 xe˩˧ tʻɑu˩˧

白果 pe˩˧ ko˥˧　银杏

西瓜 ɕi˥ kua˥

甜瓜 tʻiɛn˩˧ kua˥

瓜子 kua˥ tsʅ˥˧

南瓜子 lan˩˧ kua˥ tsʅ˥˧

荸荠 pʻi˩˧ tɕʻiəu˥

甘蔗 kan˥ tsa˥˧

花生 xua˥ sən˥

　落花生 lo˩˧ xua˥ sən˥

花生米 xua˥ sən˥ mi˥˧

花生壳子 xua˥ sən˥ kʻo˩˧ r　花生的外壳

花生皮 xua˥ sən˥ pʻi˩˧　花生米的衣壳

5. 花草、菌类

花 xua˥

花苞子 xua˥ pɑu˥ r

花蕾 xua˥ lei˩˧

花瓣 xua˥ pan˧˥

花蕊 xua˥ zuei˥˧

桂花 kuei˥˧ xua˥

菊花 tɕy˩˧ xua˥

梅花 mei˩˧ xua˥

腊梅花 la˩˧ mei˩˧ xua˥

迎春花 in˩˧ tsʻuən˥ xua˥

凤仙花 fon˧˥ ɕyɛn˥ xua˥

水仙花 suei˥˧ ɕyɛn˥ xua˥

茉莉花 me˩˧ li˧˥ xua˥

月季花 yɛ˩˧ tɕi˧˥ xua˥

鸡冠花 tɕi˥ kuan˥ xua˥

牵牛花 tɕʻiɛn˥ iəu˩˧ xua˥

杜鹃花 tu˧˥ tɕyɛn˥ xua˥

映山红 in˧˥ san˥ xoŋ˩˧

山茶花 san˥ tsʻa˩˧ xua˥

荷花 xo˩˧ xua˥

芙蓉花 fu˥ ioŋ˩˧ xua˥

石榴花 sʅ˩˧ liəu˥˧ xua˥

兰草花 lan˩˧ tsʻɑu˥˧ xua˥

含羞草 xan˩˧ ɕiəu˥ tsʻɑu˥˧

万年青 uan˧˥ liɛn˩˧ tɕʻin˥

仙人掌 ɕyɛn˥ ən˩˧ tsɑŋ˥˧

芦苇 lu˩˧ uei˩˧

芦花 lu˩˧ xua˥

蒲草 pʻu˩˧ tsʻɑu˥˧

毛蜡烛 mɑu˩˧ la˩˧ tsu˩˧　蒲草花

蘑菇 me˩˧ ku˥

香菇 ɕiɑŋ˥ ku˥

冬菇 ton˥ ku˥

（六）动物

1. 家畜、家禽

牲口 sən˥ k'əu˨

牛 iɑu˩

公牛 koŋ˥ iɑu˩

母牛 mon˨ iɑu˩

水牛 suei˨ iɑu˩

黄牛 xuɑŋ˩ iɑu˩

牯牛 ku˨ iɑu˩　公水牛

沙牛 sa˥ iɑu˩　母水牛

黄牯 xuɑŋ˩ ku˨　公黄牛

黄沙 xuɑŋ˩ sa˩　母黄牛

小牛娃子 ɕiɑu˨ iɑu˩ a˦ r　牛犊子

马 ma˨

公马 koŋ˥ ma˨

母马 mon˨ ma˨

小马娃子 ɕiɑu˨ ma˨ a˦ r　马驹子

驴子 ly˩ r

叫驴子 tɕiɑu˨ ly˩ r　公驴

骒驴子 k'o˨ ly˩ r　母驴

骡子 lo˩ r

驴骡子 ly˩ lo˩ r　马父驴母

马骡子 ma˨ lo˩ r　驴父马母

家畜 tɕia˥ ts'u˩

猪 tsu˥

母猪 mon˨ tsu˥

婆猪子 p'e˩ tsu˥ r　做种的公猪

肉猪 zu˩ tsu˥　供食用的猪

生猪 sən˥ tsu˥　存栏的活猪

猪娃子 tsu˥ a˦ r　断奶后的幼猪

牙猪子 ia˩ tsu˥ r　雄性幼猪

奶尖子 lai˨ tɕiɛn˥ r　雌性幼猪

羊 iɑŋ˩

绵羊 miɛn˩ iɑŋ˩

山羊 san˥ iɑŋ˩

公羊子 koŋ˥ iɑŋ˩ r

母羊子 mon˨ iɑŋ˩ r

羊羔 iɑŋ˩ kɑu˥

羊皮 iɑŋ˩ p'i˩

狗 kəu˨

公狗 koŋ˥ kəu˨

母狗 mon˨ kəu˨

小狗娃子 ɕiɑu˨ kəu˨ a˦ r　断奶后的幼犬

哈巴狗 xa˥ pa˥ kəu˨

猎犬 liɛ˦ tɕ'yɛn˨

猫 mɑu˥

男猫 lan˩ mɑu˥

女猫 ly˨ mɑu˥

兔子 t'u˦ r

公兔子 koŋ˥ t'u˦ r

母兔子 mon˨ t'u˦ r

家禽 tɕia˥ tɕ'in˩

鸡 tɕi˥

鸡公 tɕi˥ koŋ˥

鸡母 tɕi˥ mon˨

旋鸡公 ɕyɛn˦ tɕi˥ koŋ˥　阉过的公鸡

抱鸡母 pɑu˦ tɕi˥ mon˨　孵小鸡的母鸡

小鸡子 ɕiɑu˨ tɕi˥ r

鸡冠子 tɕi˥ kuan˥ r

鸡爪子 tɕi˥ tsau˦ r
鸡蛋 tɕi˥ tan˦
鸭 ia˩
鸭公 ia˩ koŋ˥
鸭母 ia˩ mon˨
鸭巴子 ia˩ pa˥ r　小鸭
鸭蛋 ia˩ tan˦
鹅 o˩
鹅巴子 o˩ pa˥ r　小鹅
鹅蛋 o˩ tan˦

2. 飞禽、走兽

走兽 tsəu˨ səu˨
老虎 lau˨ xu˨
　老巴子 lau˨ pa˥ r　老虎的别称
母老虎 mon˨ lau˨ xu˨
豹子 pau˨ r
金钱豹 tɕin˥ tɕʻiɛn˩ pau˨
豺狗子 tsʻai˩ kəu˨ r　豺狼
野猪子 iɛ˨ tsu˥ r
狐狸 xu˩ li˨
狗獾子 kəu˨ xuan˥ r
老鼠 lau˨ su˨
檐老鼠子 iɛn˩ lau˨ su˨ r
　蝙蝠 piɛn˨ fu˩
田老鼠子 tʻiɛn˩ lau˨ su˨ r
黄狼子 xuaŋ˩ laŋ˦ r　黄鼠狼
飞禽 fei˥ tɕʻin˩
老鸹 lao˨ ua˥　乌鸦
丫雀子 ia˥ tɕʻio˦ r　喜鹊
麻雀子 ma˩ tɕʻio˦ r
燕子 iɛn˦ r
雁 an˥
斑鸠 pan˥ tɕiəu˨
鸽子 ko˩ r
鹌鹑 an˥ tsʻuan˦
苦鸹子 ku˥ kua˦ r　灰褐色的水鸟，比鸽子小，叫声凄惨，似哭诉“苦啊！苦啊！”
啄木鸟 tso˩ mon˩ liau˨
猫头鹰 mau˥ tʻəu˩ in˥
八哥子 pa˩ ko˦ r
鹦鹉 in˥ u˨
白鹤子 pe˩ xo˩ r
鹰子 in˥ r　老鹰
鹞子 iau˦ r　与老鹰同类
野鸡 iɛ˨ tɕi˥
野鸭 iɛ˨ ia˩
鱼鹰子 y˩ in˥ r
鹭鸶 lu˦ sɿ˥
翅膀 tsɿ˩ paŋ˨
嘴壳子 tsuei˨ kʻo˩ r　鸟类之嘴
鸟窝 liau˨ o˥

3. 虫类

蛇 se˩
　长虫 tsʻaŋ˩ tsʻon˩
水蛇子 suei˨ se˩ r　无毒蛇
七寸子 tɕʻi˩ tsʻən˨ r　毒蛇
青蛇彪 tɕʻin˥ se˩ piau˥　毒蛇
土聋子 tʻu˨ lon˥ r　毒蛇
桑树根 saŋ˥ su˦ kən˥　毒蛇
昆虫 kʻuən˥ tsʻon˩
蚕 tsʻan˩

蚕蛹子 ts'an˨ ioŋ˥ r
折蛛 tse˨ tsu˥ 蜘蛛
蚂蚁 ma˧ i˦
土狗子 tu˧ kəu˧ r 蝼蛄
土鳖 tu˧ piɛ˨
地鳖 ti˦ piɛ˨
蛐蟮 tɕ'y˨ tsan˥ 蚯蚓
蜗牛 o˥ iəu˨
螳螂 t'aŋ˨ laŋ
蜈蚣 y˨ koŋ˨
脚蛇子 tɕio˨ se˨ r 壁虎
毛虫 mau˨ ts'on˨
杨辣子 iaŋ˨ la˨ r
肉虫 zu˨ ts'on˨ 米里的米色虫
蚜虫 ia˨ ts'on˨
蚊子 uən˨ r
苍蝇 ts'aŋ˥ in˥
饭蚊子 fan˦ uən˨ r
夜蚊子 iɛ˦ uən˨ r
牛蚊子 iəu˨ uən˨ r 牛虻
虱子 se˨ r
虮子 tɕi˥ r
臭虫 ts'əu˦ ts'on˨
虼蚤 ke˨ tsau˧ 跳蚤
蛐蛐 tɕ'y˨ tɕ'y˨ 蟋蟀
灶狗子 tsau˨ kəu˨ r 状似蟋蟀，出没于厨房
蟑螂 tsaŋ˥ laŋ˨
螳螂 t'aŋ˨ laŋ˨
蝗虫 xuaŋ˨ ts'on˨
蚱蜢子 tsua˨ mon˧ r
虮油子 tɕi˥ iəu˨ r 知了
蜂子 fon˥ r
蜜蜂 mi˨ fon˥
马蜂 ma˧ fon˥
蜂窝 fon˥ o˥
蜂蜜 fon˥ mi˨
眠花子 miɛn˨ xua˥ r 萤火虫
打屁虫 ta˧ p'i˦ ts'on˨
飞蛾子 fei˥ o˨ r
蝴蝶 xu˨ tiɛ˨
虰虰 tin˥ tin˥ 蜻蜓
花大姐 xua˥ ta˦ tɕiɛ˧ 瓢虫

4. 鱼、虾类

鱼 y˨
鲤鱼 li˧ y˨
鲫鱼 tɕi˨ y˨
鳊鱼 piɛn˥ y˨
草鱼 ts'au˧ y˨
黄鱼 xuaŋ˨ y˨
鳜鱼 kuei˦ y˨
鳗鱼 man˦ y˨
带鱼 tai˦ y˨
鲈鱼 lu˨ y˨
鲇鱼 liɛn˨ y˨
黑鱼 xe˨ y˨
墨鱼 me˨ y˨
鱿鱼 iəu˨ y˨
胖头鱼 p'aŋ˥ t'əu˨ y˨
金鱼 tɕin˥ y˨
泥鳅 li˨ tɕ'iəu˥
鳝鱼 san˦ y˨

干鱼 kan˥ y˩˧
鱼鳞 y˩˧ lin˩˧
鱼刺 y˩˧ tsʻʅ˦
鱼虚泡 y˩˧ ɕy˥ pʻau˦
鱼鳃 y˩˧ sai˥
鱼籽 y˩˧ tsʅ˧
鱼苗 y˩˧ miau˩˧
钓鱼 tiau˥ y˩˧
钓鱼竿子 tiau˥ y˩˧ kan˥ r
钓鱼钩 tiau˥ y˩˧ kəu˥
鱼篓 y˩˧ ləu˧
鱼网 y˩˧ uaŋ˧
虾 ɕia˥
虾仁 ɕia˥ ən˩˧　鲜品
虾米 ɕia˥ mi˧　干货
虾籽 ɕia˥ tsʅ˧　虾的卵，干制后做调味品
乌龟 u˥ kuei˥
团鱼 tʻan˩˧ y˩˧　鳖
甲鱼 tɕia˩˧ y˩˧
螃蟹 pʻaŋ˩˧ xai˧
蟹黄 xai˧ xuaŋ˩˧
客蟆子 kʻe˩˧ ma˧ r　青蛙
客蟆鲇子 kʻe˩˧ ma˧ liɛn˩˧ r　蝌蚪
癞客蟆 lai˦ kʻe˩˧ ma˧　蟾蜍
蚂蟥 ma˧ xuaŋ˩˧　水蛭
螺蛳 lo˩˧ sʅ˥
蚌壳 pʻaŋ˦ kʻo˩˧

（七）房舍

1. 房屋

屋场 u˩˧ tsʻaŋ˩˧　①房屋建筑群，如：前面有一个大～，有好多房子；②没有房屋的空场地，如：这个～，原来住的是一家大财主。
草屋 tɕʻau˧ u˩˧
瓦屋 ua˦ u˩˧
平房 pʻin˩˧ faŋ˩˧
院子 yɛn˦ r
院墙 yɛn˦ tɕʻiaŋ˩˧
影壁 in˧ pi˩˧
楼房 ləu˩˧ faŋ˩˧
楼上 ləu˩˧ saŋ˦
楼下 ləu˩˧ ɕia˦
门楼 mən˩˧ ləu˩˧
楼道 ləu˩˧ tau˦
楼板 ləu˩˧ pan˧
楼梯 ləu˩˧ tʻi˥
阳台 iaŋ˩˧ tʻai˩˧
晒台 sai˦ tʻai˩˧
五正五厅 u˧ tsən˦ u˧ tʻin˥　四合院，上面五间正屋，下面五间厅屋，左右各两间厢房，中间一个大中天。
堂屋 tʻaŋ˩˧ u˩˧
正屋 tsən˦
厅屋 tʻin˥ u˩˧
厢房 ɕiaŋ˥ faŋ˩˧
客房 kʻe˩˧ faŋ˩˧

书房 su˥ faŋ˩
里间 li˨ tɕiɛn˥
外间 uai˥ tɕiɛn˥
中天 tson˥ tʻiɛn˥
天井 tʻiɛn˥ tɕin˨

2. 房屋结构

屋脊 u˩ tɕi˩
屋顶 u˩ tin˨
屋檐 u˩ iɛn˩
房梁 faŋ˩ liaŋ˩
檩子 lin˨ r
椽子 tsʻuan˩ r
柱头 tsu˥ tʻəu˩
磉磴 saŋ˥ tən˩
台阶 tʻai˩ kai˥
天花板 tʻiɛn˥ xua˥ pan˨
门 mən˩
大门 ta˥ mən˩
正门 tsən˥ mən˩
房门 faŋ˩ mən˩
后门 xəu˥ mən˩
侧门 tsʻe˩ mən˩
门槛 mən˩ kʻan˨
门栓子 mən˩ suan˥ r
窗户 tsʻuaŋ˥ xu˥
窗台 tsʻuaŋ˥ tʻai˩
走廊 tsəu˩ laŋ˩
过道 ko˥ tau˥

3. 其他设施

厨房 tsʻu˩ faŋ˩
灶台 tsau˩ tʻai˩
柴房 tsʻai˩ faŋ˩
磨坊 me˥ faŋ˩
茅厕 mau˩ sɿ˥
牛栏 iəu˩ lan˩
马棚 ma˩ pʻon˩
猪圈 tsu˥ tɕyɛn˥
羊圈 iaŋ˩ tɕyɛn˥
鸡笼 tɕi˥ lon˩
鸡窝 tɕi˥ o˥
狗窝 kəu˨ o˥

（八）器具 用品

1. 一般家具

家具 tɕia˥ tɕy˥
桌子 tso˩ r
圆桌 yɛn˩ tso˩
方桌 faŋ˥ tso˩
条桌 tʻiau˩ tso˩
饭桌 fan˥ tso˩
办公桌 pan˥ koŋ˥ tso˩
台布 tʻai˩ pu˥
桌布 tso˩ pu˥
抽屉 tsʻəu˥ tʻi˥
椅子 i˨ r
背椅子 pei˩ i˨ r
小椅子 ɕiau˨ i˨ r

躺椅 taŋ˧ i˧
板凳 pan˧ tən˩
大板凳 ta˧ pan˧ tən˩
小板凳 ɕiɑu˧ pan˧ tən˩
方凳 fɑŋ˥ tən˩
圆凳 yɛn˩ tən˩
柜子 kuei˧ r
衣柜 i˥ kuei˧
书柜 su˥ kuei˧
碗柜 uan˧ kuei˧

2. 卧室用具

床 tsʻuɑŋ˩
铺板 pʻu˥ pan˧
棕绷子 tson˥ pon˥ r
竹床 tsu˩ tsʻuɑŋ˩
被窝 pei˧ o˥ 被子
被窝絮 pei˧ o˥ ɕy˧
盖絮 kai˩ ɕy˧
垫絮 tiɛn˧ ɕy˧
包单 pɑu˥ tan˥ 被里
被窝心 pei˧ o˥ ɕin˥ 被面
卧单 o˧ tan˥
毯子 tʻan˧ r
枕头 tsən˧ tʻəu˩
枕头套子 tsən˧ tʻəu˩ tʻɑu˧ r
枕头心子 tsən˧ tʻəu˩ ɕin˥ r
凉席 liɑŋ˩ ɕi˩
草席子 tsʻɑu˧ ɕi˩ r 草编的凉席
竹席子 tsu˩ ɕi˩ r 竹篾编的凉席
帐子 tsɑŋ˧ r
帐檐子 tsɑŋ˧ iɛn˩ r
帐钩子 tsɑŋ˧ kəu˥ r
梳妆台 so˥ tsuɑŋ˥ tʻai˩
镜子 tɕin˧ r
手提箱 səu˧ tʻi˩ ɕiɑŋ˥
衣架 i˥ tɕia˧
晾衣竿子 liɑŋ˧ i˥ kan˥ r
马桶 ma˧ tʻon˧
尿罐子 liɑu˧ kuan˧ r 夜壶
烘笼子 xoŋ˧ lon˩ r 手炉
火盆 xo˧ pʻən˩
暖水壶 lan˧ suei˧ xu˩ 盛热水取暖用
开水瓶子 kʻai˥ suei˧ pʻin˩ r 装开水用
茶壶 tsʻa˩ xu˩

3. 炊事用具

锅 ko˥
铝锅 ly˧ ko˥
砂锅 sa˥ ko˥
大锅 ta˧ ko˥
小锅 ɕiɑu˧ ko˥
锅盖 ko˥ kai˩
锅铲子 ko˥ tsʻan˧ r
汤勺 tʻɑŋ˥ so˩
炊壶 tsʻuei˥ xu˩
碗 uan˧
大碗 ta˧ uan˧
小碗 ɕiɑu˧ uan˧
海碗 xai˧ uan˧
菜碗 tsʻai˧ uan˧
饭碗 fan˧ uan˧

瓢 p'iau˩
水瓢 sueiˇ p'iau˩
饭勺子 fan˧ so˩ r
调羹 t'iau˩ kən˥ 汤匙
盆子 p'ən˩ r
大盆子 ta˧ p'ən˩ r
菜盆子 ts'ai˧ p'ən˩ r
饭盆子 fan˧ p'ən˩ r
杯子 pei˥ r
茶杯 ts'a˩ pei˥
酒杯 tɕiəuˇ pei˥
筷子 k'uai˧ r
木筷子 mon˩ k'uai˧ r
竹筷子 tsu˩ k'uai˧ r
银筷子 in˩ k'uai˧ r
象牙筷子 ɕiaŋ˧ ia˩ k'uai˧ r
筷篓子 k'uai˧ ləuˇ r
盘子 p'an˩ r
大盘子 ta˧ p'an˩ r
小盘子 ɕiauˇ p'an˩ r
腰盘 iau˥ p'an˩
碟子 tiɛ˩ r
坛子 t'an˩ r
酒坛子 tɕiəuˇ t'an˩ r
酒壶 tɕiəuˇ xu˩
罐子 kuan˧ r
捞箕子 lau˩ tɕi˩ r
筲箕 sau˥ tɕi˥
瓶子 p'in˩ r
瓶盖子 p'in˩ kai˩ r
菜刀 ts'ai˧ tau˥
砧板子 tsən˥ panˇ r
蒸笼 tsən˥ lon˩
潲箅子 ts'u˥ p'iˇ r 箅子
水桶 sueiˇ t'onˇ
水缸 sueiˇ kaŋ˥
潲水缸 sau˧ sueiˇ kaŋ˥
潲水 sau˧ sueiˇ
抹布 ma˩ pu˧
拖把 t'o˥ pa˥
火钳 xoˇ tɕ'iɛn˩
吹火筒 ts'uei˥ xoˇ t'on˩
挠火棍 lau˥ xoˇ kuən˧
火柴 xoˇ ts'ai˩
烧柴 sau˥ ts'ai˩
劈柴 p'i˩ ts'ai˩
茅草 mau˩ ts'auˇ
稻草 tau˧ ts'auˇ
麦草 me˩ ts'auˇ
高粱杆子 kau˥ liaŋ˩ kan˥ r
油菜梗子 iəu˩ ts'aiˇ kənˇ r
刨花 p'au˩ xua˥

4. 工匠用具

刨子 p'au˩ r
斧头 fuˇ t'əu˩
锯子 tɕy˧ r
凿子 tso˩ r
錾子 tsan˧ r
尺子 tsʅ˩ r
曲尺 tɕ'y˩ tsʅ˩
摺尺 tse˩ tsʅ˩
卷尺 tɕyɛnˇ tsʅ˩

墨斗 me˩˧ təu˦˨

墨线 me˩˧ ɕiɛn˦˥

钳子 tɕʻiɛn˩˧ r

老虎钳子 lau˦˨ xu˦˨ tɕʻiɛn˩˧ r

钉锤子 tin˥ tsʻuei˩˧ r

镊子 liɛ˦˨ r

绳子 sən˩˧ r

钉子 tin˥ r

背锆 pei˦˥ kau˦˥

合页 xo˩˧ iɛ˩˧

瓦刀 ua˦˥ tau˥

抹子 me˦˨ r

泥板 li˩˧ pan˦˨

麻刀 ma˩˧ tau˥

灰兜子 xuei˥ təu˥ r

灰斗子 xuei˥ təu˦˨ r

剃头刀子 tʻi˦˨ tʻəu˩˧ tau˥ r

推子 tʻei˥ r

梳子 so˥ r

铛刀片 taŋ˥ tau˥ pʻiɛn˦˥　鐾刀布

理发椅子 li˦˨ fa˩˧ i˦˨ r

缝纫机子 fon˩˧ ən˦˥ tɕi˥ r

剪子 tɕiɛn˦˨ r

熨斗 zuən˦˥ təu˦˨

烙铁 lo˩˧ tʻiɛ˩˧

弹弓 tʻan˩˧ kaŋ˥　弹棉花用的

纺车 faŋ˦˨ tsʻe˥

织布机 tsʅ˩˧ pu˦˥ tɕi˥

梭子 so˥ r

5. 其他生活用品

洗脸盆子 ɕi˦˨ liɛn˦˨ pʻən˩˧ r

洗澡盆子 ɕi˦˨ tsau˦˨ pʻən˩˧ r

洗脚盆子 ɕi˦˨ tɕio˩˧ pʻən˩˧ r

洗脸水 ɕi˦˨ lin˦˨ suei˦˨

脸盆架子 liɛn˦˨ pʻən˩˧ r

肥皂 fei˩˧ tsau˩˧

香肥皂 ɕiaŋ˥ fei˩˧ tsau˩˧

洗衣粉 ɕi˦˨ i˥ fən˦˨

幅子 fu˩˧ r

洗脸幅子 ɕi˦˨ liɛn˦˨ fu˩˧ r

洗脚幅子 ɕi˦˨ tɕio˩˧ fu˩˧ r

灯 tən˥

电灯 tiɛn˦˨ tən˥

气灯 tɕʻi˦˥ tən˥

煤油灯 mei˩˧ iəu˩˧ tən˥

台灯 tʻai˩˧ tən˥

灯盏 tən˥ tsan˦˨

灯油 tən˥ iəu˩˧

灯芯 tən˥ ɕin˥

灯草 tən˥ tsʻau˦˨

灯罩 tən˥ tsau˩˧

灯笼 tən˥ lon˩˧

蜡烛 la˩˧ tsu˩˧

提包 tʻi˩˧ pau˥

手提包 səu˦˨ tʻi˩˧ pau˥

针线包 tsən˥ ɕin˦˥ pau˥

钱包 tɕʻiɛn˩˧ pau˥

针 tsən˥

针尖 tsən˥ tɕiɛn˥

针脚 tsən˥ tɕio˩˧

针鼻孔 tsən˥ pi˩˧ kʻoŋ˦˨

线 ɕiɛn˦˥

线轴 ɕiɛn˧ ts'əu˩

锥子 tsuei˥ r

顶箍子 tin˨ ku˥ r

挖耳子 ua˥ zö˨ r

洗衣板 ɕi˨ i˥ pan˦

棒头 paŋ˧ t'əu˩ 棒槌

鸡毛掸子 tɕi˥ mau˩ tan˨ r

扇子 san˧ r

巴扇 pa˥ san˧

羽毛扇子 y˨ mau˩ san˧ r

纸扇子 tsɿ˨ san˧ r

拐杖 kuai˨ tsaŋ˧

手杖 səu˨ tsaŋ˧

（九）称谓

1. 一般称谓

男人 lan˩ ən˩ 以性别区分

女人 ly˨ ən˩ 以性别区分

奶托子 lai˨ t'o˩ r 吃奶的婴儿

小娃子 ɕiau˨ a˩ r

男娃子 lan˩ a˩ r

女娃子 ly˨ a˩ r

年轻人 liɛn˩ tɕ'in˥ ən˩

壮年人 tsuaŋ˨ liɛn˩ ən˩

中年人 tson˥ liɛn˩ ən˩

老头子 lau˨ t'əu˩ r

老巴子 lau˨ pa˥ r ① 指老年女人，与老头子相对，带贬义。② 老虎的别称

自伙子 tsɿ˧ xo˨ r

幺屋里 iau˥ u˩ li˨ 对最小的兄弟的称呼

屋里人 u˩ li˨ ən˩ ① 广义：指妻子儿女；②狭义：指妻子，老婆的代名词。

同宗 t'on˩ tson˥

房族 faŋ˩ ts'u˩

亲叔伯 tɕ'in˥ su˩ pe˩

同庚 t'on˩ kən˥

城里人 kən˥ li˨ ən˩

乡里人 ɕiaŋ˥ li˨ ən˩

乡巴佬 ɕiaŋ˥ pa˥ lau˨ 带贬义

本地人 pən˧ ti˧ ən˩

外地人 uai˧ ti˧ ən˩

外国人 uai˧ ko˩ ən˩

外人 uai˧ ən˩

客人 k'e˩ ən˩

内行 lei˧ xaŋ˩

外行 uai˧ xaŋ˩

老姑娘 lau˨ ku˥ liaŋ˩

小媳妇子 ɕau˨ ɕi˩ fu˧ r 童养媳

吝啬鬼 lin˧ se˩ kuei˨

败家子 pai˧ tɕia˥ r

单身汉 tan˥ sən˥ xan˧

寡妇 kua˨ fu˧

亲家公 tɕ'in˥ tɕia˥ koŋ˥

亲家母 tɕ'in˥ tɕia˥ mon˨ ① 儿女亲家，相对“亲家公”而言；② 姘头：嫖～。

私娃子 sɿ˥ a˩ r私生子
好吃佬 xau˧ tɕʻi˩ lau˨
讨米佬 tʻau˨ mi˨ lau˨
日白佬 zɿ˧ pe˩ lau˨　喜欢说谎话或说大话的人
流氓 liəu˩ maŋ˩
跑江湖的 pʻau˨ tɕaŋ˥ xu˩ ti˧
暴发户 pau˨ fa˩ xu˧
犯人 fan˧ ən˩
土匪 tʻu˨ fei˨
强盗 tɕʻiaŋ˩ tau˧
三只手 san˥ tsɿ˨ səu˨　扒手
小偷 ɕiau˨ tʻəu˥
偷摸子 tʻəu˥ me˥ r

2. 职业称谓

种田的 tson˧ tʻiɛn˩ ti˧
做生意的 tsəu˧ sən˥ i˧ ti˧
老板 lau˨ pan˨
老板娘 lau˨ pan˨ liaŋ˩
田户子 tʻiɛn˩ xu˧ r　佃户
帮工的 paŋ˥ koŋ˥ ti˧
打杂的 ta˨ tsa˩ ti˧
长工 tsʻaŋ˩ koŋ˥
短工 tan˨ koŋ˥
伙计 xo˨ tɕi˧
学徒 ɕio˩ tʻu˩
顾客 ku˧ kʻe˩
小贩 ɕau˨ fan˧
摊贩 tʻan˥ fan˧
教师 tɕiau˧ sɿ˥
老师 lau˨ sɿ˥
先生 ɕiɛn˥ sən˥
教书的 tɕiau˧ su˥ ti˧
学生 ɕio˩ sən˥
同学 tʻon˩ ɕio˩
朋友 pʻon˩ iəu˨
当兵的 taŋ˥ pin˥ ti˧
警察 tɕin˨ tsʻa˩
医生 i˥ sən˥
司机 sɿ˥ tɕi˥
手艺人 səu˨ i˧ ən˩
木匠 mon˩ tɕiaŋ˨
瓦匠 ua˧ tɕiaŋ˨
锡匠 ɕi˩ tɕiaŋ˨
铜匠 tʻon˩ tɕiaŋ˨
铁匠 tʻiɛ˩ tɕiaŋ˨
银匠 in˩ tɕiaŋ˨
补锅佬 pu˨ ko˥ lau˨
裁缝 tsʻai˩ fon˩
剃头佬 tʻi˧ tʻəu˩ lau˨
杀猪佬 sa˩ tsu˥ lau˨
挑脚的 tʻiau˨ tɕio˩ ti˧
抬轿子的 tʻai˩ tɕiau˧ r ti˧
焗长师傅 tɕy˩ tsaŋ˨ sɿ˥ fu˧
放牛的 faŋ˧ liəu˩ ti˧
放羊的 faŋ˧ iaŋ˩ ti˧
喂猪的 uei˧ tsu˥ ti˧
奶妈 lai˨ ma˥
仆人 pʻu˩ ən˩
女仆 ly˨ pʻu˩
丫鬟 ia˥ xuan˩
接生婆 tɕiɛ˩ sən˥ pʻe˩

和尚 xo˩˧ saŋ˥

道士 tau˥ sɿ˥

尼姑 li˩˧ ku˥

（十）亲属

1. 长辈

曾祖 tsən˥ tsu˧˩

太爷 t'ai˥ iɛ˩˧ 曾祖父

太太 t'ai˥ t'ai˥ 曾祖母

祖辈 tsu˧˩ pei˥

爷爷 iɛ˩˧ iɛ˩˧ 祖父

爹爹 tiɛ˥ tiɛ˥ 祖父

奶奶 lai˧˩ lai˧˩ 祖母

婆婆 p'e˩˧ p'e˩˧ 祖母

家爷 ka˥ iɛ˩˧ 外祖父

家家 ka˥ ka˥ 外祖母

姑奶奶 ku˥ lai˧˩ lai˧˩ 父之姑母

姑婆婆 ku˥ p'e˩˧ p'e˩˧ 父之姑母

姑爹爹 ku˥ tiɛ˥ tiɛ˥ 姑奶奶之夫

姑爷爷 ku˥ iɛ˩˧ iɛ˩˧ 姑奶奶之夫

姨奶奶 i˩˧ lai˧˩ lai˧˩ 父之姨母

姨婆婆 i˩˧ p'e˩˧ p'e˩˧ 父之姨母

姨爹爹 i˩˧ tiɛ˥ tiɛ˥ 姨奶奶之夫

姨爷爷 i˩˧ iɛ˩˧ iɛ˩˧ 姨奶奶之夫

父辈 fu˥ pei˥

爹 tiɛ˥ 父亲

爷 iɛ˩˧ 父亲

幺幺 iau˥ iau˥ 父亲

幺爹 iau˥ tiɛ˥ 父亲

挨爷 ai˥ iɛ˩˧ 父亲

姆妈 m˥ ma˥ 母亲

爸爸 pa˩˧ pa˩˧ 母亲

姐姐 ta˩˧ ta˩˧ 母亲

婶娘 sən˧˩ liaŋ˩˧ 母亲

幺妈 iau˥ ma˥ 母亲

大爹 ta˥ tiɛ˥ 伯父

大伯 ta˥ pe˩˧ 伯父

大妈 ta˥ ma˥ 伯母

小爹 ɕiau˧˩ tiɛ˥ 叔父

幺 iau˥ 叔父

幺叔 iau˥ su˩˧ 叔父

挨爷 ai˥ iɛ˩˧ 叔父

小妈 ɕiau˧˩ ma˥ 叔母

幺妈 iau˥ ma˥ 叔母

舅舅 tɕiəu˥ tɕiəu˥ 舅父

舅妈 tɕiəu˥ ma˥ 舅母

姐姐 ta˩˧ ta˩˧ 姑妈

爸爸 pa˩˧ pa˩˧ 姑妈

姑爹 ku˥ tiɛ˥ 姑父

幺姨 iau˥ i˩˧ 姨妈

姐姐 ta˩˧ ta˩˧ 姨妈

姨爹 i˩˧ tiɛ˥ 姨父

2. 平辈

夫妻 fu˥ tɕ'i˥

丈夫 tsaŋ˥ fu˥

男将 lan˩˧ tɕiaŋ˥

男人 lan˩˧ ən˩˧ 属于某女人的男人

妻子 tɕ'i˥ r

老婆 lau˨ p'e˩
堂客 t'aŋ˩ k'e˩
烧火佬 sau˥ xo˨ lau˨
女人 ly˨ ən˩ 属于某男人的女人
夫之兄弟姐妹 fu˥ tsɿ˥ ɕioŋ˥ ti˧ tɕiɛ˨ mei˨
大伯子 ta˧ pe˩ r 夫之兄
小叔子 ɕiau˨ su˩ r 夫之弟
姑姐子 ku˥ tɕiɛ˨ r 夫之姐
姑妹子 ku˥ mei˨ r 夫之妹
妻之兄弟姐妹 tɕ'i˥ tsɿ˥ ɕioŋ˥ ti˧ tɕiɛ˨ mei˨
舅倌子 tɕiəu˧ kuan˥ r 妻之兄弟
舅母子 tɕiəu˧ mon˨ r 妻兄弟之妻
姨姐子 i˩ tɕiɛ˨ r 妻之姐
姨妹子 i˩ mei˨ r 妻之妹
连襟 liɛn˩ tɕin˧ 姐妹之夫之间的亲戚关系
弟兄 ti˧ ɕioŋ˥
哥哥 ko˥ ko˥
嫂子 sau˨ r
兄弟 ɕioŋ˥ ti˧ ①兄与弟：我们俩是亲～，我帮助你是应该的；②弟弟：他是我～，请多照顾
兄儿 ɕioŋ˥ zö˩ 弟弟
兄弟媳妇 ɕioŋ˥ ti˧ ɕi˩ fu˧ 弟媳妇
姊妹 tsɿ˨ mei˨
姐姐 tɕiɛ˨ tɕiɛ˨
姐夫 tɕiɛ˨ fu˥
妹妹 mei˨ mei˨
妹夫 mei˨ fu˥
堂兄弟 t'aŋ˩ ɕioŋ˥ ti˧
堂兄 t'aŋ˩ ɕioŋ˥
堂弟 t'aŋ˩ ti˧
堂姊妹 t'aŋ˩ tsɿ˨ mei˨
堂姐 t'aŋ˩ tɕiɛ˨
堂妹 t'aŋ˩ mei˨
表兄弟 piau˨ ɕioŋ˥ ti˧
表兄 piau˨ ɕioŋ˥
表嫂 piau˨ sau˨
表弟 piau˨ ti˧
表姊妹 piau˨ tsɿ˨ mei˨
表姐 piau˨ tɕiɛ˨
表妹 piau˨ mei˨

3. 晚辈

子女 tsɿ˨ ly˨
儿子 zö˩ tsɿ˨
大儿子 ta˧ zö˩ tsɿ˨
小儿子 ɕau˨ zö˩ tsɿ˨
姑娘 ku˥ liaŋ˩
大姑娘 ta˧ ku˥ liaŋ˩
小姑娘 ɕau˨ ku˥ liaŋ˩
幺儿 iau˥ zö˩ 幺儿子、幺姑娘
幺巴子 iau˥ pa˥ r
干儿子 kan˥ zö˩ tsɿ˨
儿媳妇 zö˩ ɕi˩ fu˧
女婿 ly˨ ɕy˧
侄儿子 tsɿ˩ zö˩ tsɿ 兄弟之子
侄媳妇 tsɿ˩ ɕi˩ fu˧
侄姑娘 tsɿ˩ ku˥ liaŋ˩ 兄弟之女
侄女婿 tsɿ˩ ly˨ ɕy˧
内侄 lei˧ tsɿ˩ 妻兄弟之子

内侄姑娘 lei˧ tsʅ˩ ku˥ liɑŋ˩ 妻兄弟之女
外甥 uai˧ sən˥ 姐妹之子
外甥姑娘 uai˧ sən˥ ku˥ liɑŋ˩ 姐妹之女
孙子 sən˥ tsʅ˨
孙媳妇 sən˥ ɕi˩ fu˧
孙姑娘 sən˥ ku˥ liɑŋ˩
孙女婿 sən˥ ly˨ ɕy˧
外孙 uai˧ sən˥ 女之子
外孙姑娘 uai˧ sən˥ ku˥ liɑŋ˩ 女之女
重孙 ts'on˩ sən˥
重孙姑娘 ts'on˩ sən˥ ku˥ liɑŋ˩

4. 其他

亲戚 tɕ'in˥ tɕ'i˩
男将们 lan˩ tɕiɑŋ˥ mən˩
女人们 ly˨ ən˩ mən˩
姑娘们 ku˥ liɑŋ˩ mən˩
娃子们 a˩ r mən˩
娘家 liɑŋ˩ tɕia˥
娘屋里 liɑŋ˩ u˩ li˨
婆家 p'e˩ tɕia˥
男家 lan˩ tɕia˥ 婚姻关系中的男方
女家 ly˨ tɕia˥ 婚姻关系中的女方

（十一）身体

1. 头

脑袋 lau˨ tai˧
脑壳 lau˨ k'o˩
额壳 e˩ k'o˩ 前额
夼额壳 k'uɑŋ˥ e˩ k'o˩ 前额向前突出
头顶 t'əu˩ tin˨
秃顶 t'u˥ tin˨ 头顶无发
秃头 t'u˥ t'əu˩ 头发掉光了的头
后脑壳 xəu˧ lau˨ k'o˩
侈后脑壳 tsʅ˥ xəu˧ lau˨ k'o˩
颈项 tɕin˨ xɑŋ˧
后颈窝子 xəu˧ tɕin˨ o˥ r 颈后凹处
头发 t'əu˩ fa˩
黑发 xe˩ fa˩
白发 pe˩ fa˩
少年白 sau˧ liɛn˩ pe˩ 青年人长白头发
鬓角 pin˥ tɕio˩
辫子 piɛn˧ r
刘海 liəu˩ xai˨ 前额留的短发
脸巴子 liɛn˨ pa˥ r
脸蛋 liɛn˨ tan˧
颧骨 tɕ'yɛn˩ ku˩
酒窝 tɕiəu˨ o˥
人中 ən˩ tson˥
腮帮子 sai˥ pɑŋ˥ r
下巴子 ɕia˧ pa˥ r
喉咙 xəu˩ lon˩
喉结 xəu˩ tɕiɛ˩
胡子 xu˩ r

络腮胡子 lo˩ sai˥ xu˩ r
八字胡 pa˩ tsɿ˦ xu˩
眼睛 iɛn˨ tɕin˦
眼睛眶子 iɛn˨ tɕin˦ kʻuaŋ˨ r
眼睛珠子 iɛn˨ tɕin˦ tsu˥ r
白眼珠子 pe˩ iɛn˨ tsu˥ r
黑眼珠子 xe˩ iɛn˨ tsu˥ r
瞳仁 tʻon˩ ən˩
眼角 iɛn˨ tɕio˩　上下眼睑的接合处
大眼角 ta˦ iɛn˨ tɕio˩　眼角靠近鼻子的部位
眼圈 iɛn˨ tɕʻyɛn˥
眼泪 iɛn˨ lei˦
眼屎 iɛn˨ sɿ˨
眼皮 iɛn˨ pʻi˩
单眼皮 tan˥ iɛn˨ pʻi˩
双眼皮 suaŋ˥ iɛn˨ pʻi˩
眼睫毛 iɛn˨ tɕie˩ mau˩
眉头 mei˩ tʻəu˩
眉毛 mei˩ mau˩
鼻子 pi˩ r
鼻孔 pi˩ kʻoŋ˨
鼻毛 pi˩ mau˩
鼻孔尖子 pi˩ kʻoŋ˨ tɕiɛn˥ r　鼻子顶端
鼻梁 pi˩ liaŋ˩
鼻翼 pi˩ i˦
鼻涸 pi˩ tʻiɛn˥　鼻涕
鼻屎 pi˩ sɿ˨　鼻垢
酒糟鼻子 tɕiəu˨ tsau˥ pi˩ r
鼻子尖 pi˩ r tɕiɛn˥　嗅觉灵敏

嘴巴 tsuei˨ pa˥
嘴唇 tsuei˨ sən˩
嘴唇皮子 tsuei˨ sən˩ pʻi˩ r
唾沫 tʻo˨ me˩
唾沫星子 tʻo˨ me˩ ɕin˥ r
涎水 ɕiɛn˩ suei˨
舌头 se˩ tʻəu˩
舌苔 se˩ tʻai˥
大舌头 ta˦ se˩ tʻəu˩　口齿不清
牙齿 ia˩ tsʻɿ˨
门牙 mən˩ ia˩
大牙 ta˦ ia˩
虎牙 xu˨ ia˩
牙垢 ia˩ kəu˦
牙床 ia˩ tsʻuaŋ˩
虫牙 sʻon˩ ia˩
耳朵 zɨ˨ to˨
耳朵眼子 zɨ˨ to˨ iɛn˨ r
耳屎 zɨ˨ sɿ˨
耳背 zɨ˨ pei˨（听不清）
招风耳 tsau˥ fon˥ zɨ˨

2. 上身

胸前 ɕioŋ˥ tɕʻiɛn˩
胸脯 ɕioŋ˥ pʻu˨
妈子 ma˥ r　乳房
背后 pei˦ xəu˦
脊背 tɕi˩ liaŋ˩
脊梁骨 tɕi˩ liaŋ˩ ku˩
肩膀 tɕiɛn˥ paŋ˨
肩胛骨 tɕiɛn˥ tɕia˩ ku˩
溜肩膀 liəu˥ tɕiɛn˥ paŋ˨

肋骨 le˧ ku˩
腰 iɑu˥
肚子 tu˧ r 腹部
小肚子 ɕɑu˧ tu˧ r 小腹
肚脐子 tu˧ tɕi˧ iɛn˧ r
膀子 pɑŋ˧ r
左膀子 tso˥ pɑŋ˧ r
右膀子 iəu˧ pɑŋ˧ r
倒拐子 tɑu˧ kuai˧ r 胳膊肘子
膈枓窝 ke˩ tɕiəu˥ o˥
　夹枓窝 ka˩ tɕiəu˥ o˥
手 səu˧
左手 tso˥ səu˧
右手 iəu˧ səu˧
手腕子 səu˧ uan˧ r
手背 səu˧ pei˩
手心 səu˧ ɕin˥
手掌 səu˧ tsɑŋ˧
手指甲 səu˧ tsʅ˩ ka˩
大指甲 ta˧ tsʅ˩ ka˩
二指甲 zö˧ tsʅ˩ ka˩
中指甲 tson˥ tsʅ˩ ka˩
无名指 u˩ min˥ tsʅ˩
小指甲 ɕiɑu˧ tsʅ˩ ka˩
指甲壳子 tsʅ˩ ka˩ k'o˩ r
手趼子 səu˧ tɕiɛn˧ r
巴掌 pa˥ tsɑŋ˧
拳头 tɕ'yɛn˩ t'əu˩

3. 下身

私处 sʅ˥ ts'u˧ 不让他人见到的地方
屁股 p'i˧ ku˧
屁眼子 p'i˧ iɛn˧ r 肛门
尾脊骨 uei˧ tɕi˩ ku˩
胯巴 k'a˧ pa˥ 两股之间
耻骨 ts'ʅ˧ ku˩
鸡巴 tɕi˥ pa˥ 阳具
雀雀 tɕ'io˧ tɕ'io˧ 幼儿的阳具
卵子 lan˧ r 睾丸
袋袋 tai˧ tai˧ 幼儿的睾丸
屄 pi˥ 阴门
腿 t'ei˧
大腿 ta˧ t'ei˧
小腿 ɕiɑu˧ t'ei˧
左腿 tso˥ t'ei˧
右腿 iəu˧ t'ei˧
髁膝包裸子 k'e˩ tɕ'i˩ pɑu˥ lo˧ r 膝盖
鲇鱼杆子 liɛn˩ y˩ kan˧ r
鲇包肚子 liɛn˩ pɑu˥ tu˧ r
腿肚子 t'ei˧ tu˧ r

4. 脚

赤脚 ts'ʅ˩ tɕio˩
脚背 tɕio˩ pei˩
脚掌 tɕio˩ tsɑŋ˧
脚心 tɕio˩ ɕin˥
脚尖 tɕio˩
脚趾头 tɕio˩ tsʅ˩ t'əu˩
脚趾甲 tɕio˩ tsʅ˩ ka˩
脚趾甲壳子 tɕio tsʅ˩ ka˩ k'o˩ r
脚后跟 tɕio˩ xəu˧ kən˥
脚腕子 tɕio˩ uan˧ r

西药房 ɕi˥ io˩ faŋ˩
买药 mai˧ io˩ 西药

2. 内科

头疼 t'əu˩ t'ən˩
发烧 fa˩ sɑu˥
发冷 fa˩ lən˧
拉肚子 la˥ tu˧ r 腹泻
起鸡皮疙瘩 tɕ'i˧ tɕi˥ p'i˩ ke˥ ta˩
伤风 sɑŋ˥ foŋ˥
咳嗽 k'e˩ su˥
流清鼻洇 liəu˩ tɕ'in˥ pi˩ t'iɛn˥
气喘 tɕ'i˧ ts'uan˧
气管炎 tɕ'i˧ kuan˧ iɛn˩
中暑 tsoŋ˥ su˧
上火 sɑŋ˥ xo˧
消化不良 ɕiɑu˥ xua˥ pu˩ liɑŋ˩ 积滞
肚子疼 tu˧ r t'ən˩
胸口疼 ɕioŋ˥ kəu˧ t'ən˩
头晕 t'əu˩ yn˥
晕车 yn˥ ts'e˥
晕船 yn˥ ts'uan˩
头疼 t'əu˩ t'ən˩
恶心 o˩ ɕin˥ 要呕吐的症状
吐哒 t'u˧ ta˩
呕哒 əu˧ ta˩
干呕 kan˥ ua˧
气卵子 tɕ'i˧ lan˧ r 阴囊肿大
脱肛 t'o˩ kɑŋ˥
子宫脱垂 tsɿ˧ koŋ˥ t'o˩ ts'uei˩
打摆子 ta˧ pai˧ r 疟疾发作
霍乱 xo˩ lan˥
麻疹 ma˩ tsən˧
水痘子 suei˧ təu˩ r
天花 t'iɛn˥ xua˥
种牛痘 tsoŋ˥ iəu˩ təu˩
伤寒 sɑŋ˥ xan˩
黄疸 xuɑŋ˩ tan˧
痨病 lɑu˩ pin˥
肝炎 kan˥ iɛn˩
肺炎 fei˥ iɛn˩
胃病 uei˥ pin˥
盲肠炎 mɑŋ˩ tɕ'ɑŋ˩ iɛn˩

3. 外科

跌伤 tiɛ˩ sɑŋ˥
碰伤 p'oŋ˥ sɑŋ˥
擦破哒皮 ts'a˩ p'e˥ ta˩ p'i˩
刺哒个口子 ts'ɿ˥ ta˩ ke˥ k'əu˧ r
出哒血 ts'u˩ ta˩ ɕiɛ˩
瘀血 y˥ ɕiɛ˩
红肿 xoŋ˩ tsoŋ˧
化脓 xua˥ loŋ˩
结壳子 tɕiɛ˩ k'o˩ r
疤 pa˥
粗脖子 ts'u˥ pe˩ r 甲状腺肿大
鼻子渚逗哒 pi˩ r tsu˧ təu˩ ta˩
腮腺炎 sai˥ ɕiɛn˥ iɛn˩
长疮 tsɑŋ˧ ts'uɑŋ˥
长疔 tsɑŋ˧ tin˥
痔疮 tsɿ˥ ts'uɑŋ˥
疥疮 kai˩ ts'uɑŋ˥
癣 ɕyɛn˥

痱子 fei˧ r

汗斑 xan˩ pan˥

瘊子 xəu˥ r

红痣 xoŋ˩ tsɿ˧

雀斑 tɕʻio˧ pan˥

粉刺 fən˦ tsʻɿ˧

狐臭 xu˩ tsʻəu˧

口臭 kʻəu˦ tsʻəu˧

鸭公嗓子 ia˩ koŋ˥ saŋ˦ r 嗓音沙哑

近视眼 tɕin˥ sɿ˧ iɛn˦

远视眼 yɛn˦ sɿ˧ iɛn˦

老花眼 lau˦ xua˥ iɛn˦

金鱼眼 tɕin˥ y˩ iɛn˦ 鼓眼睛

斗鸡眼 təu˩ tɕi˥ iɛn˦ 内斜视

青光眼 tɕʻin˥ kuaŋ˥ iɛn˦

白内障 pe˩ lei˧ tsaŋ˧

羊角子风 iaŋ˩ ko˩ r fon˥ 癫痫

惊风 tɕin˥ fon˥

抽风 tsʻəu˥ fon˥

中风 tson˥ fon˥

4. 残疾

瘫子 tʻan˥ r

跛子 pe˦ r

驼子 tʻo˩ r 罗锅背

聋子 lon˥ r

哑巴 ia˧ pa˥

结巴子 tɕiɛ˩ pa˥ r

瞎子 ɕia˩ r

独眼龙 tu˩ iɛn˦ lon˩ 一只眼睛是瞎的

傻子 sa˦ r

麻子 ma˩ r 出天花后留下疤痕的人

豁子 xo˥ r

豁巴齿 xo˥ pa˥ tsʻɿ˦

（十三）衣服 穿戴

1. 服装

穿戴 tsʻuan˥ tai˧

打扮 ta˦ pan˧

西装 ɕi˥ tsuaŋ˥

制服 tsɿ˧ fu˩

中装 tson˥ tsuaŋ˥

长衫 tsʻaŋ˩ san˥

马褂 ma˦ kua˧

旗袍 tɕʻi˩ pʻau˩

衣服 i˥ fu˩

棉衣 miɛn˩ i˥

棉袄 miɛn˩ au˦

皮袄 pʻi˩ au˦

大衣 ta˧ i˥

短大衣 tan˦ ta˧ i˥

衬衫 tsʻən˧ san˥

褂子 kua˧ r

外衣 uai˧ i˥

幔褂子 man˦ kua˧ r 穿在外面的外套类衣服

罩衣 tsau˩ i˥

内衣 lei˧ i˥

胎褂子 t'ai˥ kua˧ r 穿在内面的

坎肩子 k'an˧˩ tɕiɛn˥ r

背褡子 pei˧ ta˨˦ r

巴褂子 pa˥ kua˧ r

汗胎子 xan˨˦ t'ai˥ r

汗背心 xan˨˦ pei˧ ɕin˥

兜肚 tu˥ tu˧˩

涎兜子 ɕiɛn˨˦ tu˥ r

抹祢子 ma˨˦ ɕiɛn˥ r

裙子 tɕ'yn˨˦ r

衬裙 ts'ən˧ tɕ'yn˨˦

围裙 uei˨˦ tɕ'yn˨˦

抱裙 pɑu˧ tɕ'yn˨˦

裤子 k'u˧ r

单裤子 tan˥ k'u˧ r

幔裤子 man˧˩ k'u˧ r 穿在外面的裤子

胎裤子 t'ai˥ k'u˧ r 穿在内裤与外裤之间的裤子

裤衩子 k'u˧ ts'a˥ r 贴身穿的内裤

短裤子 tan˧˩ k'u˧ r

连脚裤 liɛn˨˦ tɕio˨˦ k'u˧

开裆裤 k'ai˥ tɑŋ˥ k'u˧

衣领 i˥ lin˧˩

衣襟 i˥ tɕin˧

大襟子 ta˧ tɕin˧ r

小襟子 ɕiɑu˧˩ tɕin˧ r

对襟子 tei˧ tɕin˧ r

下摆 ɕia˧ pai˧˩

袖子 ɕiəu˧ r

长袖子 ts'ɑŋ˨˦ ɕiəu˧ r

短袖子 tan˧˩ ɕiəu˧ r

荷补 xo˨˦ pu˧˩ 衣服上的口袋

纽扣 liəu˧˩ k'əu˧

扣襻子 k'əu˧ p'an˧ r

扣子 k'əu˧ r

扣眼子 k'əu˧ iɛn˧˩ r

裤裆 k'u˧ tɑŋ˥

裤腰 k'u˧ iɑu˥

裤腰带 k'u˧ iɑu˥ tai˧

裤腿 k'u˧ t'ei˧˩

2. 鞋帽

鞋子 xai˨˦ r

拖鞋 t'o˥ xai˨˦

棉鞋 miɛn˨˦ xai˨˦

皮鞋 p'i˨˦ xai˨˦

毡鞋 tsan˥ xai˨˦

布鞋 pu˧ xai˨˦

雨鞋 y˧˩ xai˨˦

木屐 mon˨˦ tɕi˥

弓鞋 koŋ˥ xai˨˦ 旧时裹脚妇女穿的鞋

裹脚 ko˧˩ tɕio˨˦ 旧时妇女裹脚的布

绑腿 pɑŋ˧˩ t'ei˧˩ 军人用的

鞋底子 xai˨˦ ti˧˩ r

鞋帮子 xai˨˦ pɑŋ˥ r

鞋楦头 xai˨˦ ɕyɛn˧ t'əu˨˦

鞋拔子 xai˨˦ pa˨˦ r

鞋带子 xai˨˦ tai˧ r

袜子 ua˨˦ r

线袜子 ɕiɛn˧ ua˨˦ r

丝袜子 sɿ˥ ua˨˦ r

长袜子 ts'ɑŋ˩ ua˩ r
短袜子 tan˨ ua˩ r
袜带子 ua˩ tai˦ r
帽子 mɑu˦ r
皮帽子 p'i˩ mɑu˦ r
瓜皮帽子 kua˥ p'i˩ mɑu˦ r
礼帽 li˨ mɑu˦
军帽 tɕyn˥ mɑu˦
草帽 ts'ɑu˨ mɑu˦
斗笠 təu˩ li˩
帽檐子 mɑu˦ iɛn˩ r

3. 装饰品

首饰 səu˨ sɿ˥
镯子 tso˩ r
戒指 kai˩ tsɿ˨
项链 xɑŋ˦ liɛn˦
项圈 xɑŋ˦ tɕ'yɛn˥
长命锁 ts'ɑŋ˩ min˦ so˨
别针 piɛ˩ tsən˥
簪子 tsan˥ r
耳环 zɨ˦ xuan˩
胭脂 iɛn˥ tsɿ˨
花粉 xua˥ fən˨

4. 其他穿戴

用品 iɑŋ˦ p'in˨
围脖子 uei˩ pe˩ r
手绢 səu˨ tɕin˥
围巾 uei˩ tɕin˥
手套 səu˨ t'ɑu˦
眼镜 iɛn˨ tɕin˦
阳伞 iɑŋ˩ san˨
雨伞 y˨ san˨
蓑衣 so˥ i˥
手表 səu˨ piɑu˨

（十四）饮食

1. 米饭

饭 fan˦
新鲜饭 ɕin˥ ɕyɛn˥ fan˦
现饭 ɕiɛn˦ fan˦　不是新做的饭
新饭 ɕin˥ fan˦　新年出行前做的饭
稀饭 ɕi˥ fan˦　粥
米汤 mi˨ t'ɑŋ˥　煮饭滗出来的汤
糯米饭 lo˦ mi˨ fan˦
米酒 mi˨ tɕiəu˨　用糯米酿制的
　糟 tsɑu˥
　醪糟 lɑu˩ tsɑu˥
糍粑 ts'ɿ˩ pa˥　糯米食品
粽子 tson˦ r
锅巴饭 ko˥ pa˥ fan˦
煳饭 xu˩ fan˦
馊饭 səu˥ fan˦

2. 面食

面条 miɛn˦ tiɑu˩
挂面 kua˦ miɛn˦　线状的面条
汤面 t'ɑŋ˥ miɛn˦　带汤的面条
臊子 sɑu˦ r　下面出味的肉末
热干面 e˩ kan˥ miɛn˦
炸酱面 tsa˩ tɕiɑŋ˦ miɛn˦
葱油面 ts'on˥ iəu˦ miɛn˦

面片 miɛn˦ p‘iɛn˦　面做成的片状食物

面糊 miɛn˦ xu˩　用面做成的糊状食物

面粉 miɛn˦ fən˨　小麦磨成的

灰面 xuei˥ miɛn˦

馒头 man˩ t‘əu˩　无馅的

包子 pɑu˥ r　有馅的

花卷 xua˥ tɕyɛn˨

油条 iəu˩ t‘iɑu˩

馃子 ko˨ r

饼子 pin˨ r

饺子 tɕiɑu˨ r

包面 pɑu˥ miɛn˦

汤圆子 t‘ɑŋ˥ yɛn˩ r　糯米湿粉搓成的

蛋糕 tan˨ kɑu˥

月饼 yɛ˩ pin˨

饼干 pin˨ kan˥

3. 荤菜

肉 zu˩

鸡肉 tɕi˥ zu˩

鸭肉 ia˩ zu˩

鹅肉 o˩ zu˩

猪肉 tsu˥ zu˩

羊肉 iɑŋ˩ zu˩

牛肉 iəu˩ zu˩

排骨 p‘ai˩ ku˩

猪肝 tsu˥ kan˥

肉丁 zu˩ tin˥

肉片 zu˩ p‘iɛn˦

肉丝 zu˩ sɿ˥

肉末 zu˩ me˥

肉松 zu˩ son˥

肉糕 zu˩ kɑu˥

卷切 tɕyɛn˨ tɕ‘i˩

盘龙菜 p‘an˩ lon ts‘ai˦

肉圆子 zu˩ yɛn˩ r

猪肘子 tsu˥ tsəu˨ r

猪蹄子 tsu˥ t‘i˩ r

里脊肉 li˨ tɕi˩ r

蹄筋 t‘i˩ tɕin˥

赚头 tsuan˦ t‘əu˩　猪、牛的舌头

下水 ɕia˦ suei˨　猪牛羊的内脏

心肺 ɕin˥ fei˦

肥肠 fei˩ ts‘ɑŋ˩

腰花 iɑu˥ xua˥

鸡杂 tɕi˥ tsa˩

鸡肫 tɕi˥ tɕyn˥

猪血 tsu˥ ɕiɛ˩

鸡血 tɕi˥ ɕiɛ˩

鱼 y˩

全鱼 tɕ‘yɛn˩ y˩

鱼块 y˩ k‘uai˨

鱼片 y˩ p‘iɛn˦

鱼糕 y˩ kɑu˥

鱼圆子 y˩ yɛn˩ r

蛋 tan˦

鸡蛋 tɕi˥ tan˦

鸡蛋花子 tɕi˥ tan˦ xua˥ r

炖鸡蛋 tən˩ tɕi˥ tan˦

荷包蛋 xo˩ pɑu˥ tan˦

鸭蛋 ia˨˦ tan˦˥
鹅蛋 o˨˦ tan˦˥
盐蛋 iɛn˨˦ tan˦˥
皮蛋 p'i˨˦ tan˦˥

4. 素菜

新鲜菜 ɕin˥ ɕyɛn˥ ts'ai˦˥
小菜 ɕiɑu˧˩ ts'ai˦˥
腌菜 iɛn˥ ts'ai˦˥
咸菜 ɕiɛn˨˦ ts'ai˦˥
酱菜 tɕiɑŋ˦˥ ts'ai˦˥
泡菜 p'ɑu˦˥ ts'ai˦˥
豆腐 təu˨˦ fu˧˩
豆筋 təu˨˦ tɕin˥
豆浆 təu˨˦ tɕiɑŋ˧˩
豆腐皮子 təu˨˦ fu˧˩ p'i˨˦ r
　千张 tɕ'iɛn˥ tsɑŋ˥
豆腐干子 təu˨˦ fu˧˩ kan˥ r
豆腐脑 təu˨˦ fu˧˩ lɑu˧˩
豆豉 təu˨˦ sʅ˧˩
腐豆腐 fu˧˩ təu˨˦ fu˧˩
粉条子 fən˧˩ t'iɑu˨˦ r
凉粉 liɑŋ˨˦ fən˧˩
藕粉 ən˧˩ fən˧˩
葛粉 ko˨˦ fən˧˩
白木耳 pe˨˦ mon˨˦ zɨ˧˩
黑木耳 xe˨˦ mon˨˦ zɨ˧˩
海菜 xai˧˩ ts'ai˦˥
海参 xai˧˩ sən˥
海带 xai˧˩ tai˦˥

5. 油盐作料

美食 mei˧˩ sʅ˨˦
颜色 iɛn˨˦ se˨˦　色：菜的色彩
气味 tɕ'i˦˥ uei˦˥　香：菜的气味
味道 uei˦˥ tɑu˦˥　味：菜的滋味
油 iəu˨˦
香油 ɕiɑŋ˥ iəu˨˦　芝麻油
菜油 ts'ai˦˥ iəu˨˦　菜籽油
棉油 miɛn˨˦ iəu˨˦　棉籽油
花生油 xua˥ sən˥　iəu˨˦
猪油 tsu˥ iəu˨˦
盐 iɛn˨˦
粗盐 ts'u˥ iɛn˨˦　大颗子盐
精盐 tɕin˥ iɛn˨˦　面盐
酱 tɕiɑŋ˦˥
酱油 tɕiɑŋ˦˥ iəu˨˦
芝麻酱 tsʅ˥ ma˨˦ tɕiɑŋ˦˥
豆瓣酱 təu˨˦ pan˧˩ tɕiɑŋ˦˥
甜酱 t'iɛn˨˦ tɕiɑŋ˦˥
辣酱 la˨˦ tɕiɑŋ˦˥
醋 ts'u˦˥
白醋 pe˨˦ ts'u˦˥
红醋 xoŋ˨˦ ts'u˦˥
料酒 liɑu˦˥ tɕiəu˧˩
糖 t'ɑŋ˨˦
红糖 xoŋ˨˦ t'ɑŋ˨˦
白糖 pe˨˦ t'ɑŋ˨˦
冰糖 pin˥ t'ɑŋ˨˦
麻糖 ma˨˦ t'ɑŋ˨˦　麦芽糖
作料 tso˨˦ liɑu˦˥
八角 pa˨˦ ko˨˦
桂皮 kuei˦˥ p'i˨˦
花椒 xua˥ tɕiɑu˥
胡椒粉 xu˨˦ tɕiɑu˥ fən˧˩

6. 烟、酒、茶

烟 iɛn˥
烟叶 iɛn˥ iɛ˩˧
烟丝 iɛn˥ sɿ˥
香烟 ɕiaŋ˥ iɛn˥
旱烟 xan˧ iɛn˥
旱烟袋 xan˧ iɛn˥ tai˧ 细竹子做的烟具
水烟袋 suei˨ iɛn˥ tai˧ 铜制的
烟盒子 iɛn˥ xo˩˧ r 装香烟的金属盒
烟油 iɛn˥ iəu˩˧
烟灰 iɛn˥ xuei˥
火镰子 xo˨ liɛn˩˧ r 旧时取火的用具
打火石 ta˨ xo˨ sɿ˩˧ 火镰打火的石头
纸媒子 tsɿ˨ mei˩˧ r 旧时取火用的引火纸
酒 tɕiəu˨
白酒 pe˩˧ tɕiəu˨
红酒 xoŋ˩˧ tɕiəu˨
黄酒 xuaŋ˩˧ tɕiəu˨
筛酒 sai˥ tɕiəu˨
喝酒 xo˥ tɕiəu˨
茶 tsʻa˩˧
茶叶 tsʻa˩˧ iɛ˩˧
泡茶 pʻau˧ tsʻa˩˧
筛茶 sai˥ tsʻa˩˧
喝茶 xo˥ tsʻa˩˧

（十五）红白大事

1. 婚姻、生育

亲事 tɕʻin˥ sɿ˧ 二姓结亲之事
媒人 mei˩˧ ən˩˧ 二姓结亲的中间人
做媒 tsəu˧ mei˩˧ 当媒人
说媒 so˩˧ mei˩˧ 说亲
说媳妇子 so˩˧ ɕi˩˧ fu˧ r 为男青年找媳妇
说婆子 so˩˧ pʻe˩˧ r 为女青年找婆家
相亲 ɕiaŋ˧ tɕʻin˥ 男女双方互相了解情况
相貌 ɕiaŋ˧ mau˧
年龄 liɛn˩˧ lin˩˧
拿八字 la˩˧ pa˩˧ tsɿ˧ 交换生辰八字
择期 tsʻe˩˧ tɕʻi˥ 选择结婚的日子
婚事 xuən˥ sɿ˩˧
过礼 ko˧ li˨ 男方送彩礼
过期 ko˧ tɕʻi˥ 举行结婚仪式
　过道路 ko˧ tau˧ lu˧
　过喜事 ko˧ ɕi˨ sɿ˩˧
新房 ɕin˥ faŋ˩˧
新郎 ɕin˥ laŋ˩˧
新娘 ɕin˥ liaŋ˩˧
娶亲 tɕʻy˨ tɕʻin˥
　接媳妇 tɕiɛ˩˧ ɕi˩˧ fu˧
出嫁 tsʻu˩˧ tɕia˧
　嫁姑娘 tɕia˧ ku˥ liaŋ˩˧
接亲 tɕiɛ˩˧ tɕʻin˥ 男方迎新娘
送嫁妆 son˧ tɕia˧ tsuaŋ˥

送亲 son˧ tɕʻin˥ 女方送新娘

花轿 xua˥ tɕiau˧

拜堂 pai˧ tʻaŋ˩

交杯酒 tɕiau˥ pei˥ tɕiəu˨

喝喜酒 xo˥ ɕi˨ tɕiəu˨

陪十弟兄 pʻei˩ sʅ˩ ti˧ ɕioŋ˥ 陪新郎坐席

陪十姊妹 pʻei˩ sʅ˩ tsʅ˨ mei˧ 陪新娘坐席

闹房 lau˧ faŋ˩ 闹新房

回门 xuei˩ mən˩ 结婚三天新娘回娘家

婚姻 xuən˥ in˥

招女婿 tsau˥ ly˨ ɕy˧ 男到女家结婚

做儿子 tsəu˧ zö˩ r 幼年到女家，长大完婚

卷帐 tɕyɛn˨ tsaŋ˧ 在女家结婚三年后回男家

送小媳妇子 son˧ ɕiau˨ ɕi˩ fu˧ 做童养媳

下堂 ɕia˧ tʻaŋ˩ 寡妇再嫁

续弦 su˩ ɕyɛn˩ 男人丧偶再娶

填房 tʻiɛn˩ faŋ˩ 女人嫁给丧偶的男人

生育 sən˥ y˩

孕妇 zuən˧ fu˧

怀娃子 xuai˩ a˩ r

有喜 iəu˨ ɕi˨

小产 ɕiau˨ tsʻan˨

生娃子 sən˩ a˩ r

接生 tɕiɛ˩ sən˥

胎盘 tʻai˥ pʻan˩

坐月子 tso˧ yɛ˩ r

月母子 yɛ˩ mon˨ r

洗三 ɕi˨ san˥ 婴儿出生第三天

洗九 ɕi˨ tɕiəu˨ 婴儿出生第九天

满月 man˨ yɛ˩

头胎 tʻəu˩ tʻai˥

双胞胎 suaŋ˥ pau˥ tʻai˥

打胎 ta˨ tʻai˥

遗腹子 i˩ fu˩ tsʅ˨ 父亲死后出生的小孩

吃妈子 tɕʻi˩ ma˥ r 吃奶

喂妈子 uei˨ ma˥ r 喂小孩吃奶

妈脑壳子 ma˥ lau˨ kʻo˩ r

隔妈子 ke˩ ma˥ r 断奶

屙尿 o˥ liau˨

端尿 tan˥ liau˨

撒尿 sa˩ liau˨ 尿床

2. 寿辰、丧葬

寿辰 səu˧ sən˩

祝寿 tsu˩ səu˧

寿星 səu˧ ɕin˥

过生日 ko˧ sən˥ zʅ˧

做生 tsəu˧ sən˥ 为长辈举办生日宴会

孝顺 ɕiau˧ suən˧

忤逆 u˨ i˩

丧事 saŋ˥ sʅ˧

去世 tɕʻy˧ sʅ˧

死哒 sʅ˨ ta˩

走哒 tsəu˨ ta˩

走路哒 tsəu˨ lu˥ ta˦
奔丧 pən˥ saŋ˥
守灵 səu˨ lin˦
灵床 lin˦ ts'uaŋ˦
灵堂 lin˦ t'aŋ˦
孝子 ɕiau˥ tsɿ˨
贤孙 ɕiɛn˦ sən˥
戴孝 tai˥ ɕiau˥
出殡 ts'u˦ pin˥
入殓 zu˦ liɛn˨
棺材 kuan˥ ts'ai˦
寿材 səu˥ ts'ai˦ 生前准备的棺材
送葬 son˥ tsaŋ˥
哭丧 k'u˦ saŋ˥
纸人 tsɿ˨ ən˦
纸马 tsɿ˨ ma˨
纸屋娃子 tsɿ˨ u˦ a˨ r
纸钱 tsɿ˨ tɕ'iɛn˦
下葬 ɕia˥ tsaŋ˥
打井 ta˨ tɕin˨ 挖墓坑
入土 zu˦ t'u˨
圆坟 yɛn˦ fən˦
烧五七 sau˥ u˨ tɕ'i˦ 死后第五个七天的祭祀
守孝 səu˨ ɕiau˥
佛堂 fu˦ t'aŋ˦
灵牌子 lin˦ p'ai˦ r
长明灯 ts'aŋ˦ min˥ tən˥
桩香 tsuaŋ˥ ɕiaŋ˥
上香 saŋ˥ ɕiaŋ˥
叩头 k'o˥ t'əu˦
上坟 saŋ˥ fən˥
坟场 fən˦ ts'aŋ˦
坟茔 fən˦ iɛn˦
墓碑 me˦ pei˥
扫墓 sau˨ me˦
人生 ən˦ sən˥
享福 ɕiaŋ˨ fu˦
得意 te˦ i˥
寿终正寝 səu˥ tson˥ tsən˥ tɕ'in˨
遭业 tsau˥ iɛ˦ 受苦受难
失意 sɿ˦ i˥
自寻短见 tsɿ˥ ɕyn˦ tan˨ tɕiɛn˥
投水 t'əu˦ suei˨
上吊 saŋ˥ tiau˥
尸骨 sɿ˥ ku˦
骨灰盒子 ku˦ xuei˥ xo˦ r

3. 迷信

信仰 ɕin˥ iaŋ˨
老天爷 lau˨ t'iɛn˥ iɛ˦
山神 san˥ sən˦
土地庙 t'u˨ ti˥ miau˥
关庙 kuan˥ miau˥ 关帝庙
城隍庙 ts'ən˦ xuaŋ˦ miau˥
财神 ts'ai˦ sən˦
灶王爷 tsau˦ uaŋ˦ iɛ˦
阎王 iɛn˦ uaŋ˦
观音菩萨 kuan˥ in˥ p'u˦ sa˥
送子娘娘 son˥ tsɿ˨ liaŋ˦ liaŋ˦
祠堂 ts'ɿ˦ taŋ˦
佛龛 fu˦ k'an˥
上供 saŋ˥ koŋ˥
香案 ɕiaŋ˥ an˥

蜡烛 la˩ tsu˩
烛台 tsu˩ tʻai˩
烧香 sɑu˥ ɕiɑŋ˥
线香 ɕiɛn˧ ɕiɑŋ˥
香炉 ɕiɑŋ˥ lu˩
念经 liɛn˧ tɕin˥
许愿 ɕy˧ yɛn˧
还愿 xuan˩ yɛn˧
求签 tɕʻiəu˩ tɕʻiɛn˥
卜卦 pʻu˩ kua˧
卦 kua˧ 通常用有正有反的两块竹片制成
阴卦 in˥ kua˧ 两块竹片都朝下
阳卦 iɑŋ˩ kua˧ 两块竹片都朝上
圣卦 sən˧ kua˧ 一正一反
做道场 tsəu˧ tɑu˧ tsʻɑŋ˩
阴阳先生 in˥ iɑŋ˩ ɕiɛn˥ sən˥
看风水 kʻan˩ fon˥ suei˧
算命先生 suan˧ min˧ ɕiɛn˥ sən˥
算命 suan˧ min˧
测字 tsʻe˩ tsɿ˧
看相 kʻan˩ ɕiɑŋ˧
跳神 tʻiɑu˧ sən˩

（十六）日常生活

1. 衣

穿衣服 tsʻuan˥ i˥ fu˩
脱衣服 tʻo˩ i˥ fu˩
量衣服 liɑŋ˧ i˥ fu˩
裁衣服 tsʻai˩ i˥ fu˩
做衣服 tsəu˧ i˥ fu˩
贴边 tʻiɛ˩ piɛn˥ 在衣服内边缝上窄条
绲边 kuən˧ piɛn˥ 在衣服边缘缝制圆棱边
钉扣子 tin˥ kʻəu˧ r
打补丁 ta˧ pu˧ tin˧
洗衣服 ɕi˧ i˥ fu˩
敨衣服 tʻəu˧ i˥ fu˩ 用清水漂洗
浆衣服 tɕiɑŋ˥ i˥ fu˩ 用米汤漂洗
晾衣服 liɑŋ˧ i˥ fu˩
晒衣服 sai˧ i˥ fu˩
熨衣服 zuən˧ i˥ fu˩
穿鞋子 tsʻuan˥ xai˩ r
脱鞋子 tʻo˩ xai˩ r
做鞋子 tsəu˧ xai˩ r
做鞋帮子 tsəu˧ xai˩ pɑŋ˥ r
纳鞋底子 la˩ xai˩ ti˧ r
绣花 ɕiəu˧ xua˥
绱鞋底子 sɑŋ˧ xai˩ ti˧ r
摖被卧 tsai˧ pei˧ o˧ 用线把被窝絮、包单、被窝心缝在一起

2. 食

烧饭 sɑu˥ fan˧
生火 sən˥ xo˧
淘米 tʻɑu˩ mi˧
做饭 tsəu˧ fan˧
择菜 tse˩ tsʻai˧
炒菜 tsʻɑu˧ tsʻai˧

打汤 ta˧ t'aŋ˥
饭好哒 an˦ xau˧ ta˩ 饭菜做好了
饿哒 o˦ ta˩
开饭 k'ai˥ fan˦
吃饭 tɕ'i˩ fan˦
吃早饭 tɕ'i˩ tsau˧ fan˦
　过早 ko˦ tsau˧
吃中饭 tɕ'i˩ tson˥ fan˦
　过中 ko˦ tson˥
吃晚饭 tɕ'i˩ uan˧ fan˦
消夜 ɕiau˥ iɛ˦ 吃夜宵
吃菜 tɕ'i˩ ts'ai˦
吃零食 tɕ'i˩ lin˥ ʂʅ˩
点心 tiɛn˧ ɕin˥
茶点 ts'a˩ tiɛn˧
添饭 t'iɛn˥ fan˦ 把饭装在碗里
　盛饭 ts'ən˩ fan˦
用筷子 ioŋ˦ k'uai˩ r
肉不烂 zu˩ pu˩ lan˦
嚼不动 tɕiau˩ pu˩ ton˦
亘逗哒 kən˧ təu˩ ta˩ 吃饭噎住哒
打嗝 ta˧ ke˩
口里没味 k'əu˧ li˧ mei˩ uei˦
喝酒 xo˥ tɕiəu˧
搛菜 liɛn˥ ts'ai˦
舀汤 iau˧ t'aŋ˥
抽烟 ts'əu˥ iɛn˥

3. 住

起床 tɕ'i˧ ts'uaŋ˩
洗手 ɕi˧ səu˧
洗脸 ɕi˧ liɛn˧
漱口 su˦ k'əu˧
刷牙 sua˩ ia˩
梳头 so˥ t'əu˩
梳辫子 so˥ piɛn˦ r
剪指甲 tɕiɛn˧ tsʅ˩ ka˩
挖耳屎 ua˥ zɨ˧ ʂʅ˧
洗澡 ɕi˧ tsau˧
擦澡 ts'a˩ tsau˧
解手 kai˧ səu˧
解小手 kai˧ ɕiau˧ səu˧
解大手 kai˧ ta˦ səu˧
乘凉 ts'ən˩ liaŋ˩
晒太阳 sai˦ t'ai˦ iaŋ˩
向火 ɕiaŋ˦ xo˧ 在火盆边取暖
点灯 tiɛn˧ tən˥
熄灯 ɕi˩ tən˥
穿瞌睡 ts'uan˥ ko˩ suei˦ 坐着小睡
打哈欠 ta˧ xo˥ tɕ'iɛn˦
睡瞌睡 suei˦ ko˩ suei˦
铺床 p'u˥ ts'uaŋ˩
躺下 t'aŋ˧ ɕia˦
睡着哒 suei˦ tso˩ ta˩
打鼾 ta˧ xan˥
睡不着 suei˦ pu˩ tso˩
睡中觉 suei˦ tson˥ kau˦
朝上睡 ts'au˩ saŋ˦ suei˦
侧逗睡 ts'e˩ təu˩ suei˦
匍逗睡 p'u˩ təu˩ suei˦
趴逗睡 p'a˥ təu˩ suei˦
失枕 ʂʅ˩ tsən˧ 落枕
抽筋 tɕ'əu˥ tɕin˥

做梦 tsəu˧ mon˧
说梦话 so˩ mon˧ xua˧
熬夜 ɑu˩ iɛ˧
开夜车 k'ai˥ iɛ˧ tɕ'e˥

4. 行

下田 ɕia˧ t'iɛn˩ 去田里做事
做活路 tsəu˧ xo˩ lu˧
歇一下 ɕiɛ˩ i˩ xa˨ 休息一会儿
收工 səu˥ koŋ˥
赶集 kan˨ tɕi˩
逛街 kuaŋ˧ kai˥
散步 san˧ pu˧
走人家 tsəu˨ ən˩ ka˥
出去哒 ts'u˩ k'ɨ˧ ta˩
回来哒 xuei˩ lai˩ ta

（十七）讼事

打官司 ta˨ kuan˥ sɿ˥
告状 kau˧ tsuaŋ˧
状子 tsuaŋ˧ r
原告 yɛn˩ kau˧
被告 pei˧ kau˧
过堂 ko˧ t'aŋ˩
坐堂 tso˧ t'aŋ˩
退堂 t'ei˧ t'aŋ˩
问案 uən˧ an˧
招认 tsau˥ ən˧
画押 xua˧ ia˩
口供 k'əu˨ koŋ˧
证人 tsən˧ ən˩
人证 ən˩ tsən˧
物证 u˩ tsən˧
对质 tei˧ tsɿ˩
供 koŋ˧ ～出同谋
同谋 t'on˩ məu˩
主犯 tsu˨ fan˧
从犯 ts'on˩ fan˧
故犯 ku˧ fan˧
惯犯 kuan˧ fan˧
宣判 ɕyɛn˥ p'an˧
服 fu˩
不服 pu˩ fu˩
律师 ly˩ sɿ˥
讼师 son˧ sɿ˥
犯法 fan˧ fa˩
犯罪 fan˧ tsuei˧
上诉 saŋ˧ su˧
案件 an˧ tɕiɛn˧
刑事 ɕin˩ sɿ˧
民事 min˥ sɿ˧
家务事 tɕia˥ u˧ sɿ˧
青天大老爷 tɕ'in˥ t'iɛn˥ ta˧ lau˨ iɛ˩
衙门 ia˩ mən˩
公堂 koŋ˥ t'aŋ˩
拷打 k'au˨ ta˨
打板子 ta˨ pan˨ r
上枷 saŋ˧ tɕia˥
手铐 səu˨ k'au˨
脚镣 tɕio˩ liau˩

抓起来 tsua˥ tɕʻi˨ lai˩
捆起来 kʻuən˨ tɕʻi˨ lai˩
关起来 kuan˥ tɕʻi˨ lai˩
押起来 ia˩ tɕʻi˨ lai˩
坐牢 tso˧ lɑu˩
送牢饭 son˧ lɑu˩ fan˧
探监 tʻən˧ tɕiɛn˥
诬告 u˥ kɑu˧
连坐 liɛn˩ tso˧
保释 pɑu˨ sɿ˩
取保 tɕʻy˨ pɑu˨
逮捕 tai˨ pu˥
押解 ia˩ kai˨
囚车 ɕiəu˩ tsʻe˥
砍头 kʻan˨ tʻəu˩
枪毙 tɕʻiɑŋ˥ pei˧
越狱 yɛ˩ y˩
劫法场 tɕiɛ˩ fa˩ tsʻɑŋ˩
赃官 tsɑŋ˥ kuan˥
索贿 so˩ xuei˧
受贿 səu˧ xuei˧
行贿 ɕin˩ xuei˧
罚款 fa˩ kʻuan˨

立字据 li˩ tsɿ˧ tɕy˧
按手印 an˧ səu˨ in˧
捐税 tɕyɛn˥ suei˧
田契 tʻiɛn˩ tɕʻi˧
看课 kʻan˩ kʻo˧
交课 tɕiɑu˥ kʻo˧
税契 suei˧ tɕʻi˧ 持契交税盖印，使契有效
纳税 la˩ suei˧
完税 uan˩ suei˧
执照 tsɿ˩ tsɑu˩
大印 ta˧ in˧ 官方图章
告示 kɑu˧ sɿ˧
通知 tʻon˥ tsɿ˥
命令 min˧ lin˧
传票 tsʻuan˩ pʻiɑu˧
私访 sɿ˥ fɑŋ˨
上任 sɑŋ˧ zən˩
卸任 ɕiɛ˧ zən˩
罢免 pa˧ miɛn˨
案卷 an˧ tɕyɛn˧
交代 tɕiɑu˥ tai˧ 移交经手的事务

（十八）交际

应酬 in˧ tsʻəu˩
来往 lai˩ uɑŋ˨ 人与人之间的交往
看人 kʻan˩ ən˩ 看望他人
拜访 pai˧ fɑŋ˨
回拜 xuei˩ pai˧

客人 kʻe˩ ən˩
男客 lan˩ kʻe˩
女客 ly˨ kʻe˩
做客 tsəu˨ kʻe˩
待客 tai˧ kʻe˩

陪客 p'eiɹ k'eɹ

客套 k'eɹ t'au˥

随便 sueiɹ piɛn˥

颠慷 tiɛn˥ k'aŋ˥　不随便

讲客气 tɕiaŋ˨ k'eɹ tɕ'i˥

送客 son˥ k'eɹ

不送哒 puɹ son˥ taɹ　主人说的客气话

好走 xau˨ tsəu˨

多谢 to˥ ɕiɛ˥

不客气 puɹ k'eɹ tɕ'i˥

人情 ənɹ tɕ'inɹ

赶人情 kan˨ ənɹ tɕ'inɹ

送人事 son˥ ənɹ tɕ'inɹ　送礼物

讲礼信 tɕiaŋ˨ li˨ ɕin˥

请客 tɕ'in˨ k'eɹ

请帖 tɕ'in˨ t'iEɹ

下请帖 ɕia˥ tɕ'in˨ t'iɛɹ

招待 tsau˥ tai˥

摆酒席 pai˥ tɕiəu˨ ɕiɹ

入席 zuɹ ɕiɹ

上菜 saŋ˥ ts'ai˥

写酒 ɕiɛ˨ tɕiəu˨

酌酒 tsoɹ tɕiəu˨

敬酒 tɕin˥ tɕiəu˨

劝酒 tɕ'yɛn˥ tɕiəu˨

干杯 kan˥ pei˥

行酒令 ɕinɹ tɕiəu˨ lin˥

相交 ɕiaŋ˥ tɕiau˥　交友

和为贵 xoɹ ueiɹ kuei˥

和而不同 xoɹ zɨɹ puɹ t'onɹ

有德行 iəu˨ teɹ ɕinɹ

懂礼信 ton˨ li˨ ɕin˥

野道 iɛ˨ tau˥　不文明、低俗

野气 iɛ˨ tɕ'i˥　不正经、下流

不嫌弃 pu˥ ɕiɛnɹ tɕ'i˥

冤家 yɛn˥ tɕia˥

朋友 p'onɹ iəu˨

匿名帖子 liɹ min˥ t'iɛɹ r

打抱不平 ta˨ pau˥ puɹ p'inɹ

冤枉 yɛn˥ uaŋ˨

插嘴 ts'aɹ tsuei˨

吹毛求疵 ts'uei˥ mauɹ tɕ'iəuɹ tsɿ˥

做作 tsəu˥ tsoɹ

摆架子 pai˨ tɕia˥ r

装疯卖傻 tsuaŋ˥ fon˥ mai˥ sa˨

出洋相 ts'uɹ iaŋɹ ɕiaŋ˥

丢人 tiəu˥ ənɹ

巴结 pa˥ tɕiɛɹ

套近乎 t'au˥ tɕin˥ xu˥

讨好 t'au˨ xau˨ 得到好处

占相瓔 tsan˥ ɕiaŋ˥ in˥　占便宜

缠 ts'anɹ　①纠缠：不要一个～逗我；②发生了关系：你～哒我你就要对我负责；③找：他该你钱，你～他要，不要找我。④与、同：他～他蛮好，简直像一个人一样。

看得起 k'anɹ teɹ tɕ'i˨

看不起 k'anɹ puɹ tɕ'i˨

串门 ts'uan˥ mənɹ

合伙 xoɹ xo˨

答应 taɹ in˥

（十九）商业 交通

1. 经商行业

字号 tsʅ˧ xɑu˧

招牌 tsɑu˥ pʻai˩

广告 kuɑŋ˨ kɑu˧

开铺子 kʻai˥ pʻu˧ r

铺面 pʻu˧ miɛn˧

摆摊子 pai˨ tʻən r

做生意 tsəu˧ sən˥ i˧

旅馆 ly˨ kuan˨

租房子 tsu˥ fɑŋ˩ r

饭馆 fan˧ kuan˨

下馆子 ɕia˧ kuan˨ r

布店 pu˧ tiɛn˧

杂货店 tsa˩ xo˧ tiɛn˧

油盐店 iəu˩ iɛn˩ tiɛn˧

粮行 liɑŋ˩ xɑŋ˩

勤行 tɕʻin˩ xɑŋ˩ 做粑粑炸馃子

瓷器店 tsʻʅ˩ tɕʻi˧ tiɛn˧

文具店 uən˩ tɕy˧ tiɛn˧

茶馆 tsʻa˩ kuan˨

理发店 li˨ fa˩ tiɛn˧

理发 li˨ fa˩

刮脸 kua˩ liɛn˨

刮胡子 kua˩ xu˩ r

肉铺 zu˩ pʻu˧

杀猪 sa˩ tsu˥

当铺 tɑŋ˩ pʻu˧

煤铺 mei˩ pʻu˧

煤球 mei˩ tɕʻiəu˩

蜂窝煤 foŋ˥ o˥ mei˩

赶脚 kan˨ tɕio˩ 用牲口帮人驮运东西

赶牲口 kan˨ sən˥ kʻəu˨ 意同赶马帮

挑八根系 tʻiɑu˨ pa˩ kən˥ ɕi˧ 做小买卖

2. 经营、交易

开业 kʻai˥ iɛ˩

停业 tʻin˩ iɛ˧

盘点 pʻan˩ tiɛn˨

柜台 kuei˧ tʻai˩

开价 kʻai˥ tɕia˧

还价 xuan˩ tɕia˧

便宜 pʻiɛn˩ i˩

贵 kuei˧ 价钱高

公道 koŋ˥ tɑu˧

工钱 koŋ˥ tɕʻiɛn˩

生意好 sən˥ i˧ xɑu˨

生意清淡 sən˥ i˧ tɕʻin˥ tan˧

热闹 zɛ˩ lɑu˧ 人多，有生意

消停 ɕiɑu˥ tʻin˩ 无事，没有生意

本钱 pən˧ tɕʻiɛn˩

保本 pɑu˨ pən˧

赚钱 tsuan˧ tɕʻiɛn˩

亏本 kʻuei˥ pən˧

折本 sɛ˩ pən˧

路费 lu˧ fei˧

利息 li˧ ɕi˩

财运好 ts'ai˨ yn˦ xau˨
押金 ia˨ tɕin˥
差 ts'a˥ ① 数量不足，② 质量不好
欠 tɕ'iɛn˦ 该给而未给

3. 账目、度量衡

账房 tsaŋ˦ faŋ˨
进账 tɕin˦ tsaŋ˦ 收入的账
出账 ts'u˨ tsaŋ˦ 付出的账
开销 k'ai˥ ɕiau˥
欠账 tɕ'iɛn˦ tsaŋ˦
烂账 lan˦ tsaŋ˦ 无法收回的账
讨账 t'au˨ tsaŋ˦ 讨要欠账
收账 səu˥ tsaŋ˦ 收回欠账
水牌 suei˨ p'ai˨ 临时记账用的木牌或铁牌
发票 fa˨ p'iau˦
收据 səu˥ tɕy˦
存款 ts'ən˨ k'uan˨
钞票 ts'au˥ p'iau˦ 纸币
硬币 ən˦ pei˦
洋钱 iaŋ˨ tɕ'iɛn˨ 银圆
铜角子 t'on˨ ko˨ r 铜板
眼眼子钱 an˨ an˨ r tɕ'iɛn˨
整钱 tsən˨ tɕ'iɛn˨ 成十成百的钱
零钱 lin˨ tɕ'iɛn˨
一分钱 i˨ fən˥ tɕ'iɛn˨
一角钱 i˨ tɕio˨ tɕ'iɛn˨
一块钱 i˨ k'uai˨ tɕ'iɛn˨
十块钱 sɿ˨ k'uai˨ tɕ'iɛn˨
一百块钱 i˨ pe˨ k'uai˨ tɕ'iɛn˨
一张票子 i˨ tsaŋ˥ p'iau˦ r
一个铜板 i˨ ko˦ t'on˨ pan˨
天平 tiɛn˥ p'in˨
戥子 tən˨ r
算盘 suan˦ p'an˨
秤 ts'ən˦
秤星 ts'ən˦ ɕin˥
秤砣 ts'ən˦ t'o˨
秤盘子 ts'ən˦ p'an˨ r
秤杆子 ts'ən˦ kan˥ r
秤钩子 ts'ən˦ kəu˥ r
磅秤 ts'ən˦ paŋ˦

4. 交通

铁路 t'iɛ˨ lu˦
铁轨 t'iɛ˨ kuei˨
火车 xo˨ ts'e˥
火车站 xo˨ ts'e˥ tsan˦
公路 koŋ˥ lu˦
汽车 tɕ'i˦ ts'e˥
客车 k'e˦ ts'e˥ 载人的汽车
货车 xo˦ ts'e˥ 拖货的汽车
公共汽车 koŋ˥ koŋ˦ tɕ'i˦ ts'e˥
小轿车 ɕiau˨ tɕiau˦ ts'e˥
摩托车 me˥ t'o˨ ts'e˥
三轮车 san˥ lən˨ ts'e˥
自行车 tsɿ˦ ɕin˨ ts'e˥
板车 pan˨ ts'e˥
船 ts'uan˨
帆 fan˥
篷 p'on˨
桅杆 uei˨ kan˥

舵 to˦

橹 lu˨

桨 tɕiaŋ˨

篙 kau˥

跳板 tʻiau˦ pan˨ 上下船用

帆船 fan˥ tsʻuan˩

（二十）文化教育

1. 学校

学前教育 ɕio˩ tɕʻiɛn˩ tɕiau˦ y˩

托儿所 tʻo˩ zɨ˩ so˨

幼儿园 iəu˦ zɨ˩ yɛn˩

义务教育 i˦ u˦ tɕiau˦ y˩

小学 ɕiau˨ ɕio˩

初中 tsʻu˥ tson˥

中等教育 tson˥ tən˨ tɕiau˦ y˩

普通高中 pʻu˨ tʻon˥ kau˥ tson˥

高等教育 kau˥ tən˨ tɕiau˦ y˩

专科学校 tsuan˥ kʻo˥ ɕio˩ ɕiau˦

本科学院 pən˦ kʻo˥ ɕio˩ yɛn˦

综合大学 tson˥ xo˩ ta˦ ɕio˩

职业教育 tsʅ˩ iɛ˩ tɕiau˦ y˩

职业高中 tsʅ˩ iɛ˩ kau˥ tson˥

中等专业学校 tson˥ tən˨ tsuan˥ iɛ˩ ɕio˩ ɕiau˦

职业技术学院 tsʅ˩ iɛ˩ tɕi˦ su˩ ɕio˩ yɛn˦

职工教育 tsʅ˩ koŋ˥ tɕiau˦ y˩

职工培训学校 tsʅ˩ koŋ˥ pʻei˩ ɕyn˦ ɕio˩ ɕiau˦

职工夜校 tsʅ˩ koŋ˥ iɛ˦ ɕiau˦

舢板 san˥ pan˨

渔船 y˩ tsʻuan˩

轮船 lən˩ tsʻuan˩

渡船 tu˦ tsʻuan˩

摆渡 pai˨ tu˦

渡口 tu˦ kʻəu˨

成人教育 tsʻən˩ ən˩ tɕiau˦ y˩

函授学院 xan˩ səu˦ ɕio˩ yɛn˦

自学考试院 tsʅ˦ ɕio˩ kʻau˨ sʅ˦ yɛn˦

公办学校 koŋ˥ pan˦ ɕio˩ ɕiau˦

民办学校 min˥ pan˦ ɕio˩ ɕiau˦

私塾 sʅ˥ su˩

发蒙 fa˩ mon˩

报名 pau˦ min˥

上学 saŋ˦ ɕio˩

放学 faŋ˦ ɕio˩

逃学 tʻau˩ ɕio˩

放假 faŋ˦ tɕia˨

暑假 su˨ tɕia˨

寒假 xan˩ tɕia˨

请假 tɕʻin˨ tɕia˨

学费 ɕio˩ fei˦

2. 教室、文具

教室 tɕiau˦ sʅ˩

讲台 tɕiaŋ˨ tʻai˩

黑板 xe˩ pan˨

粉笔 fən˨ pi˩

黑板擦 xe˩ pan˨ tsʻa˩

上课 saŋ˦ kʻo˦

下课 ɕia˧ kʻo˧
点名册 tiɛn˨ min˥ tsʻe˩
教鞭 tɕiɑu˧ piɛn˥
笔记本 pi˩ tɕi˧ pən˧
课本 kʻo˧ pən˧
铅笔 tɕʻiɛn˥ pi˩
橡皮 ɕiɑŋ˧ pʻi˩
铅笔刀 tɕʻiɛn˥ pi˩ tɑu˥
圆规 yɛn˩ kuei˥
三角板 san˥ ko˩ pan˨
压铁 ia˩ tʻiɛ˩
 镇纸 tsən˧ tsʅ˨
作文本 tso˩ uən˩ pən˧
大字本 ta˧ tsʅ˧ pən˧
红模本 xoŋ˩ me˨ pən˧
铅笔 tɕʻiɛn˥ pi˩
钢笔 kɑŋ˥ pi˩
毛笔 mɑu˩ pi˩
笔帽 pi˩ mɑu˧
笔筒 pi˩ tʻon˩
砚台 iɛn˧ tʻai˩
墨盒子 me˩ xo˩ r
墨汁 me˩ tsʅ˩
墨水 me˩ suei˨
书包 su˥ pɑu˥

3. 读书、识字

读书人 tu˩ su˥ ən˩
认字 ən˨ tsʅ˧
 识字 sʅ˩ tsʅ˧
识字的 sʅ˩ tsʅ˧ ti˧ 认得字的
不识字的 pu˩ sʅ˩ tsʅ˧ ti˧ 不认得字的
读书 tu˩ su˥
温书 uən˥ su˥
背书 pei˧ su˥
报考 pɑu˧ kʻɑu˨
考场 kʻɑu˨ tsʻɑŋ˩
入场 zu˩ tsʻɑŋ˩
考试 kʻɑu˨ sʅ˧
考卷 kʻɑu˨ tɕyɛn˧
满分 man˨ fən˥
零分 lin˩ fən˥
发榜 fa˩ pɑŋ˨
头名 tʻəu˩ min˥
末名 me˥ min˥
名落孙山 min˥ lo˩ sən˥ san˥
毕业 pi˩ iɛ˩
肄业 i˧ iɛ˩
文凭 uən˩ pʻin˩

4. 写字

大楷 ta˧ kʻai˨
小楷 ɕiɑu˨ kʻai˨
字帖 tsʅ˧ tʻiɛ˩
临帖 lin˩ tʻiɛ˩
涂鸦 tʻu˩ ia˥
写白字 ɕiɛ˨ pe˩ tsʅ˧ 写别字
写错字 ɕiɛ˨ tsʻo˧ tsʅ˧
掉字 tiɑu˧ tsʅ˧
草稿 tsʻɑu˨ kɑu˨
打稿子 ta˨ kɑu˨ r
誊正 tʻən˩ tsən˧
笔画 pi˩ xua˧

一点 i˧˥ tiɛn˨˩
一横 i˧˥ xuən˧˥
一竖 i˧˥ su˦˥
一撇 i˧˥ p'iɛ˧˥
一捺 i˧˥ la˧˥
一勾 i˧˥ kəu˥
一挑 i˧˥ t'iau˨˩
一画 i˧˥ xua˦˥
偏旁 p'iɛn˥ p'aŋ˧˥
单人旁 tan˥ ən˧˥ p'aŋ˧˥
弓长张 koŋ˥ ts'aŋ˧˥ tsaŋ˥
立早章 li˧˥ tsau˨˩ tsaŋ˥
禾旁程 xo˧˥ p'aŋ˧˥ ts'ən˧˥
山今岑 san˥ tɕin˥ ts'ən˧˥
四框栏 sɿ˦˥ k'uaŋ˨˩ lan˧˥
宝盖头 pau˨˩ kai˧˥ t'əu˧˥
秃宝盖 t'u˥ pau˨˩ kai˧˥

竖心旁 su˦˥ ɕin˥ p'aŋ˧˥
反犬旁 fan˨˩ tɕ'yɛn˨˩ p'aŋ˧˥
单耳刀 tan˥ zɨ˨˩ tau˥
双耳刀 suaŋ˥ zɨ˨˩ tau˥
反文旁 fan˨˩ uən˧˥ p'aŋ˧˥
斜玉旁 ɕiɛ˧˥ y˦˥ p'aŋ˧˥
四点水 sɿ˦˥ tiɛn˨˩ suei˨˩
提土旁 ti˧˥ t'u˨˩ p'aŋ˧˥
竹字头 tsu˧˥ tsɿ˦˥ t'əu˧˥
火字旁 xo˨˩ tsɿ˦˥ p'aŋ˧˥
三点水 san˥ tiɛn˨˩ suei˨˩
两点水 liaŋ˨˩ tiɛn˨˩ suei˨˩
丝绞旁 sɿ˥ tɕiau˨˩ p'aŋ˧˥
提手旁 t'i˧˥ səu˨˩ p'aŋ˧˥
走之旁 tsəu˨˩ tsɿ˥ p'aŋ˧˥
草头 ts'au˨˩ t'əu˧˥
病旁 pin˦˥ p'aŋ˧˥

（二十一）文体活动

1. 游戏、玩具

放风筝 faŋ˦˥ fon˥ tsən˥
踢毽子 t'i˧˥ tɕyɛn˦˥ r
打得螺 ta˨˩ te˧˥ lo˧˥
打珠子 ta˨˩ tsu˥ r
滚铁环 kuən˨˩ t'iɛ˧˥ xuan˧˥
跳绳 t'iau˦˥ sən˧˥
跳房子 t'iau˦˥ faŋ˧˥ r
跳橡皮筋 t'iau˦˥ ɕiaŋ˦˥ p'i˧˥ tɕin˥
丢手绢 tiəu˥ səu˨˩ tɕyɛn˨˩
击鼓传花 tɕi˧˥ ku˨˩ ts'uan˧˥ xua˥
躲猫 to˨˩ mau˥ 捉迷藏
老鹰抓小鸡 lau˨˩ in˥ tsua˥ ɕiau˨˩ tɕi˥
跑麻城 p'au˨˩ ma˧˥ ts'ən˧˥
牵羊羊 tɕ'iɛn˥ iaŋ˧˥ iaŋ˧˥
划拳 xua˧˥ tɕ'yɛn˧˥ 石头、剪子、布
抓子 tsua˥ tsɿ˨˩ 抛起一颗，再迅速从地上抓一颗或数颗然后接住抛起的一颗
打飘飘 ta˨˩ p'iau˥ p'iau˥ 在水面上掷瓦片
打谜语 ta˨˩ mi˧˥ y˨˩
猜灯谜 ts'uai˨˩ tən˥ mi˧˥

翻叉 fan˥ ts'a˥

放爆竹 faŋ˧ pau˧ tsu˩˧

放鞭炮 faŋ˧ piɛn˥ p'au˧

2. 体育

下棋 ɕia˧ tɕ'i˩˧

象棋 ɕiaŋ˧ tɕ'i˩˧

将 tɕiaŋ˩˧

帅 suai˩˧

士 sɿ˧

象 ɕiaŋ˧ 象与相同音

车 tɕy˥

马 ma˧˥

炮 p'au˧

兵 pin˥

卒 tsu˩˧

拱卒 koŋ˧˥ tsu˩˧

上士 saŋ˧ sɿ˧ 士走上去

下士 ɕia˧ sɿ˧ 士走下来

飞象 fei˥ ɕiaŋ˧

落象 lo˩˧ ɕiaŋ˧

将军 tɕiaŋ˥ tɕyn˥ 动宾关系

围棋 uei˩˧ tɕ'i˩˧

黑子 xe˩˧ r

白子 pe˩˧ r

和棋 xo˩˧ tɕ'i˩˧

拔河 pa˩˧ xo˩˧

游泳 iəu˩˧ yn˧

仰泳 iaŋ˧˥ yn˧

蛙泳 ua˥ yn˧

自由泳 tsɿ˧ iəu˩˧ yn˧

潜水 tɕ'iɛn˩˧ suei˧˥

赛球 sai˧ tɕ'iəu˩˧

打球 ta˧˥ tɕ'iəu˩˧

乒乓球 p'in˥ p'aŋ˥ tɕ'iəu˩˧

篮球 lan˩˧ tɕ'iəu˩˧

排球 p'ai˩˧ tɕ'iəu˩˧

足球 tsu˩˧ tɕ'iəu˩˧

羽毛球 y˧˥ mau˩˧ tɕ'iəu˩˧

跳远 t'iau˧ yɛn˧˥

跳高 t'iau˧ kau˥

翻跟头 fan˥ kən˥ t'əu˩˧

翻空心跟头 fan˥ k'oŋ˥ ɕin˥ kən˥ t'əu˩˧

前滚翻 tɕ'iɛn˩˧ kuən˥ fan˥

后滚翻 xəu˧ kuən˥ fan˥

倒立 tau˧ li˩˧ 头朝下

3. 武术、舞蹈

对刀 tei˧ tau˥

耍刀 sua˧˥ tau˥

对枪 tei˧ tɕ'iaŋ˥

耍枪 sua˧˥ tɕ'iaŋ˥

耍流星锤 sua˧˥ liəu˩˧ ɕin˥ ts'uei˩˧

舞狮子 u˧˥ sɿ˥ r

划采莲船 xua˩˧ ts'ai˧˥ liɛn˩˧ ts'uan˩˧

踩高跷 ts'ai˧˥ kau˥ tɕ'iau˩˧

跳舞 t'iau˧ u˧˥

扭秧歌 liəu˧˥ iaŋ˥ ko˥

打花棍 ta˧˥ xua˥ kuən˧

打腰鼓 ta˧˥ iau˥ ku˧˥

打三棒鼓 ta˧˥ san˥ paŋ˧ ku˧˥

4. 戏剧

木偶戏 mon˩˧ əu˧˥ ɕi˧

皮影戏 pʻi˩˧ in˦˨ ɕi˧

大戏 ta˧ ɕi˧ 大型戏曲

京剧 tɕin˥ tɕy˧

话剧 xua˧ tɕy˧

戏院 ɕi˧ yɛn˧

戏台 ɕi˧ tʻai˩˧

说书 so˩˧ su˥

变把戏 sua˦˨ pa˦˨ ɕi˧ 变魔术

演员 iɛn˦˨ yɛn˩˧

花脸 xua˥ liɛn˦˨

小丑 ɕiau˦˨ tsʻəu˦˨

老生 lau˦˨ sən˥

小生 ɕiau˦˨ sən˥

武生 u˦˨ sən˥

刀马旦 tau˥ ma˦˨ tan˧

老旦 lau˦˨ tan˧

青衣 tɕʻin˥ i˥

花旦 xua˥ tan˧

小旦 ɕiau˦˨ tan˧

跑龙套 pʻau˦˨ loŋ˩˧ tʻau˧

（二十二）动作

1. 一般动作

站逗 tsan˧ təu˥

坐逗 tso˧ təu˥

跩逗 tsuai˥ təu˥ 蹲在地上

訇逗哒 ta˩˧ təu˥ ta˩˧ 跌倒

爬起来 pʻa˩˧ tɕʻi˦˨ lai˩˧

摇头 iau˩˧ tʻəu˩˧

点头 tiɛn˦˨ tʻəu˩˧

抬头 tʻai˩˧ tʻəu˩˧

低头 ti˥ tʻəu˩˧

车头 tsʻe˥ tʻəu˩˧

转身 tsuan˦˨ sən˥

睁眼睛 tsən˥ iɛn˦˨ tɕʻin˩˧

瞪眼睛 tən˥ iɛn˦˨ tɕʻin˩˧

闭眼睛 pi˧ iɛn˦˨ tɕʻin˩˧

挤眼睛 tɕi˦˨ iɛn˦˨ tɕʻin˩˧

眨眼睛 tsa˦˨ iɛn˦˨ tɕʻin˩˧

睁眼瞎 tsən˥ iɛn˦˨ ɕia˩˧

看见 kʻan˩˧ tɕiɛn˧

碰见 pʻon˧ tɕiɛn˧

视而不见 sɿ˧ zɨ˩˧ pu˩˧ tɕiɛn˧

张嘴 tsaŋ˥ tsuei˦˨

闭嘴 pi˧ tsuei˦˨

努嘴 lu˦˨ tsuei˦˨

噘嘴 tɕyɛ˥ tsuei˦˨

举手 tɕy˧ səu˦˨

摆手 pai˦˨ səu˦˨

撒手 sa˦˨ səu˦˨

伸手 sən˥ səu˦˨

拍手 pʻe˩˧ səu˦˨

招手 tsau˥ səu˦˨

背着手 pei˧ tso˩˧ səu˦˨

叉着手 tsʻa˥ tso˩˧ səu˦˨

笼着手 lon˩˧ tso˩˧ səu˦˨ 双手交叉伸入袖筒

拉手 la˥ səu˦˨

握手 o˩˧ səu˦˨

捂住手 u˥ tsu˧ səu˦˨

动手 ton˧ səu˨ 君子动口不动手
动脚 ton˧ tɕio˩
用脚挝 ioŋ˧ tɕio˩ tsua˩
挝你一脚 tsua˩ li˨ i˩ tɕio˩
扶逗 fu˩ təu˥
搀逗 ts'an˥ təu˥
牵逗 tɕ'iɛn˥ təu˥
扯逗 ts'e˨ təu˥
拉逗 la˥ təu˥
跶逗 ta˩ təu˥ 跌倒
跶跍溜子 ta˩ ku˥ liəu˥ r 摔跤子
弹指甲 t'an˩ tsʅ˩ ka˩
搭砣子 k'e˥ t'o˩ r 攥拳头
跌脚 tiɛ˩ tɕio˩ 跺脚
踮脚 tiɛn˥ tɕio˩
跷二郎腿 tɕ'iɑu˥ z ɨ˧ lɑŋ˩ t'ei˨
跷胯子 tɕ'iɑu˥ k'ua˨ r
蜷腿子 tɕ'yɛn˩ t'ei˨ r
抖腿子 təu˨ t'ei˨ r
踢腿子 t'i˩ t'ei˨ r
弯腰 uan˥ iɑu˥
佝腰 kəu˥ iɑu˥
伸懒腰 sən˥ lan˨ iɑu˥
撑腰 ts'ən˥ iɑu˥ 支持他人叫给人～
捶背 ts'uei˩ pei˧
撅屁股 tɕyɛ˥ p'i˧ ku˨
擤鼻洟 ɕin˨ pi˩ t'iɛn˥
流鼻洟 liəu˩ pi˩ t'iɛn˥
打喷嚏 ta˨ fən˧ t'i˩
看 k'an˩ 用眼睛～
听 t'in˥ 用耳朵～
摸 me˥ 用手～
闻 uən˩ 用鼻子～
哭 k'u˩
笑 ɕiɑu˧
吵 ts'ɑu˨
闹 lɑu˧
啜 ts'uai˧ 放啜
赖 lai˧ 耍赖
说 so˩
唱 ts'ɑŋ˧
哼 xən˥ 低声咏唱
呃 e˥ 小声哼唱
跑 p'ɑu˨
跳 t'iɑu˧
走 tsəu˨
尬 ka˥ 把东西放在桌上
掺 ts'an˥ 在酒里～水
打哈哈 ta˨ xa˥ xa˥ 发笑
哈哈 xa˥ xa˥ 笑声
丢 tiəu˥ 弃
选择 ɕyɛn˨ tse˩
收拾 səu˥ sʅ˩
丢失 tiəu˥ sʅ˩
收藏 səu˥ ts'ɑŋ˩
隐藏 in˨ ts'ɑŋ˩
躲避 to˨ pei˧
躲藏 to˨ ts'ɑŋ˩
玩脸 uan˩ liɛn˨
猴脸 xəu˩ liɛn˨
找逗哒 tsɑu˨ təu˥ ta˩

码起来 ma˧˩ tɕʻi˧˩ lai˩˧ ①堆放货物：把货物～；②生气时的脸色：把相～。

2. 心理活动

晓得 ɕiau˧˩ te˩˧

找得逗 tsau˧˩ te˩˧ təu˥ ① 知道；② 丢失的东西能找到

不晓得 pu˩˧ ɕiau˧˩ te˩˧

找不逗 tsau˧˩ pu˩˧ təu˥ ① 不知道；② 丢失的东西找不到

懂哒 toŋ˧˩ ta˩˧

不懂 pu˩˧ toŋ˧˩

会哒 xuei˦ ta˩˧

不会 pu˩˧ xuei˦

认得 ən˦ te˩˧

不认得 pu˩˧ ən˦ te˩˧

想 ɕiaŋ˧˩

不想 pu˩˧ ɕiaŋ˧˩

猜想 tsuai˥ ɕiaŋ˧˩

没想到 mei˩˧ ɕiaŋ˧˩ tau˦

料到 liau˦ tau˦

没料到 mei˩˧ liau˦ tau˦

估量 ku˧˩ liaŋ˦

想主意 ɕiaŋ˧˩ tsu˦ i˦

主张 tsu˧˩ tsaŋ˥

信仰 ɕin˦ iaŋ˧˩

相信 ɕiaŋ˥ ɕin˦

信任 ɕin˦ ən˩˧

怀疑 xuai˩˧ i˩˧

沉思 tsʻən˩˧ sɿ˥

犹豫 iəu˩˧ y˦

留神 liəu˩˧ sən˩˧

害怕 xai˦ pʻa˦

赫逗哒 xe˩˧ təu˥ ta˩˧

着急 tso˩˧ tɕi˩˧

挂念 kua˦ liɛn˦

放心 faŋ˦ ɕin˥

盼望 pʻan˦ uaŋ˦

文愿 uən˥ yɛn˦ 希望、诚挚地祝愿

巴不得 pa˥ pu˩˧ te˩˧

忘记哒 uaŋ˦ tɕi˦ ta˩˧

想起来哒 ɕiaŋ˧˩ tɕʻi˧˩ lai˩˧ ta˩˧

眼红 iɛn˧˩ xoŋ˩˧ 嫉妒

讨厌 tʻau˧˩ iɛn˦

挟废 ɕie˩˧ fei˦ 不待见

伤哒 saŋ˥ ta˩˧ ① 身体受了伤；② 厌倦了：当教师我当～，无论如何我都不干了。

吃亏哒 tɕʻi˩˧ kʻuei˥ ta˩˧ ① 人累了；② 自己受了损失

上当哒 saŋ˦ taŋ˩˧ a˩˧ 被别人骗了

后悔哒 xəu˦ xuei˧˩ a˩˧

失悔哒 sɿ˩˧ xuei˧˩ ta˩˧

梡嘎日事 kʻuan˩˧ ka˥ zɿ˦ sɿ˦ 碍手碍脚

恨 xən˦

羡慕 ɕyɛn˦ me˩˧

偏心 pʻiɛn˥ ɕin˥

忌妒 tɕi˦ tu˦

怄气 əu˦ tɕʻi˦

老火 lau˧˩ xo˧˩

抱怨 pau˧ yɛn˧

憋气 pia˥ tɕʻi˧

生气 sən˥ tɕʻi˧

娇惯 tɕiau˥ kuan˧

宠爱 tsʻon˨ ai˧

迁就 tɕʻiɛn˥ tɕiəu˧

3. 语言动作

说话 so˧˥ xua˧

搭腔 ta˧˥ tɕʻiaŋ˥ 跟着别人说

日白 zɨ˧˥ pe˧˥ 东拉西扯说闲话

聊天 liau˧˥ tʻiɛn˥

不做声 pu˧ tsəu˧ sən˥ 一言不发

谝 pʻiɛn˧ 用言语欺骗

详 ɕiaŋ˧˥ ① 详细：～尽｜不厌其～；② 触类旁通，引申曲解：说话不能～，就事论事，不涉及其他。比如：联通、直通、如意通。“通”，只能做通讯解。说话不～话，～话不像话。

告诉 kau˧ su˧

抬杠 tʻai˧˥ kaŋ˧ 唱反调

顶嘴 tin˨ tsuei˨

对嘴 tei˧ tsuei˨

狡嘴 tɕiau˨ tsuei˨

吵架 tsʻau˨ tɕia˧

骂人 ma˧ ən˧˥

挨骂 ai˧˥ ma˧

交代 tɕiaŋ˥ tai˧

打招呼 ta˨ tsau˥ xu˥ 事先通知

不耳 pu˧˥ zɨ˨ 装作没听见

不张 pu˧˥ tsaŋ˥ 装作不知道

不睬 pu˧˥ tsʻai˨ 不予理睬

耳都不耳 zɨ˨ təu˥ pu˧˥ zɨ˨ 听都懒得听

张都不张 tsaŋ˥ təu˥ pu˧˥ tsaŋ˥ 没有任何反应

睬都不睬 tsʻai˨ təu˥ pu˧˥ tsʻai˨ 不做任何表示

嚷 aŋ˥ 教训、斥责

噘 tɕyɛ˧˥ 骂

挨嚷 ai˧˥ aŋ˥ 被训斥

唠叨 lau˧˥ tau˥ 无休止的埋怨

谍巴 tiɛ˥ pa˥ 多次重复

喊 xan˨ 呼叫

多谢 to˥ ɕiɛ˧

解交 tɕiau˥ 调解矛盾

劝 tɕʻyɛn˧

求情 tɕʻiəu˧˥ tɕʻin˧˥

得哒便宜卖乖 te˧˥ ta˧˥ pʻiɛn˧˥ i˧˥ mai˧ kuai˥

讨好卖乖 tʻau˨ xau˨ mai˧ kuai˥

说是道非 so˧˥ sɿ˧ tau˧ fei˥

挑拨离间 tʻiau˨ pe˧˥ li˧˥ tɕiɛn˧

（二十三）位置

天上 tʻiɛn˥ saŋ˧

上面 saŋ˧ miɛn˧

下面 ɕia˧ miɛn˧
中间 tson˥ kan˧
地上 ti˧ saŋ˧
山上 san˥ saŋ˧
墙上 tɕʻiaŋ˩ saŋ˧
门上 mən˩ saŋ˧
桌子上 tso˩ r saŋ˧
椅子上 i˨ r saŋ˧
边上 piɛn˥ saŋ˧
外面 uai˧ miɛn˧
野外 iɛ˨ uai˧
手里 səu˨ li˨
心里 ɕin˥ li˨
门内 mən˩ lei˧
门外 mən˩ uai˧
墙外 tɕʻiaŋ˩ uai˧
窗户外头 tsʻuaŋ˥ xu˧ uai˧ tʻəu˩
车上 tsʻe˥ saŋ˧
车内 tsʻe˥ lei˧
车外 tsʻe˥ uai˧
车前 tsʻe˥ tɕʻiɛn˩
车后 tsʻe˥ xəu˧
前边 tɕʻiɛn˩
后边 xəu˧ piɛn˥
路边 lu˧ piɛn˥
山前 san˥ tɕʻiɛn˩
山后 san˥ xəu˧
房前 faŋ˩ tɕʻiɛn˩
屋后 u˩ xəu˧
面前 miɛn˧ tɕʻiɛn˩
背后 pei˧ xəu˧

以前 i˨ tɕʻiɛn˩
以后 i˨ xəu˧
以上 i˨ saŋ˧
以来 i˨ lai˩
以往 i˨ uaŋ˨
后来 xəu˧ lai˩
从此以后 tsʻon˩ tsʻɿ˨ i˨ xəu˧
从今往后 tsʻon˩ tɕin˥ uaŋ˨ xəu˧
东 ton˥
西 ɕi˥
南 lan˩
北 pe˩
东南 ton˥ lan˩
东北 ton˥ pe˩
西南 ɕi˥ lan˩
西北 ɕi˥ pe˩
床底下 tsʻuaŋ˩ ti˨ xa˨
床厈下 tsʻuaŋ˩ an˩ xa˨
墙厈下 tɕʻiaŋ˩ an˩ xa˨
楼底下 ləu˩ ti˨ xa˨
脚底下 tɕio˩ ti˨ xa˨
碗底里 uan˨ ti˨ li˨
街上 kai˥ saŋ˧
锅底里 ko˥ ti˨ li˨
缸底里 kaŋ˥ ti˨ li˨
旁边 pʻaŋ˩ piɛn˥
左边 tso˥ piɛn˥
右边 iəu˧ piɛn˥
附近 fu˧ tɕin˧
跟前 kən˧ tɕʻiɛn˩
往里走 uaŋ˨ li˨ tsən˨

往东走 uɑŋ˨ ton˥ tsən˨
往西走 uɑŋ˨ ɕi˥ tsən˨
往南走 uɑŋ˨ lan˩ tsən˨
往北走 uɑŋ˨ pe˩ tsən˨
往前走 uɑŋ˨ tɕʻiɛn˩ tsən˨
朝里走 tsʻɑu˩ li˨ tsən˨
朝东走 tsʻɑu˩ ton˥ tsən˨
朝西走 tsʻɑu˩ ɕi˥ tsən˨
朝南走 tsʻɑu˩ lan˩ tsən˨
朝北走 tsʻɑu˩ pe˩ tsən˨
朝前走 tsʻɑu˩ tɕʻiɛn˩ tsən˨
以东 i˨ ton˥
以西 i˨ ɕi˥
以南 i˨ lan˩
以北 i˨ pe˩
以内 i˨ lei˦
以外 i˨ uai˦
之前 tsɿ˥ tɕʻiɛn˩
之后 tsɿ˥ xəu˦
之外 tsɿ˥ uai˦
之内 tsɿ˥ lei˦
之间 tsɿ˥ tɕiɛn˦
之上 tsɿ˥ sɑŋ˦
之下 tsɿ˥ ɕia˦

（二十四）代词等

我 o˨
你 li˨
你郎 n˩ ɑŋ˦ “你”的尊称
他 tʻa˥
他郎 tʻa˥ lɑŋ˦ “他”的尊称
我们 o˨ mən˩
你们 li˨ mən˩
你郎们 n˩ ɑŋ˦ mən˩ “你们”的尊称
他们 tʻa˥ mən˩
他郎们 ta˩ lɑŋ˦ mən˩ “他们”的尊称
人家 ən˩ ka˥ 别人
大家 ta˦ tɕia˥
我的 o˨ ti˦
我们的 o˨ mən˩ ti˦
你的 li˨ ti˦
你们的 li˨ mən˩ ti˦
他的 tʻa˥ ti˦
他们的 tʻa˥ mən˩ ti˦
人家的 ən˩ ɕia˥ ti˦
大家的 ta˦ tɕia˥ ti˦
谁 suei˩
谁的 suei˩ ti˦
这个 tse˦ ko˦
那个 le˦ ko˦
哪个 la˨ ko˦
这些 tse˦ ɕiɛ˥
那些 le˦ ɕiɛ˥
哪些 la˨ ɕiɛ˥
这里 tse˦ li˨
那里 le˦ li˨
哪里 la˨ li˨
这 tse˦ 又读 tsa˨

这哈 tsa˨ xa˨ 这里
那 le˧ 又读la˨
那哈 la˨ xa 那里
啥个 sa˨ ko˧ 谁
啥尕 sa˨ ka˩ 什么人
哪尕 la˨ ka˩ 哪一个
什么子 son˨ me˧ r 甚么事
什子 son˨ r 什么
哪哈 la˨ xa˥ 什么地方
这么 tse˧ me˧
那么 le˧ me˧
怎么 tsən˨ me˧
怎么办 tsən˨ me˧ pan˧
什么 sɿ˩ me˧
为什么 uei˧ sɿ˩ me˧
多少 to˥ sau˨
多久 to˥ tɕiəu˨
多高 to˥ kau˥
多大 to˥ ta˧
多厚 to˥ xən˧
多重 to˥ tson˧
我们俩 o˨ mən˩ liaŋ˨
你们俩 li˨ mən˩ liaŋ˨
他们俩 ta˩ mən˩ liaŋ˨
夫妻俩 fu˥ tɕʻi˥ liaŋ˨
娘儿俩 liaŋ˩ zɨ˩ liaŋ˨ 母亲和子女
爷儿俩 iɛ˩ zɨ˩ liaŋ˨ 父亲和子女
爷孙俩 iɛ˩ sən˥ liaŋ˨ 祖父和孙子、孙女
妯娌俩 tsʻu˩ li˨ liaŋ˨
姑嫂俩 ku˥ sau˨ liaŋ˨
婆媳俩 pʻe˩ ɕi˩ liaŋ˨
兄弟俩 ɕioŋ˥ ti˧ liaŋ˨
姐妹俩 tɕi˨ mei˧ liaŋ˨
兄妹俩 ɕioŋ˥ mei˧ liaŋ˨
姐弟俩 tɕiɛ˨ ti˧ liaŋ˨
舅甥俩 tɕiəu˧ sən˥ liaŋ˨
姑侄俩 ku˥ tsɿ˩ liaŋ˨
叔侄俩 su˩ tsɿ˩ liaŋ˨
师徒俩 sɿ˥ tu˩ liaŋ˨
谁们 suei˩ mən˩
人们 ən˩ mən˩
妯娌们 tsʻu˩ li˨ mən˩
姑嫂们 ku˥ sau˨ mən˩
师徒们 sɿ˥ tu˩ mən˩
妯娌伙里 tsʻu˩ li˨ xo˨ li˨
弟兄伙里 ti˧ ɕioŋ˥ xo˨ li˨
姊妹伙里 tsɿ˨ mei˧ xo˨ li˨
郎舅伙里 laŋ˩ tɕiəu˧ xo˨ li˨
叔侄伙里 su˩ tsɿ˩ xo˨ li˨
师徒伙里 sɿ˥ tu˩ xo˨ li˨

（二十五）形容词

好 xau˨
蛮好 man˩ xau˨ 很好
嘿么好 xe˨ me˧ xau˨ 非常好
不错 pu˩ tsʻo˧ 颇好之意

差不多 ts'a˥ pu˩˧ to˥　还算可以
不怎么样 pu˩˧ tsən˥˧ me˧˥ iaŋ˧˥
过得去 ko˩˧ te k'ɨ˧˥　勉强可以
凑合 tɕ'əu˧˥ xo˩˧
坏 xuai˧˥　不好
次 ts'ɿ˧˥　等外品
瀤 xuai˩˧　档次低
差 ts'a˥
瓤 zaŋ˩˧　质量不高
美 mei˥˧
丑 ts'əu˥˧　难看
要紧 iau˧˥ tɕin˥˧
不要紧 pu˩˧ iau˧˥ tɕin˥˧
热闹 e˩˧ lau˧˥
不热闹 pu˩˧ e˧˥ lau˧˥
坚固 tɕiɛn˥ ku˧˥
硬 ən˧˥
软 zuan˥˧
干净 kan˥ tɕin˧˥
脏 tsaŋ˥　不干净
咸 xan˩˧
淡 tan˧˥　不咸
香 ɕiaŋ˥
臭 ts'əu˧˥
稀 ɕi˥　稀饭太～
稠 ts'əu˩˧　稀饭太～
干 kan˥　稀饭不稀
稀 ɕi˥　缝衣服针脚～
密 mi˩˧　缝衣服针脚～
酸 suan˥
甜 t'iɛn˩˧
苦 k'u˥˧
辣 la˩˧
肥 fei˩˧　指动物
胖 p'aŋ˧˥　指人
瘦 səu˧˥　不肥、不胖
肥的 fei˩˧ ti˧˥　指猪肉
瘦的 səu˧˥ ti˧˥　指猪肉
舒服 su˥ fu˩˧
舒坦 su˥ t'an˥˧
安逸 an˥ i˩˧
快活 k'uai˩˧ xo˩˧
难受 lan˩˧ səu˧˥
难过 lan˩˧ ko˧˥
腼腆 miɛn˥˧ t'iɛn˥˧
乖 kuai˥　小孩听话
邪 ɕiɛ˩˧　小孩不听话
顽皮 uan˩˧ p'i˩˧
屌气 tiau˥˧ tɕ'i˧˥
行 ɕin˩˧　有本事
不行 pu˩˧ ɕin˩˧　没有本事
糊涂 xu˩˧ t'u˩˧　不明事理
苕 sau˩˧　不精明
张慌 tsaŋ˥ xuaŋ˥　处事不沉着
缺德 tɕ'yɛ˩˧ te˩˧
吝啬 lin˧˥ se˧˥
小气 ɕiau˥˧ tɕ'i˧˥
大方 ta˧˥ faŋ˥
机灵 tɕi˥ lin˩˧
灵巧 lin˩˧ tɕ'iau˥˧
精干 tɕin˥ kan˥
撩干 liau˩˧ kan˥　办事干练

脱甩 t'o˩ suai˧ 没有拖累
溜唰 liəu˥ sua˥ 行动敏捷
止本 tsʅ˧ pən˥ 言谈举止有度
好生 xɑu˧ sən˥ 小心谨慎、沉着稳重
地道 ti˥ tɑu˥ 做人守本分
称心 ts'ən˥ ɕin˥
亘 kən˧ 完整，如：吃～个子鸡蛋
浑 xuən˩ 全、满，如：～身是汗
晚 uan˧ 来～哒
凸 t'u˩
凹 ɑu˥
凉快 liɑŋ˩ k'uai˩
背静 pei˩ tɕin˥
多 to˥
少 sɑu˧
大 ta˥
小 ɕiɑu˧
低尕 ti˥ ka˩ 很小
长 ts'ɑŋ˩
短 tan˧
宽 k'uan˥
窄 tse˩
高 kɑu˥
低 ti˥
矮 ai˧
厚 xəu˥
薄 pe˩
深 sən˥
浅 tɕ'iɛn˧
正 tsən˥
歪 uai˥
斜 ɕiɛ˩
红 xoŋ˩
大红 ta˥ xoŋ˩
朱红 tsu˥ xoŋ˩
桃红 t'ɑu˩ xoŋ˩
粉红 fən˧ xoŋ˩
老红 lɑu˧ xoŋ˩
深红 sən˥ xoŋ˩
浅红 tɕ'iɛn˧ xoŋ˩
嫩红 lən˥ xoŋ˩
鲜红 ɕyɛn˥ xoŋ˩
殷红 in˥ xoŋ˩
土红 tu˧ xoŋ˩
蓝 lan˩
浅蓝 tɕ'iɛn˧ lan˩
深蓝 sən˥ lan˩
天蓝 t'iɛn˥ lan˩
纯蓝 uən˩ lan˩
绿 lu˩
葱绿 ts'on˥ lu˩
草绿 ts'ɑu˧ lu˩
墨绿 me˩ lu˩
水绿 suei˧ lu˩
浅绿 tɕ'iɛn˧ lu˩
白 pe˩
灰白 xuei˥ pe˩
纯白 suən˩ p'iɑu˧ pe˩
灰 xuei˥
深灰 sən˥ xuei˥
浅灰 tɕ'iɛn˧ xuei˥

银灰 in˩ xuei˥
黄 xuaŋ˩
深黄 sən˥ xuaŋ˩
浅黄 tɕʻiɛn˨ xuaŋ˩
杏黄 ɕin˦ xuaŋ˩
米黄 mi˨ xuaŋ˩
鹅黄 o˩ xuaŋ˩
青 tɕʻin˥
豆青 təu˩ tɕʻin˥
藏青 tsaŋ˦ tɕʻin˥
蟹青 xai˨ tɕʻin˥
鸭蛋青 ia˩ tan˦ tɕʻin˥
紫 tsɿ˨
藕荷色 əu˨ xo˩ se˩
古铜色 ku˨ tʻon˩ se˩
黑 xe˩
墨黑色 me˩ xe˩ se˩

（二十六）副词、介词等

刚 kaŋ˥ ① 表示时间，说明行动或情况发生不久。如：我～来，不晓得他们为么子吵架。② 表示程度适中。如：这双鞋子不大不小，我穿～合适。

刚好 kaŋ˥ xau˨ 正好。如：不多不少，我荷包里～十块钱。

恰好 tɕʻia˦ xau˨

碰巧 pʻon˦ tɕʻiau˨ 恰巧。如：这件事情发生的时候，～我路过那里。

净 tɕin˦ 完全。如：他这个人，一天到晚～想吃好的。

光 kuaŋ˥

有低尕 iəu˨ ti˥ ka˩ 有点儿。如：你郎年纪来哒，这几天气温下降，～冷，要注意加衣服！

差低尕 tsʻa˥ ti˥ ka˩ 差点儿。如：我的天呐，好赫人子，～掉下去哒！

怕 pʻa˦ 表示担心。如：这样的天气，～要下雨呵，你把伞带起吧！

恐怕 koŋ˦ pʻa˦

也许 iɛ˨ ɕy˨ 表示或然。如：今天没得雨，明天～会下雨。

马上 ma˨ saŋ˦ 而时间短暂。如：我还有低尕事，你们先走一步，我～就来。

一哈哈 i˩ xa˥ xa˥ 一小会儿

何止 xo˩ r，又读 kʻo˩ r 疑问语气，表动作或行为十分快捷

趁早 tsʻən˦ tsau˨ 赶早。如：客人快到了，你们两个要去招呼，不要挨哒，还是～走吧！

早晚 tsau˨ uan˨ 不管什么时候。如：这件事就这么定哒，你来找我，我成天在家里，～都可以。

眼看 iɛn˨ kʻan˩ 时间过得快。如：

～国庆要到了。

胖 p'ɑŋ˥ 表示程度。如：臭豆腐～臭，吃起来却蛮香。

得亏 te˩ k'uei˥ 幸亏。这样的场面我没见过，～你来了，不然我真的没办法应付。

得灰 te˩ xuei˥ 与“得亏”意同

巴不得 pa˥ pu˥ te˩ 迫切希望。如：你不来，我就是～你不来。

中敢 tson˥ kan˧ 只管、尽管。如：你～不回家，看我怕不怕。

恶奢 o˩ se˥ 不顾一切。如：她没得饱足，有吃的就～地吃。

杂么头子 tsa˩ me˥ t'əu˩ r 令人防不胜防。如：他～一喊，把我吓哒一跳。

当面 tɑŋ˥ miɛn˥ 面对面。如：要堂堂正正地做人，有话～说，不要搞阴谋诡计。

背地里 pei˩ ti˥ li˧ 背后。如：不要～说这个长那个短，这样做是不利于团结的。

一起 i˩ tɕ'i˧ 一家人要相亲相爱，团结一心，所以办这件事大家要～去。

顺便 suən˥ piɛn˩ 听说这本书上海有，这次你去参观“世博会”，请～给我买一本!

故意 ku˥ i˥ 有意。这个人思想有问题，他那样做是在～捣乱。

到底 tɑu˥ ti˧ 他这个人说话没得准头，～走哒没得，还需要调查一下。

根本 kən˥ pən˥ 经过调查，这件事情与他没有关系，他～不知道。

实在 ʂʅ˩ tsai˥ 这～是一件好事，我们支持你，希望你认真去做。

一共 i˩ koŋ˥ 办好这件事人少哒是不行的，你们～才十个人，能行吗?

不要 pu˥ iɑu˥ 走路要小心，既要看脚下，又要看前头，要慢慢走，～跑!

白 pe˩ 无报偿。那些“啃老族”，成年累月在父母家～吃、～喝，一点都不感到愧疚。

白 pe˩ 没有效果。你先打个电话问清楚，东西是不是在他那里，免得～跑一趟。

偏 p'iɛn˥ 偏偏。我知道他家里没有，叫你不去，你～去，结果跑哒冤枉路。

胡 xu˩ 他这个人听风就是雨，就是喜欢～说。

先 ɕiɛn˥ 与“后”相对。我还有低尕事，你～走，我随后就来。

先 ɕiɛn˥ 先前。这事他～不知道，是后来听人说的，不能怪他。

另外 lin˧ uai˧　这事与他没有关系，一定～有人，要认真查找。

被 pei˧　他这个人时运不济，昨日出门钱包不见哒，今日出门又～狗咬哒。

把 pa˨　我先走，你出来～门关好。

对 tei˧　你～别人好，别人才会～你好。

对逗 tei˧ təu˥　她是我们小区的新住户，年纪虽小可很懂事，一见我逗就～我笑。

到 tau˧　去什么地方。他真是一个大忙人，到处找不到他的人，不晓得他～哪里去哒？

到 tau˧　到么时候。这样忙忙碌碌的，～哪天是什个头？

到 tau˧　往何处。她上幼儿园哒，能自觉地将废纸扔～垃圾桶里。

在 tsai˧　表处所。她能清楚地告诉老师自己～哪里住。

打 ta˨　从。她知道回家～哪条路上走。

从小 tsʻon˩ çiau˨　他～就能吃苦。

自从 tsɿ˧ tsʻon˩　她～上哒幼儿园，吃饭就不挑食哒。

照 tsau˩　按照。知道～老师说的做就是好孩子。

照 tsau˩　依照。我看，～现在的表现，她将来一定很优秀。

用 ioŋ˧　使用。她还不到三岁，就开始～筷子吃饭。

顺逗 suən˧ təu˥　沿着。你要到市政府吗？～这条大道笔直走。

朝 tsʻau˩　向。迈大步，～前走，莫回头。

替 tʻi˧　代替。老大一家子现在不晓得怎么样，你～我写封信问问。

给 ke˨　介词，表示对象。他是个好干部，最热心～群众办事。

给 ke˨　助词。我没拿钥匙，是哪个把门～关上哒？

给 ke˨　语气词，表示命令。人的名声最重要，你～我注意，好名声不是金钱能买得到的！

和 xo˩　跟。他的儿子～他长得一模一样！

向 çiaŋ˧　找。他是本地人，你～他打听一下看！

问 uən˧　找。我没有这本书，王老师是学中文的，你～他借下看！

往外 uaŋ˨ uai˧　朝外、向外。老王虽说钱多，但要他～拿，恐怕很难。

赶 kan˨　这事很紧急，你得天黑以前～到。

管……叫 kuan˨ …… tçiau˧　我们这里～蚕豆～大豌豆。

拿……当 la˩ …… taŋ˥　有些地方～麦秸～柴烧。

（二十七）量词

枝 tsɿ˥　一枝花

本 pən˦　一本书

枚 mei˨˦　一枚奖章

头 təu˨˦　一头牛｜一头猪

匹 pʻi˨˦　一匹马

条 tʻiɑu˨˦　一条手巾｜一条肥皂

顶 tin　一顶帽子

封 fon˥　一封信

朵 to˧˩　一朵花

束 su˨˦　一束花

把 pa˧˩　一把花

锭 tin˦　一锭墨

档子 tɑŋ˧˩ r　一档子事

服 fu˨˦　一服药

帖 tʻiɛ˨˦　一帖药

味 uei˦　一味药

顿 tən˨˦　一顿饭｜吃一顿饭

碗 uan˧˩　一碗菜

盘 pʻan˨˦　一盘菜｜一盘棋｜下一盘棋

碟 tiɛ˨˦　一碟菜｜一碟瓜子

盆子 pʻən˨˦ r　一盆子菜

桌子 tso˨˦ r　一桌子菜

桌 tso˨˦　一桌酒席｜请一桌客

辆 liɑŋ˧˩　一辆车

只 tsɿ˥　一只手

盏 tsan　一盏灯

张 tsɑŋ˥　一张桌子

把 pa˧˩　一把椅子｜一把短枪｜一把米｜一把萝卜菜

场 tsʻɑŋ˨˦　一场雨｜放一场电影

阵 tsən˦　一阵雨

出 tsʻu˨˦　一出戏

床 tsʻuɑŋ˨˦　一床被子

杆 kan˥　一杆长枪

根 kən˥　一根头发｜一根树

棵 ko˧˩　一棵树

颗 ko˧˩　一颗米

粒 li˨˦　一粒米

块 kʻuai˧˩　一块砖

家 tɕia˥　一家铺子

架 tɕia˦　一架飞机

间 kan˥　一间屋

所 so˧˩　一所房子

件 tɕiɛn˦　一件衣服

行 xɑŋ˨˦　一行字

篇 pʻiɛn˥　一篇文章

页 iɛ˨˦　一页书

节 tɕiɛ˨˦　一节戏文｜一节木头

段 tan˦　一段故事

片 pʻiɛn˦　一片好心

面 miɛn˦　一面旗｜一面鼓

层 tsʻən˨˦　一层纸

股 ku˧˩　一股香味

座 tso˦　一座桥｜一座雕像

门 mən˨˦　一门亲事

刀 tɑu˥　一刀纸｜一刀肉

叠 tiɛ˨˦　一叠纸

桩 tsuɑŋ˥ 一桩事情｜一桩案子
缸 kɑŋ˥ 一缸水｜一缸金鱼
碗 uan˧ 一碗饭
杯 pei˥ 一杯茶
包 pɑu˥ 一包花生米｜一包书
卷 tɕyɛn˧ 一卷纸
捆 k'uən˧ 一捆行李
担 tan˧ 一担米｜一担水
排 p'ai˩ 一排桌子
进 tɕin˧ 一进院子
挂 kua˧ 一挂鞭炮
句 tɕy˧ 一句话
位 uei˧ 一位客人
双 suɑŋ˥ 一双鞋
对 tei˧ 一对花瓶
副 fu˧ 一副眼镜｜一副对联
套 t'ɑu˧ 一套书
种 tsoŋ˧ 一种虫子
个 ko˧ 一个人
伙 xo˧ 一伙强人
帮 pɑŋ˥ 一帮流氓
批 p'ei˥ 一批货物
拨 pe˩ 一拨人马
笔 pi˩ 一笔款子｜写一笔好字
起 tɕ'i˧ 一起车祸
成 ts'ən˩ 一成利润
窝 o˥ 一窝蜂子
嘟噜 tu˥ lu˥ 一嘟噜葡萄
揸 tsa˧ 一揸（拇指与中指张开的距离）长
庹 t'o˩ 一庹（两臂平伸手伸直的距离）长
指 tsɿ˧ 一指宽
火口 xu˧ k'əu˧ 一火口粗（大拇指与食指合拢的粗细）
身 sən˥ 一身新衣服
肚子 tu˧ r 一肚子气
尊 tsən˥ 一尊佛像
扇 san˧ 一扇门
幅 fu˩ 一幅画
堵 tu˧ 一堵墙
瓣 pan˧ 一瓣花
处 ts'u˧ 一处
部 pu˧ 一部书
班 pan˥ 一班车
打 ta˧ 一打毛巾
团 t'an˩ 一团泥
堆 tei˥ 一堆雪
口 k'əu˧ 一口牙｜吃一口
列 liɛ˧ 一列火车
路 lu˧ 一路公共汽车
丝 sɿ˥ 一丝肉
点 tiɛn˧ 一点面粉
盒 xo˩ 一盒火柴
盒子 xo˩ r 一盒子首饰
箱子 ɕiɑŋ˥ r 一箱子衣裳
架子 tɕia˧ 一架子小说
柜子 kuei˧ r 一柜子书
抽屉 ts'əu˥ t'i˧ 一抽屉文件
筐子 k'uɑŋ˧ r 一筐子菠菜
篮子 lan˩ r 一篮子苹果
篓子 ləu˧ r 一篓子炭

炉子 lu˩ r　一炉子灰
口袋 k'əu˨ tai˦　一口袋干粮
池子 ts'ʅ˩ r　一池子水
瓶子 p'in˩ r　一瓶子醋
罐子 kuan˦ r　一罐子蜂蜜
坛子 t'an˩ r　一坛子酒
桶子 t'on˨ r　一桶子汽油
吊子 tiɑu˦ r　一吊子开水
盆 p'ən˩　一盆洗澡水
壶 xu˩　一壶茶
锅 ko˥　一锅饭｜烧一锅饭
笼 lon˩　一笼包子
瓢 p'iɑu˩　一瓢汤
勺子 so˩ r　一勺子汤
撮 ts'o˦　一撮毛
绺 liəu˨　一绺头发
师 sʅ˥　一师人
团 t'an˩　一团人
营 yn˩　一营人
连 liɛn˩　一连人
排 p'ai˩　一排人
班 pan˥　一班人
行 xɑŋ˩　站一行
列 liɛ˦　排一列
组 tsu˨　成一组
小队 ɕiɑu˨ tei˦　一小队兵
中队 tson˥ tei˦　一中队兵
大队 ta˦ tei˦　一大队兵
顿 tən˩　吃一顿
趟 t'ɑŋ˦　走一趟
发 fa˩　闹哒一发又一发
道 tɑu˦　打哒一道又一道
遍 piɛn˩　打哒一遍又一遍
下 xa˨　打一下
眼 iɛn˨　看一眼
场 ts'ɑŋ˩　哭一场｜闹一场
面 miɛn˦　见一面
手 səu˨　写一手好字
水 suei˨　衣裳洗哒一水
炉 lu˩　烧哒一炉陶器
票 p'iɑu˦　当哒一票
届 kai˩　开哒第一届会议
任 zən˩　当哒一任县长
圈 tɕ'yɛn˥　打哒一圈麻将
台 t'ai˩　唱哒一台戏
亩把 məu˨ pa˨　亩把两亩田
里把 li˨ pa˨　里把两里路
个把 ko˦ pa˨　个把两个人
百把 pe˩ pa˨　百把个兵
千把 tɕ'iɛn˥ pa˨　千把条枪
万把 uan˦ pa˨　万把块钱

（二十八）附加成分等

1. 附加成分

佬 lɑu˨　名词后缀，如：剃头佬 ti˦ t'əu˩ lɑu˨　理发员｜烧火佬 sɑu˥ xo˨ lɑu˨　炊事员｜讨米

佬 t'au˧ mi˧ lau˧　乞丐

货 xo˦　名词后缀，如：苕货 sau˩ xo˦　不明事理的人｜蠢货 ts'uən˧ xo˦　笨手笨脚的人｜骚货 sau˥ xo˦　行为放荡的人

包 pau˥　名词后缀，如：嘿包 xe˥ pau˥　办事不谨慎的人｜憨包 xan˥ pau˥　反应不灵活的人｜草包 ts'au˧ pau˥　工作能力差的人

头 t'əu˩　名词后缀，如：没吃头 mei˩ tɕ'i˩ t'əu˩　这个菜一点味道都没有，实在～｜没喝头 mei˩ xo˥ t'əu˩　这瓶酒兑哒水的不好喝，真～｜没看头 mei˩ k'an˩ t'əu˩　这出戏低俗得很，没意思，真～｜没干头 mei˩ kan˦ t'əu˩　这个事又累又脏又弄不到钱，实在～｜有奔头 iəu˧ pən˥ t'əu˩　这个老板有眼光，大家跟着他，觉得～｜吃苦头 tɕ'i˩ k'u˧ t'əu˩　跟的老板不好，就没有好日子过，只有～

人子 ən˩ ʅ　形容词后缀，如：愁人子 ts'əu˩ ən˩ ʅ　使人发愁｜烫人子 t'aŋ˦ ən˩ ʅ　使人感到烫｜走人子 tsəu˧ ən˩ ʅ　路太难走使人受不了

声 sən˥　形容词后缀，如：咯咯声 ke˥ ke˥ sən˥　她今天真高兴，笑的～｜呼呼声 xu˥ xu˥ sən˥　好大的风，吹的～｜哄哄声 xoŋ˥ xoŋ˥ sən˥　教室里人多嘴杂，吵的～｜滴滴声 ti˩ ti˩ sən˥　她太伤心哒，一说话就眼泪～

八洒 pa˩ sa˧　形容词后缀，如：遭业～ tsau˥ iɛ˩ pa˩ sa˧　生活过得十分艰难｜可怜～ k'o˧ liɛn˩ pa˩ sa˧　处境令人十分同情｜吓人～ xe˩ ən˩ pa˩ sa˧　景象使人感到恐怖

极哒 tɕi˩ ta˩　动词后缀，如：饿极哒 o˦ tɕi˩ ta˩　肚子饿得没办法｜干～ kan˥ tɕi˩ ta˩　口里干得没办法｜憋～ piɛ˥ tɕi˩ ta˩　要上茅厕憋得没办法

得很 te˩ xən˧　动词后缀，如：胀～ tsaŋ˦ te˩ xən˧　肚子吃得过饱｜饿～ o˦ te˩ xən˧　肚子很饿｜急～ tɕi˩ te˩ xən˧　事情紧急

要命 iau˦ min˦　动词后缀，如：胀得～ tsaŋ˦ te˩ iau˦ min˦　肚子吃得太饱哒｜饿得～ o˦ te˩ iau˦ min˦　肚子很饿｜急得要命 tɕi˩ te˩ iau˦ min˦　事情紧急

不行 pu˩ ɕin˩　动词后缀，如：胀得～ tsaŋ˦ te˩ pu˩ ɕin˩　肚子吃得过饱｜饿得～ o˦ te˩ pu˩ ɕin˩　肚子很饿｜急得～ tɕi˩

teʌ puʌ ɕinʌ 事情没有马上处理

死哒 sɿ˨ taʌ 动词后缀，如：胀～ tsaŋ˦ sɿ˨ taʌ 肚子吃饱哒｜饿～ o˦ sɿ˨ taʌ 肚子极饿｜急～ tɕiʌ sɿ˨ taʌ 事情没办法处理

不了 puʌ liau˨ 动词后缀，如：受～ səu˦ puʌ liau˨ 工作压力大｜吃～ tɕʻiʌ puʌ liau˨ 菜弄得太多｜做～ tsəu˦ puʌ liau˨ 课外作业布置得太多

得慌 teʌ xuaŋ˥ 动词后缀，如：闷～ mən˦ teʌ xuaŋ˥ 精神压力大｜饿～ o˦ teʌ xuaŋ˥ 早餐吃不饱｜憋～ piɛ˥ teʌ xuaŋ˥ 心里有话没处说

不过 puʌ ko˦ 动词后缀，如：好～ xau˨ puʌ ko˦ 你能这样做真是好｜最好～ tsuei˦ xau˨ puʌ ko˦ 你能代表我们出席确实最好

2. 虚词

逗 təu˥ 表行为、动作的持续，如：坐逗 tso˦ təu˥｜站逗 tsən˦ təu˥｜睡逗 suei˦ təu˥｜把门关逗 pa˨ mənʌ kuan˥ təu˥｜把书拿逗 pa˨ su˥ laʌ təu˥｜把头低逗 pa˨ tʻəuʌ ti˥ təu˥

哒 taʌ 表动作、行为的状态，如：电视机买哒 mai˨ taʌ 已行｜电视机不买哒 pu˥ mai˨ taʌ 中止｜熄灯睡觉哒 suei˦ tɕiau˦ taʌ 将行

着 tsoʌ 表“暂时这样”的语气，如：先把饭煮哒着 tsu˨ taʌ tsoʌ｜我们先吃哒着 tɕʻiʌ taʌ tsoʌ｜把菜洗干净哒着 ɕi˨ kan˥ tɕin˦ taʌ tsoʌ

的 ti˦ 表确定或必然的语气，如：我是走逗来的 laiʌ ti˦｜她是哭逗走的 tsəu˨ ti˦｜天是一定会晴的 xuei˦ tɕʻinʌ ti˦

吵 sa˥ 表祈使语气，如：你表个态吵 piau˥ ko˦ tʻai˦ sa˥ 表请求｜你们不吵哒吵 pu˥ tsʻau˨ taʌ sa˥ 表命令｜你让一下吵 aŋ˦ iʌ xa˨ sa˥ 表无可奈何

些 seʌ 表祈使语气，如：走些 li˨ tsəu˨ seʌ 表禁止｜往后靠些 uaŋ˨ xəu˦ kʻau˦ seʌ 表要求

啵 pe˥ 表疑问语气，如：电影你看啵 li˨ kʻanʌ pe˥｜看电影你去啵 li˨ kʻi˦ pe˥

（二十九）数字等

1. 日期

一号 iʌ xau˦

二号 zɨ˦ xau˦

三号 san˥ xau˦

四号 sɿ˦ xɑu˦
五号 u˨ xɑu˦
六号 ləu˧˥ xɑu˦
七号 tɕʻi˧˥ xɑu˦
八号 pa˧˥ xɑu˦
九号 tɕiəu˨ xɑu˦
十号 sɿ˧˥ xɑu˦
初一 tsʻu˥ i˧˥
初二 tsʻu˥ zɨ˦
初三 tsʻu˥ san˥
初四 tsʻu˥ sɿ˦
初五 tsʻu˥ u˨
初六 tsʻu˥ ləu˧˥
初七 tsʻu˥ tɕʻi˧˥
初八 tsʻu˥ pa˧˥
初九 tsʻu˥ tɕiəu˨
初十 tsʻu˥ sɿ˧˥

2. 排行

老大 lɑu˨ ta˦
老二 lɑu˨ zɨ˦
老三 lɑu˨ san˥
老四 lɑu˨ sɿ˦
老五 lɑu˨ u˨
老六 lɑu˨ ləu˧˥
老七 lɑu˨ tɕʻi˧˥
老八 lɑu˨ pa˧˥
老九 lɑu˨ tɕiəu˨
老十 lɑu˨ sɿ˧˥
老幺 lɑu˨ iɑu˥
大哥 ta˦ ko˥
二哥 zɨ˦ ko˥
三哥 san˥ ko˥
四哥 sɿ˦ ko˥
五哥 u˨ ko˥
幺屋的 iɑu˥ u˧˥ ti˦

3. 序数

第一 ti˦ i˧˥
第二 ti˦ zɨ˦
第三 ti˦ san˥
第四 ti˦ sɿ˦
第五 ti˦ u˨
第六 ti˦ ləu˧˥
第七 ti˦ tɕʻi˧˥
第八 ti˦ pa˧˥
第九 ti˦ tɕiəu˨
第十 ti˦ sɿ˧˥
第一个 ti˦ i˧˥ ko˦
第二个 ti˦ zɨ˦ ko˦
第三个 ti˦ san˥ ko˦
第四个 ti˦ sɿ˦ ko˦
第五个 ti˦ u˨ ko˦
第六个 ti˦ ləu˧˥ ko˦
第七个 ti˦ tɕʻi˧˥ ko˦
第八个 ti˦ pa˧˥ ko˦
第九个 ti˦ tɕiəu˨ ko˦
第十个 ti˦ sɿ˧˥ ko˦
第一名 ti˦ i˧˥ min˥
第二名 ti˦ zɨ˦ min˥
第三名 ti˦ san˥ min˥
甲 tɕia˧˥
乙 i˧˥
丙 pin˨

丁 tin˥

戊 u˧˥

己 tɕi˧˩

庚 kən˥

辛 ɕin˥

壬 zən˩˧

癸 kuei˧˥

子 tsʅ˧˩

丑 ts'əu˧˩

寅 in˩˧

卯 mɑu˧˩

辰 sən˩˧

巳 sʅ˧˥

午 u˧˩

未 uei˧˥

申 sən˥

酉 iəu˧˩

戌 ɕy˩˧

亥 xai˧˥

4. 数字

一 i˩˧

二 zɨ˧˥

三 san˥

四 sʅ˧˥

五 u˧˩

六 ləu˩˧

七 tɕ'i˩˧

八 pa˩˧

九 tɕiəu˧˩

十 sʅ˩˧

十一 sʅ˩˧ i˩˧

二十 zɨ˧˥ sʅ˩˧

二十一 zɨ˧˥ sʅ˩˧ i˩˧

三十 san˥ sʅ˩˧

三十一 san˥ sʅ˩˧ i˩˧

四十 sʅ˧˥ sʅ˩˧

四十一 sʅ˧˥ sʅ˩˧ i˩˧

五十 u˧˩ sʅ˩˧

五十一 u˧˩ sʅ˩˧ i˩˧

六十 ləu˩˧ sʅ˩˧

六十一 ləu˩˧ sʅ˩˧ i˩˧

七十 tɕ'i˩˧ sʅ˩˧

七十一 tɕ'i˩˧ sʅ˩˧ i˩˧

八十 pa˩˧ sʅ˩˧

八十一 pa˩˧ sʅ˩˧ i˩˧

九十 tɕiəu˧˩ sʅ˩˧

九十一 tɕiəu˧˩ sʅ˩˧ i˩˧

一百 i˩˧ pe˩˧

一百一十 i˩˧ pe˩˧ i˩˧ sʅ˩˧

一百一十一 i˩˧ pe˩˧ i˩˧ sʅ˩˧ i˩˧　一百十一

一百一十二 i˩˧ pe˩˧ i˩˧ sʅ˩˧ zɨ˧˥　一百十二

一百二十 i˩˧ pe˩˧ zɨ˧˥ sʅ˩˧　一百二

一百三十 i˩˧ pe˩˧ sʅ˩˧ sʅ˩˧　一百三

一百五十 i˩˧ pe˩˧ u˧˩ sʅ˩˧　一百五

二百五十 zɨ˧˥ pe˩˧ u˧˩ sʅ˩˧　二百五

二百五 zɨ˧˥ pe˩˧ u˧˩　傻子

三百一十 san˥ pe˩˧ i˩˧ sʅ˩˧　三百一

三百三十 san˥ pe˩˧ san˥ sʅ˩˧　三百三

三百六十 san˥ pe˩˧ sʅ˩˧　三百六

三百八十 san˥ pe˩˧ pa˩˧ sʅ˩˧　三百八

一千 i˩˧ tɕʻiɛn˥

一千一百 i˩˧ tɕʻiɛn˥ i˩˧ pe˩˧　一千一

一千九百 i˩˧ tɕʻiɛn˥ tɕiəu˧˩ pe˩˧　一千九

三千 san˥ tɕʻiɛn˥

五千 u˧˩ tɕʻiɛn˥

八千 pa˩˧ tɕʻiɛn˥

一万 i˩˧ uan˧˥

一万二千 i˩˧ uan˧˥ zɨ˧˥ tɕʻiɛn˥　一万二

三万五千 san˥ uan˧˥ u˧˩ tɕʻiɛn˥　三万五

零 lin˩˧

5. 数量

一个 i˩˧ ko˧˥

两个 liɑŋ˧˩ ko˧˥

三个 san˥ ko˧˥

四个 sʅ˧˥ ko˧˥

五个 u˧˩ ko˧˥

六个 ləu˩˧ ko˧˥

七个 tɕʻi˩˧ ko˧˥

八个 pa˩˧ ko˧˥

九个 tɕiəu˧˩ ko˧˥

十个 sʅ˩˧ ko˧˥

十一个 sʅ˩˧ i˩˧ ko˧˥

十二个 sʅ˩˧ zɨ˧˥ ko˧˥

十三个 sʅ˩˧ san˥ ko˧˥

一百个 i˩˧ pe˩˧ ko˧˥

一千个 i˩˧ tɕʻiɛn˥ ko˧˥

一万个 i˩˧ uan˧˥ ko˧˥

二斤 zɨ˧˥ tɕin˥　两斤

二两 zɨ˧˥ liɑŋ˧˩

二钱 zɨ˧˥ tɕʻiɛn˩˧　两钱

二分 zɨ˧˥ fən˥　两分

二厘 zɨ˧˥ li˩˧　两厘

两丈 liɑŋ˧˩ tsɑŋ˧˥　二丈

二尺 zɨ˧˥ tsʻʅ˩˧　两尺

二寸 zɨ˧˥ tsʻən˧˥　两寸

二分 zɨ˧˥ fən˥　两分

二里 zɨ˧˥ li˩˧　两厘

两石 liɑŋ˧˩ tan˧˥　二石

二斗 zɨ˧˥ təu˧˩　两斗

二升 zɨ˧˥ sən˥　两升

二合 zɨ˧˥ ko˩˧　两合

两项 liɑŋ˧˩ xɑŋ˧˥　二项

二亩 zɨ˧˥ məu˧˩　两亩

6. 概数

好几个 xɑu˧˩ tɕi˧˩ ko˧˥

好些个 xɑu˧˩ ɕiɛ˥ ko˧˥

一些 i˩˧ ɕiɛ˥

一点 i˩˧ tiɛn˧˩

一点点 i˩˧ tiɛn˧˩ tiɛn˧˩

少一点 sɑu˧˩ i˩˧ tiɛn˧˩

多一点 to˥ i˩˧ tiɛn˧˩

上十个 sɑŋ˧˥ sʅ˩˧ ko˧˥　接近十个

十来个 sʅ˩˧ lai˩˧ ko˧˥　不到十个

十多个 sʅ˩˧ to˥ ko˧˥　比十个多

百把个 pe˩˧ pa˧˩ ko˧˥

一百多个 i˩˧ pe˩˧ to˥ ko˧˥

千把个 tɕʻiɛn˥ pa˧˩ ko˧˥

万把个 uan˧˥ pa˧˩ ko˧˥

半个 pan˧˥ ko˧˥
一半 i˩˧ pan˧˥
一多半 i˩˧ to˥ pan˧˥
一大半 i˩˧ ta˧˥ pan˧˥
一个半 i˩˧ ko˧˥ pan˧˥
一百上下 saŋ˧˥ ɕia˧˥
一百左右 tso˥ iəu˧˥

7. 成语

一来二去 i˩˧ lai˩˧ zɨ˧˥ kʻɨ˥
一清二白 i˩˧ tɕʻin˥ zɨ˧˥ pe˩˧
一清二楚 i˩˧ tɕʻin˥ zɨ˧˥ tsʻu˧˩
一干二净 i˩˧ kan˥ zɨ˧˥ tɕin˧˥
一五一十 i˩˧ u˧˩ i˩˧ sɿ˩˧
一刀两断 i˩˧ tau˥ liaŋ˧˩ tan˧˥
一举两得 i˩˧ tɕy˧˩ liaŋ˧˩ te˩˧
一笔勾销 i˩˧ pi˩˧ kəu˥ ɕiau˥
一鼓作气 i˩˧ ku˧˩ tso˩˧ tɕʻi˧˥
一箭双雕 i˩˧ tɕiɛn˧˥ suaŋ˥ tiau˥
一挥而就 i˩˧ xuei˥ zɨ˩˧ tɕiəu˧˥
一鸣惊人 i˩˧ min˥ tɕin˥ ən˩˧
一诺千金 i˩˧ zo˧˥ tɕʻiɛn˥ tɕin˥
一窍不通 i˩˧ tɕʻiau˧˩ pu˩˧ tʻon˥
一钱不值 i˩˧ tɕʻiɛn˩˧ pu˩˧ tsɿ˩˧
一衣带水 i˩˧ i˥ tai˧˥ suei˧˩
一丝不苟 i˩˧ sɿ˥ pu˩˧ kəu˧˩
一意孤行 i˩˧ i˧˥ ku˥ ɕin˩˧
三番五次 san˥ fan˥ u˧˩ tsʻɿ˧˥
三番两次 san˥ fan˥ liaŋ˧˩ tsʻɿ˧˥
三年二年 san˥ liɛn˩˧ zɨ˧˥ liɛn˩˧
三年两年 san˥ liɛn˩˧ liaŋ˧˩ liɛn˩˧
三年五载 san˥ liɛn˩˧ u˧˩ tsai˩˧
三天两头 san˥ tiɛn˥ liaŋ˧˩ tʻəu˩˧
三天两夜 san˥ tiɛn˥ liaŋ˧˩ iɛ˧˥
三长两短 san˥ tsʻaŋ˩˧ liaŋ˧˩ tan˧˩
三言两语 san˥ iɛn˩˧ liaŋ˧˩ y˧˩
三心二意 san˥ ɕin˥ zɨ˧˥ i˧˥
三心两意 san˥ ɕin˥ liaŋ˧˩ i˧˥
三令五申 san˥ lin˧˥ u˧˩ sən˥
三生有幸 san˥ sən˥ iəu˧˩ ɕin˧˥
三三两两 san˥ san˥ liaŋ˧˩ liaŋ˧˩
四平八稳 sɿ˧˥ pʻin˩˧ pa˩˧ uən˧˩
四通八达 sɿ˧˥ ton˥ pa˩˧ ta˩˧
四面八方 sɿ˧˥ miɛn˧˥ pa˩˧ faŋ˥
四邻八舍 sɿ˧˥ lin˩˧ pa˩˧ se˧˥
四时八节 sɿ˧˥ sɿ˩˧ pa˩˧ tɕiɛ˩˧
四分五裂 sɿ˧˥ fən˥ u˧˩ liɛ˧˥
四面楚歌 sɿ˧˥ miɛn˧˥ tsʻu˧˩ ko˥
五零四散 u˧˩ lin˩˧ sɿ˧˥ san˧˥
五湖四海 u˧˩ xu˩˧ sɿ˧˥ xai˧˩
五花八门 u˧˩ xua˥ pa˩˧ mən˩˧
六神无主 ləu˩˧ sən˩˧ u˩˧ tsu˧˩
六六大顺 ləu˩˧ ləu˩˧ ta˧˥ suən˧˥
六畜兴旺 ləu˩˧ tsʻu˩˧ ɕin˥ uaŋ˧˥
七上八下 tɕʻi˩˧ saŋ˧˥ pa˩˧ ɕia˧˥
七颠八倒 tɕʻi˩˧ tiɛn˥ pa˩˧ tau˧˩
颠七倒八 tiɛn˥ tɕʻi˩˧ tau˧˩ pa˩˧
乱七八糟 lan˧˥ tɕʻi˩˧ pa˩˧ tsau˥
七乱八糟 tɕʻi˩˧ lan˧˥ pa˩˧ tsau˥
乌七八糟 u˥ tɕʻi˩˧ pa˩˧ tsau˥
七长八短 tɕʻi˩˧ tsʻaŋ˩˧ pa˩˧ tan˧˩
长七短八 tsʻaŋ˩˧ tɕʻi˩˧ tan˧˩ pa˩˧
七拼八凑 tɕʻi˩˧ pʻin˥ pa˩˧ tsʻəu˧˥

七手八脚 tɕʻi˩˧ səu˧ pa˩˧ tɕio˩˧

七嘴八舌 tɕʻi˩˧ tsuei˧ pa˩˧ se˩˧

七言八语 tɕʻi˩˧ iɛn˩˧ pa˩˧ y˧

千钧一发 tɕʻiɛn˥ tɕyn˥ i˩˧ fa˩˧

千辛万苦 tɕʻiɛn˥ ɕin˥ uan˦ kʻu˧

千真万确 tɕʻiɛn˥ tsən˥ uan˦ tɕʻio˦

千军万马 tɕʻiɛn˥ tɕyn˥ uan˦ ma˧

千人万马 tɕʻiɛn˥ ən˩˧ uan˦ ma˧

千变万化 tɕʻiɛn˥ piɛn˦ uan˦ xua˦

千家万户 tɕʻiɛn˥ tɕia˥ uan˦ xu˦

千门万户 tɕʻiɛn˥ mən˩˧ uan˦ xu˦

千言万语 tɕʻiɛn˥ iɛn˩˧ uan˦ y˧

第四章 荆门方言语法

一、词法

（一）重叠

汉语方言都有“重叠”现象。“重叠”是汉语方言表现某种语法意义的重要手段。“重叠”有两种：一种是构词重叠，一种是构形重叠。构词重叠是语素重叠，如“妈妈”“妹妹”“星星”等；构形重叠是词的重叠，如“人人”“研究研究”“痛痛快快”“一本一本”等。语素重叠是静态的，还未进入言语活动中；词的重叠是动态的，是词在运用过程中的表现。静态的语素重叠，不是词的语用形态；动态的词的重叠，能表达特殊的语法意义，才是词的语用形态。本书所说的“重叠”现象，一般情况下是指词的构形重叠。从形式与意义对应的角度来说，构形重叠之后，其表意功能有所增加，在语用层面上是某种语法意义的形态表示法。

1. 名词重叠

荆门方言名词重叠，主要有“AA 式”“AABB 式”两种。

(1) AA 式，如：

① 人人｜个个｜家家｜户户

② 手手｜菜菜｜果果｜叶叶

(2) AABB 式，如：

① 山山水水｜风风雨雨｜方方面面

② 家家户户｜朝朝暮暮｜时时处处

名词的“AA 式”重叠是单音节重叠，所重叠的音节，一个音节就是一个可以自由运用的词，在通常情况下大都兼有量词性，如“一人”“一个”“一家”“一户”等。这些单音节名词重叠后，有“每一”的意思。有些单音节名词，虽不兼有量词性，重叠后没有“每一”的意思，但有明显的“喜爱”“亲切”或“细小”色彩。此种情况，多见于儿童语言及儿歌中，如“手手”“菜菜”“果果”“叶叶”等。

名词的“AABB式”重叠是多音节重叠，所重叠的音节，原本是两个单音节词，然而在“AABB式”重叠中，却只是一个语素，或为自由语素，或为半自由语素，不能自由运用。“山山”与“水水”、“风风”与“雨雨”、“方方”与“面面”，都不能自由运用，它们只存在于各自的重叠形式中。“家家户户”“朝朝暮暮”“时时处处”，本身就是这一类词的存在形式。“山山水水”“风风雨雨”“方方面面”，在形式和意义上有很大的融合性。“山山”与“水水”融合在一起，泛指无数的“山”和“水”；“风风”与“雨雨”融合在一起，泛指无数的“风”和“雨”；“方方”与“面面”融合在一起，泛指各种各样的情况。“山山”与“水水”，不能说成“水水山山”；“风风”与“雨雨”不能说成“雨雨风风”；“方方”与“面面”，不能说成“面面方方”。名词的“AABB式”重叠，实际上是相沿成习、约定俗成的固定结构。

在“AABB式”的名词重叠中，“角角落落”ko˩˧ ko˩˧ lau˥˧ lau˥˧是“角落”的重叠。荆门话“角落”，与北京话“旮旯”义同。北京话“旮旯”，读ka˥ la˥，是联绵字，“旮”与“旯”不能分开，“旮旯”是一个单纯词。荆门话“角落”，读ko˩˧ lau˥˧，虽不是联绵字，“角”与“落”也不能分开，也是一个单纯词。“角落”指常被人忽略的边角地带。重叠形式的“角角”“落落”，与单音节“角”“落”一样，仍然无意义，只有“角角”与“落落”合在一起，才是一个词。“角角落落”ko˩˧ ko˩˧ lau˥˧ lau˥˧与“角落”ko˩˧ lau˥˧相比，词义扩大，指“所有”常被人忽略的边角地带。名词的“AABB式”重叠与名词的“AA式”重叠所表达的语法意义是一致的。

“汤汤水水”“风风火火”“口口声声”，是三个“AABB式”的名词重叠结构，但与“角角落落”相比，内部结构有差异，“汤汤水水”不是“汤水”的重叠，“风风火火”不是“风火”的重叠，“口口声声”也不是“口声”的重叠。“汤水”是一个合成词，指食物煮后的汤；“汤汤水水”中的“汤”和“水”是两个名词。“风火”在这里也是“风”和“火”两个词。“口声”，“口”和“声”是两个名词。在“AABB式”的固定结构中，“汤汤”和“水水”、“风风”和“火火”、“口口”和“声声”，分别以重叠形式充当新结构的一个语素，构成“AABB式”重叠名词。

名词的“ABAB式”重叠，很少见。可以按“ABAB式”重叠的只有“意思”一词，这种特殊名词重叠，不仅转变成了动词，意义也发生了根本性的变化，应属于特例。

总起来说，荆门方言的名词重叠，常见的形式是“AA式”或者“AABB式”，“A”或者“B”在重叠前一般都是名词或者名词性的语素，重叠后词义扩大，大多数重叠形式表示“每一”“一切”“所有”的周遍意义。有一部分重叠形式增加“多”“众多”意义。如“花花草草”“盆盆罐罐”分别表示“花草”“盆罐”众多的意思。

2. 动词重叠

荆门方言动词重叠，主要有“AA式”、“AAB式”和“ABAB式”三种。

(1) AA式，如：

走走｜看看｜坐坐｜玩玩｜谈谈｜问问｜想想｜听听

(2) AAB式，如：

帮帮忙｜点点头｜散散步｜洗洗澡｜下下棋｜打打球

算算账｜看看报｜过过瘾｜拉拉票｜诉诉苦｜串串门

(3) ABAB式，如：

研究研究｜讨论讨论｜琢磨琢磨｜解释解释｜考虑考虑

打听打听｜交代交代｜准备准备｜整理整理｜照顾照顾

动词的“AA式”重叠是单音节重叠，所重叠的音节，一个音节就是一个可以自由运用的词。一般来说，这些动词所表示的动作或行为，都是可持续的或可反复进行的，是动作者主观上可以控制的、动作性强的。如果所表示的是非持续或一般不反复进行（一次性或不可逆性）的、动作者主观上控制不了的、动作性不强的动作或行为，这样的动词常常不能重叠。如：“疯”“死”“活”“沉”“哑”（非自主动词）；“是”（表判断的动词）；“要”“能”“肯”“愿”“会”（表能愿的动词）；“怪”“爱”“怨”（表心理感知的动词）；“丢”“在”“有”“成”（表出现、变化、消失的动词）等等。单音节词重叠后，表示该词的语用动态，有“动作时间短暂”或“尝试”的意思。

“AA式”重叠，有多种变式。

① A一A式：走一走｜看一看｜坐一坐｜玩一玩｜谈一谈｜问一问｜想一想｜听一听

② A哒A式：走哒走｜看哒看｜坐哒坐｜玩哒玩｜谈哒谈｜问哒问｜想哒想｜听哒听

③ A不A式：走不走｜看不看｜坐不坐｜玩不玩｜谈不谈｜问不问｜想不想｜听不听

④ A着A着式：走着走着｜看着看着｜坐着坐着｜玩着玩着｜谈着谈着｜问着问着｜想着想着｜听着听着

动词"AA式"重叠的变式，是单音节动词动态表示法的变体，"走一走""看一看"等，有"走一下""看一下"（"下"读xa˨）的意思；"走哒走""看哒看"等，有"走哒一下""看哒一下"的意思；"走不走""看不看"等，有"走不走一下""看不看一下"的意思。"走着走着""看着看着"等，是"走一走""看一看"等的正在进行式，也隐含着"一下"的意思。"一下"是"走""看"等词重叠之后所表示的语用动态的核心意义。"一下"，表"动作时间短暂"或"尝试"。

动词的"AAB式"重叠，"AB"是两个词，"A"是可重叠的单音节动词，"B"是名词，表示"A"所支配或关涉的事物。从表达语用动态核心意义的实际情况来看，动词的"AAB式"重叠，就是"AA＋B式"重叠。"AA"就是"AA式"重叠，"B"可以是单音节名词，也可以是多音节名词，可以是一个词，也可以是一个词组。如：

帮帮忙——帮帮大家的忙——帮帮地震灾区群众的忙

下下棋——下下象棋——下下围棋

打打球——打打篮球——打打羽毛球

看看报——看看画报——看看人民画报

过过瘾——过过酒瘾——过过烟瘾

动词的AAB式重叠，也有变式。

① A一AB式

赶一赶面｜记一记账｜通一通风｜浇一浇水｜干一干活

② A哒AB式

咬哒咬牙｜撇哒撇嘴｜摇哒摇头｜理哒理发｜算哒算账

动词"AAB式"重叠的变式，也是单音节动词动态表示法的变体，

“AAB 式”的变式，变化的部分是“AA”，“B”并没有变化。“A 一 AB 式”，即“A 一 A+B 式”，“AAB 式”的“AA”变化为“A 一 A”。“A 哒 AB 式”，即“A 哒 A+B 式”，“AAB 式”的“AA”变化为“A 哒 A”。“赶一赶面”，有“赶一下面”的意思；“记一记账”，有“记一下账”的意思；“通一通风”，有“通一下风”的意思；“浇一浇水”，有“浇一下水”的意思；“干一干活”，有“干一下活”的意思。“咬哒咬牙”，有“咬哒一下牙”的意思；“撇哒撇嘴”，有“撇哒一下嘴”的意思；“摇哒摇头”，有“摇哒一下头”的意思；“理哒理发”，有“理哒一下发”的意思；“算哒算账”，有“算哒一下账”的意思。“一下”，“下”读 xa˨，表“动作时间短暂”或“尝试”。

动词的“ABAB 式”重叠，“AB”是一个合成词。在一般情况下，“A”或“B”都只是一个语素，或为自由语素，或为半自由语素，不能自由运用。“研究”，由“研”和“究”结合在一起构成，“研”和“究”都不能自由运用，不能说“研”一下，也不能说“究”一下；“讨论”，由“讨”和“论”结合在一起构成，“讨”和“论”不能自由运用，不能说“讨”一下，也不能说“论”一下。同理，“琢磨”，由“琢”和“磨”结合在一起构成，“琢”和“磨”都不能自由运用；“解释”，由“解”和“释”结合在一起构成，“解”和“释”都不能自由运用；“考虑”，由“考”和“虑”结合在一起构成，“考”和“虑”都不能自由运用；“打听”，由“打”和“听”结合在一起构成，“打”和“听”都不能自由运用；“交代”，由“交”和“代”结合在一起构成，“交”和“代”都不能自由运用；“准备”，由“准”和“备”结合在一起构成，“准”和“备”都不能自由运用；“整理”，由“整”和“理”结合在一起构成，“整”和“理”都不能自由运用；“照顾”，由“照”和“顾”结合在一起构成，“照”和“顾”都不能自由运用。所以，这类 AB 式动词，两个语素是一个整体，以“ABAB 式”重叠，表“动作时间短暂”或“尝试”。

另外，“比划比划”“指点指点”“唠叨唠叨”“嘀咕嘀咕”“吆喝吆喝”等，也可说成“比比画画”“指指点点”“唠唠叨叨”“嘀嘀咕咕”“吆吆喝喝”。前者是“ABAB 式”重叠，后者是“AABB 式”重叠。这两种虽然都是动词重叠，因为重叠形式不同，所表达的意义也不相同。“ABAB 式”重叠，表“动作时间短暂”或“尝试”，“AABB 式”重叠，表“动作次数增加”。“ABAB式”重叠，“AB”是一个词，“比画比画”，隐含一个“一下”（比划一下）；“指点指点”也只隐含一个“一下”（指点一下）。“AABB式”重叠，“AB”是两个词，“比比画画”，隐含至少两个“一下”（比一比、划一划）；“指指点点”，也隐含至少两个“一下”（指一指、点一点）。“唠叨唠叨”与“唠唠叨叨”、“嘀咕嘀咕”与“嘀嘀咕咕”、“吆喝吆喝”与“吆吆喝喝”，重叠形式不同，是因为内部结构不同。“唠叨唠叨”中的“唠叨”是一个词，意思是“言语噜苏”；“唠唠叨叨”中的“唠”和“叨”是两个词，“唠”的意思是“连续不断地说”，“叨”的意思是“抱怨的话”。“唠叨唠叨”弱化了“唠叨”的意思，只是“念一下”，以提醒当事人，没有“噜苏”的意思。“唠唠叨叨”强化了“唠叨”的意思，不仅“连续地说”，而且“抱怨不断”。“嘀咕嘀咕”中的“嘀咕”是一个词，意思是“小声说话”；“嘀嘀咕咕”中的“嘀”和“咕”是两个象声词，都有“不断”的意思。“嘀咕嘀咕”的意思，是“商量一下”；“嘀嘀咕咕”的意思，是“连续不断地小声说话”。“吆喝吆喝”中的“吆喝”是一个词，意思是“大声喊叫”；“吆吆喝喝”中的“吆”和“喝”是两个词，“吆”的意思是“大声喊”，“喝”的意思是“大声叫”。“吆喝吆喝”的意思，喊一喊、叫一叫，通知一下；“吆吆喝喝”的意思，“不断地大声喊大声叫”。

动词和名词虽然都有“AABB式”重叠，但语用意义并不相同，动词的“AAB式”重叠表示“动作次数增加”；名词的“AABB式”的重叠，表示“事物的周遍意义”。

总起来说，荆门方言的动词重叠，常见的形式是“AA式”、“AAB式”或者“AABB式”，“A”或者“B”在重叠前一般都是动词或者动词性的语素，重叠后词义扩大，大多数重叠形式表示“动作时间短暂”或“尝试”。有一部分重叠形式有“动作次数增加”的意义，如“唠唠叨叨”“吆吆喝喝”分别强化了“唠叨”“吆喝”的意思。

3. 形容词重叠

荆门方言形容词重叠，主要有“AA式”“AABB式”和“A里AB式”三种。

(1) AA式，如：

大大｜长长｜高高｜短短｜粗粗｜细细

(2) AABB式，如：

老老实实｜大大方方｜勤勤恳恳｜认认真真

明明白白｜详详细细｜干干净净｜整整齐齐

(3) A里AB式，如：

糊里糊涂｜土里土气｜啰里啰嗦｜傻里傻气

小里小气｜古里古怪｜慌里慌张｜马里马虎

形容词的“AA式”重叠是单音节重叠，所重叠的音节，一个音节就是一个可以自由运用的词。一般来说，这些形容词所表示的性质或状态，其性质都具有可变性，其状态都具有可描写性。用这类重叠式修饰动词时(作状语)表示程度的加强，用这类重叠式修饰名词时（作定语）不仅没有加强的意味，反而表示程度减弱，即表示一种轻微的程度。如“大大”，修饰“缩短”(大大缩短了距离)，程度加强；“大大”修饰“眼睛”(大大的眼睛)，与“大眼睛”相比程度减弱。“高高”修饰“举起”（高高举起)，程度加强；“高高”修饰“个儿”(高高的个子)，与“高个儿”相比，程度减弱。

形容词的“AABB式”重叠，“AB”是一个合成词。在一般情况下，“A”或“B”都只是一个语素，或为自由语素，或为半自由语素，不能自由运用。“老实”，由“老”和“实”结合在一起构成，“老”和“实”都不能自由运用，不能说“老”怎么（的)，也不能说“实”怎么（的)；“大方”，由“大”和“方”结合在一起构成，“大”和“方”不能自由运用，不能说“大”怎么（的)，也不能说“方”怎么（的)。“勤恳”，由“勤”和“恳”结合在一起构成，“勤”和“恳”都不能自由运用；“认真”，由“认”和“真”结合在一起构成，“认”和“真”都不能自由运用；“明白”，由“明”和“白”结合在一起构成，“明”和“白”都不能自由运用；“详细”，由“详”和“细”结合在一起构成，“详”和“细”都不能自由运用；“干净”，由“干”和“净”结合在一起构成，“干”和“净”都不能自由运用；“整齐”，由“整”和“齐”结合在一起构成，“整”和“齐”都不能自由运用。所以，这类“AB式”形容词，两个语素是一个整体，以“AABB式”重叠，表示“程度加强”或“程度减弱”。

形容词的“A里AB”重叠，“AB”限于某些含贬义的形容词，重叠后既表示程度加强，又表明嫌恶的感情。如：“小里小气”“古里古怪”“慌里慌张”“糊里糊涂”“马里马虎”等。形容词的“A里AB”重叠与形容词的

“AABB式”重叠是相通的，有的“A里AB”重叠也可用“AABB式”重叠表示，比如：“古里古怪”，也可说成“古古怪怪”；“慌里慌张”，也可说成“慌慌张张”；“糊里糊涂”，也可说成“糊糊涂涂”；“马里马虎”，也可说成“马马虎虎”。“A里AB”重叠变成“AABB式”重叠之后，嫌恶的感情便减弱了。

总起来说，荆门方言的形容词重叠，常见的形式是“AA式”、“AABB式”，A或者B在重叠前一般都是形容词或者形容词性的语素，重叠后词义扩大，大多数重叠形式表示程度加强。“A里AB”重叠，不仅程度加强，而且还有明显的嫌恶情感。如：“妖里妖气”“二里二惶”(不清白)。

4. 量词重叠

荆门方言量词重叠，主要有“AA式”“一+AA式”两种。

(1) AA式重叠

① 名量词：个个｜ 件件｜ 张张

② 动量词：次次｜趟趟｜ 回回。

(2) 一+AA式重叠

① 名量词：一个个｜ 一件件｜一张张

② 动量词：一次次｜一趟趟｜一回回

量词的“AA式”重叠是单音节重叠，A是单音节量词，重叠后增加“每一”的意思。

量词有名量词和动量词之分。有些量词不光是量词，还具有别的词性和意义，比如“双”“两”“对”等。

“双”有名量词和数词两种用法。

① 名量词“双”，用于成双的人或人体中成双的部分，如“一双儿女”“一双黑白分明的眼珠”“一双大脚”“一双亲姐妹”；用于人体穿戴中的成双之物，如“一双白手套”“一双丝袜”；用于人体产生的各种成双的东西，如“三双脚步”；用于人用的其他成双东西，如：“白璧一双”“玉斗一双”“四双筷子”；用于动物身上的成双结构，如：“像鸟儿似的有一双翅膀”。

② 数词“双”，指两个，多指对称的，与“单”相对。如“双边”“双鬓”“ 双重”“双份”“双轨”。

“两”也有名量词和数词两种用法。

① 名量词“两”，用于鞋类，相当于“双”；旧制重量单位，十钱为一两，如：“喝二两”。

② 数词“两”，一般用在量词和“半”“千”“万”“亿”的前面，特指成双配对的事物，如“小两口”“两鬓”“两手”；指双方，如：“两面”“两相”；表示不确定的数目，如：“两面三刀”“三言两语”“三三两两”。

“对”是名量词，表示“两个”，多用于成双成对的东西，如：“天生的一对，地配的一双”。“对”与“双”是近义量词，都可计量成双的事物或事物的两个部分，与“单”相对，但它们的应用对象和用法却各有特点。

总的来说，从词的结构形式及性质来看，“双”“两”“对”，都可以“AA 式”重叠，三者之间的关系可概括如下：“双双”既是量词的重叠形式，又是副词；“对对”，仅仅是量词的重叠形式；“两两”既是量词的重叠形式，又是数词的重叠形式。从语义关系上看，“双双”，两个一起，许多双；“对对”，许多对；“两两”，两个两个的，连续。

量词的“一＋AA 式”重叠，这种形式表示的语法意义，有和上面的重叠形式相同的，也有不同的。意义有三种：①表示“每一”，与“AA”重叠式基本同，如：小伙子们一个个身强力壮。②表示“逐一”，此种意义的重叠形式作状语，如：我们要一件件仔细检查，不要漏掉。③表示“多”，如：他一次次给我打电话，我真不知道该怎么办。“一次次”，一次又一次。

（二）语缀

很多汉语方言都有“语缀”。“语缀”是一种语用形态，与“重叠”一样，也是在运用过程中表现词的某种语法意义的重要手段。

语缀有两种，一种是构词语缀，一种是构形语缀。构词语缀，一般称词缀。汉语附加式合成词，由两个语素构成，体现基本意义的语素叫词根，加在词根上边表示附加意义的叫词缀。如“桌子”里的“桌”是词根，“子”是词缀。词缀不能独立成词，只能同别的语素组合成词，而且有确定的位置，是不自由的定位语素。构形语缀不同于词缀，是介于词根和词缀之间的语素，它们在语义上还没有完全虚化，有时候还以词根的面貌出现，构词能力很强，在现代汉语中很活跃。介于词根和词缀之间的语素，既不是完完全全表示词汇意义的词根，也不是完完全全表示某种附加意义的词缀，是汉语词在言语活动中，表示某种附加意义的语用形态，是汉语词在运用过程中表现一个词的某种语法意义的重要手段。表示某种附加意义的词缀，是静态的，还未进入言语活动中。表示某种附加意义的语用形态，是言语活动中的动态表达，因此它是汉语词在运用过程中表现一个词的某种语法意义的形态表示法。如：荆门话里的“伙里”——姊妹～｜叔侄～（用在名词后表示多数）、“死哒”——累～｜急～（附在表行为的单音节动词后面表示达到极点）、“人子”——恨～｜走～（附在动词后面表一种感受）等，这些附加在名词、动词之后，介于词根和词缀之间的语素，就是我们要讨论的“语缀”。这种“语缀”，是汉语词在运用过程中表现一个词的某种语法意义的形态表示法。

荆门方言中的“语缀”，大致可以按其语法意义分为三类：第一类是叙述性“语缀”，其语法意义主要表示人的职业或者身份以及人的人品、性格特点之类，与被附词语一起，在句子中充当主语或宾语。第二类是描写性“语缀”，其语法意义主要描写事物的性质和状态，与被附词语一起，在句子中充当谓语。第三类是补充性“语缀”，其语法意义主要是表示人的某种行为或者事物的某种性质的程度，与被附词语一起，在句子中充当补语或者状语。

1. 叙述性“语缀”

（1）佬 lau˨，附在动宾短语的后面，表示人的职业或者身份。如：

剃头佬 ti˦ t‘əu˩ lau˨　理发员

劁猪佬 tɕ‘iau˥ tsu˥ lau˨　阉猪子的人

烧火佬 sau˥ xo˨ lau˨　炊事员

讨米佬 t‘au˨ mi˨ lau˨　乞丐

（2）货 xo˦，附在形容词后面，表示人的某种性格特点，有厌恶的意味。如：

苕货 sau˩ xo˦　不明事理的人

贱货 tɕiᴇn˦ xo˦　品格低下的人

蠢货 ts‘uən˨ xo˦　笨手笨脚的人

骚货 sau˥ xo˦　行为放荡的人

（3）包 pau˥，附在形容词后面，表示人的人品，有轻视的意味。如：

嘿包 xe˥ pau˥　办事不谨慎的人

憨包 xan˥ pau˥　反应不灵活的人

草包 ts'au˅ pau˥ 工作能力差的人

脓包 lon˩ pau˥ 没有用的人

(4) 伙里 xo˅ li˅，附在表称谓的联合短语后面，表示相互之间的关系亲密。如：

妯娌伙里 ts'u˩ li˅ xo˅ li˅ 妯娌关系：她们俩是妯娌伙里，是肯定要互相帮助的。

弟兄伙里 ti˧ çioŋ˥ xo˅ li˅ 弟兄关系：弟兄伙里不互相帮衬，那谁来帮他？

郎舅伙里 laŋ˩ tçiəu˧ xo˅ li˅ 郎舅关系：他们俩是郎舅伙里，当然关系好啊。

(5) 头 t'əu˩，附在动词、形容词后面，表示某种性状的实在性。如：

没吃头 mei˩ tç'i˩ t'əu˩ 的确不好吃：这个菜一点味道都没得，实在～。

没喝头 mei˩ xo˥ t'əu˩ 的确不好喝：这瓶酒兑哒水的不好喝，真～。

没看头 mei˩ k'an˩ t'əu˩ 的确不好看：这出戏低俗得很，没意思，真～。

没干头 mei˩ kan˥ t'əu˩ 的确不值得干：这个事又累又脏又弄不到钱，实在～。

有奔头 iəu˅ pən˥ t'əu˩ 的确值得干：这个老板有眼光，大家都愿跟着他，觉得～。

吃苦头 tç'i˩ k'u˩ t'əu˩ 的确有罪受：跟的老板不好，就没得好日子过，只有～。

2. 描写性“语缀”

(1) 人子ən˩ ʈ，附在动词后面，表示人的各种各样的感受，因动词所表示的内容不同而附加意义有别。

① 附在表示某种心理感受的动词后面，表示某种事情具有“使人 v”的性质。如：

愁人子 ts'əu˩ ən˩ ʈ 这件事真使人发愁：大哥的病一直不见好，真～。

怄人子 əu˧ ən˩ ʈ 这件事真使人怄气：你两门功课才一百分，真～。

怕人子 p'˅ ən˩ ʈ 这件事真使人害怕：你看前面黑乎乎的，好～。

② 附在表示某种生理感受的动词后面，表示某种事物具有“使人感到

v”的性质。如：

烫人子 tʻɑŋ˨ ən˧ ɽ　这东西使人感到烫：我不喝开水，我怕～。

晒人子 sai˦ ən˧ ɽ　太阳使人感到晒人：快把帽子给我，好～。

吹人子 tsʻuei˥ ən˧ ɽ　风使人感到吹人：外面风大，～，把围巾围起。

③ 附在表示某种活动的动词后面，表示某种活动具有“使人忍受不了v”的性质。如：

走人子 tsəu˩ ən˧ ɽ　这条路太难走使人忍受不了：这条路真～，什么时候才走得到啊！

扛人子 kʻɑŋ˧ ən˧ ɽ　扛麻袋太累使人忍受不了：麻袋太重，真～。

耕人子 kən˥ ən˧ ɽ　耕田太累使人忍受不了：这块田太结哒，实在～。

(2) 声 sən˥，附在重叠形式的象声词和重叠形式的单音节动词后面，从声音或形态方面描写事物的状态。

① 附在重叠形式的象声词后面，从声音方面描写事物的状态。如：

咯咯声 ke˥ ke˥ sən˥　笑得咯咯～：小宝宝今天特别高兴，谁抱他都笑，而且笑得咯咯～。

呼呼声 xu˥ xu˥ sən˥　吹得呼呼～：昨日进九，夜里刮大风，吹得呼呼～。

哄哄声 xoŋ˥ xoŋ˥ sən˥　吵得哄哄～：教室里人多嘴杂，一下课就吵得哄哄～。

② 附在重叠形式的单音节动词后面，从形态方面描写事物的状态。如：

滴滴声 ti˧ ti˧ sən˥　眼泪滴滴～：这件事对她的打击太大，简直伤透哒心，一说话，眼泪就滴滴～。

荡荡声 tɑŋ˧ tɑŋ˧ sən˥　水荡荡～：小小年纪，懂得孝顺老人，每天晚上都给奶奶端洗脚水，满满的一盆，端起水荡荡～。

旋旋声 ɕyɛn˧ ɕyɛn˧ sən˥　走的旋旋～：这孩子性子急，办事爽快，走路都走的旋旋～。

重叠形式的象声词，在荆门方言中，经常出现在单音节形容词后面，与单音节形容词一起，描写事物的性质和状态，重叠形式的象声词表示性质和状态的程度。因此，在单音节形容词后面的重叠形式的象声词，也是描写性的“语缀”。如：“黑乎乎”（非常黑）、“白呱呱”（非常白）、“红股般”（鲜红鲜红的）、“热噜噜”（热气腾腾的）、“香嘭嘭”（香气扑鼻）、“臭烘烘”（臭气难闻）、“脏兮兮”（十分肮脏）、“烂垮垮”（破烂不堪）等。“形容词”＋“重叠形式的象声词”的结构之前，不能再用程度副词修饰。

（3）八洒 pa˨ sa˨ 附在双音节形容词后面，描写事物的状态，表现该状态的程度极深。如：

① 遭业八洒 tsɑu˥ iɛ˨ pa˨ sa˧˩ 生活过得十分艰难：她今年八十岁哒，虽说有两个儿子，老大卧病在床，想管管不了；老幺有钱，媳妇当家不养娘。现在一个人单过，～，生活十分艰难。

② 可怜八洒 k‘o˧˩ liɛn˨ pa˨ sa˧˩ 处境令人十分同情：一个八十岁的老人，一个人单家独户的过日子，真是～！谁来为农村的孤寡老人的生活分忧？

③ 赫人八洒 xe˨ ən˨ pa˨ sa˧˩ 景象使人感到恐怖：昨日，207 国道堵车，我从客车上下来，看见一家三口骑摩托车，被一辆大货车撞翻了，一男一女还有个上幼儿园的孩子，都躺在公路上，那景象真是～！

3. 补充性“语缀”

（1）极哒 tɕi˨ ta˨ 附在单音节动词以及少数有程度意义的形容词后面，表示人的某种行为或者事物的某种性质的程度已达到极点。如：

① 饿极哒 o˦ tɕi˨ ta˨ 肚子饿得没办法：小王一进门就喊要吃，说没过早，现在～。

② 干极哒 kan˥ tɕi˨ ta˨ 口里干得没办法：请给碗水喝，我～。

③ 憋极哒 piɛ˥ tɕi˨ ta˨ 要上茅厕憋得没办法：有什么事等一下，我～，要方便哒。

（2）死哒 sɿ˧˩ ta˨ 附在单音节动词以及少数有程度意义的形容词后面，表示人的某种行为或者事物的某种性质的程度已经到了无以复加的地步。如：

① 胀死哒 tsɑŋ˦ sɿ˧˩ ta˨ 肚子吃饱哒胀得不得了：今天吃哒好多西瓜，快把我～。

② 饿死哒 o˦ sɿ˧˩ ta˨ 肚子没吃饱饿得不得了：今天中午没吃，这时候肚子好饿，简直快～。

③ 急死哒 tɕi˨ sɿ˧˩ ta˨ 事情没办法处理急得不得了：眼看就要下班

哒，我的材料还差一大截，真把人～！天无绝人之路，小华找到了材料底稿，任务总算完成哒。

(3) 不过 pu˦ ko˥ 附在单音节动词以及少数有程度意义的形容词后面，表示人的某种行为或者事物的某种性质的程度变化，使人若忍受不住。如：

① 气不过 tɕʻi˥ pu˦ ko˥ 气得没办法：你爹为什么打你，你的所作所为，让你爹实在～，才动手。

② 急不过 tɕi˦ pu˦ ko˥ 急得没办法：事关重大，十万火急，团长～，才出此下策。

③ 热不过 e˦ pu˦ ko˥ 热得没办法：三伏天，这地方又不通风，战士们都～，所以只有赤膊上阵，战高温。

(4) 很 xən˨ 借助结构助词“得”的帮助附在单音节动词以及少数有程度意义的形容词后面，表示人的某种行为或者事物的某种性质的程度已经很高。如：

① 胀得很 tsaŋ˥ te˦ xən˨ 肚子吃得过饱感到胀：我的胃不舒服，～，我去一下就来。

② 饿得很 o˥ te˦ xən˨ 肚子没吃饱感到饿：你们先喝，我～，吃点东西再说。

③ 急得很 tɕi˦ te˦ xən˨ 事情紧急要马上处理：你们先吃，我的事～，处理完了再来。

(5) 要命 iau˥ min˥ 借助结构助词“得”的帮助，附在单音节动词以及少数有程度意义的形容词后面，表示人的某种行为或者事物的某种性质的程度已经到相当严重的地步。如：

① 胀得要命 tsaŋ˥ te˦ iau˥ min˥ 肚子吃得太饱哒感到胀：我这时候不想吃，中午吃多哒，肚子～。

② 饿得要命 o˥ te˦ iau˥ min˥ 肚子没吃饱感到饿：我先吃，中午没吃饱，肚子～。

③ 急得要命 tɕi˦ te˦ iau˥ min˥ 事情要马上处理：不要吵，我～，事情处理不好别想吃饭！

(6) 不行 pu˦ ɕin˦ 借助结构助词“得”的帮助，附在单音节动词以及少数有程度意义的形容词后面，表示人的某种行为或者事物的某种性质的程度已经到了非解决不可的地步，不解决后果不堪设想。如：

① 胀得不行 tsɑŋ˥ te˩ pu˩ ɕin˩ 肚子吃得过饱：晚饭我不吃，中午吃多哒，肚子～，再吃，就要胀死哒。

② 饿得不行 o˥ te˩ pu˩ ɕin˩ 肚子没有吃饱：快点端来吃，我～，你们不要把我饿死哒。

③ 急得不行 tɕi˩ te˩ pu˩ ɕin˩ 事情没有马上处理：怎么老出问题，上面在吹，真是～。

（三）方所

“方所”，方位和处所。表“方所”的词，是能回答某一客观事物（包括人和物）在“哪里”的词。回答在“哪里”，是这些表“方所”的词的动态表现；这些表“方所”的词的静态形式，就是方所词。荆门方言中表“方所”的词与北方话表“方所”的词一样，一部分表方位，一部分表处所。表方位的词，称方位词；表处所的词，称处所词。“方所”词，是处所词与方位词的交叉部分，它们既可表处所，又指示方位。

合成方位词的静态结构形式，有三种：第一种是前附加式；第二种是后附加式；第三种是对举式。

1. 前附加式

（1）前加“以”：以东｜以西｜以南｜以北｜以上｜以下｜以前｜以后｜以内｜以外

（2）前加“之”：之东｜之西｜之南｜之北｜之上｜之下｜之前｜之后｜之内｜之外

2. 后附加式

（1）后加“边”：东边｜西边｜南边｜北边｜上边｜下边｜前边｜后边｜左边｜右边｜内边（里边）｜外边｜旁边

（2）后加“面”：东面｜西面｜南面｜北面｜上面｜下面｜前面｜后面｜左面｜右面｜内面（里面）｜外面

（3）后加“头”：东头｜西头｜南头｜北头｜上头｜下头｜前头｜后头｜内头（里头）｜外头

3. 对举式

（1）反义对举：上下｜前后｜左右｜内外（里外）

（2）同义对举：中间

(3) 类义连举：东南｜西北｜西南｜东北｜前前后后｜里里外外

上述合成方位词中，没有以“中”为词根的附加式合成方位词，因为“中”分别与“东、西、南、北”“上、下”“前、后”“左、右”相对应，有“东、西、南、北”、有“上、下”、有“前、后”，有“左、右”，就有“中”；“中”就是“不左”“不右”，就是“不前”“不后”，就是“不上”“不下”，就是“不东”“不西”“不南”“不北”。能与单纯方位词组合的附加成分，一般都不能与“中”组合。平常说的“之中”的“中”，不是与“上、下”“前、后”“左、右”以及“东、西、南、北”相对应的“中”，而是与“内”同义的“中”，“之中”就是“之内”。

关于方位的表述，荆门方言是非常细腻的。恒定不变的自然方位，除了“东”“西”“南”“北”“东北”“东南”“西北”“西南”之外，“东”，还有“正东”“偏东”之分；“西”，还有“正西”“偏西”之分；“南”，还有“正南”“偏南”之分；“北”，还有“正北”“偏北”之分。“中”，有“中间”，还有“中心”“中央”“正中”“当中”“正当中”等。

相对不变的人体方位，就“上”“下”而言，除“上边”“上面”“上头”“下边”“下面”“下头”以及“以上”“以下”外，还有“上方”“下方”“底下”等；就“前”“后”而言，除“前边”“前面”“前头”“后边”“后面”“后头”以及“以前”“之前”“以后”“之后”外，还有“跟前”“眼前”“前方”“后方”“面前”“对面”“正对面”“斜对面”等；就“左”“右”而言，除“左边”“左面”“右边”“右面”外，还有“左方”“左侧”“右方”“右侧”以及“左右”等。

相对变化的居处位置，就“内”“外”而言，除“以内”“之内”“以外”“之外”“内面”“外面”“内头”“外头”“内边”“外边”外，还有“内里”“内中”等；就“里”“间”“旁”而言，除“里边”“里面”“里头”“之间”“旁边”外，还有“周围”“四周”“四围”“两边”“两侧”“两旁”“两面”“一旁”“一边”“近旁”等。

（四）数量

“数量”，数目和数量。表示数目和次序的词是数词，表示计算单位的词是量词。数词和量词经常组合成量词词组，表示数量；数词一般不直接修饰名词。量词词组在句子中，作定语、状语或补语。荆门方言在表示数量时有一些习惯用法，跟北方话大致一样。

1. “二”和“两”

荆门方言中，“二”和“两”作为数词，都表示复数，是两个同义数词，但在使用中，却泾渭分明，该用“二”的地方绝不用“两”，该用“两”的地方也绝不用“二”。“一、二、三、四、五”，绝不说成“一、两、三、四、五”；“第一、第二、第三、第四”，绝不说成“第一、第两、第三、第四”；“他们两个是生死之交的朋友”，绝不说成“他们二个是生死之交的朋友”；“他们两口子吵起来哒”，绝不说成“他们二口子吵起来哒”；张三骂“李四是二百五”，绝不骂“李四是两百五”；老子斥责“儿子二惶”，绝不斥责“儿子两惶”；“你差我两块钱”，不说“你差我二块钱”；“过两个星期我们再碰头”，不说“过二个星期我们再碰头”；“今天是初二”，不说“今天是初两”；“明日是星期二”，不说“明日是星期两”；“你也有两只耳朵，不会听话？”不说“你也有二只耳朵，不会听话？”“你也有两只脚，不会走路？”不说“你也有二只脚，不会走路？”

数词“二”，是表示数目多少的基数词，用于序数（一、二、三）、排名（第一、第二、第三）、日期（初二、十二、二十二、星期二）等。

数词“两”，一般用来特指成双配对的事物。如：“两鬓”“小两口”“两面”“两边”“两好合一好”。也用来表示不确定的数目，如“两面三刀”“三言两语”“三三两两”。经常用在量词和“半”“千”“万”“亿”的前面。

2. “双”和“对”

荆门方言中，“双”和“对”是两个近义量词。都可计量成双的事物或事物的两个部分，与“单”相对，但它们的应用对象和用法并不完全相同。

“对”，用于性别不同以及正反、左右等配合成双数的人或事物。如：“一对夫妻”“一对矛盾”“一对枕头”“一对耳朵”“一对鸳鸯”；“双”多指左右对称的某些肢体器官，或者成双使用的东西，如：“一双手”“两双鞋”“三双筷子”。当“双”指某些左右对称的肢体、器官时，有的可与“对”互换。例如“一双手”“一双脚”“一双眼睛”等可用“对”替换。“对”可以修饰性别相对的人或动物，而“双”一般只有在与“对”并举使用时才能用于性别相对的人或动物，如“一对对”“一双双翩翩起舞”，“天造的一对”“地设的一双”，否则不能用于成偶数的性别相对的人或动物。

3. “双”和“两”

“双”也可用为数词。“双”用为数词，与“两”的数词用法差别不大。

如“双重保险”“双方协商”，这里的“双”都可以用“两”替换。只是一些约定俗成的说法就不能随意替换了，如“双管齐下”“双边会谈”就不能说成“两管齐下”“两边会谈”了。虽然“两”“双”同时作为数词时意义一致，但一般能用“两”的地方都不能用“双”替换。当“两”是数词，“双”是量词时，“两”后边可以带量词，而“双”后面不能带量词。当“两”是量词，“双”也是量词时，它们计量的范围不一样。“两”是重量单位，用于标记事物的重量；“双”是事物单位，用于标记左右对称的某些肢体、器官或成对使用的东西。由于计量范围不一样，所以用法有明显的差别，可以说“三两酒”不能说“三双酒”，可以说“三双筷子”不能说“三两筷子”。当“两”和“双”都修饰名词时，情形就比较复杂，“两”偏重于说明后边事物的数量为“二”，“双”偏重于说明后边事物的对称性或成对性。由于对称的或成对的事物在数量上为“二”，所以有时既可用“双”也可以用“两”。但一般能用“两”的地方都不能用“双”替换，如“两个人”“两把椅子”“两碗面”均不能以“双”易之。除了与一些特定的量词连用时，如“两重保险”“两军对垒”“两方协商”可以用“双”替换，一般不能用“双”取代“两”。

当“两”和“双”都修饰名词时，情形就比较复杂，从意义上分析，“两”偏重于说明后边事物的数量为“二”，“双”偏重于说明后边事物的对称性或成对性。由于对称的或成对的事物在数量上为“二”，所以有时既可用“双”也可以用“两”。以下几种情况，二者不能互换：(1) 当事物有“单”和“双”区别时，用“双”而不用“两”，如“双轨”“双眼皮”，而不能说“两轨”“两眼皮”。(2) 当事物指的是成对性的亲属关系时，用“两”不用“双”。比如“两兄弟”“两姐妹”不能说成“双兄弟”“双姐妹”。(3) 当事物无“单”“双”之别而偏重于说明数量时，用“两”不用“双”。比如“两性”“两地”可以成立，而“双性”“双地”不能成立。

4. 借用量词

荆门方言中，借用量词特别活跃。借用物量词，除“头”“口”“尾”“杯”“盒”等以外，凡表器物的，小到“笔筒子”（又叫笔壳子），大到“汽车”“轮船”，都可借用为物量词。比如：

① 张家的小儿子，斯文得很，说话小声小气的，吃饭也吃得少，真的是学生，吃饭吃一笔壳子。

② 那年修汉丹铁路，同学们从工地上回来，拿着脸盆就往食堂里跑，一人端着半脸盆饭，蹲在地上就狼吞虎咽起来。

③ 一九六七年春，襄沙公路繁忙得很，一车一车地往北运人，车上全是红卫兵，一趟就是好几车。

④ 焦枝铁路通车后，荆门交通更方便了，一车皮一车皮的煤运到热电厂，保证供给，使热电厂能正常发电。

上述"一笔壳子"（饭）"半脸盆"（饭）"一车"（红卫兵）"一车皮"（煤）中，"笔壳子""脸盆""车""车皮"都是名词，都借用为量词。

5. 数量名短语

数量名短语，指数词＋量词＋名词构成的短语，"一只箱子""一张纸""一张床""一锅饭""一百块钱""一口井"这一类短语。这一类短语也可以进入句子，成为"数量名短语 A ＋ 动词 ＋ 数量名短语 B"的格式。如：

① 一只箱子装五件大衣。

② 一张纸画五只华南虎。

③ 一张床睡两个人。

④ 一锅饭吃十个人。

⑤ 一百块钱吃一顿饭。

⑥ 半个月挖一口井。

就名词而言，数量名短语可分为三类，第一类名词所指称的是有乘载意义的器物，"箱子"是装东西的，"纸"上可以作画，"床"上可以睡人；第二类名词所指称的是可服务于人的钱物，"饭"是食物，"钱"是可以交换食物的货币；第三类名词所指称的是人通过劳作完成的为人类服务的设施。

就数量名短语的语法特征而言，第一类，因为"箱子""纸""床"是器物，都可以被支配，因此在句子中可以作宾语；因为"箱子""纸""床"具有承载意义，可表事物存在的处所，可以回答事物在哪里的提问，因此在存现句中可以作主语。"一只箱子""一张纸""一张床"，数量名短语，分别作①、②、③三句的主语。第二类，因为"饭"可以吃，"钱"可以用，因此在句子中可以作宾语；人吃"饭"是有限度的，用"钱"也是有限度的，一个人吃多少，十个人吃多少，是有"度"的，多少"钱"买多少东西也是有“度”的，一定数量的“饭”或一定数量的“钱”，可以被陈述（可以供多少人吃或者可以买多少东西）而作句子的主语。“一锅饭”“一百块钱”，数量名短语，分别作④、⑤两句的主语。第三类，因为人类的服务设施（“井”）是人建设的，因此在句子中可以作宾语；人建设什么，是需要时间的，多少时间可以完成某项建设任务，也是可以计划的，一定的时间，也是可以被陈述（在预定时间内完成某项建设计划）而作句子的主语。“半个月”，数量名短语，作⑥句的主语。

“数量名短语 A ＋ 动词 ＋ 数量名短语 B”的格式，在特定语境中，“数量名短语 B”中的名词可以省略。在对话中，或者叙述中，前面有交代，后面出现的“数量名短语 B”中的名词就可以省略。如：

① 一只箱子装五件大衣。

甲：这么多“大衣”怎么包装？乙：不要紧，“一只箱子装五件”，十只箱子就够哒。

② 一张纸画五只华南虎。

甲：我父亲六十大寿，请你帮我画六十只“华南虎”，你看怎么画？乙：“一张纸画五只”，“十二张纸画六十只”。

③ 一张床睡两个人。

甲：家里有客“人”，今天晚上怎么睡？乙：“一张床睡两个”，你给我捂脚，床铺刚好。

④ 一锅饭吃十个人。

甲：我们家有五十个“人”的接待任务，你看煮好多饭？乙：“一锅饭吃十个”，五锅饭就够哒。

⑤ 一百块钱吃一顿饭。

甲：三天后才有车，你手里的“饭”钱够不够？不要紧，就是“一百块钱吃一顿”，也还可以吃个把月。

⑥ 半个月挖一口井。

甲：快要过年哒，还有几口“井”要挖，年前能不能完成任务？乙：你放心，“半个月挖一口”，一个多月就完成任务哒。

（五）指代

“指代”，指称和替代。代替人或事物名称的是人称代词，表示疑问的是疑问代词，指称或区别人、物、情况的是指示代词。

1. 人称代词

荆门方言的人称代词有三种，列表如下：

	单数	复数	敬称
第一人称	我 o˨	我们 o˨ mən˦	
第二人称	你 li˨	你们 li˨ mən˦	你郎 n˩˧ ɑŋ˦（尊称“你”） 你郎们 n˩˧ ɑŋ˦ mən˩˧（尊称“你们”）
第三人称	他 ta˩˧	他们 ta˩˧ mən˩˧	他郎 ta˩˧ lɑŋ˦（尊称“他”） 他郎们 ta˩˧ lɑŋ˦ mən˩˧（尊称“他们”）
	它 ta˩˧	它们 ta˩˧ mən˩˧	

第一人称的复数“我们”，如果不与“你”“你们”相对，“我们”包括听话人一方。如：

① 我们都是中国人，枪口一致对外，我们一定会战胜日本侵略者！

② 你好好养伤，我们一定会来看望你的。

第①句的“我们”包括听话人一方；第②句的“我们”不包括听话人一方。

“人家 ən˩˧ ka˦”“大家 ta˦ tɕia˦”也是人称代词。“人家”指自已或某人以外的人、别人；有时也用来指“自己”。“大家”指一定范围内所有的人，如果以某人或某些人与“大家”对举时，这某人或某些人不在“大家”之列；如果把“大家”放在“你们”“我们”之后，“大家”复指“你们”“我们”。如：

①“人家”做得到，你为什么做不得到呢？

② 哥，你一走就是一年多，也不知道“人家”多想你！

③ 请“大家”安静，会议马上开始。

④ 你不要狡辩哒，“大家”是不会上你的当的。

⑤ 现在是困难时期，我们“大家”要团结一致渡过难关。

第①句的“人家”，指别人；第②句的“人家”，指自己。第③句的“大家”指在场所有的人；第④句的“大家”指在场所有的人，但不包括“你”（在会上狡辩的人）在内；第⑤句的“大家”，复指“我们”。

2. 疑问代词

疑问代词所表示的疑问有询问、反问。询问是有疑而问，反问是无疑而问。“哪 la˨”，可用来表示询问，也可用来表示反问。

① 你录取的是上海“哪”所大学？

② 我不相信，天下“哪”有这样的事？

疑问代词“哪里 la˧˩ li˧˩”“哪哈 la˧˩ xa˧˩”问处所，“好一会”问时间，“多少”“几”问数量，“多”问性状（相当于副词），“怎么”“怎样”“怎么样”问情况（相当于谓词）。

疑问代词还可以代替任何人或任何事任何物，表示在所代替范围内没有例外，也可以代替不确定的人或事。代替任何人或任何事任何物是任指，代替不确定的人或事是虚指。“谁 sueiɹ”“什么 sɿ˨˦ me˦˩”是两个疑问代词，在下列句子中，所指各有不同。

① 中国人应该有中国人的骨气，“谁”都不愿当亡国奴！

② 为了民族的复兴，“什么”困难我们都可以克服。

③ 我们各有各的考虑，暂时“谁”也说服不了“谁”。

④“什么”人说“什么”话，立场不同，观点肯定不一样。

⑤ 他“什么”也没说。

⑥ 村里冷冷清清，他走哒一转，“谁”也没碰逗。

例①中的“谁”指一切有骨气的中国人，例②中的“什么”是“任何”意思，“什么困难”就是“任何困难”。例③中的两个“谁”，分别指各持一端的一方。例④中的“什么”指同一个人。例⑤的“什么”和例①的“谁”，代替不确定的人和事物。就所指而言，例①、例②、例③、例④是任指，例⑤、例⑥是虚指。

3. 指示代词

指示代词有近指和远指之分，以说话人为中心，距离近的用“这 tse˦˩”，距离远的用“哪 la˧˩”，“这 tse˦˩”是近指，“哪 la˧˩”是远指。荆门方言中，“这 tse˦˩”又读“tsa˧˩”，“那 le˦˩”又读“la˧˩”。“这里 tse˦˩ li˧˩”（这哈 tsa˦˩ xa˧˩）“那里 le˦˩ li˧˩”（那哈 la˧˩ xa˧˩）指示处所，“这时候”“那时候”指示时间，“这些”“那些”指示数量，“这么”“那么”指示性状（相当于副词），“这样”“那样”指示情况（相当于谓词）。

“每”“各”“某”“另”“其他”等，也是指示代词。“每”“各”指全体中的任何一个；“某”，不定指；“另”，旁指；“其他”，特指，指特定范围以外的人或事。

（六）性状

“性状”，性质和状态。用来说明事物的性质、状态的是形容词。从意义方面去认识，形容词可分为三类。第一类，表示客观事物外部特征的形容词，一般称为静态形容词，如“黑”“白”“方”“圆”“酸”“甜”“高”“低”等；第二类，表示人的内在品质的形容词，一般称为动态形容词，如“老实”“聪明”“正直”“忠诚”等；第三类，表示人对社会、对客观事物的人文评价的形容词，可称为人文形容词，如“公道”“合法”“良好”“特殊”等。如果从语用的角度考察，可以根据形容词的语法特征把形容词分为性质形容词、状态形容词、非谓形容词。形容词在句子中不能带宾语，大部分能同副词组合，一般都能作定语，大多数都能作谓语或谓语中心，少数也可作状语、补语。这是就一般情况而言，比如说“大部分形容词能同副词组合”，那就还有“小部分”不能同副词组合的；“形容词都能作定语”，还有“直接”与“间接”的区别；“大多数都能作谓语”，也还有“少数”不能作谓语的；“少数也可作状语、补语”，那“少数”又是什么样的情况？以上这些都需要具体分析。

下面从意义和语法两个方面，分别讨论荆门方言的形容词。

1. 静态形容词与性质形容词

(1) 静态形容词。这是就形容词的词汇意义而言的。静态形容词是人认识客观世界，把握客观事物的基本属性的反映，是形容词的核心内容。静态形容词主要用来表示客观事物的外部静态特征，说明事物自然状态。

A. 表颜色的形容词：红、朱红、粉红、桃红、橘红、枣红、高粱红、玛瑙红、土红、紫红、棕红、暗红、鲜红、深红、淡红；蓝、天蓝、蔚蓝、海蓝、孔雀蓝、宝石蓝、藏蓝、紫蓝、浅紫蓝、深蓝、鲜蓝、中蓝、浅蓝、淡蓝；绿、豆绿、茶绿、葱绿、苹果绿、森林绿、草绿、玉绿；石绿、孔雀绿；墨绿、墨玉绿、深绿、暗绿、碧绿、褐绿、中绿、浅绿、淡绿；黄、橙黄、深橘黄、浅橘黄、柠檬黄、玉米黄、稻草黄、杏黄、蛋黄、藤黄、土黄、砂黄、金黄、深黄、米黄、嫩黄、鹅黄、中黄、浅黄、淡黄；紫、葡萄紫、茄皮紫、玫瑰紫、绛紫、暗紫、鲜紫；深紫、浅紫、淡紫；灰、银灰、炭灰、雾灰、黑灰；黑、炭黑、暗黑、漆黑。白、珍珠白、玉石白、银白、羊毛白、乳白、雪白、灰白；青、青莲、雪青；驼色；米色；卡其色；奶油色；豆沙色；水晶色；荧光色；彩虹色；棕色；茶褐色；淡褐色；咖啡色；琥珀色等。

B. 表形状的形容词：满腔、满目、滔天、漫天、参天；高耸、高昂；

苍翠、苍茫、缤纷、卓绝、参差、料峭、磅礴、嵯峨、嶙峋、淋漓、滂沱、逶迤、峥嵘、缤纷；正的、斜的、圆的、方的、扁的、立式、卧式、楔形、筒状、缸状、罐状、盆状、碗状、锅状、瓢状、柱状、三棱、四方、五角形、六角形、锣旋形、沉甸甸、白花花、黑黝黝，阴森森，皱巴巴，亮铮铮，黑漆漆、湿漉漉，圆溜溜等。

C. 表感觉的形容词：甜、酸、苦、辣、咸、香、淡、芬芳、无味、淡而无味、油腻、清淡、热、冷、软、松、紧、硬、厚、薄；生、熟、好（没变质）、坏（变质）、烂（破损、腐烂）、枯、干；阴、晴、温等；浮、静、鼓（鼓蓬蓬）、滑；慌、浓、轻、重；快活、古板、凑巧等。

D. 表量度、范围、存在方式的形容词：大、小、长、短、宽、窄、高、矮、粗、细、多、少、胖、瘦、老年、中年、青年、少年；大好、极大、全新、十足、巨大、广大（人数多）、众多；安全、安心、不便、不幸、草率等。

(2) 性质形容词。所谓性质形容词，就是表示性质作谓语的形容词，这是就形容词的语法特征而言的。性质形容词包含三种情况：

A. 不能被副词“很”修饰、能直接作谓语，否定用“非”而不用“不”。如：

① 满腔——满腔热情｜满腔热血；热血满腔｜热泪满腔

“满腔”前不能加“很”，说成“很满腔”，也不能说“不满腔”。

② 满目——满目春光｜满目琳琅；琳琅满目｜疮痍满目

“满目”前不能加“很”，说成“很满目”，也不能说“不满目”。

③ 滔天——滔天大罪｜滔天之势；波浪滔天｜罪恶滔天

“滔天”前不能加“很”，说成“很滔天”，也不能说“不滔天”。

④ 高耸——高耸的铁塔｜高耸的大楼；铁塔高耸｜大楼高耸

“高耸”不能直接修饰名词，要借助“的”帮助。“高耸”前不能加“很”，说成“很高耸”，也不能说“不高耸”。

⑤ 高昂——高昂的费用｜高昂的价格；斗志高昂｜士气高昂

“高昂”不能直接修饰名词，要借助“的”帮助。“高昂”前不能加“很”，说成“很高昂”，也不能说“不高昂”。

⑥ 苍茫——苍茫大地｜苍茫云海；大地苍茫｜云海苍茫

“苍茫”前不能加“很”，说成“很苍茫”，也不能说“不苍茫”。

⑦ 极大——极大的热情｜极大的兴趣；难度极大｜危害极大

“极大”不能直接修饰名词，要借助“的”帮助。“极大”前不能加“很”，说成“很极大”，也不能说“不极大”。

⑧ 全新——全新的设备｜全新的厂房；领导全新｜面貌全新

“全新”不能直接修饰名词，要借助“的”帮助。“全新”前不能加“很”，说成“很全新”，也不能说“不全新”。

⑨ 十足——十足的政客｜十足的流氓；傲气十足｜霸气十足

“十足”不能直接修饰名词，要借助“的”帮助。“十足”前不能加“很”，说成“很十足”，也不能说“不十足”。

⑩ 巨大——巨大的压力｜巨大的成就；困难巨大｜成绩巨大

“巨大”不能直接修饰名词，要借助“的”帮助。“巨大”前不能加“很”，说成“很巨大”，也不能说“不巨大”。

B. 可接受副词“很”修饰，但后面必须加“的”，才能作定语。如：

① 静——静静的小河｜很静很静的山村；(夜深) 人静｜ (风平) 浪静

“静”重叠，或者借助“很……的”帮助作定语。“静”前能加“很”，可以说“很静”，但不能说“很静静”。

② 滑——滑滑的山路｜很滑很滑的路面； (山陡) 路滑｜ (雪大) 车滑

“滑”重叠，或者借助“很……的”帮助作定语。“滑”前能加“很”，可以说“很滑”，但不能说“很滑滑”。

③ 鼓——鼓鼓的钱包｜很鼓很鼓的口袋；钱包鼓起来｜口袋鼓起来

“鼓”重叠，或者借助“很……的”帮助作定语。“鼓”前能加“很”，可以说“很鼓”，但不能说“很鼓鼓”。

④ 浓——浓浓的头发｜很浓很浓的眉毛；头发浓得很｜眉毛浓得很

“浓”重叠，或者借助“很……的”帮助作定语。“浓”前能加“很”，可以说“很浓”，但不能说“很浓浓”。

⑤ 轻——轻轻的书包｜很轻很轻的背包；书包轻得很｜背包轻得很

“轻”重叠，或者借助“很……的”帮助作定语。“轻”前能加“很”，可以说“很轻”，但不能说“很轻轻”。

⑥ 重——重重的皮袄 /很重很重的皮箱；箱子重得很 /担子重得很

“重”重叠，或者借助“很……的”帮助作定语。“重”前能加“很”，可以说“很重”，但不能说“很重重”。

⑦ 清淡——清淡的菜｜清淡的汤；菜清淡｜汤清淡

“清淡”前能加“很”，可以说“很清淡”。“清淡”作定语，必须借助“的”，也可以用“很……的”。

⑧ 古板——古板的人｜古板的性格；这个人很古板｜性格古板

“古板”前能加“很”，可以说“很古板”。“古板”作定语，必须借助“的”，也可以用“很……的”。

⑨ 凑巧——凑巧的事｜凑巧的时机；事情凑巧｜时机凑巧

“凑巧”前能加“很”，可以说“很凑巧”。“凑巧”作定语，必须借助“的”，也可以用“很……的”。

⑩ 快活——快活的人｜快活的事；他很快活｜老人很快活

“快活”前能加“很”，可以说“很快活”。“快活”作定语，必须借助“的”，也可以用“很……的”。

C. 不能作定语，可以直接作状语，在语义上表示数量、时间、处所、范围、方式、频率、情状等。如：

① 安全——安全生产｜安全回家；人身安全｜国家安全

“安全”直接作“生产”“回家”的状语；“安全”不能修饰名词作定语。

② 安心——安心学习｜安心工作；学习安心｜工作安心

“安心”直接作“学习”“工作”的状语；“安心”不能修饰名词作定语。

③ 不便——不便公开｜不便出席；行动不便｜说话不便

“不便”直接作“公开”“出席”的状语；“不便”不能修饰名词作定语。

④ 草率——草率从事｜草率处理；行为草率｜办事草率

“草率”直接作“从事”“处理”的状语；“草率”不能修饰名词作定语。

2. 动态形容词与状态形容词

(1) 动态形容词，是就形容词的词汇意义而言的。动态形容词，具有动态意义，是描述行为主体的某种行为的性状及其表现的形容词。这类形容词与“行为主体的某种行为”紧密联系在一起，一个动态形容词，都隐含着“行为主体的某种行为”，根据表示隐含“行为”的动词的动作性的强弱，动态形容词又有强弱之分。表示隐含“行为”的动词的动作性弱的，可称之为弱动态形容词：表示隐含“行为”的动词的动作性强的，可称之为强动态形容词。

A. 弱动态形容词

人是社会的主体，弱动态形容词主要表示能够主观衡量的人的内在特征，包括人所固有的心理状态、临事时的情感变化，以及不同人的品行特征等。如：自私、吝啬、胆怯、恐慌、愚笨、贪婪、虚伪、急躁，正直、忠诚、无私、勇敢；幸福、愉悦、骄傲、自豪；高兴、得意、快乐、满意，焦急、紧张、烦躁、苦恼；沮丧、后悔、失望、绝望，内疚、难过、惭愧、悲哀。

B. 强动态形容词

客观事物永远在发展变化，强动态形容词是描述某种运动变化的状态的形容词。如：斑斑、蒙蒙、堂堂、皑皑、潺潺、勃勃、重重、匆匆、扬扬；疯狂、残暴、野蛮、狂妄、嚣张、轻快、轻率、爽快、熟练、稳妥、妥善、妥当、从容、急迫、仓促；飞快、迅捷、缓慢、慌忙，利落、利索、灵便、灵活、猛烈、急速、急剧、敏捷；纷纷、滔滔、巍巍、滚滚、飒飒、团团、熊熊、袅袅；乱哄哄、气呼呼、喘吁吁、慢吞吞、羞羞答答、病病歪歪等。

(2) 状态形容词，是就形容词的语法特征而言的。所谓状态形容词，就是表示状态作谓语的形容词。状态形容词包含三种情况：

A. 不能受程度副词修饰，都可以直接作定语，一般都能直接作谓语，有些有“动态”意义的还可直接作状语。如：

① 斑斑——斑斑小雨｜斑斑血迹；血迹斑斑｜白发斑斑

“斑斑”直接作“小雨”“血迹”的定语；“斑斑”不能受程度副词修饰，不能说“太斑斑”“很斑斑”“最斑斑”“更斑斑”。

② 蒙蒙——蒙蒙细雨｜蒙蒙竹树；细雨蒙蒙｜烟雨蒙蒙

“蒙蒙”直接作“细雨”“竹树”的定语；“蒙蒙”不能受程度副词修饰，不能说“太蒙蒙”“很蒙蒙”“最蒙蒙”“更蒙蒙”。

③ 潺潺——潺潺水声｜潺潺小河；流水潺潺｜雨声潺潺

“潺潺”直接作“水声”“小河”的定语；“潺潺”不能受程度副词修饰

饰，不能说“太潺潺”“很潺潺”“最潺潺”“更潺潺”。

④ 堂堂——堂堂君子｜堂堂丈夫；仪表堂堂｜相貌堂堂

“堂堂”直接作“君子”“丈夫”的定语；“堂堂”不能受程度副词修饰，不能说“太堂堂”“很堂堂”“最堂堂”“更堂堂”。

⑤ 勃勃——勃勃生机｜勃勃兴致；生气勃勃｜英姿勃勃

“勃勃”直接作“生机”“兴致”的定语；“勃勃”不能受程度副词修饰，不能说“太勃勃”“很勃勃”“最勃勃”“更勃勃”。

⑥ 匆匆——匆匆过客｜匆匆分别；行色匆匆｜来去匆匆

“匆匆”不仅能直接作“过客”的定语，也能直接作“分别”的状语；“匆匆”不能受程度副词修饰，不能说“太匆匆”“很匆匆”“最匆匆”“更匆匆”。

⑦ 滔滔——滔滔江水｜滔滔不绝；洪水滔滔｜波浪滔滔

“滔滔”不仅能直接作“江水”的定语，也能直接作“不绝”的状语；“滔滔”不能受程度副词修饰，不能说“太滔滔”“很滔滔”“最滔滔”“更滔滔”。

⑧ 滚滚——滚滚波浪｜滚滚向前；洪流滚滚｜浓烟滚滚

“滚滚”不仅能直接作“波浪”的定语，也能直接作“向前”的状语；“滚滚”不能受程度副词修饰，不能说“太滚滚”“很滚滚”“最滚滚”“更滚滚”。

⑨ 飒飒——飒飒秋风｜朔风飒飒鸣；英姿飒飒｜秋风飒飒

“飒飒”不仅能直接作“秋风”的定语，也能直接作“鸣”的状语；“飒飒”不能受程度副词修饰，不能说“太飒飒”“很飒飒”“最飒飒”“更飒飒”。

B. 不能受程度副词修饰，必须加“的”才能作定语和谓语，加“地”才能作状语。如：

① 黑漆漆——黑漆漆的森林｜黑漆漆的天；森林黑漆漆的｜天黑漆漆的；黑漆漆地伸手不见五指｜黑漆漆地什么都看不见

② 湿漉漉——湿漉漉的衣服｜湿漉漉的房间；衣服湿漉漉的｜房间湿漉漉的；湿漉漉地滑向前方｜湿漉漉地滚动着

③ 乱哄哄——乱哄哄的人群｜乱哄哄的课堂；人群乱哄哄的｜课堂乱哄哄的；乱哄哄地叫喊｜乱哄哄地打骂

④ 气呼呼——气呼呼的人群｜气呼呼的警察；人群气呼呼的｜警察气呼呼的；气呼呼地向前冲｜气呼呼地挥动警棍

⑤ 喘吁吁——喘吁吁的老汉｜喘吁吁的大娘；老汉喘吁吁的｜大娘喘吁吁的；喘吁吁地大喊大叫｜喘吁吁地大吵大闹

⑥ 慢吞吞——慢吞吞的动作｜慢吞吞的话语；做事慢吞吞的｜说话慢吞吞的；慢吞吞地做事｜慢吞吞地说话

⑦ 羞羞答答——羞羞答答的小姑娘｜羞羞答答的小伙子；小姑娘羞羞答答的｜小伙子羞羞答答的；羞羞答答地不说话｜羞羞答答地低着头

⑧ 病病歪歪——病病歪歪的妻子｜病病歪歪的母亲；妻子病病歪歪的｜母亲病病歪歪的；病病歪歪地走出来｜病病歪歪地上医院

C. 偏正式合成词，修饰成分有比喻义、表成度，可以ABAB式重叠，不能被“很”修饰。如：

① 金黄——金黄的大地｜金黄的树林；金黄金黄的麦子｜金黄金黄的橘子（不能被“很”修饰，不能说“很金黄”）

② 通红——通红的脸蛋｜通红的小手；通红通红的脸蛋｜通红通红的小手（不能被“很”修饰，不能说“很通红”）

③ 漆黑——漆黑的头发｜漆黑的皮鞋；漆黑漆黑的头发｜漆黑漆黑的皮鞋（不能被“很”修饰，不能说“很漆黑”）

④ 矮胖——矮胖的大姐｜矮胖的身材；矮胖矮胖的大姐｜矮胖矮胖的身材（不能被“很”修饰，不能说“很矮胖”）

⑤ 白胖——白胖的脸蛋｜白胖的小手；白胖白胖的脸蛋｜白胖白胖的小手（不能被“很”修饰，不能说“很白胖”）

⑥ 铁青——铁青的脸色｜铁青的面容；铁青铁青的脸色｜铁青铁青的面容（不能被“很”修饰，不能说“很铁青”）

3. 人文形容词与非谓形容词

（1）人文形容词，是就形容词的词汇意义而言的。人对社会、对客观事物不是无动于衷的，总要积极干预，进行评价，人文形容词就是人干预社会、对客观事物进行社会评价的反映。这类形容词不同程度地隐含着历史文化的积淀，有着明显的人文倾向性。如：公平、公道、公正、合理、正当、正常、正确、合法、对、不错、好、合算；单一、唯一、特殊、特定、低级、高级、低档、高档；合格、次要、双重、同等、初步、初级、微型、袖珍；通、同、简、良、原、珍、异、新，低能、明白（不糊涂）、首席、先行；真正、永恒、原来、天生、彻头、彻尾、无上、无畏、非凡、空前、忘我、欢喜等。

（2）非谓形容词，是就形容词的语法特征而言的。所谓非谓形容词，就是不能作谓语的形容词，包含三种情况：

A. 不能作谓语，可直接修饰名词。如：

① 双重——双重人格｜双重国籍｜双重标准；双重追杀｜双重打击｜双重处分

② 次要——次要问题｜次要矛盾｜次要责任；次要刺激｜次要处理｜次要关联

③ 同等——同等条件｜同等问题｜同等责任；同等处分｜同等追查｜同等打击

④ 初级——初级职称｜初级中学｜初级英语；初级考试｜初级驾驶｜初级测试

⑤ 老式——老式汽车｜老式手表｜老式武器

⑥ 微型——微型小说｜微型汽车｜微型手枪

⑦ 袖珍——袖珍姑娘｜袖珍手机｜袖珍宠物

B. 不能作谓语，只能直接修饰名词。如：

① 明白——明白领导｜明白家长｜明白法官（“明白”与“糊涂”相对）

② 低能——低能儿童｜低能长官｜低能教师（低能，能力低下）

③ 重型——重型机械｜重型汽车｜重型设备

④ 先行——先行科技｜先行品牌｜先行基金

⑤ 首席——首席顾问｜首席教授｜首席记者

C. 不能作谓语，不能直接修饰名词，必须加“的”才能作定语。如：

① 真正——真正的教授｜真正的英雄｜真正的法官

② 永恒——永恒的青春｜永恒的纪念｜永恒的友谊

③ 原来——原来的想法｜原来的计划｜原来的安排

④ 天大——天大的冤枉｜天大的谎言｜天大的问题

⑤ 天生——天生的聪明｜天生的能干｜天生的美丽

⑥ 亲爱——亲爱的同志｜亲爱的战友｜亲爱的师长

⑦ 无上——无上的光荣｜无上的荣耀｜无上的怀念

⑧ 忘我——忘我的工作｜忘我的劳动｜忘我的境界

（七）程度

"程度"，性质、状态、数量等的程度。在言语活动中，凡是要说明性质、状态、数量等的程度时，一般用程度副词。程度副词主要用来修饰性质形容词、部分表心理活动的动词以及某些性状动词。

程度副词可根据语义和语用的不同情况进行再分类。根据语义可将程度副词分为两小类：一类相对程度副词，如"最""更""越""比较"等；一类绝对程度副词，如"很""极""太""非常"等。根据语用也可将程度副词分为两小类：一类既能修饰形容词或动词及其短语，也能修饰名词包括数量词、方位词的程度副词，如"最""顶""才""起码"等；一类只能修饰形容词或动词包括由它们构成的短语的程度副词，如"微""稍微""过于""过分""尽力""竭力"等。

1. 相对程度副词

客观存在的万事万物都是有差别的，人们在认识客观事物的时候，往往通过比较而把握同性质的事物的程度差别。这种可比较的同性质事物的程度差别，是相对的而不是绝对的。一般把表示同性质事物的相对差别的程度副词，叫做"相对程度副词"。相对程度副词有"最""最为""顶""更""更加""更为""还""越""越加""越发""愈""愈加""比较""较""较为""稍稍""稍""稍微""略""略略""略微"等。

相对程度副词可分为最高级、更高级、比较级、较低级。表示最高级的，有"最"、"最为"等；表示更高级的，有"更""更加""更为""还$_1$""越发（愈发）""越加（愈加）""格外"等；表示比较级的，有"比较""较""较为""还$_2$"等；表示较低级的，有"稍""稍稍""稍微""略""略略""略微"等。

如："红"

① 霜叶红于二月花。——霜叶比二月花"稍微红"一点（较低级）

② 桃花红杏花白。——桃花"比较红"（比较级）

③ 月季花有红色的，橙色的。——红色的月季花比桃花"更红"（更高级）

④ 石榴花，像火一样红。——石榴花"最红"（最高级）

“稍微红”“比较红”“更红”“最红”，是同性质事物的相对差别，是相比较而言的，其“红”的程度，是相对的而不是绝对的。“霜叶”与“二月花”相比，霜叶“稍微红”；“桃花”与“杏花”相比，桃花“比较红”；红色的月季花与桃花相比，红色的月季花“更红”；石榴花与红色的月季花相比，石榴花“最红”。

2. 绝对程度副词

人们在认识客观事物的时候，有时并不与客观的同性质事物相比较，而是依经验性的主观理解为前提，基于思想上的属性概念，泛言在概念的比较中所体现出来的程度差别，这种程度差别是绝对性的差别，表示绝对性差别的程度副词就是绝对程度副词。绝对程度副词有“很”“挺”“真”“老”“十分”“非常”，“极”“极为”“极其”，“太”“好”“多么”，“非常”“好”“相当”“分外”“过于”“过”“太”“太过”，“尤其”“尤为”“尤”，“有点”“有些”等。

绝对程度副词可分为超高级、极高级、次高级、较低级。表示超高级的有“分外”“过于”“太”“万分”等；表示极高级的有“极”“极为”“极其”“极度”等；表示次高级的有“多”“多么”“非常”“怪”“好”“很”“老”“颇”“颇为”“十分”“相当”“挺”等；表示较低级的有“有点”“有些”等。

如：“高兴”

① 他终于回到了祖国，他感到“万分高兴”！(超高级)

② 儿子回家了，全家团聚，她“极为高兴”。(极高级)

③ 孙子考上了大学，他“十分高兴”。(次高级)

④ 这学期他不是三好生，但进步很大，父亲也“有点高兴”。(较低级)

“有点高兴”“十分高兴”“极为高兴”“万分高兴”是不同程度的四种“高兴”，这里的“不同程度”，是依经验性的主观理解为前提的，是面对客观处境的主观感受，“高兴”的“不同程度”，是绝对性的差别。其所以“万分高兴”，是因为“他终于回到了祖国”；其所以“极为高兴”，是因为“全家团聚”；其所以“十分高兴”，是因为“孙子考上了大学”；其所以“有点高兴”，是因为儿子“进步很大”。使人“高兴”的事物是绝对的，“高兴”的程度的差别，也是绝对的，因此表示绝对性差别的程度副词也是绝对的。

3. 既能修饰形容词或动词及其短语，也能修饰名词包括数量词、方位词的程度副词

从语用角度考察，副词是限制、修饰形容词或动词的词，一般来说只能作状语，不能单独回答问题，这是副词的语法特征。然而，什么事情都不是绝对的，副词的语法功能也一样，有些程度副词既能修饰形容词或动词及其短语，也能修饰名词包括数量词、方位词。不过这样的程度副词只占一小部分，主要有“起码”“至少”“差不多”“稍”“至多”“最”“顶”“才”等几个。如：

①“起码”，修饰形容词或动词及其短语：（散步）起码走二十里|（跑步）起码跑一千五百米。

修饰名词包括数量词、方位词：起码的责任感|起码条件|起码八十分。

②“至少”，修饰形容词或动词及其短语：（散步）至少走二十里|（跑步）至少跑一千五百米。

修饰名词包括数量词、方位词：（成绩）至少六十分|（一个班）至少五十人。

③“差不多”，修饰形容词或动词及其短语：（这本书）差不多看完哒|（一盆衣服）差不多洗完哒。

修饰名词包括数量词、方位词：（走路走哒）差不多二十里|（一担柴）差不多一百斤。

④“最”，修饰形容词或动词及其短语：最美|最新|最艰难；最爱|最恨|最喜欢。

修饰名词包括数量词、方位词：最东|最右|最中间；最牛|最专业|最二百五。

⑤“才”，修饰形容词或动词及其短语：（他对人）才好呢|（他）才大方呢；才走哒|才看完哒。

修饰名词包括数量词、方位词：（数学成绩）才八十分|（身材不高）才一米五。

4. 只能修饰形容词或动词（包括由它们构成的短语）的程度副词

在程度副词中，只能修饰形容词或动词的程度副词占大部分，在具体的言语活动中，有三种情况：

(1) 既能修饰形容词，也能修饰动词及其短语的程度副词。有“微”“微微”“稍微”“略”“略微”“有些”“有点儿”“半”“不大”“较”“比较”“较为”“相当”“颇”“多”“多么”“真”“好”“十分”“挺”“怪”“很”“太”“大”“满”“越”“愈”“越发”“愈发”“更”“更加”“极”“极其”“极为”“极度”“尤”“尤其”“特别”“格外”“分外”“非常”“异常”“这么”“那么”“还”等。如：

①“稍微”，修饰形容词：(形势) 稍微好哒一点｜(病情) 稍微好哒一点｜(病) 稍微重哒一点。

修饰动词及其短语：稍微走动走动｜稍微往内靠一下｜稍微向前挤一挤。

②“相当”，修饰形容词：(她的) 成绩相当好｜(她的) 舞姿相当美｜(她的) 衣服相当漂亮。

修饰动词及其短语：(他) 相当会唱歌｜(他) 相当会跳舞｜(她) 相当会绣花。

③“越发”，修饰形容词：(他) 立场越发坚定｜(他) 态度越发强硬｜(她) 现在越发漂亮。

修饰动词及其短语：(他) 越发会走路｜(他) 越发会唱歌｜(她) 越发会跳舞。

④“尤其”，修饰形容词：(她穿旗袍) 尤其漂亮｜(他穿军装) 尤其英俊｜(她默默不语) 尤其美。

修饰动词及其短语：她尤其喜欢唱歌｜他尤其爱画画｜他尤其会打羽毛球。

⑤“非常”，修饰形容词：(她走路的姿势) 非常美｜(她穿的衣服) 非常漂亮｜(她的英语说得) 非常好。

修饰动词及其短语：(她) 非常爱 (打扮)｜(她) 非常爱 (整洁)｜(她) 非常尊敬 (长辈)。

(2) 只能修饰形容词或形容词短语的程度副词。有“够”“绝”“过于”等。如：

①“够”，能修饰形容词：够好｜够坏；够伟大｜够勇敢；够软｜够硬；够坚固｜够平常。

不能修饰动词，可以补充说明某一动作或行为：不能说“够哭”“够笑”，但可以说“哭个够”“笑个够”；不能说“够看”“够打”，但可以说“看个够”“ 打个够”。

②“绝”，只能修饰形容词及其短语：绝早｜绝大多数；绝好的机会｜绝好的条件。

(3) 只能修饰动词或动词短语的程度副词。有“差点儿”“尽力”“极力”“竭力”“甚至”“甚至于”等。如：

①“尽力”，“尽力”只能修饰动词或动词短语：尽力做好｜尽力完成；尽力扶持｜尽力帮助；尽力支持｜ 尽力协助；尽力维护｜尽力确保。

②“竭力”，“竭力”只能修饰动词或动词短语：竭力履行职责｜竭力抢救受伤同伴；竭力维护管理秩序｜竭力搭建招聘平台；竭力办好省运会｜竭力维持市场运转。

③“甚至”，“甚至”只能修饰动词或动词短语：我不仅不恨你甚至原谅你｜他们不仅做好事甚至付出了生命；时速可达 1000 公里甚至达到 2 万公里｜个别的宗教神职人员甚至道德沦丧，走上违法犯罪的道路。

5. 荆门方言中常用的几个程度副词

荆门方言中常用的程度副词有“嘿 xe˨”（“嘿么 xe˨ me˦”）“厄 e˩˧”（“厄嘛 e˩˧ ma˥”）“蛮 man˩˧”“有些 iəu˨ ɕiɛ˥”“有低尕 iəu˨ ti˥ ka˩˧”等几个。

(1) 修饰形容词、动词作状语

A. 修饰形容词：（这个节目办得）嘿好｜（他长得）嘿高；（这个节目办得）厄好｜（他长得）厄高；（这个节目办得）蛮好｜（他长得）蛮高；（这个节目办得）有些好｜（他长得）有些高；（这个节目办得）有低尕好｜（他长得）有低尕高。

B. 修饰动词：（我）嘿喜欢（我外婆）｜（我）嘿讨厌（多嘴多舌的小姐姐）；（我）厄喜欢（我外婆）｜（我）厄讨厌（多嘴多舌的小姐姐）；（我）蛮喜欢（我外婆）｜（我）蛮讨厌（多嘴多舌的小姐姐）；（我）蛮喜欢（我外婆）｜（我）蛮讨厌（多嘴多舌的小姐姐）；（我）有些喜欢（我外婆）｜（我）有些讨厌（多嘴多舌的小姐姐）；（我）有低尕喜欢（我外婆）｜（我）有低尕讨厌（多嘴多舌的小姐姐）。

C. 修饰有使令意义的兼语结构：他嘿讨人喜欢｜他办事蛮让人放心；

他厄讨人喜欢｜他办事厄让人放心；他蛮讨人喜欢｜他办事蛮让人放心；他有些讨人喜欢｜他办事有些让人放心；他有低尕讨人喜欢｜他办事有低尕让人放心。

(2) 与整个修饰结构一起所做的句子成分

A. 做谓语：他嘿有英雄气概｜我和他嘿谈得来；他厄有英雄气概｜我和他厄谈得来；他蛮有英雄气概｜我和他蛮谈得来；他有些英雄气概｜我和他有些谈得来；他有低尕英雄气概｜我和他有低尕谈得来。

B. 做定语：他是个嘿么有思想的人｜两个人在一起语言不通是嘿么伤脑筋的事；他是个厄嘛有思想的人｜两个人在一起语言不通是厄嘛伤脑筋的事；他是个蛮有思想的人｜两个人在一起语言不通是蛮伤脑筋的事；他是个有些思想的人｜两个人在一起语言不通是有些伤脑筋；他是有低尕思想的人｜两个人在一起语言不通是有低尕伤脑筋。

C. 做补语：这本书写得嘿么好｜王老师的字写得嘿么漂亮；这本书写得厄嘛好｜王老师的字写得厄嘛漂亮；这本书写得蛮好｜王老师的字写得蛮漂亮；这本书写得有些好｜王老师的字写得有些漂亮；这本书写得有低尕好｜王老师的字写得有低尕漂亮。

“嘿 xe˨”（“嘿么xe˨ me˦”）“厄 e˧˥”（“厄嘛 e˧˥ ma˥”）“蛮 man˧˥”“有些 iəu˨ ɕiᴇ˥”“有低尕 iəu˨ ti˥ ka˧˥”都表程度，在意义上表示不同的层级。

“嘿 xe˨”与“嘿么 xe˨ me˦”意义和用法完全相同，在言语活动中，有的人喜欢用“嘿xe˨”，有的人喜欢用“嘿么 xe˨ me˦”，是言语习惯问题。“嘿 xe˨”与“嘿么 xe˨ me˦”表示程度的“最高层级”，在说话人心目中，他所说的“好”或者“坏”都是无可比拟的。

“厄 e˧˥”与“厄嘛 e˧˥ ma˥”意义和用法完全相同，在言语活动中，有的人喜欢用“厄e˧˥”，有的人喜欢用“厄嘛 e˧˥ ma˥”，是言语习惯问题。“厄 e˧˥”与“厄嘛 e˧˥ ma˥”表示程度的“次高层级”，在说话人心目中，他所说的“好”或者“坏”虽不是无可比拟的，但所谓“好”也是十分难能可贵的，所谓“坏”也是为人所不齿的。

“蛮 man˧˥”表示程度的“第三层级”，在说话人心目中，所说的“好”或者“坏”都是不容置疑的。所谓“好”，是充分肯定的；所谓“坏”，是完全否定的。

“有些 iəu˨ ɕiɛ˥”，表示“第四层级”，在说话人心目中，所说的“好”

或者“坏”都是有保留的，不是全部肯定，也不是全部否定。说“好”，是说部分“好”；说“坏”，是说部分“坏”。

“有低尕 iəu˧ ti˥ ka˩˧”，表示程度的“最低层级”，在说话人心目中，所说的“好”或者“坏”是实事求是的肯定或否定。“有低尕好”，是说还有可取之处；“有低尕坏”，是说还有不可取之处。

（八）介引

“介引”，介绍和引导。在言语活动中发挥介引作用的是介词。所谓介引，就是把名词、代词，或者名词性短语介绍和引导给动词、形容词。介词可放在名词、代词或名词性短语前边与之组成介词结构，使所介引的对象发生句法功能的转化。如：从明天（开始）｜“从明天”，介词结构，表示时间；在家（自修）｜“在家”，介词结构，表示处所；按原则（办事）｜“按原则”，介词结构，表示方式；把作业（做完）｜“把作业”，介词结构，表示对象。

介词结构在句子中充当状语、定语、补语，不能做谓语。如：从车上（下来）｜“从车上”，介词结构，充当状语；比他（高）｜“比他”，介词结构，充当状语；对历史人物的（评价）｜“对历史人物”，介词结构，加“的”充当定语；在桌子上的（书）｜“在桌子上”，介词结构，加“的”充当定语；（工作）到深夜｜“到深夜”，介词结构，充当补语；（睡）在床上｜“在床上”，介词结构，充当补语。介词在句子中，是“处所”“时间”“工具”“依据”“对象”“范围”“条件”“原因”“目的”等语义成分的标记。如：“在北京”，介引处所；“从前天”，介引时间；“用脸盆”，介引工具；“按照刑法”，介引依据；“对于这个结论”，介引对象；“在教学研究上”，介引范围；“凭身份证”，介引条件；“为生活”，介引原因；“为了信仰”，介引目的。

1. 介词与动词

介词大多数是由动词虚化而来的，现代汉语方言中，除了少数典型的介词（完全失去动词特征的虚化动词）以外，大量的是动、介兼类词。从句法位置来看，动词之后常常有宾语，介词固定在名词、代词以及名词性短语之前，动词之后有名词性成分，介词之后也有名词性成分，动词与介词之后都有名词性成分，因此，动词与介词很容易混淆。除此之外，因为介词源于动词，有些词在言语活动中，既能用为动词，又能用为介词，如

“在”“靠”“朝”“向”“对”“跟”“到”“给”“比”等，常常兼有动词和介词两种用法。然而在具体语境中，某个词却只能属于一个词类，要么是动词，要么是介词。这就有一个是动词还是介词的判定问题。

怎样判断在具体语境中的某词是动词还是介词呢？在荆门方言中，可用作如下区分：

（1）看能不能单独做谓语（或者做谓语中心词）；

（2）看能不能带动态助词；

（3）看能不能重叠。

动词可以单独做谓语，而介词不能单独做谓语，只能构成介词结构之后做谓语的连带成分；动词可带动态助词“逗”“着”“哒”“过”，而介词不能带动态助词“逗”“着”“哒”“过”；动词可以重叠，介词不能重叠。如：

①“在”

a. 我在大姐姐家里。（“在”是动词，做谓语中心词）

b. 在黑板上写字。（“在”是介词，“在黑板上”是介词结构，做“写”的状语）

②“靠”

a. 在家靠父母，出门靠朋友。（“靠”是动词，做谓语中心词）

b. 小王靠父母生活。（“靠”是介词，“靠父母”是介词结构，做“生活”的状语）

③“朝”

a. 我们家的屋场坐北朝南。（“朝”是动词，做谓语中心词）

b. 我们家朝南开门。（“朝”是介词，“朝南”是介词结构，做“开”的状语）

④“向”

a. 我们的车现在的方向是向北。（“向”是动词，做谓语中心词）

b. 我们的车现在要向南开。（“向”是介词，“向南”是介词结构，做“开”的状语）

⑤“对”

a. 大门斜对商店。（“对”是动词，可以在“对”后加“逗”，可以说“大门斜对逗商店”）

b. 他对我很好。（“对”是介词，不能在“对”后加“逗”，不能说“他对逗我很好”）

⑥“跟”

a. 你跟我走。（“跟”是动词，可以在“跟”后加“逗”，可以说“你跟逗我走”）

b. 你跟谁说话。（“跟”是介词，不能在“跟”后加“逗”，不能说成“你跟逗谁说话”）

⑦“到”

a. 到北京哒。（“到”是动词，可以在“到”后加“哒”，可以说“到哒北京哒”）

b. 到北京去。（“到”是介词，不能在后“到”加“哒”，不能说“到哒北京去”）

⑧“给”

a. 给我一支笔。（“给”是动词，可以在“给”后加“哒”，可以说“给哒我一支笔”）

b. 给我讲故事。（“给”是介词，不能在“给”后加“哒”，不能说“给哒我讲故事”）

⑨“比”

a. 我们俩比速度。（“比”是动词，“比”可以重叠，可以说“我们俩比比速度”）

b. 我比你高。（“比”是介词，“比”不能重叠，不能说“我比比你高”）

2. 介词与连词

连词是连接词、短语、分句或句子的虚词。如：“和”“跟”“同”“与”“而”“而且”“及”“以及”“不但”“不仅”“或”“或者”“虽然”“但是”“然而”“如果”“即使”“那么”“因为”“因此”“所以”等。介词的语法功能是介引，连词的语法功能是连接，介词与连词的后面都有名词、代词以及名词性短语，因此，介词与连词也容易混淆。除此之外，因为介词与连词都是虚词，有些词在言语活动中，既能用为介词，又能用为连词，如“并”“跟”“合”“和”“及”“同”“为了”“为着”“以”“因”“因为”“由于”“与”等，常常兼有介词和连词两种用法。然而在具体语境中，某个词却只能属于一个词类，要么是介词，要么是连词。这就有一个是介词还是连词的判定问题。

怎样判断在具体语境中的某词是介词还是连词呢？在荆门方言中，可用作如下区分：

（1）看前后两项能不能互换；

（2）看前面能不能出现状语。

如果前后两项不能互换，前面能出现状语，那这个词是介词；如果前后两项能互换，前面不能出现状语，那这个词是连词。因为介词与所介引的词语（后项）是一个不可分割的整体（介词结构），后项当然不能换成前项；介词与后项是一个整体（介词结构），前面当然能出现状语。因为连词的前后两项是并列关系，可以构成联合短语，前后两项当然能互换；前后两项是一个联合短语，起连接作用那个词前面当然不能出现状语。如：

①“和”

A. 小张和小刘是公务员。（“和”的前后两项能互换，“小刘和小张是公务员”与“小张和小刘是公务员”意思一样；“和”的前面不能加状语，不能说“小张曾经和小刘是公务员”。“和”是连词。）

B. 小张和小刘是朋友。（“和”的前后两项不能互换。如果互换，陈述对象发生变化，就成了两个句子。“小张和小刘是朋友”，“小张”是陈述对象；“小刘和小张是朋友”，“小刘”是陈述对象。“和”的前面可以出现状语，可以说“小张曾经和小刘是朋友”，“和”是介词。）

②“跟”

A. 小张跟小刘喜欢下棋。（“跟”的前后两项能互换，“小刘跟小张喜欢下棋”与“小张跟小刘喜欢下棋”意思一样；“跟”的前面不能加状语，不能说“小张曾经跟小刘喜欢下棋”，“ 跟”是连词。）

B. 小张跟小刘打架。（“跟”的前后两项不能互换。如果互换，陈述对象发生变化，就成了两个句子。“小张跟小刘打架”，“小张”是陈述对象；“小刘跟小张打架”，“小刘”是陈述对象。“跟”的前面可以出现状语，可以说“小张曾经跟小刘打架”，“跟”是介词。）

③“同”

A. 小张同小刘是许山人。（“同”的前后两项能互换，“小刘同小张是许山人”与“小张同小刘是许山人”意思一样；“同”的前面不能加状语，不能说“小张已经同小刘是许山人”，“同”是连词。）

B. 小张同小刘结婚。（“同”的前后两项不能互换。如果互换，陈述对象发生变化，就成了两个句子。“小张同小刘结婚”，“小张”是陈述对象；“小刘同小张结婚”，“小刘”是陈述对象。“同”的前面可以出现状语，可以说“小张已经同小刘结婚”，“ 同”是介词。）

④“与”

A. 小张与小刘是博士。（“与”的前后两项能互换，“小刘与小张是博士”与“小张与小刘是博士”意思一样；“与”的前面不能加状语，不能说“小张曾经与小刘是博士”，“与”是连词。）

B. 小张与小刘吵架。（“与”的前后两项不能互换。如果互换，陈述对象发生变化，就成了两个句子。“小张与小刘吵架”，“小张”是陈述对象；“小刘与小张吵架”，“小刘”是陈述对象。“与”的前面可以出现状语，可以说“小张曾经与小刘吵架”，“与”是介词。）

3. 荆门方言中的常用介词

(1) 表示时间、方所的“打”“往”

现代汉语北方话中，表示时间方所的介词有“从”“自”“自从”“于”“打”“到”“往”“在”“当”“朝”“向”“顺着”“沿着”“随着”等，荆门方言中，多用“打”和“往”。如：

① 在上海读书的两个荆门籍的大学生，商量放寒假回家的路线。甲问：你回家打哪里走？（意思是：你回家“朝”什么方向、“从”什么地方、“沿着”什么路线）乙答：我准备打杭州走。（意思是：“朝”杭州方向，坐火车“从”上海“到”杭州，“沿着”南昌、九江、信阳、枣阳、襄阳一线回荆门）“朝”“从”“沿着”几个介词的含义，都包含在“打”字里面。

② 有人在荆门市海慧中学校门口问到市民政局怎么走，回答说：“你往这里走，前面左转，走两百来米再右转走出去就看逗哒。”（意思是：“你沿着这条路往前走，向左转走两百来米，再向右转走出去就看见了。”）“顺着”“沿着”“随着”“向”几个介词的含义，都包含在“往”字里面。

(2) 表示方式的“按”

现代汉语北方话中，表示方式的有“按”“照”“按照”“依”“依照”“本着”“根据”“以”“凭”等，在荆门方言中，多用“按”。“照上级指示精神（办）｜照通知书说的（办）”“按照上级指示精神（处理）｜按照通知书说的（处理）”“依上级指示精神（办理）｜依通知书说的（办理）”“依照上级指示精神（作决定）｜依照通知书说的（作决定）”“本着上级指示精神（解决）｜本着通知书说的（解决）”“根据党委意见（修改）｜根据大会讨论意见（修改）”“以党委意见（修订）｜以大会讨论意见（修订）”“凭良心（办事）｜凭党性（办事）”，上述这些介词结构中的介词，荆门方言口语中一般都用“按”来代替。“本着”“根据”之类，大都是在开会等正式场合才使用的词语，口语中一般都不用。说话时，该用“本着”“根据”的时候，就用“按”。如“本着上级指示精神（解决）”，一般说“按上级指示精神（解决）”；“本着通知书说的（解决）”，一般说“按通知书说的（解决）”；“根据党委意见（修改）”，一般说“按党委意见（修改）”；“根据大会讨论意见（修改）”，一般说“按大会讨论意见（修改）”。

(3) 表示目的的“为哒”（“为了”）

现代汉语北方话中，表示目的的有“为”“为了”“为着”，在荆门方言中，很少用“为”“为着”，一般都用“为了”，荆门方言说“哒”，不说“了”，“为了”说成“为哒”。如：“为国家的富强，为着父母的期望，为了自己的美好明天，我们现在要好好学习天天向上。”这里的“为国家”的“为”“为着父母”的“为着”，荆门方言都说成“为了”；在口语中都说成“为哒”。即“为哒国家的富强，为哒父母的期望，为哒自己的美好明天，我们现在要好好学习天天向上”。

(4) 表示原因的“因为”

现代汉语北方话中，表示原因的有“因”“由于”“因为”，在荆门方言中，很少用“因”“由于”，一般都用“因为”。如：①“生命因你而延续”，在荆门方言中，一般说成“生命因为你而延续”，“因为”代替“因”。②“由于工资低，我离开这家公司”，在荆门方言中，一般说成“因为工资低，我离开这家公司”，“因为”代替“由于”。

(5) 表示对象的“对”

现代汉语北方话中，表示对象的有“对”“对于”，在荆门方言中，多用“对”，而少用“对于”。如：“对消极现象进行披露，对于社会的进步是有利的”，在荆门方言中，一般说成“对消极现象进行披露，对社会的进步是有利的”，“对”代替“对于”。一般地说，北方话用“对于”的地方，在荆门方言中都用“对”。荆门方言中，北方话用“对”的地方用“对”，用

“对于”的地方也用“对”。

(6) 表示被动的“叫”“紧”

现代汉语北方话中，表示被动的有“被”“叫”“让”，在荆门方言中，不说“让”，一般说“叫”或者“紧”。如：“你让他帮你办”，荆门方言说“你叫他给你办”；“让他去搞”，荆门方言说“紧他去搞”。

(九) 关联

“关联”，分句与分句之间的相互关系和相互联结。在言语活动中用来联结复句各分句、标明分句与分句之间关系的词语称之为关联词，也叫关系词语。

1. 关联词的特点

第一，作为联结分句、标明关系的词语，关联词总是标明抽象的关系，可以作为某类复句的特定的形式标记。

第二，能在复句中起关联作用的主要有“连词”“副词”以及可以充当关联词的短语，如“一方面”“另一方面”。

(1) 分句连词。连词是用作来做关联词语的主要词类，但并非所有连词都能充当关联词。有的连词不能连接分句，不能连接分句的连词当然不能做关联词；有的连词能连接分句，但如果在某个句子中连接的不是分句，它也不是关联词。能充当分句连词有“因为”“由于”“既然”“如果”“要是”“假如”“只有”“只要”“虽然”“即使”“宁可”“无论”“不但”“不仅”“尚且”“与其”“所以”“因此”“因而”“以致”“于是”“以便”“以免”“那么”“但是”“可是”“然而”“不过”“否则”“不然”“而且”“何况”“并且”“甚至”“或者”“要么”“然后”“接着”等。

(2) 关联副词。某些副词可充当关联词。但如果在某个句子中连接的不是分句，它也不是关联词。起关联作用的副词仍旧保留原有的修饰作用。能充当关联副词的有“却”“就”“才”“既”“也”“又”“再”“还”“都”“更”等。

第三，关联词在复句中才能确认，离开复句，就无所谓关联词了。

如：你中敢不吃，看赫不赫得逗我！(“中敢”与普通话的“尽管”义同，“中敢不吃”，可以换成“尽管不吃”。)“你中敢不吃，看赫不赫得逗我”(你不吃赫不逗我)，不是复句，“中敢”(尽管)不起关联作用，不是关联词。

2. 关联词的作用

关联词标明复句关系。复句中如果运用了关联词，各分句间的关系由关联词标明；有的复句不用关联词，分句与分句直接组合，各分句间的关系如何确定？一般可以结合语境通过添加关联词来确定。一个复句的各分句间的关系是有一定的逻辑基础的，通过关联词标明复句关系，有三种情况：一是显示，二是转化，三是复现。这三种情况，就是关联词的具体作用。

所谓"显示"，是说复句各分句间本来隐含有某种关系，通过关联词显示这种关系。如：

"他为人忠厚，所以从来不说谎。""为人忠厚"与"不说谎"之间本来存在因果关系，关联词"所以"显示了这种关系。

所谓"转化"，是说关联词所显示的关系，并非分句间的逻辑关系，存在着"化实为虚"或"以虚当实"的情况。如：

"他们分居一年多，平时很少见面，即使见面，也是无话可说。""即使见面，也是无话可说"是虚拟的；事实上，由于感情不和，他们见面本来就"无话可说"，这里所谓"即使……"，是"化实为虚"的说法。

"他们马上回来，可能还没有吃饭。""既然他们还没有吃饭，我们就等他们吧！""他们还没有吃饭"，一般是已然的事实；"可能"，说明也许还没有成为事实。"既然他们还没有吃饭"是"以虚当实"的说法。

所谓"复现"，用两种关联词，复现分句与分句之间本来隐含着的两种关系。如：

"他既没有举手表示同意，但又没有说不赞成。""既……又……"是并列关系；"……但……"是转折关系。"既没有……但又没有……"是并列和转折的混合句式。"既……又……"与"……但……"混合，"复现"了分句与分句之间本来隐含着的并列套转折的关系。

3. 常见关联词的类别

（1）转折关系

尽管……可是……；虽然……是……；……但……；……却……；……然而……；即使……也……

（2）假设关系

如果……就……；假使……便……；要是……那么……

（3）条件关系

只要……就……；只有……才……；无论……都……；不管……也……

(4) 因果关系

因为……所以……；由于……因此……；既然……那么……

(5) 并列关系

又……又……；一面……一面……；有时……有时……；一会儿……一会儿……

既……又……；一边……一边……；一方面……、一方面……；不是……而是……

(6) 承接关系

一……就……；首先……然后……；……便……；……于是……；……才……；……接着……

(7) 递进关系

不但……而且……；不光……也……；不仅……还……；虽然……但……

(8) 选择关系

不是……就是……；或是……或是……；还是……

4. 荆门方言经常使用的关联词

(1) 免得……

你快点把几个钱让他走，免得在这里讨人嫌。(“免得”是目的关系的关联词)

(2) 宁愿……（也）不……

我宁愿打一辈子光棍，也不同她结婚。(“宁愿……不……”是取舍关系的关联词)

(3) ……却……

我知道这件事情，却不知道这件事情的来龙去脉。(“却”是转折关系的关联词)

(4) 只要……就……

很多同学在实践中体会到，只要多读多写，作文就会有进步。(“只要……就……”是条件关系的关联词)

(5) 无论……都……

无论困难有多大，我们都能克服。（“无论……都……”是条件关系的关联词）

（6）因为……所以……

因为他热情地为同学们服务，所以受到同学们的好评。（“因为……所以……”是因果关系的关联词）

（7）如果……就……

如果你答应找小兰一起去看画展，就应该准时去找他。（“如果……就……”是假设关系的关联词）

（8）一边……一边……

同学们一边走，一边谈论。（“一边……一边……”是并列关系的关联词）

（9）不但……而且……

王老师不但关心我们的学习，而且关心我们的身体。（“不但……而且……”是递进关系的关联词）

（十）体貌

“体貌”，动词的体式和情貌。汉语是动词体貌突出的语言。所谓“动词体貌”，即动词（包括具有动词性质的形容词）在言语交际的语流中所显现的客观事物发展、变化的动态体式和情貌。由于汉语词缺少形态变化，其动词体貌不是通过词的形态变化而是通过一些附加的语法成分来表示的。就荆门方言而言，动词（包括具有动词性质的形容词）的附加语法成分，既有最典型的体貌标记“逗”“哒”“过”“着”，又有不那么典型的“来着、在、呢”，还有非典型的类似于补语的“起来”“下去”“完”“好”以及动词重叠等。通过对荆门方言动词（包括具有动词性质的形容词）体貌的全面考察，可归纳为“进行体貌”“完成体貌”“已行体貌”“起始体貌”“继续体貌”“尝试体貌”“达及体貌”等。

1．进行体貌

进行体貌体式为“V＋逗”“V＋逗＋着”“V＋逗＋在”，如：坐逗｜站逗｜拿逗｜放逗，睡逗｜趴逗｜歪逗｜斜逗，穿逗｜攒逗｜留逗｜存逗；坐逗着｜站逗着｜拿逗着｜放逗着，跪逗着｜睡逗着｜趴逗着｜躺逗着，穿逗着｜攒逗着｜留逗着｜存逗着；坐逗在｜站逗在｜拿逗在｜放逗在，睡逗在｜趴逗在｜歪逗在｜斜逗在，穿逗在｜攒逗在｜留逗在｜存逗在等。

进行体貌体式“V+逗”“V+逗+着”“V+逗+在”，表达动作行为变化正在进行或正处于某种状态的语法意义。“逗”是表示进行的动态助词，相当于北方话的“$着_1$”，表示动作行为正在进行；“着”是表示进行的动态语气词，相当于北方话的“$着_2$”，表达动作行为变化正在进行或正处于某种状态的持续；“在”，是表示进行的认定语气词，表达对动作行为变化正在进行或正处于某种状态的认定。“逗”可以分别与“着”“在”连用。如：

① 你一天到晚在屋里睡逗，招呼睡出病来哒！(“逗”表示“睡”的动作正在进行)

② 你在床上睡逗着，我给你拿衣服来。(“逗”表示“睡”的动作正在进行，“着”表示“睡逗”这一状态的持续)

③ 他睡逗在，你没看逗吗？(“逗”表示“睡”的动作正在进行，“在”表示“睡逗”这一状态发生是确确实实的)

“V+（得/不）逗”是进行体貌的肯定式和否定式，如：吃得逗|吃不逗；看得逗|看不逗；想得逗|想不逗。“V+（得）逗”，表达对正在进行或正处于某种状态的肯定；“V+（不）逗”，表达对正在进行或正处于某种状态的否定。

荆门方言中表进行的动态语气词“着”，主要表达动态持续的语气，在语义上还有“暂时如此”的意味。如：

① 慌什么，你在那哈（那里）坐逗着，车来哒再站起来也不迟。(“着”，表“坐逗”的状态的持续，“坐逗着”与“站起来”相对，“坐”是“暂时”的，车来哒就“站起来”)

② 这件衣服是旧哒点，你先穿逗着，过两天再给你买新的。(“着”，表“穿逗”状态的持续，“穿逗着”与“买新的”相对，“穿旧的”是“暂时”的，过两天就“买新的”，买哒新的再“穿新的”)

荆门方言中表进行时的认定语气词“在”，主要表达对正在进行的认定语气，在语义上有“确实如此”的意味。如：

① 她的压岁钱存逗在，不信你去看她的银行存折。(“在”，对“存逗”的状态表示认定，“钱存逗在”与“银行存折”相呼应，说明“确实如此”)

② 她在床上睡逗在，没有出去到处跑。(“在”，对“睡逗”的状态表示认定，“在床上睡逗在”与“没有出去到处跑”相呼应，说明“确实如

此”)

进行体貌还有“V＋起”的结构形式，如：坐起｜站起｜拿起，睡起｜趴起｜歪起，穿起｜留起｜存起等。“起”，表示进行的动态助词，与“逗”相比较，除了表示动作行为正在进行以外，还有处所意义（……在那里）。“V＋起”用在叙述句中带贬义，用在祈使句中表命令。如：

① 清晨八早晨，头不梳脸不洗，一格坐起，像什么样子！（“清晨八早晨”，大清早。“一格”，一直，有连续不断的意思。“一格坐起”，就是一直坐在那里，带贬义）

② 不要吵哒，你站逗搞什么子，坐起！（“什么子”，又说“什子”，“什”读 son˧˩；“什么子”，与北方话的“什么”同义。“坐起”，坐在那里，表命令）

2. 完成体貌

完成体貌的代表体式为“V＋哒”或“A＋哒”，如：走哒｜跑哒｜看哒｜读哒，想哒｜说哒｜做哒｜干哒，大哒｜小哒｜多哒｜少哒，长哒｜短哒｜粗哒｜细哒，高哒｜矮哒｜胖哒｜瘦哒等。

完成体貌的代表体式，表示在此以前发生、进行的动作、行为或者情况、状态已经完成或者成了已然的事实的语法意义。“哒”，动态助词，相当于北方话的“$了_1$”。在荆门话中，“哒”主要出现在动词、形容词之后，表动作行为的势态、表人物的心态、表事物存现的实态、表性状变化的情态。

(1) 表动作行为的势态

表动作行为势态的“V＋哒”，有三种格式：“NV 哒（会开哒）”“VN 哒（开会哒）”“V 哒 N（开哒会）”。“N”，名词；“V”，表动作行为的动词。“NV 哒”中的“哒”，表“V”的已行势态；“VN 哒”中的“哒”，表“V”的将行势态；“V 哒 N”中的“哒”，表“V”的已行势态。如：

① 我看哒春节联欢晚会的节目。（“看”是“我”的行为，“哒”表“看”的已行势态，意在说明“春节联欢晚会的节目”已经看过）

② 旧电视机卖哒。（“旧电视机”是“卖”的对象，“哒”表“卖”的已行势态，意在说明“旧电视机”已经被卖掉）

③ 大家坐好，开车哒！（“车”是“开”的对象，“哒”表“开”的将行势态，意在说明“车”马上就要开了。“哒”在这里既是一个动态助词，

又是一个语气助词，兼有北方话“了$_1$”“了$_2$”的作用。“大家坐好，开车哒”是一个复句，“开车哒”，是“大家坐好”的原因；“开车哒”是非主谓句，“哒”在这里还有足句作用）

④ 同学们进教室，上课哒！（“课”是“上”的对象，“哒”表“上”的将行势态，意在说明“课”马上就要开讲了。“哒”在这里既是一个动态助词，又是一个语气助词，兼有北方话“了$_1$”“了$_2$”的作用。“同学们进教室，上课哒”是一个复句，“上课哒”，是“同学们进教室”的原因；“上课哒”是非主谓句，“哒”在这里还有足句作用）

⑤ 甲：这时候才回来，还没有吃饭吧？乙：吃哒饭。（“吃哒饭”，对话省略主语“我”，“吃”是“我”的行为，“饭”是“吃”的对象，“哒”表“吃”的已行势态，意在说明“饭”吃过了）

⑥ 甲：今日怎么回来这么迟？乙：开哒会的。（“开哒会”，对话省略主语“我”，“开”是“我”的行为，“会”是“开”的对象，“哒”表“开”的历行势态，“的”表肯定的语气词，意在说明“回来这么迟”，是因为“开会”的原因。“开哒会”后加语气词“的”，有确实如此的意味）

“V＋哒＋着”，是“V＋哒”的“哒”与“着”的连用，“着”是表示进行的动态语气词，相当于普通话的“着$_2$”，表达动作行为变化正在进行或正处于某种状态的持续，且有“如此这般以后‘再说’”的意味。如：走哒着（走哒以后“再说”）｜跑哒着（跑哒以后“再说”）｜看哒着（看哒以后“再说”）｜读哒着（读哒以后“再说”），做哒着（做哒以后“再说”）｜干哒着（干哒以后“再说”）等。

（2）表人物的心态

表人物的心态的“V＋哒”，有两种格式：“VN 哒（爱她哒）”“V 哒（怕哒）”。N，名词；V，表心理活动的动词。“VN 哒”中的“哒”，表人物的心态；“V 哒”中的“哒”，表人物的心态，还有足句的作用，相当于北方话的“了$_1$”＋“了$_2$”。如：

① 我想念远离家乡的亲人哒。（“想念”，表心理活动的动词，“亲人”，名词，“想念”涉及的对象，“哒”，表主语“我”的心态。“我”对“远离家乡的亲人”平时也许并不怎么“想念”，现在因为过节或者有某种原因“想念他哒”）

② 我现在很喜欢他哒。（“喜欢”，表心理活动的动词，“他”，代词，

“喜欢”涉及的对象，“哒”，表主语“我”的心态。“我”对“他”平时也许并不怎么“喜欢”，现在因为“他”变乖哒或者“我”也发生了某种变化，所以“喜欢他哒”）

③ 今天有你陪逗我，我不怕哒！（“怕”，表心理活动的动词，是主语所表示人的一种心理状态。“我不怕”或者“我怕”是有条件的，句中“我不怕”，是因为“有你陪逗我”。这种心理状态一般不出现所涉及的对象，如果出现所涉及的对象，就转化为“VN哒”。“V哒”的“哒”，不仅表人物的心态，还有足句的作用。“VN哒”的“哒”，只表人物的心态，没有足句的作用）

④ 谁也没有想到他是那种人，我不喜欢哒。（“喜欢”，表心理活动的动词，是主语所表示人的一种心理状态。“我不喜欢”或者“我喜欢”是有条件的，句中“我不喜欢”，是因为“他是那种人”。“那种人”，即品质不好或有严重缺点的人。这种心理状态一般不出现所涉及的对象，如果出现所涉及的对象，就转化为“VN哒”。“V哒”的“哒”，不仅表人物的心态，还有足句的作用。“VN哒”的“哒”，只表人物的心态，没有足句的作用）

（3）表事物存现的实态

表事物存现实态的“V＋哒”，有三种格式：“V_1哒（死哒）”“V_2哒（发生哒）”“V_3N哒（他参加等于我参加）”。“V_1”，表消失的动词；“V_2”，表发生的动词；“V_3”，表等同的动词；“N”，主谓短语；“哒”，表事物存现的实际状态。如：

① 他八岁那年父亲就死哒。（“死”，表消失的动词，“父亲死哒”，表示“父亲”已不存在。表消失的动词，只能用“没”“没有”否定，不能用“不”否定。“哒”，表事物存现的实际状态，同时兼有足句的作用）

② 他兄弟不到两岁就不在哒。（“在”，表存在的动词，“不在”，就是不存在，表示“他兄弟不到两岁”就夭折了。“哒”，表事物存现的实际状态，同时兼有足句的作用）

③ 小妹担心的事终于发生哒。（“发生”，表发展变化的动词。“哒”，表某事物发展变化的实际状态，同时兼有足句的作用）

④ 他的事业发展哒。（“发展”，表发展变化的动词。“哒”，表某事物发展变化的实际状态，同时兼有足句的作用）

⑤ 我女儿代表我出席就等于我参加哒。（“等于”，表互等的动词。“我参加”，主谓短语，一个整体作“等于”的宾语。“哒”，表示“我女儿代表我出席”与“我参加”之间的互等关系，同时兼有足句的作用）

⑥ 浪费哒一张电影票就算我看哒。（“算”，算是，即“等于是”，表互等的动词。“我看哒电影”，主谓短语，一个整体作“等于”的宾语。“哒”，表示“浪费哒一张电影票”与“我看哒电影”之间的互等关系，同时兼有足句的作用）

（4）表事物性状变化的情态

表事物性状变化的“A＋哒”，有三种格式：“A_1哒（坏哒）”“A_2哒（长哒）”“A_3N哒（少哒）”“TA哒”（太老实哒）。A_1，表性状的形容词；A_2，表比较的形容动词；A_3，表数量的形容词；T，程度副词；“哒”，表事物性状的变化。如：

① 女大十八变，她出脱得漂亮哒！（“漂亮”，是表性状的形容词；“哒”，表事物性状的变化。这句话的意思是说，“她”小时候的相貌一般，现在变得漂亮哒。“哒”，确认这一变化的完成，同时兼有足句的作用）

② 经过几年的磨炼，现在成熟哒！（“成熟”，是表性状的形容词；“哒”，表事物性状的变化。这句话的意思是说，“他”本不成熟，“经过几年的磨炼”，现在变得成熟哒。“哒”，确认这一变化完成，同时兼有足句的作用）

③ 她穿的衣服小哒。（“小”，是表性状的形容词；“哒”，表事物性状的变化。“衣服”大小，因人而异，穿起来适中就不大不小。“她”穿的衣服，与她的身材相比，不适中，需要改变。“哒”，确认这种需要改变的事实，同时兼有足句的作用）

④ 这种钢筋粗哒。（“粗”，是表性状的形容词；“哒”，表事物性状的变化。“钢筋”是粗，还是细，因施工要求而不同，既不能粗，也不能细。“这种钢筋”，根据施工要求，“粗哒”，不适中，需要改变。“哒”，确认这种需要改变的事实，同时兼有足句的作用）

⑤ 今天好冷哪，你的衣服穿少哒，还要加一件。（“少”，是表性状的形容词；“哒”，表事物性状的变化。“衣服”穿多还是穿少，因天气冷暖而定，既不能穿多，也不能穿少。“天好冷”，应该穿多一点，“你的衣服穿少哒”，不适中，需要改变。“哒”，确认这种需要改变的事实，同时兼有足句

的作用）

⑥ 你去买点水果，少买一点，两三斤就够哒。（“够”，是表性状的形容词；“哒”，表事物性状的变化。“买水果”，应该买多少，因需要而定，既不能多，也不能少，满足需要“就够哒”。“两三斤”最适中。“哒”，确认“两三斤就够”的事实，同时兼有足句的作用）

⑦ 一下就赶一千元的人情，你太大方哒！（“大方”，是表性状的形容词；“太”，程度副词；“哒”，表事物性状的变化。“赶人情”，指亲戚朋友红白喜事相互馈赠钱物，送多送少因亲疏而定，一般送一二百元，送四五百元就是大礼。亲戚朋友间，“赶一千元的人情”，有点过分，所以说“太大方哒”。“哒”，确认“太大方”这一事实，同时兼有足句的作用）

⑧ 这件衣服不错，穿起太漂亮哒！（“漂亮”，是表性状的形容词；“太”，程度副词；“哒”，表事物性状的变化。“衣服”穿在身上，有的合身，有的不合身，有的好看，有的不好看。“衣服”穿在身上合身、好看，就是“漂亮”，特别合身、好看，就是“太漂亮”。“哒”，确认“穿起太漂亮”这一事实，同时兼有足句的作用）

3. 已行体貌

已行体貌的代表体式为“V＋过”，如：走过｜跑过｜跳过｜飞过｜干过｜唱过｜打过｜闹过｜哭过｜笑过｜喊过｜叫过｜恨过｜爱过｜想过｜说过｜看过，好过｜胖过｜红过等。

已行体貌的代表体式，表示动作、行为、变化在此以前曾经发生、进行过，或者情况、状态在此以前曾经存在过的语法意义。“过”，时态助词，表已行势态。如：

① 这条路我年轻的时候不知道走过多少次。（“走”，表动作的动词；“过”，时态助词，表动作的已行势态。“走过”，是在此以前曾经进行过的已经终结的事实）

②《三月三》《花儿与少年》，我年轻的时候都跳过。（“跳”，表动作的动词；“过”，时态助词，表动作的已行势态。“跳过”，是在此以前曾经进行过的已经终结的事实）

③ 为哒你爸爸，我不知道哭过多少回。（“哭”，表行为的动词；“过”，时态助词，表行为的已行势态。“哭过”，是在此以前曾经发生过的已经终结的事实）

④ 你别看我现在瘦，年轻时也胖过。（“胖”，表状态的形容词；“过”，时态助词，表的已行势态。“胖过”，是在此以前曾经存在过的已经终结的事实）

⑤ 现在我是老哒，但年轻的时候也红过。（“红”，表状态的形容词；“过”，时态助词，表的已行势态。“红过”，是在此以前曾经存在过的已经终结的事实）

上述①、②、③句中的“过”，也可以换成“哒”。“过”，着重说明动作行为都成为过去，表达的是经验性的已经终结的事实。“哒”，着重说明动作行为的完成，表达的是一个一般性的事实，不涉及是否终结。

“V+过+P”，也是表已行体貌的体式。V，及物动词；P，V 的宾语。VP，谓词性结构，多为动宾结构，如“走路”“唱歌”“当兵”“去上海”等。VP 结构后面不能直接加“过”，但可以将 VP 结构的 P（名词性成分）放在“过”之后，构成“V＋过＋P”格式，表已行意义。如“走过路”（不是只坐车）“唱过歌”“当过兵”“去过上海”等。由于“过”表已行意义，“V+过”“V+过+P”的 V 之前，常常加“曾”“曾经”，强调已行意义。如：

① 他曾经当过校长。（“当校长”是动宾结构，后面不能直接加表已行势态的“过”。“当”之后加“过”，之前加“曾经”，说明“当校长”是在此以前曾经发生过的已经终结的事实）

② 他曾经来过我们家。（“来我们家”是动宾结构，后面不能直接加表已行势态的“过”。“来”之后加“过”，之前加“曾经”，说明“来我们家”是在此以前曾经发生过的已经终结的事实）

4. 起始体貌

起始体貌的代表体式为“V+起来”，如：走起来｜跑起来｜跳起来｜飞起来｜干起来｜唱起来｜打起来｜闹起来｜哭起来｜笑起来｜喊起来｜叫起来，好起来｜大起来｜肿起来 ｜胖起来等。

起始体貌的代表体式，表示动作、行为或者情况、状态的起始意义。“起始”，是某一活动过程的开始，“起来”表示动态，只有瞬间意义或静态意义的动词之后不能用“起来”。由于“起来”所表示的动态有一个过程，因此常伴有“逐渐”“渐渐”“不断”“一天天”等词语；有时也与副词“又”配合使用。如：

① 老年人最喜爱走路，天一亮就在大街上走起来。（“走路”，是一种活动；“走路”就是在路上“走”，“起来”表“走路”这一活动的开始）

② 张大爷喜欢跑步，一到场子里就跑起来。（“跑步”，是一种活动；“跑步”就是在运动场上“跑”，“起来”表“跑步”这一活动的开始）

③ 她喜欢跳舞，大家一欢迎，她就跳起来。（“跳舞”，是一种活动；“跳舞”就是在舞台上“跳”，“起来”表“跳舞”这一活动的开始）

④ 她说逗说逗就大哭起来。（“哭”，是一种行为，由哭到不哭是一个过程；“大哭起来”，“起来”表“大哭”这一行为的开始）

⑤ 村干部一走，他们就打起来哒！（“打”，指“打架”，是一种行为，由打到不打是一个过程；“打起来”，“起来”表“打架”这一行为的开始）

⑥ 他的病逐渐好起来。（“好”，是一种状态。人有病，病情由“不好”到“好”，是一个过程；“病逐渐好起来”，“起来”，表病情由“不好”向“好”转变的开始）

⑦ 因为会吃，所以她慢慢胖起来。（“胖”，是一种状态。人的身体，由“瘦”到“胖”，是一个过程；“慢慢胖起来”，“起来”，表人的身体由“瘦”向“胖”转变的开始）

⑧ 她的肚子一天天大起来，快坐月子哒。（“大”，是一种状态。女人怀孕，肚子由“小”到“大”，是一个过程；“一天天大起来”，“起来”，表人肚子由“小”向“大”转变的开始）

⑨ 他们俩的矛盾本来解决哒的，为低尕 ti˥ ka˧ 小事又闹起来哒！（“闹”，是一种行为，由不闹到闹是一个过程；“闹起来”，“起来”表“闹”这一行为的开始。“又”，副词，再一次，说明原来“闹”过，因某种原因，再一次开始“闹”。“起来”与副词“又”配合使用）

“V＋起＋P＋来”，也是表起始体貌的体式。V，及物动词；P，V的宾语。VP，谓词性结构，多为动宾结构，如“下雨”“说话”“打架”“骂人”“扯皮”等。VP结构后面不能直接加“起来”，但可以将VP结构的P（名词性成分）镶嵌在“起”与“来”之间，构成“V＋起＋P＋来”格式，表起始意义。如“下起雨来”“说起话来”“打起架来”“骂起人来”“扯起皮来”等。起始体貌，无论是“V＋起来”，还是“V＋起＋P＋来”，都表示某一活动过程的开始，没有“开始”意义的“起来”，不能构成起始体貌的体式。

5. 继续体貌

继续体貌的体式为“V＋下去”，如：走下去｜跑下去｜跳下去｜干下去，唱下去｜打下去｜闹下去｜喊下去｜叫下去；爱下去｜恨下去｜怕下去｜想念下去｜牵挂下去；存在下去｜演变下去｜发展下去；好下去｜坏下去｜肿下去｜胖下去等。

继续体貌的体式，表达动作行为继续进行或情势状态继续发展的语法意义。“V”，有动态意义动词或形容词。“下去”表示动态，只有瞬间意义或静态意义的动词或形容词之后不能用“下去”。如：

① 前面的路还很长，他坚定不移地向前走，他会不断地走下去。（“走”，指走路，很长的“路”，不是一时半会可以“走”完的，要“不断地走下去”。“下去”，表“走”这一行为的继续）

② 她喜欢唱歌，视唱歌如生命，她将会永远唱下去。（“唱”，指唱歌，是一种活动，对“视唱歌如生命”的歌唱家来说，唱歌是一辈子的事，她“会永远唱下去”。“下去”，表“唱”这一行为的继续）

③“天长地久有时尽，此恨绵绵无绝期”，诗人将会永远恨下去。（“恨”，是一种心理行为，人的“恨”可以是一阵子，也可以是一辈子。《长恨歌》所表现的“绵绵无绝期”的“恨”，就是一辈子的“恨”。“永远恨下去”，“下去”，表“恨”这一行为的继续）

④ 去年形势大好，今年更好，今后将会永远好下去。（“好”，指形势好，是一种情势。“形势大好”是有条件的，保有“形势大好”的种种条件，形势就“会永远好下去”。“下去”，表“好”这一情势的继续）

“V＋下去”所表示的是一个延续的过程，没有延续意义的“下去”，不能构成继续体貌的体式。由于“V＋下去”表示的是一个延续的过程，其中动词或形容词所表示的动作行为或情势状态，也是可以延续的，因此“V＋下去”有时也与副词“再”配合使用。如：

① 物价涨哒又涨，如果再涨下去，这日子真的没法过哒。（“涨”，指物价上涨，是一种情势。“下去”，表“涨”这一情势的继续。“再”，副词，又一次。“下去”与“再”配合使用，表情势的继续发展）

② 你们不要闹哒，再闹下去，谁也不会管你们哒。（“闹”，是一种行为，由不闹到闹是一个过程；“闹下去”，“下去”表“闹”这一行为的继续。“再”，副词，又一次。“下去”与“再”配合使用，表情势的继续发展）

6. 尝试体貌

尝试体貌的体式有"V＋V""V＋一＋V""V＋下""V＋V＋看""V＋下＋着""V＋下＋看"，如：想想｜做做｜穿穿｜戴戴；想一想｜做一做｜穿一穿｜戴一戴；想下｜做下｜穿下｜戴下；想想看｜做做看｜穿穿看｜戴戴看；想下着｜做下着｜穿下着｜戴下着；想下看｜做下看｜穿下看｜戴下看等。"下"读 xa˧，与"一下"同。"坐下"，也说"坐一下"；"坐下着"，也说"坐一下着"；"坐下看"，也说"坐一下看"。

尝试体貌体式，表达尝试、微动、短暂、反复的语法意义。"下"或"一下"，动态助词，表时间短暂，有"试一试"意味；"着"，表动态的语气词，相当于北方话的"着$_2$"，表达动作行为的短暂持续；"看"，时间语气词，表达动作行为的短暂时间。"下"或"一下"可以分别与"着""看"连用。如：

① 这件事情不简单，等等再说。("等等"，是单音节动词"等"的重叠，表微动的语法意义。"等等再说"，就是对"这件事情"不能急于表态，也不能马上采取行动)

② 我们是亲戚，长时间不走动有些疏远，还是要经常走动走动。("走动走动"，是双音节动词"走动"的重叠，表微动的语法意义。亲戚之间疏远的原因是缺乏走动，"走动走动"，是说要互相联系，并不需搞什么大动作)

③ 今后的路到底应该怎么走，你要认真想一想。("想一想"，就是考虑考虑，有短暂、尝试的意味)

④ 实在太累哒，让我坐哈再走。("坐哈"，与"坐一下"意义相同，"哈""一哈"，表时间短暂。"坐哈再走"，就是稍微休息一下再走，需要的时间极短)

⑤ 这条路真难走，不信你走下就知道哒。("走下"，与"坐一下"意义相同，"下""一下"，表尝试。"路"是否难走，你要亲自尝试尝试才知道)

⑥ 这东西好重，你拿拿看！("拿拿"，单音节动词重叠；"看"，时间语气词，表达动作行为的短暂时间。"拿拿看"，即拿一拿再说。这东西到底重不重，"你拿拿"，即亲自尝试下，就知道重不重)

⑦ 这是我的裤子，你穿下着，等会给你买新的。("着"，表动态的语

气词，表达动作行为的短暂持续。“穿下着”，暂时穿一穿）

⑧ 我给你买哒一双新皮鞋，你穿下看！（“穿下看”，就是试一试，看合不合脚。“穿下看”，表尝试）

7. 达及体貌

达及体貌的体式有“V＋到＋P_1”“V＋到＋P_2＋来（去）”“V＋到＋P_3”。如：拿到奖状｜得到表扬｜找到亲人，听到喜讯｜猜到谜底｜想到问题，闻到香气｜尝到味道｜感到闷热；找到家里来｜睡到床上去｜爬到屋上去；玩到天黑｜等到半夜｜睡到天亮等。

达及体貌体式，表达动作行为达及的目的、目标、结果、时间、处所等的语法意义。“V”，动词（包括部分形容词）；“到”，未完全虚化的准动态助词，用在动词（包括部分形容词）之后，表达及（达到或涉及）的语法意义；“P_1”，名词、名词性短语；“P_2”，表方位、处所的名词和名词性短语；“来（去）”，未完全虚化的准动态助词，与“到”配合，表动作行为的方向；“P_3”，表时间的名词和名词性短语。如：

① 爸！我被评为十佳学生，今天拿到奖状。（“拿”，表行为的动词；“奖状”，“拿”的对象。我“拿到奖状”，当十佳学生的目标达到）

② 他终于找到失散多年的亲人。（“找”，表行为的动词；“亲人”，“找”的对象。他“找到亲人”，寻找多年的目的达到）

③ 注意，我听到有人在说话。（“听”，表感知的动词；“有人在说话”，“听”到的情况。“听到有人在说话”，是“我”感知的结果）

④ 你好，我估计到今天你一定会来参加座谈会。（“估计”，表感知的动词；“你一定会来参加座谈会”，“估计”到的情况。“估计到今天你一定会来参加座谈会”，是“我”感知的结果）

⑤ 快，这里有情况，我闻到生火做饭的气味。（“闻”，表感受的动词；“生火做饭的气味”，“闻”到的情况。“闻到生火做饭的气味”，是“我”感受的结果）

⑥ 歇下着，我感到有点不舒服。（“感”，感觉，表感受的动词；“有点不舒服”，“感觉”到的情况。“感到有点不舒服”，是“我”感受的结果）

⑦ 你到底在外面干什么？别人都找到屋里来哒。（“找”，表行为的动词；“屋里”与“外面”相对，表方位。“找到屋里来”，“到”与“来”相配合，表达“找”达及的方位以及产生的结果）

⑧ 听话，不要吵哒，你给我坐到板凳上去！（“坐”，表行为的动词；“板凳上”，表处所。“坐到板凳上去”，“到”与“去”相配合，表达“坐”达及的处所以及产生的结果）

（十一）语气

“语气”，是在思想感情运动状态支配下的句子的声音形式，是语言对于各种情绪的表达方式。现代汉语北方话是用虚词表示语气的。现代汉语北方话表示语气的虚词有语气副词和语气助词。语气副词有“也许”“一定”“必须”“果然”“原来”“索性”“大概”“难道”“毕竟”“幸亏”“简直”“反正”等；语气助词有“的”“哒”“么”“呢”“吧”“啊”等。语气副词表示语气一般用在动词或形容词前面，有时也可用在主语的前面；语气助词常用在句尾或句中停顿处。无论语气副词，或是语气助词，表示语气都离不开句子，只有在动态的句子层面上，语气副词或语气助词才具有语法意义。

语气副词表示语气一般表示说话人对说话内容的态度或情感，如：我低头一看，原来是一只猫，再仔细一看，是我从小养大的那只小黄猫（“原来”表料定和领悟语气）。又如：同学们家里大概都在吃饭，吃饭的时候去家访是不适宜的（“大概”表揣测语气）。

语气助词表示的语气，有询问语气、陈述语气、祈使语气、感叹语气等。询问语气，如：你到过北京吗？你还想知道什么呢？陈述语气，如：你们不会忘记我们的。我的作业做完了。祈使语气，如：我们走吧！感叹语气，如：这孩子多聪明啊！

荆门方言语气主要表现在一些方言语气助词上。

（1）“哒”，既是表动态的助词，又是表完结的陈述语气助词，与北方话的“了”相对应。荆门方言用“哒”不用“了”。作为动态助词的“哒”，主要出现在动词、形容词之后，如：“会开哒”“饭吃哒”“任务完成哒”“害怕哒”“担心哒”“紧张哒”“生哒”“死哒”“发生哒”“解决哒”，“快哒”“慢哒”“胖哒”“瘦哒”。作为语气助词的“哒”，主要出现在句尾或句中停顿处，如：“你们的意见不再说哒，就这样哒。”“你看都几点钟哒，他早走哒。”“今天搞的这时候哒，散会哒。你这是马后炮哒，我看还是收起算哒。”

（2）“吵”，表祈使语气的语气助词。“吵”有北方话表祈使语气的

“啊”“吧”的功用。表示请求的，如“这件事您帮忙弄下子吵！”“您做做好事吵！”“您就说几句话吵！”表示命令的，如“不要吵哒，就让他去吵！”“你走吵！”“你们不要争哒吵！”“站逗搞什么子，都坐逗吵！”表示无可奈何的，如“事情到了这个份上，就这样算哒吵！”“我夹在中间两头受气，你说我为什子吵！”荆门人说话很少用“啊”“吧”表祈使，该用“啊”“吧”表祈使的都用“吵”。

（3）“些 seʎ”，表祈使语气的语气助词。“些”有北方话表祈使语气的“嘛”的功用。表示要求的，如“车上这多人，你往前走些！”“不要挤吵！你往后靠些！”“两个人不要吵哒，都少说几句些！”“你知点趣些！有什么子紧说吵！”“我忙不过来，你帮我做点事些！”表示禁止的，如“天这么黑，你不能走些！”“他这个人不可靠，不能找他些！”“他要去你就紧他去些！”“强扭的瓜不甜些，让他走些！”荆门方言中表禁止语气的“些”，与《楚辞·招魂》中“些”的用法一致，朱熹《楚辞集注》曰：“些，苏贺反。”荆门方言今读“seʎ”。

（4）“啵”，表疑问语气的语气助词。“啵”有北方话表疑问语气的“吗”“么”的功用。如“你去啵？”“你看电影啵？”“你说好啵？”“他听话啵？”“他聪明啵？”“她考试及格哒啵？”“他吃哒饭啵？”“啵”不能用于反复问句，反复问句用语气助词“吵”。如“你说她回答的对不对吵？”“你到底去不去吵？”“你要不要吵？”“你考的好不好吵？”“你到底还哭不哭吵？”“啵”和“吵”在表疑问语气时，分工是十分明确的。

（5）“子r(颤音)”，在荆门方言中既可以作词尾（词缀），又可以充当语气助词。充当语气助词的“子r”，多出现在“高”“大”“深”“长”等表示程度的形容词之后，表示感叹。如果其程度惊人时，与一定的副词或者指示代词相配合，表示感叹语气。如“好高子”“蛮高子”“这高子”，“好大子”“蛮大子”“这大子”，“好深子”“蛮深子”“这深子”，“好长子”“蛮长子”“这长子”等。还有“好多子”“好些子”，表感叹，言其多；表疑问，问多少。

（十二）变音

“变音”，汉语语流中，包括音节的声调在内的语音变化。荆门方言中，有“连读变调”“轻声”和“啊”的变读等“变音”，除实际音读有自己的特点以外，其变化规律与北方话基本一致。就广义的“变音”来说，荆门方言有颤音，没有北方话的“儿化韵”。荆门话的“子”（颤音r）尾代替了北方话的“儿化韵”。这是荆门方言的重要特点。

在北方话中，儿化具有区别词义、区分词性的功能，如“顶”作动词，“顶儿”作名词；“一点”是名词指时间，“一点儿”作量词，是“少量、少许”的意思。在荆门方言中，不说“顶儿”，说“顶子”；不说“一点儿”，说“一点子”。荆门话的“子”是颤音，读为“r”。

还有一类儿化是表示喜爱、亲切的感情色彩。如“脸蛋儿”“小孩儿”“电影片儿”。表示少、小、轻等状态和性质，也常常用到儿化。如“小颗儿”“小门儿”“疙瘩儿”。在荆门方言中，不说“脸蛋儿”，说“脸巴子”；不说“小孩儿”，说“小娃子”（“娃”，读“a˦˥”）；不说“电影片儿”，说“电影片子”；不说“小颗儿”，说“颗颗子”；不说“小门儿”，说“门娃子”（“娃”，读“a˦˥”）；不说“疙瘩儿”，说“疙瘩子”。

“子”（颤音r），在荆门方言中分布很广，既作词尾，也表示感叹或疑问语气。“子”（颤音r）作词尾，是属于现代汉语西南官话的荆楚方言的特有变音。

“子”（颤音r）尾代替北方话的“儿化韵”，是以历时的“语音变化”根据的。从历时的“语音变化”来说，荆门方言中的“子”，与先秦文献中的“只”是一脉相承的。先秦文献中的“只”，既可用于句末表示终结或感叹，如“母也天只，不谅人只”（《诗经·柏舟》）；也可用于句中作词尾，如“乐只君子，福履绥之”（《诗经·樛木》）。“只”，既是语气助词，又是词尾。先秦文献中的语气助词“只”，集中反映在《楚辞·大招》中。《大招》135句，有107句用“只”结尾，表终结或感叹语气。宋代朱熹《楚辞集注》云：“只，音止。”“只，语已词。”清人段玉裁《说文解字注》云：“只”，“读如隻”。“子”，在中古是精母字，精母为舌尖塞擦音。“只”，在中古是章母字，章母是上古舌尖塞音受颚化作用演化来的。据李方桂先生研究，上古有“颤音”，属舌尖浊通音。从清人段玉裁不以宋代朱熹“只，音止”，而以“读如”描写“只”的发音来考察，再从“只”“子”与“颤音”在上古同为“舌尖音”来推论，联系现代荆门方言中“子”的用法和读音，《诗经》《楚辞》中的“读如只”的“只”，当读为“颤音”；今天荆门方言中的“子”当源于《诗经》《楚辞》中读为“颤音”的“只”。从共时的“语流音变”看，普通话中“儿化韵”是现代汉语北方官话的一种变音，荆门方言中的“子”尾是荆楚方言的一种变音。

二、句法

（一）“把”字句

“把”字句，是有“把”字短语作谓语动词状语的句子。“把”在荆门方言中兼有动词、介词两种用法。“把”用为动词，相当于普通话的“给”，如“（我要走哒）快点把钱我”“（那本书）我已把人家哒”“（他要的钱）我已经把哒”等。“把”字句中的“把”，用为介词；“把”字短语属于“介宾结构”，由介词“把”字跟谓语动词的宾语组合构成。“把”字的“宾语”，原本是“谓语动词”的“宾语”。“把”字句的特点，就是用“把”字将“谓语动词”的“宾语”提前，突出表现对“宾语”所指称的事物的“处置”义。

荆门方言的“把”字句有多种句式，有表“处置”体貌的，有表“处置”情状的，有表“处置”结果的，也有表“处置”程度的。

1. 表“处置”体貌

表“处置”体貌的“把”字句有两种句式。

(1)“A＋把 B＋V 哒”

“A＋把 B＋V 哒”，是荆门方言中表“处置”体貌“把”字句的完成式。“A”，主语，一般是施事；“主语”所表示的人或事物，是“谓语动词”所表示的动作或行为的发出者。“B”，宾语，原本属于“谓语动词”，现由“把”字介引，成为“处置对象”。“V”，谓语动词，仅表示对“处置对象”（宾语）进行“处置”的一种动作或行为；“哒”，动态助词，相当于北方话的“$了_1$”，表示这种动作或行为的完成；“V 哒”表示“A”（主语）对“B”（宾语）的“处置”完成。如：

①我把你的衬衣洗哒。（甲：我的衬衣呢？乙：我把你的衬衣洗哒。“衬衣洗哒”，是对“甲”问“衬衣”的回答，“洗哒”即是对“衬衣”的“处置”，“哒”表“处置”完成。“洗”仅仅是对处置对象进行“处置”的一种动作或行为）

② 他把房子卖哒。（甲：我们的房子呢？乙：他把房子卖哒。“房子卖

哒”，是对“甲”问“房子”的回答，“卖哒”即是对“房子”的“处置”，“哒”表“处置”完成。“卖”仅仅是对处置对象进行“处置”的一种动作或行为）

③ 他把枪丢哒。（甲：他的枪呢？乙：他把枪丢哒。“枪丢哒”，是对“甲”问“枪”的回答，“丢哒”即是对“枪”的“处置”，“哒”表“处置”完成。“丢”仅仅是对处置对象进行“处置”的一种动作或行为）

④ 他把饼干吃哒。（甲：饼干呢？乙：他把饼干吃哒。“饼干吃哒”，是对“甲”问“饼干”的回答，“吃哒”即是对“饼干”的“处置”，“哒”表“处置”完成。“吃”仅仅是对处置对象进行“处置”的一种动作或行为）

⑤ 他把书烧哒。（甲：我的书呢？乙：他把书烧哒。“书烧哒”，是对“甲”问“书”的回答，“烧哒”即是对“书”的“处置”，“哒”表“处置”完成。“烧”仅仅是对处置对象进行“处置”的一种动作或行为）

（2）“A＋把 B＋V 逗 /起”

“A＋把 B＋V 逗 /起”，是荆门方言中表“处置”体貌“把”字句的进行式。“A”，主语，一般是施事；“主语”所表示的人或事物，是“谓语动词”所表示的动作的发出者。“B”，宾语，原本属于“谓语动词”，现由“把”字介引，成为“处置对象”。“V”，谓语动词，仅表示对处置对象进行“处置”的一种动作或行为；“逗”是表示进行的动态助词，表示动作行为正在进行，相当于北方话的“着$_1$”；“起”，除了表示动作行为正在进行外，还有处所意义（……在那里）；“V 逗”表示“A”（主语）对“B”（宾语）的“处置”在进行中；“V 起”不仅表示“A”（主语）对“B”（宾语）的“处置”在进行，还表示“处置”的处所。如：

① 你把新衣服穿逗！（甲：我买哒件新衣服。乙：你把新衣服穿逗！“穿”，是对“新衣服”的“处置”意见；“穿逗”即是对“新衣服”的“处置”；“逗”表“处置”的进行。“穿”仅仅是对处置对象进行“处置”的一种动作或行为）

② 你把那几盆花摆逗！（甲：我买哒几盆花。乙：你把那几盆花摆逗！“摆”，是对“几盆花”的“处置”意见；“摆逗”即是对“几盆花”的“处置”；“逗”表“处置”的进行。“摆”仅仅是对处置对象进行“处置”的一种动作或行为）

③ 你把三千块钱收逗！（甲：他交哒三千块钱。乙：你把三千块钱收逗！“收”，是对“三千块钱”的“处置”意见；“收逗”即是对“三千块钱”的“处置”；“逗”表“处置”的进行。“收”仅仅是对处置对象进行“处置”的一种动作或行为）

④ 你把这个人看逗！（甲：派出所抓哒一个形迹可疑的人。乙：你把这个人看逗！“看”，是对“形迹可疑的人”的“处置”意见；“看逗”即是对“形迹可疑的人”的“处置”；“逗”表“处置”的进行。“收”仅仅是对处置对象进行“处置”的一种动作或行为）

⑤ 你把我们的阵地守逗！（甲：敌人冲过来，我们的阵地很危险。乙：你把我们的阵地守逗！“守”，是对“敌人冲过来，我们的阵地很危险”的“处置”意见；“守逗”即是对“敌人冲过来，我们的阵地很危险”的“处置”；“逗”表“处置”的进行。“守”仅仅是对处置对象进行“处置”的一种动作或行为）

⑥ 你把衣服穿起！（父子俩赶路，儿子走发哒热，把衣服脱哒。父亲怕儿子感冒，对儿子说：你把衣服穿起！“穿”，是对“发热脱衣服”的“处置”意见；“穿起”即是对“衣服”的“处置”；“起”表“处置”的进行，同是表示处所，即是将“衣服”[处置对象]“穿起来”[穿在身上]）

⑦ 你把帽子戴起！（爷孙俩外出，孙子拿帽子当玩具。爷爷对孙子说：你把帽子戴起！“戴”，是对“拿帽子当玩具”的“处置”意见；“戴起”即是对“帽子”的“处置”；“起”表“处置”的进行，同是表示处所，即是将“帽子”[处置对象]“戴起来”[戴在头上]）

⑧ 你把书包背起！（爷爷提逗书包送孙子上学，到哒校门口，爷爷对孙子说：你把书包背起！“背”，是对“提书包”的“处置”意见；“背起”即是对“书包”的“处置”；“起”表“处置”的进行，同是表示处所，即是将“书包”[处置对象]“背起来”[背在肩上]）

⑨ 你把菜篮子提起！（爷爷、奶奶上街买菜，奶奶买哒好多菜，对爷爷说：你把菜篮子提起！“提”，是对“菜篮子”的“处置”意见；“提起”即是对“菜篮子”的“处置”；“起”表“处置”的进行，同是表示处所，即是将“菜篮子”[处置对象]“提起来”[提在手上]）

⑩ 你把米袋子款起！（小华陪奶奶上街，奶奶买哒一袋子米，对小华说：你把米袋子款起！“款”，是对“米袋子”的“处置”意见；“款起”即

是对“米袋子”的“处置”;“起”表“处置”的进行,同是表示处所,即是将“米袋子”[处置对象]“款起来”[款在肩上])

2. 表“处置”情状

“A+把 B+DV”,是荆门方言中表“处置”情状的“把”字句。“A”,主语,一般是施事,所表示的人或事物,是“谓语动词”所表示的动作的发出者。“B”,宾语,原本属于“谓语动词”,现由“把”字介引,成为“处置对象”。“V”,谓语动词,仅表示对处置对象进行“处置”的一种动作或行为;“DV”,是动词的重叠形式,表示这种“处置”的情状。如:

① 你把衣服洗洗。(“衣服”本是“洗”的对象,现在用“把”字提前,对其进行“处置”;原本是及物动词的“洗”,成为处置“衣服”的一种动作或行为。“洗洗”,动词“洗”的重叠,即“洗一下”。因为“衣服”脏哒,如何处置“衣服”?处置的办法,就是“洗洗”[洗一下]。“洗洗”就是对“衣服”进行“处置”的情状)

② 你把这本书看看。(“书”本是“看”的对象,现在用“把”字提前,对其进行“处置”;原本是及物动词的“看”,成为处置“书”的一种动作或行为。“看看”,动词“看”的重叠,即“看一下”。因为“书”有好有坏,如何辨别“书”的好与坏?处置的办法,就是“看看”[看一下]。“看看”就是对“书”进行“处置”的情状)

③ 大家把这个问题研究研究。(“问题”本是“研究”的对象,现在用“把”字提前,对其进行“处置”;原本是及物动词的“研究”,成为处置“问题”的一种动作或行为。“研究研究”,动词“研究”的重叠,即“研究一下”。因为“问题”有各种各样,如何区别不同性质的“问题”?处置的办法,就是“研究研究”[研究一下],“研究研究”就是对“问题”进行“处置”的情状)

④ 大家把这条意见讨论讨论。(“意见”本是“讨论”的对象,现在用“把”字提前,对其进行“处置”;原本是及物动词的“讨论”,成为处置“意见”的一种动作或行为。“讨论讨论”,动词“讨论”的重叠,即“讨论一下”。因为“意见”有各种各样,也有对有错,如何区别不同性质的“意见”?处置的办法,就是“讨论讨论”[讨论一下],“讨论讨论”就是对“意见”进行“处置”的情状)

⑤ 同学们把这道练习题做做。(“练习题”本是“做”的对象,现在用

“把”字提前，对其进行“处置”；原本是及物动词的“做”，成为处置“练习题”的一种动作或行为。“做做”，动词“做”的重叠，“做一下”。因为“练习题”有各种各样，如何区别不同的“练习题”？处置的办法，就是“做做”[做一下]，“做做”就是对“练习题”进行“处置”的情状)

3. 表“处置”结果

“A＋把 B＋VP 哒”，是荆门方言中表“处置”结果的“把”字句。“A”，主语，一般是施事，所表示的人或事物，是“谓语动词”所表示的动作或行为的发出者。“B”，宾语，原本属于“谓语动词”，在“把”字句中，又与“把”字组合构成“介宾结构”。“V”，谓语动词，由及物动词充当；“P”，谓语动词的补语；“哒”，动态助词，表动作或行为的完成，兼有足句的作用。

“A＋把 B＋VP 哒”中含有两个述谓：一个是“VB”陈述“主语 A”(隐形的存在)；一个是“VP 哒”陈述“把”字短语中“宾语 B”(现实的存在)。“VB”与“VP 哒”有因果关系，有“A－VB”(A 怎么样)，才有“B－VP 哒”(B 怎么样)；“A－VB”是因，“B－VP 哒”是果。“B－VP 哒”是对“把”字短语中“宾语 B”的“处置”结果。“A＋把 B＋VP 哒”式“把”字句的“处置”义，是以表示这两个述谓之间的因果为主的。如：

① 我把衣服洗干净哒。(我洗衣服，“洗衣服”是隐形的存在；衣服洗干净哒，“洗干净哒”是现实的存在。有“我洗衣服”，才有“衣服洗干净哒”。“衣服洗干净哒”，是“我洗衣服”的“结果”。“干净哒”是“把”字句对动词“洗”的宾语“衣服”进行“处置”的“结果”)

② 他把菜炒咸哒。(他炒菜，“炒菜”是隐形的存在；菜炒咸哒，“炒咸哒”是现实的存在。有“他炒菜”，才有“菜炒咸哒”。“菜炒咸哒”，是“他炒菜”的“结果”。“咸哒”是“把”字句对动词“炒”的宾语“菜”进行“处置”的“结果”)

③ 电话铃把我吵醒哒。(电话铃吵我，“吵我”是隐形的存在；我吵醒哒，“吵醒哒”是现实的存在。有“电话铃吵我”，才有“我吵醒哒”。“我吵醒哒”，是“电话铃吵我”的“结果”。“醒哒”是“把”字句对动词“吵”的宾语“我”进行“处置”的“结果”)

④ 我把这个问题想明白哒。(我想这个问题，“想这个问题”是隐形的存在；这个问题想明白哒，“想明白哒”是现实的存在。有“我想这个问

题”，才有“这个问题想明白哒”。“想明白哒”，是“我想这个问题”的“结果”。“明白哒”是“把”字句对动词“想”的宾语“这个问题”进行“处置”的“结果”）

⑤ 他把这本书读懂哒。（他读这本书，“读这本书”是隐形的存在；这本书读懂哒，“读懂哒”是现实的存在。有“他读这本书”，才有“这本书读懂哒”。“读懂哒”，是“他读这本书”的“结果”。“懂哒”是“把”字句对动词“读”的宾语“这本书”进行“处置”的“结果”）

4. 表“处置”程度

“A＋把 B＋V 哒＋NM”，是荆门方言中表“处置”程度的“把”字句。“A”，主语；“B”，宾语；“V”，谓语动词；“NM”，数量结构。“A＋把 B＋V 哒＋NM”式中的“主语”，一般是施事；“主语”所表示的人或事物，是“谓语动词”所表示的动作或行为的发出者。“A＋把 B＋V 哒＋NM”式中的“宾语”，原本属于“谓语动词”，在“把”字句中，又与“把”字组合构成“介宾结构”。“A＋把 B＋V 哒＋NM”式中的谓语动词，由及物动词充当。“哒”，动态助词，表动作或行为的完成，紧跟在动词后面。“NM”，数量结构作谓语动词的补语，表示“A”（主语）对“B”（宾语）施行了特定量的行为，从而表“处置”程度。如：

① 领导把他批评哒一顿。（因为“他”犯哒错误，“批评”对“他”来说，就是一种“处置”；对“领导”来说，是“施行”于“他”的“行为”。“一顿”，补充说明“批评”的特定量，表明“批评”的程度，不是一般地说几句，而是很严厉地、时间较长地、很深入地进行教育）

② 老张把儿子教训哒一顿。（因为“儿子”犯哒错误，“教训”对“儿子”来说，就是一种“处置”；对“老张”来说，是“施行”于“儿子”的“行为”。“一顿”，补充说明“教训”的特定量，表明“教训”的程度，不是一般地说几句，而是很严厉地、时间较长地、很深入地进行教育）

③ 老王把他儿子打哒一餐。（因为“他儿子”犯哒严重错误，“打”对“他儿子”来说，就是一种“处置”；对“老王”来说，是“施行”于“儿子”的“行为”。“一餐”，补充说明“打”的特定量，表明“打”的程度，不是一般地“打”两下，而是很严厉地、时间较长地教训，是一种恨铁不成钢的责罚）

④ 老爷子很生气，把老伴也数落哒一通。（因为“他儿子”犯哒严重

错误，“老爷子”很生气，迁怒到“老伴”。“数落”对“老伴”来说，就是一种“处置”；对“老爷子”来说，是“施行”于“老伴”的“行为”。“一通”，补充说明“数落”的特定量，表明“数落”的程度，不是一般的“说一说”，而是很严厉的、时间较长的“说”，是一种难以释怀的责怪）

⑤ 为哒这件事，领导把全班的人训哒半天。（因为一个人犯哒严重错误，“领导”很生气，迁怒到“全班的人”。“训”对“全班的人”来说，就是一种“处置”；对“领导”来说，是“施行”于“全班的人”的“行为”。“半天”，补充说明“训”的特定量，表明“训”的程度，不是一般的教育，而是很严厉的、时间较长的诉说，是一种难以释怀的训斥）

（二）“被”字句

在荆门方言中，“被”是介词，可以与名词性成分组合成“被”字短语（介词结构），也可以直接附加在动词上作被动标记。有“被”直接附加在动词上作被动标记的句子，是被动句，但不是典型的“被”字句。典型的“被”字句，由三部分组成，第一、二部分是两个名词性成分：一个是受事，一般在句首；另一个是由介词“被”所介引的施事，在谓语动词之前。第三部分是一个以动词为中心的描述性的陈说。“被”字句的语义特性为，主语（受事）由于“被”字所引进的施事的关系，成为以动词为中心的描述性陈说所描述的对象。

“被”字句可记作“A＋被 B＋VP 哒”，“A”“B”通常为定指的体词性成分，在一般情况下，“A”是广义的受事，“B”是广义的施事。“VP”，谓词性成分，是一个描述性的陈说，所描述的既可以是“A”所处的状态，也可以是“A”所承受的动作或行为。

“被”字句基本语义性质就是表示被动，位于句首的“A”，总是具有受事的性质，作为句子核心的“VP”，总要指向具有受事性质的“A”，使其处于被动地位。“A”的被动，是由“VP”的描述性内容所决定的。“A”的被动地位决定“A”对“VP”所描述性的内容，不管乐意还是不乐意，都必须承受。“VP”的描述性内容，对“A”来说，一般有三种情况：（1）具有伤害义的动作或状态；（2）具有获益义的动作或状态；（3）具有中性义的动作或状态。“A”对第一种情况是“绝对不如意”的；“A”对第二种情况是“非不如意”（如意）的；“A”对第三种情况是“相对不如意”的。根据“VP”的内容以及“A”承受“VP”的态度，荆门方言的“被”字句可以归纳为三种：遭受性“被”字句、获益性“被”字句、表述性“被”字句。荆门方言中的“被”字句，还有与“被”用法相同的“叫、让”构成的“叫”字句、“让”字句等。

1. 遭受性“被”字句

“A＋被 B＋V_1P 哒”，是荆门方言中遭受性“被”字句的典型句式。“A”，主语；“被 B＋V_1P 哒”，谓语。“B”，介词“被”所介引的人或事物；“V_1”，具有伤害义的动态动词；“V_1P”是指向“A”的陈说。“A＋被 B＋V_1P 哒”式中的“主语”，是受事，是被描述的对象；介词“被”所介引的人或事物是施事，是“V_1”所表示的动作或行为的发出者。“V_1P 哒”是“B”给予“A”的具有伤害义的动作或状态，使“A”有绝对不如意的“遭受”。如：

① 王二小的父母被日本鬼子残酷杀害哒。(“杀害”是一个动态性极强的行为动词。由于“被”字所介引的“施事”的关系，受事“主语”成为“杀害”所描述的对象。“日本鬼子”是“杀害”的“施事”，“王二小的父母”是“杀害”的“受事”。“日本鬼子”的法西斯暴行，使“王二小的父母”惨遭杀害。“杀害”就是受事“主语”所“遭受”的，对承受者来说，是绝对不如意的)

② 他被一伙流氓打成残废哒。(“打”是一个动态性极强的行为动词。“打成残废”是一个描述性的陈说，由于“被”字所介引的“施事”的关系，受事“他”成为“打成残废”所描述的对象。“一伙流氓”是“打成残废”的“施事”，“他”是“打成残废”的“受事”。“一伙流氓”无法无天的行径，使“他”致残。“打成残废”就是受事“主语”所“遭受”的，对承受者来说，是绝对不如意的)

③ 小王被领导调出卫生局。(“调出”是一个动态性极强的行为动词。“调出卫生局”是一个描述性的陈说，由于“被”字所介引的“施事”的关系，受事“小王”成为“调出卫生局”所描述的对象。“领导”是“调出卫生局”的“施事”，“小王”是“调出卫生局”的“受事”。“领导”可能出于工作需要，也可能出于某种个人目的，使“小王”失去卫生局的工作岗位。“调出卫生局”就是受事“主语”所“遭受”的，对承受者来说，是绝对不如意的)

④ 她的手机被小偷偷跑哒。(“偷”是一个动态性极强的行为动词。

“偷跑哒”是一个描述性的陈说，由于“被”字所介引的“施事”的关系，受事“她的手机”成为“偷跑哒”所描述的对象。“小偷”是“偷”的“施事”，“她的手机”是“偷”的“受事”。“小偷”损人利己的行径，使“她的手机”丢失。“偷跑哒”就是受事“主语”所“遭受”的，对丢失手机的“她”来说，是绝对不如意的）

⑤ 他的腿被一辆黑色的小轿车撞伤哒。（“撞”是一个动态性极强的行为动词。“撞伤哒”是一个描述性的陈说，由于“被”字所介引的“施事”的关系，受事“他的腿”成为“撞伤哒”所描述的对象。“一辆黑色的小轿车”的主人，是“撞”的“施事”，“他的腿”是“撞”的“受事”。“一辆黑色的小轿车”的主人，或酒后驾驶，或违犯交通规则，使“他的腿”受伤。“撞伤哒”就是受事“主语”所“遭受”的，对腿受伤的“他”来说，是绝对不如意的）

⑥ 他的脸被几个流氓抓伤哒。（“抓”是一个动态性极强的行为动词。“抓伤哒”是一个描述性的陈说，由于“被”字所介引的“施事”的关系，受事“他的脸”成为“抓伤哒”所描述的对象。“几个流氓”，是“抓”的“施事”，“他的脸”是“抓”的“受事”。“几个流氓”的肆无忌惮，使“他的脸”受伤。“抓伤哒”就是受事“主语”所“遭受”的，对脸受伤的“他”来说，是绝对不如意的）

⑦ 他的小车被流氓砸坏哒。（“砸”是一个动态性极强的行为动词。“砸坏哒”是一个描述性的陈说，由于“被”字所介引的“施事”的关系，受事“他的小车”成为“砸坏哒”所描述的对象。“流氓”，是“砸”的“施事”，“他的小车”是“撞”的“受事”。“流氓”肆无忌惮、胡作非为，使“他的小车”损坏。“砸坏哒”就是受事“主语”所“遭受”的，对损坏哒小车的“他”来说，是绝对不如意的）

⑧ 他的计划书被别有用心的人篡改哒。（“篡改”是一个动态性极强的行为动词。“篡改哒”是一个描述性的陈说，由于“被”字所介引的“施事”的关系，受事“他的计划书”成为“篡改哒”所描述的对象。“别有用心的人”，是“篡改”的“施事”，“他的计划书”是“篡改”的“受事”。“别有用心的人”胡作非为，使“他的计划书”遭到破坏。“篡改哒”就是受事“主语”所“遭受”的，对计划书遭到篡改的“他”来说，是绝对不如意的）

⑨ 他的房子被土匪放火烧哒。（“烧”是一个动态性极强的行为动词。“放火烧哒”是一个描述性的陈说，由于“被”字所介引的“施事”的关系，受事“他的房子”成为“放火烧哒”所描述的对象。“土匪”，是“烧”的“施事”，“他的房子”是“烧”的“受事”。“土匪”灭绝人性，使“他的房子”遭到破坏。“放火烧哒”就是受事“主语”所“遭受”的，对房子遭到破坏的“他”来说，是绝对不如意的）

2. 获益性“被”字句

“A＋被 V_2P 哒”，是荆门方言中获益性“被”字句的典型句式。“A”，主语；“被 V_2P 哒”，谓语。“V_2”，具有获益义的动态动词；“V_2P”是指向“A”的陈说。“被”，直接附加在动词上作被动标记。“A＋被 V_2P 哒”式中的“主语”，是受事，是被描述的对象；介词“被”介引的施事，是众所周知的，一般不出现。“V_2P 哒”是陈说“A”的具有获益性的动作或状态，使“A”有绝对如意的“感受”。如：

① 这学期，她被评为十佳学生。（“评”是一个静态性的行为动词。“评为十佳学生”是一个描述性的陈说。“评十佳学生”是学校的一项政治思想教育，“评”的施事，是全校师生，这是众所周知的事实。“十佳学生”是大家“评”的，“她”当“十佳学生”，是“被评”的。充当受事“主语”的“她”，因为“被评为十佳学生”，会感到光荣。“光荣”就是受事“主语”所“感受”的，这对“她”来说，是十分如意的）

② 亚运会上，他被授予优秀运动员的称号。（“授予”是一个静态性的行为动词。“授予优秀运动员的称号”是一个描述性的陈说。“授予”的施事，是亚运会组委会，这是众所周知的事实。“优秀运动员的称号”是“被授予”的。充当受事“主语”的“他”，因为“被授予优秀运动员的称号”，会感到光荣。“光荣”就是受事“主语”所“感受”的，这对“他”来说，是十分如意的）

③ 他被批准为中国共产党党员。（“批准”是一个静态性的行为动词。“批准为中国共产党党员”是一个描述性的陈说。“批准”的施事，是中国共产党的基层组织，这是众所周知的事实。“中国共产党党员”是“被批准”的。充当受事“主语”的“他”，因为“被批准为中国共产党党员”，会感到光荣。“光荣”就是受事“主语”所“感受”的，这对“他”来说，是十分如意的）

④ 他被选为省人大代表。（“选”是一个静态性的行为动词。“选为省人大代表”是一个描述性的陈说。“选”的施事，是一个地区的广大人民，这是众所周知的事实。“省人大代表”是选举产生的，对充当受事“主语”的“他”来说，是“被选”的。充当受事“主语”的“他”，因为“被选为省人大代表”，会感到光荣。“光荣”就是充当受事“主语”的“他”所“感受”的，这对“他”来说，是十分如意的）

⑤ 她被推荐免试读研究生班。（“推荐”是一个静态性的行为动词。“被推荐免试读研究生班”是一个描述性的陈说。“推荐”的施事，是“她”所在的“学院”，这是众所周知的事实。“免试读研究生班”是“被推荐”的。充当受事“主语”的“她”，因为“被推荐免试读研究生班”，会感到光荣。“光荣”就是充当受事“主语”的“她”所“感受”的，这对“她”来说，是十分如意的）

⑥ 他被提名为市长候选人。（“提名”是一个静态性的行为动词。“被提名为市长候选人”是一个描述性的陈说。“提名”的施事，是“他”所在的“市”的人大常委会或上级党委，这是众所周知的事实。“市长候选人”是“被提名”的。充当受事“主语”的“他”，因为“被提名为市长候选人”，会感到光荣。“光荣”就是充当受事“主语”的“他”所“感受”的，这对“他”来说，是十分如意的）

⑦ 他被公布为学校党委成员。（“公布”是一个静态性的行为动词。“被公布为学校党委成员”是一个描述性的陈说。“公布”的施事，是“他”所在“学校”的上级党委组织部，这是众所周知的事实。“学校党委成员”是“上级党委”决定的，他是“被公布”的。充当受事“主语”的“他”，因为“被公布为学校党委成员”，会感到光荣。“光荣”就是充当受事“主语”的“他”所“感受”的，这对“他”来说，是十分如意的）

⑧ 他被确定为学科带头人。（“确定”是一个静态性的行为动词。“被确定为学科带头人”是一个描述性的陈说。“确定”的施事，是“他”所在“学院”的主管部门，这是众所周知的事实。“学科带头人”是“被确定”的。充当受事“主语”的“他”，因为“被确定为学科带头人”，会感到光荣。“光荣”就是充当受事“主语”的“他”所“感受”的，这对“他”来说，是十分如意的）

⑨ 她被提拔为副市长。（“提拔”是一个静态性的行为动词。“被提拔

为副市长”是一个描述性的陈说。“提拔”的施事，是“她”所在市的上级主管部门，这是众所周知的事实。“副市长”是“被提拔”的。充当受事“主语”的“她”，因为“被提拔为副市长”，会感到光荣。“光荣”就是充当受事“主语”的“她”所“感受”的，这对“她”来说，是十分如意的）

3. 表述性“被”字句

“A＋被B＋V_3P哒”，是荆门方言中表述性“被”字句的典型句式。“A”，主语；“B”，介词“被”所介引的人或事物；“V_3”，是既无伤害义又无获益义的动态动词；“V_3P”是指向“A”的陈说。“A＋被B＋V_3P哒”式中的“主语”，是受事，是被描述的对象；介词“被”所介引的人或事物是施事，是“V_3”所表示的动作或行为的发出者。“V_3P哒”是“B”对“A”所采取的动作或行为，使“A”有相对不如意的“感受”。如：

① 他们的秘密活动被上级领导发现哒。（“发现”是一个动态性较弱的行为动词。由于“被”字所介引的“施事”的关系，受事“主语”成为“发现”所描述的对象。“上级领导”是“发现”的“施事”，“他们的秘密活动”是“发现”的“受事”。“上级领导”认真稠查研究，相信群众，依靠群众，使“他们的秘密活动”被发现。“被发现”，不是处罚，搞“秘密活动”的“他”，并未“遭受”到什么。如果“他”感到“不如意”，也是相对的）

② 这个问题被大家认识清楚哒。（“认识”是一个动态性较弱的行为动词。由于“被”字所介引的“施事”的关系，受事“主语”成为“认识清楚哒”所描述的对象。“大家”是“认识清楚”的“施事”，“这个问题”是“认识清楚”的“受事”。“大家”通过学习、研究，把握住“这个问题”的实质，终于“认识清楚哒”这个问题。一个问题“认识清楚哒”，是好事，对任何人都不会有损害。如果有人觉得“认识”还不够深入，因此感到“不如意”，这种“不如意”也是相对的）

③ 这一桩民事纠纷被她轻而易举地解决哒。（“解决”是一个动态性较弱的行为动词。由于“被”字所介引的“施事”的关系，受事“主语”成为“轻而易举地解决哒”所描述的对象。“她”是“轻而易举地解决”的“施事”，“这一桩民事纠纷”是“轻而易举地解决”的“受事”。“她”体察民情，关心当事人的切身利益，把握住“民事纠纷”的实质，轻而易举地解决哒“这一桩民事纠纷”。“纠纷”得到“解决”，双方当事人皆大欢喜。

如果有人觉得还有不足，感到“不如意”，这种“不如意”也是相对的）

④ 他的所作所为被领导理解哒。（“理解”是一个动态性较弱的行为动词。由于“被”字所介引的“施事”的关系，受事“主语”成为“理解哒”所描述的对象。“领导”是“理解哒”的“施事”，“他的所作所为”是“理解”的“受事”。“他”在残酷的对敌斗争中，立场坚定，不怕牺牲，屡建奇功，被人怀疑的那些事，有哒新的解释依据，所以“他的所作所为”终于“被领导理解哒”。“他”得到“理解”，是“他”的喜事。如果“他”还有“不如意”，这种“不如意”也是相对的）

⑤ 好姑娘永远被好小伙子追求。（“追求”是一个动态性较弱的行为动词。由于“被”字所介引的“施事”的关系，受事“主语”成为“追求”所描述的对象。“好小伙子”是“追求”的“施事”，“好姑娘”是“追求”的“受事”。“好姑娘”得到“追求”，是喜事。如果“好姑娘”还“不如意”，这种“不如意”是相对的）

⑥ 她高中毕业回乡被大队党支部安排当哒小学教师。（“安排”是一个动态性较弱的行为动词。由于“被”字所介引的“施事”的关系，受事“主语”成为“安排当哒小学教师”所描述的对象。“大队党支部”是“安排”的“施事”，“她”是“安排”的“受事”。“她高中毕业回乡”得到“安排”，是大好事。如果“她”还“不如意”，这种“不如意”是相对的）

⑦ 他犯哒作风错误被学校处理回家哒。（“处理”是一个动态性较弱的行为动词。由于“被”字所介引的“施事”的关系，受事“主语”成为“处理回家哒”所描述的对象。“学校”是“处理”的“施事”，“他”是“处理”的“受事”。“他犯哒作风错误”只“处理回家”，算是很宽大的。如果“他”还“不如意”，这种“不如意”是相对的）

⑧ 他被市人大常委会任命为代市长。（“任命”是一个动态性较弱的行为动词。由于“被”字所介引的“施事”的关系，受事“主语”成为“任命为代市长”所描述的对象。“市人大常委会”是“任命”的“施事”，“他”是“任命”的“受事”。“任命他为代市长”，说明“他”官场得意。如果“他”还“不如意”，这种“不如意”是相对的）

⑨ 他被市教育局免除哒校长职务。（“免除”是一个动态性较弱的行为动词。由于“被”字所介引的“施事”的关系，受事“主语”成为“免除哒校长职务”所描述的对象。“市教育局”是“免除”的“施事”，“他”是

"免除"的"受事"。一个人若是因年龄大哒，被免除职务，这是自然法则使然；若是因犯错误，被免除职务，那是宽大处理。如果"他"还"不如意"，这种"不如意"是相对的）

4. "叫"字被动句

荆门方言中的"叫"字，可用为动词，也可用为介词。用为介词的"叫"，在口语中可取代"遭受性被字句"和"表述性被字句"的"被"，表示"被动"。口语中的"A＋被 B＋V_1P 哒"句式，可以变为"A＋叫 B＋V_1P 哒"；"A＋被 B＋V_3P 哒"句式，可以变为"A＋叫 B＋V_3P 哒"。介词"叫"所介引的人或事物是施事，是"V_1""V_3"所表示的动作或行为的发出者。"V_1P 哒""V_3P 哒"是"B"给予"A"的具有伤害义或中性义的动作或状态，使"A"有绝对不如意或者相对不如意的"感受"。如：

① 这本来是件好事，叫你搅得一塌糊涂。

"搅"是一个动态性极强的行为动词。由于"叫"字所介引的"施事"的关系，受事"主语"成为"搅得一塌糊涂"所描述的对象。"你"是"搅得一塌糊涂"的"施事"，"这件事"是"搅得一塌糊涂"的"受事"。"本来是好事"的"这件事"，"叫你"一搅，就变得"一塌糊涂"。"A＋叫 B＋V_1P 哒"与"A＋被 B＋V_1P 哒"所表达的都是一样的"绝对不如意"。

② 这件事虽然是秘密进行的，还是叫上级领导发现哒。

"发现"是一个动态性较弱的行为动词。由于"叫"字所介引的"施事"的关系，受事"主语"成为"发现"所描述的对象。"上级领导"是"发现"的"施事"，"这件事"是"发现"的"受事"。"这件事"虽然进行得很秘密，还是"叫上级领导"发现哒。"发现"，不是处罚，搞"秘密活动"的"人"，并未"遭受"到什么。"A＋叫 B＋V_3P 哒"与"A＋被 B＋V_3P 哒"所表达的都是一样的"相对不如意"。

口语中的"叫"，可取代"遭受性被字句"和"表述性被字句"的"被"，表示"被动"，但不能取代"获益性被字句"的"被"，可以说"她被评为十佳学生"，不能说"她叫评为十佳学生"；可以说"他被选为省人大代表"，不能说"他叫选为省人大代表"。

5. "让"字被动句

荆门方言中的"让"字，也可用为介词。用为介词的"让"，在口语中也可取代"遭受性被字句"和"表述性被字句"的"被"，表示"被动"。

口语中的“A+被B+V_1P哒”句式，可以变为“A+让B+V_1P哒”；“A+被B+V_3P哒”句式，可以变为“A+让B+V_3P哒”。介词“让”所介引的人或事物是施事，是“V_1”“V_3”所表示的动作或行为的发出者。“V_1P哒”“V_3P哒”是“B”给予“A”的具有伤害义或中性义的动作或状态，使“A”有绝对不如意或者相对不如意的“感受”。如：

① 他的房子让一伙强盗放火烧哒。

“烧”是一个动态性极强的行为动词。“放火烧哒”是一个描述性的陈说，由于“让”字所介引的“施事”的关系，受事“他的房子”成为“放火烧哒”所描述的对象。“一伙强盗”，是“烧”的“施事”，“他的房子”是“烧”的“受事”。“一伙强盗”使“他的房子”遭到毁坏。“A+让B+V_1P哒”与“A+被B+V_1P哒”所表达的都是一样的“绝对不如意”。

② 他让上级主管部门免除哒一切领导职务。

“免除”是一个动态性较弱的行为动词。由于“让”字所介引的“施事”的关系，受事“主语”成为“免除哒一切领导职务”所描述的对象。“上级主管部门”是“免除”的“施事”，“他”是“免除”的“受事”。“A+让B+V_3P哒”与“A+被B+V_3P哒”所表达的都是一样的“相对不如意”。

口语中的“让”，可取代“遭受性被字句”和“表述性被字句”的“被”，表示“被动”，但不能取代“获益性被字句”的“被”，可以说“她被推荐免试读研究生班”，不能说“她让推荐免试读研究生班”；可以说“他被提名为市长候选人”，不能说“他让提名为市长候选人”。

（三）双宾句

双宾句，是指一个谓语动词后面带两个宾语的主谓句。荆门方言中的双宾句，从谓语动词与所带宾语的语义关系考察，有四种情况：一是“给予”，二是“获取”，三是“询问”，四是“称说”。

1.“给予”义双宾句

“给予”义双宾句的基本句式是“A+Va+B_1+B_2”，“A”，施事，充当主语；“Va”，有“给予”意义的动词，充当谓语；“B_1”，受事，“Va”所涉及的人，间接宾语；“B_2”，“Va”所支配的物，直接宾语。这种句式从语义关系看，可以变换成“A+Va（哒）+B_2+（给）B_1”或“A+（把）B_2+Va（给）（哒）+B_1”。如：

① 他送（给）小王一个手机。（“送”，是有“给予”意义的动词，所“送”之物是“一个手机”，“送”与“一个手机”是支配与被支配关系，“一个手机”是“送”的直接宾语；“小王”是“送”的受事，也是“一个手机”接受者，是“送”的间接宾语。“他送［给］小王一个手机”，可以变换成“他送哒一个手机［给］小王”或“他把一个手机送［给］哒小王”）

② 他把（给）小明 500 块钱的压岁钱。（“把”用为动词，有“给予”意义。所“把”之物是“500 块钱的压岁钱”，“把”与“500 块钱的压岁钱”是支配与被支配关系，“500 块钱的压岁钱”是“把”的直接宾语；“小明”是“把”的受事，也是“500 块钱的压岁钱”的接受者，是“把”的间接宾语。“他把［给］小明 500 块钱的压岁钱”，可以变换成“他把哒 500 块钱的压岁钱［给］小明”或“他把 500 块钱的压岁钱给哒小明”）

③ 他赔（给）小李一套新出版的书。（“赔”，是有“给予”意义的动词，所“赔”之物是“一套新出版的书”，“赔”与“一套新出版的书”是支配与被支配关系，“一套新出版的书”是“赔”的直接宾语；“小李”是“赔”的受事，也是“一套新出版的书”的接受者，是“赔”的间接宾语。“他赔［给］小李一套新出版的书”，可以变换成“他赔哒一套新出版的书［给］小李”。或“他把一套新出版的书赔［给］哒小王”）

④ 他找（给）顾客三块钱。（“找”，整钱找零，顾客用大面额的钱买东西，营业员将余额退还顾客，称之为“找零”，或曰“找钱”。“找”，是有“给予”意义的动词，所“找”之物是“三块钱”，“找”与“三块钱”是支配与被支配关系，“三块钱”是“找”的直接宾语；“顾客”是“找”的受事，也是“三块钱”的接受者，是“找”的间接宾语。“他找［给］顾客三块钱”，可以变换成“他找哒三块钱［给］顾客”或“他把三块钱找［给］哒顾客”）

⑤ 他退（给）人家一块钱。（“退”，是有“给予”意义的动词，所“退”之物是“一块钱”，“退”与“一块钱”是支配与被支配关系，“一块钱”是“退”的直接宾语；“人家”是“退”的受事，也是“一块钱”接受者，是“退”的间接宾语。“他退［给］人家一块钱”，可以变换成“他退哒一块钱［给］人家”或“他把一块钱退［给］哒人家”）

⑥ 他还（给）图书馆三本书。（“还”，是有“给予”意义的动词，所

“还”之物是“三本书”，“还”与“三本书”是支配与被支配关系，“三本书”是“还”的直接宾语；“图书馆”是“还”的受事，也是“三本书”的接受者，是“还”的间接宾语。“他还［给］图书馆三本书”，可以变换成“他还三本书［给］图书馆”或“他把三本书还［给］哒图书馆”）

⑦ 他卖（给）二姐一只金戒指。（“卖”，是有“给予”意义的动词，所“卖”之物是“一只金戒指”，“卖”与“一只金戒指”是支配与被支配关系，“一只金戒指”是“卖”的直接宾语；“二姐”是“卖”的受事，也是“一只金戒指”的接受者，是“卖”的间接宾语。“他卖［给］二姐一只金戒指”，可以变换成“他卖哒一只金戒指［给］二姐”或“他把一只金戒指卖［给］哒二姐”）

⑧ 他回（给）三妹一只金手链。（“回”，转让，把自己买的东西转让给别人，称之为“回”。“回”，是有“给予”意义的动词，所“回”之物是“一只金手链”，“回”与“一只金手链”是支配与被支配关系，“一只金手链”是“回”的直接宾语；“三妹”是“回”的受事，也是“一只金手链”的接受者，是“回”的间接宾语。“他回［给］三妹一只金手链”，可以变换成“他回哒一只金手链［给］三妹”或“他把一只金手链回［给］哒三妹”）

“送给”“把给”“赔给”“找给”“退给”“还给”“卖给”“回给”，核心意义是“给予”，“送”“把”“赔”“找”“退”“还”“卖”“回”，在句中都含有“给予”的语义特征，所以都能构成双宾句。

2. “获取”义双宾句

“获取”义双宾句的基本句式是“A＋Vb＋B_1＋B_2”，“A”，施事，充当主语；“Vb”，有“获取”意义的动词，充当谓语；“B_1”，受事，“Va”所涉及的人，间接宾语；“B_2”“Vb”所支配的物，直接宾语。这种句式从语义关系看，可以变换成“A＋（从／在）B_1（处）＋Vb＋B_2”。如：

① 张三拿哒李四一本小说。（“拿”，是有“获取”意义的动词，所“拿”之物是“一本小说”，“拿”与“一本小说”是支配与被支配关系，“一本小说”是“拿”的直接宾语；“李四”有处所义，是“一本小说”存在的“处所”，是“拿”的间接宾语。“拿哒李四一本小说”的意思，不是“拿哒李四的一本小说”，而是“从李四那里拿哒一本小说”或者“在李四那里拿哒一本小说”。“张三拿哒李四一本小说”，可以变换成“张三从李四

那里拿哒一本小说”或“张三在李四那里拿哒一本小说”）

② 陈新偷哒公司一份情报。（“偷”，是有“获取”意义的动词，所“偷”之物是“一份情报”，“偷”与“一份情报”是支配与被支配关系，“一份情报”是“偷”的直接宾语；“公司”有处所义，是“一份情报”存在的“处所”，是“偷”的间接宾语。“偷哒公司一份情报”的意思，不是“偷哒公司的一份情报”，而是“从公司里偷哒一份情报”或者“在公司里偷哒一份情报”。“陈新偷哒公司一份情报”，可以变换成“陈新从公司里偷哒一份情报”或“陈新在公司里偷哒一份情报”）

③ 王强买哒小张一辆自行车。（“买”，是有“获取”意义的动词，所“买”之物是“一辆自行车”，“买”与“一辆自行车”是支配与被支配关系，“一辆自行车”是“买”的直接宾语；“小张”有处所义，是“一辆自行车”存在的“处所”，是“买”的间接宾语。“买哒小张一辆自行车”的意思，不是“买哒小张的一辆自行车”，而是“从小张那里买哒一辆自行车”或者“在小张那里买哒一辆自行车”。“王强买哒小张一辆自行车”，可以变换成“王强从小张那里买哒一辆自行车”或“王强在小张那里买哒一辆自行车”）

④ 罗雄取哒王大爷一笔钱。（“取”，取存款，有“获取”意义。所“取”之物是“一笔钱”，“取”与“一笔钱”是支配与被支配关系，“一笔钱”是“取”的直接宾语；“王大爷”，指王大爷银行存款，有处所义，是“一笔钱”存在的“处所”，是“取”的间接宾语。“取哒王大爷一笔钱”的意思，不是“取哒王大爷的一笔钱”，而是“从王大爷银行存款中取哒一笔钱”或者“在王大爷银行存款中取哒一笔钱”。“罗雄取哒王大爷一笔钱”，可以变换成“罗雄从王大爷银行存款中取哒一笔钱”或“罗雄在王大爷银行存款中取哒一笔钱”）

⑤ 刘七抢哒李六一辆摩托车。（“抢”，是有“获取”意义的动词，所“抢”之物是“一辆摩托车”，“抢”与“一辆摩托车”是支配与被支配关系，“一辆摩托车”是“抢”的直接宾语；“李六”有处所义，是“一辆摩托车”存在的“处所”，是“抢”的间接宾语。“抢哒李六一辆摩托车”的意思，不是“抢哒李六的一辆摩托车”，而是“从李六那里抢哒一辆摩托车”或者“在李六那里抢哒一辆摩托车”。“刘七抢哒李六一辆摩托车”，可以变换成“刘七从李六那里抢哒一辆摩托车”或“刘七在李六那里抢哒一

辆摩托车”)

⑥ 丁三夺哒夏坤一头牛。(“夺”，是有“获取”意义的动词，所“夺”之物是“一头牛”，“夺”与“一头牛”是支配与被支配关系，“一头牛”是“夺”的直接宾语；“夏坤”有处所义，是“一头牛”存在的“处所”，是“夺”的间接宾语。“夺哒夏坤一头牛”的意思，不是“夺哒夏坤的一头牛”，而是“从夏坤那里夺哒一头牛”或者“在夏坤那里夺哒一头牛”。“丁三夺哒夏坤一头牛”，可以变换成“丁三从夏坤那里夺哒一头牛”或“丁三在夏坤那里夺哒一头牛”)

⑦ 黄大牙骗哒张本才一千块钱。(“骗”，是有“获取”意义的动词，所“骗”之物是“一千块钱”，“骗”与“一千块钱”是支配与被支配关系，“一千块钱”是“骗”的直接宾语；“张本才”有处所义，是“一千块钱”存在的“处所”，是“骗”的间接宾语。“骗哒张本才一千块钱”的意思，不是“骗哒张本才的一千块钱”，而是“从张本才那里骗哒一千块钱”或者“在张本才那里骗哒一千块钱”。“黄大牙骗哒张本才一千块钱”，可以变换成“黄大牙从张本才那里骗哒一千块钱”或“黄大牙在张本才那里骗哒一千块钱”)

⑧ 曹拐子黑哒刘老五一笔汇款。(“黑”，用为动词，把本属于别人的财物霸为已有，谓之“黑”。用为动词的“黑”，有“获取”意义。句中所“黑”之物是“一笔汇款”，“黑”与“一笔汇款”是支配与被支配关系，“一笔汇款”是“黑”的直接宾语；“刘老五”有处所义，是“一笔汇款”存在的“处所”，是“黑”的间接宾语。“黑哒刘老五一笔汇款”的意思，不是“黑哒刘老五的一笔汇款”，而是“从刘老五那里黑哒一笔汇款”或者“在刘老五那里黑哒一笔汇款”。“曹拐子黑哒刘老五一笔汇款”，可以变换成“曹拐子从刘老五那里黑哒一笔汇款”或“曹拐子在刘老五那里黑哒一笔汇款”)

“拿哒”“偷哒”“买哒”“取哒”“抢哒”“夺哒”“骗哒”“黑哒”，核心意义是“获取”“拿”“偷”“买”“取”“抢”“夺”“骗”“黑”，在句中都含有“获取”的语义特征，所以都能构成双宾句。

3.“询问”义双宾句

“询问”义双宾句的基本句式是“$A+Vc+B_1+B_2$”，“A”，施事，充当主语；“Vb”，有“询问”意义的动词，充当谓语；“B_1”，受事，“Va”所涉及的人，间接宾语；“B_2”，“Vb”所支配的事物，直接宾语。这种句式从语义关系看，可以变换成“A＋（向）B_1＋Vb＋B_2”或“A＋（有）B_2＋（要）Vc＋B_1”。如：

① 我问你一个路。（“问”，是有“询问”意义的动词，所“问”之事是“一个路”，“一个路”就是“到某地怎么走”。“问”与“一个路”是支配与被支配关系，“一个路”是“问”的直接宾语；“你”，是“问”的对象，是间接宾语。“问你一个路”的意思，不是“问你的一个路”，而是“向你问一个路”或者“有一个路要问你”。“我问你一个路”，可以变换成“我向你问一个路”或“我有一个路要问你”）

② 我问你一件事。（“问”，是有“询问”意义的动词，所“问”之事是“一件事”，“一件事”就是“一件我不知道而又想知道的事”。“问”与“一件事”是支配与被支配关系，“一件事”是“问”的直接宾语；“你”，是“问”的对象，是间接宾语。“问你一件事”的意思，不是“问你的一件事”，而是“向你问一件事”或者“有一件事要问你”。“我问你一件事”，可以变换成“我向你问一件事”或“我有一件事要问你”）

③ 我请教你一个问题。（“请教”，是有“询问”意义的动词，所“请教”之事是“一个问题”，“一个问题”就是“一个我不懂或者解决不了的问题”。“请教”与“一个问题”是支配与被支配关系，“一个问题”是“请教”的直接宾语；“你”，是“请教”的对象，是间接宾语。“请教你一个问题”的意思，不是“请教你的一个问题”，而是“向你请教一个问题”或者“有一个问题要请教你”。“我请教你一个问题”，可以变换成“我向你请教一个问题”或“我请教你一个问题”）

④ 我请教你一件事。（“请教”，是有“询问”意义的动词，所“请教”之事是“一件事”，“一件事”就是“一件我不知道而又想知道的事”。“请教”与“一件事”是支配与被支配关系，“一件事”是“请教”的直接宾语；“你”，是“请教”的对象，是间接宾语。“请教你一件事”的意思，不是“请教你的一件事”，而是“向你请教一件事”或者“有一件事要请教你”。“我请教你一件事”，可以变换成“我向你请教一件事”或“我有一件事要请教你”）

⑤ 我打听你一个人。（“打听”，是有“询问”意义的动词，所“打听”之事是“一个人”，“一个人”就是“一个我不知道而又想知道的人”。“打

听”与“一个人”是支配与被支配关系，“一个人”是“打听”的直接宾语；“你”，是“打听”的对象，是间接宾语。“打听你一个人”的意思，不是“打听你的一个人”，而是“向你打听一个人”或者“有一个人要向你打听”。“我打听你一个人”，可以变换成“我向你打听一个人”或“我有一个人要向你打听”）

⑥ 我想了解你一些情况。（“了解”，是有“询问”意义的动词，所“了解”之事是“一些情况”，“一些情况”就是“一些我不知道而又想知道的情况”。“了解”与“一些情况”是支配与被支配关系，“一些情况”是“了解”的直接宾语；“你”，是“了解”的对象，是间接宾语。“了解你一些情况”的意思，不是“了解你的一些情况”，而是“向你了解一些情况”或者“有一些情况要向你了解”。“我想了解你一些情况”，可以变换成“我想向你了解一些情况”或“我有一些情况想要向你了解”）

“问”“请教”“打听”“了解”，核心意义是“询问”，在句中都含有“询问”的语义特征，所以都能构成双宾句。

4. “称说”义双宾句

“称说”义双宾句的基本句式是“$A+Vd+B_1+B_2$”，“A”，施事，充当主语；“Vd”，有“称说”意义的动词，充当谓语；“B_1”，受事，“Va”所涉及的人，间接宾语；“B_2”，“Vd”所支配的事物，直接宾语。这种句式从语义关系看，可以变换成“B_1+被$A+Vd+B_2$”或“A+把B_2+Vd+B_1”。如：

① 人们称他活神仙。（“称”，是有“称说”意义的动词，所“称说”的内容是“活神仙”。“称”与“活神仙”是支配与被支配关系，“活神仙”是“称”的直接宾语；“他”，是“称”的对象，是间接宾语。“称他活神仙”的意思，就是“他被称为活神仙”或者“把他当成活神仙”。“人们称他活神仙”，可以变换成“他被人们称为活神仙”或“人们把他当成活神仙”）

② 大家都叫他花和尚。（“叫”，是有“称说”意义的动词，所“叫”的内容是“花和尚”。“叫”与“花和尚”是支配与被支配关系，“花和尚”是“叫”的直接宾语；“他”，是“叫”的对象，是间接宾语。“叫他花和尚”的意思，就是“他被叫做花和尚”或者“把他叫做花和尚”。“大家都叫他花和尚”，可以变换成“他被大家叫做花和尚”或“大家把他叫做花和

尚”)

③ 我喊他大哥。(“喊”，是有“称说”意义的动词，所“喊”的内容是“大哥”。“喊”与“大哥”是支配与被支配关系，“大哥”是“喊”的直接宾语；“他”，是“喊”的对象，是间接宾语。“喊他大哥”的意思，就是“他被喊做大哥”或者“把他喊做大哥”。“我喊他大哥”，可以变换成“他被我喊做大哥”或“我把他喊做大哥”)

④ 奶奶说爷爷老糊涂。(“说”，是有“称说”意义的动词，所“说”的内容是“老糊涂”。“说”与“老糊涂”是支配与被支配关系，“老糊涂”是“说”的直接宾语；“爷爷”，是“说”的对象，是间接宾语。“说爷爷老糊涂”的意思，就是“爷爷被说成老糊涂”或者“把爷爷说成老糊涂”。“奶奶说爷爷老糊涂”，可以变换成“爷爷被奶奶说成老糊涂”或“奶奶把爷爷说成老糊涂”)

⑤ 姐姐骂我糊涂虫。(“骂”，是有“称说”意义的动词，所“骂”的内容是“糊涂虫”。“骂”与“糊涂虫”是支配与被支配关系，“糊涂虫”是“骂”的直接宾语；“我”，是“骂”的对象，是间接宾语。“骂我糊涂虫”的意思，就是“我被骂成糊涂虫”或者“把我骂成糊涂虫”。“姐姐骂我糊涂虫”，可以变换成“我被姐姐骂成糊涂虫”或“姐姐把我骂成糊涂虫”)

⑥ 爸爸责怪我不争气。(“责怪”，是有“称说”意义的动词，所“责怪”的内容是“不争气”。“责怪”与“不争气”是支配与被支配关系，“不争气”是“责怪”的直接宾语；“我”，是“责怪”的对象，是间接宾语。“责怪我不争气”的意思，就是“我被责怪为不争气［的人］”或者“把我责怪为不争气［的人］”。“爸爸责怪我不争气”，可以变换成“我被爸爸责怪为不争气［的人］”或“爸爸把我责怪为不争气［的人］”)

“称”“叫”“喊”“说”“骂”“责怪”，核心意义是“称说”，在句中都含有“称说”的语义特征，所以都能构成双宾句。

(四) 比较句

比较句，是指句子中含有比较词语或比较格式的句子，在结构上由比较主体、比较客体、比较词、比较结果等构成。荆门方言中的比较句，语义上有“等比”和“差比”之分。“等比”求“同”，“差比”求“异”。“等比”句式中相比较的事物或相同，或相近，没有高下之分，比较结果或相同，或不同，或一样，或不一样。比较词常用“跟”，有时也用“与”“像”

等。“差比”句式中相比较的两种事物，其性质、程度不仅有差别，而且有高下之分，用介词“比”引出比较的对象，用谓语表示比较的结果，“比”与表比较对象的名词性短语构成介词结构作状语。

1. 等比句

“A＋跟B＋XP”，“A”，比较主体；“B”，比较客体；“跟B”，实施比较；“XP”，比较结果。“A”“B”，均由名词性成分充当，大都属于人称代词。“XP”，由“一样/不一样”“相同/不同”与形容词构成，有时不出现表比较结果的形容词，只出现“一样/不一样”“相同/不同”等表比较的助词。如：

① 我跟他一样高。（“我”，比较主体；“他”，比较客体。“我”“他”在高矮方面差不多。其所以“跟他”相比，是求“同”。比较结果，说明两人“一样高”。）

② 没说吃好的，能跟他一样就不错哒！（“能跟他一样”，是等比句。比较主体，即这个复句的叙述主人公，承前省略，没出现。“他”，比较客体。比较主体与“他”，生活在同等条件下，没有高下之分。其所以“跟他”相比，是求“同”，没得条件“吃好的”，只求“能跟他一样”）

③ 就因为我是丫头，吃的穿的都跟兄儿不一样。（“跟兄儿不一样”，是否定式等比句。比较主体，承前省略，没有出现。“兄儿”，弟弟，比较客体。比较主体与“兄儿”，生活在同等条件下，应该没得高下之分。“就因为我是丫头”，父母亲喜欢儿子不喜欢姑娘，“丫头”吃的穿的都比儿子差些，甚至于相差悬殊。所以我“跟兄儿”比，希望得到同等待遇。“跟兄儿不一样”，是“我”要求改变的现实，“跟兄儿一样”就是“我”的追求）

④ 小年家里穷，吃的穿的跟同村的娃子完全不同。（“跟同村的娃子完全不同”，是否定式等比句。比较主体，即这个复句的叙述主人公，承前省略，没出现。“同村的娃子”，娃子 aɹ r，小孩子，比较客体。比较主体与“同村的娃子”，生活在同等条件下，应该没得高下之分。就因为我“家里穷”，吃的穿的都比“同村的娃子”差些，甚至于相差悬殊。所以我“跟同村的娃子”比，希望得到同等生活。“跟同村的娃子完全不同”，是“我”要求改变的现实，“跟同村的娃子完全相同”就是“我”的追求）

⑤ 没吃没穿，下田做活路却跟别人一样。（“跟别人一样”，是贬义等比句。比较主体，承前省略，没出现。“别人”，同村的人，比较客体。比

较主体与“别人”，生活在同等条件下，应该没得高下之分。然而“跟别人一样”的并不是“吃”和“穿”，而是“下田做活”。这个复句的前一个分句强调生活在同等条件下，吃和穿“跟别人不一样”；后一个分句用“却”表转折，说做活路“跟别人一样”。这里的“跟别人一样”带贬义，并非真正的“一样”。“我”所追求的是真正的“一样”，即吃和穿、下田做活路都“跟别人一样”）

⑥ 人有人不同，树有木不同，你就是你，不可能跟别人一样。（“跟别人一样”，是等比句。“不可能”是“等比”的否定。“人有人不同，树有木不同”，是对阶级社会人剥削人的社会现实的客观描写。“你就是你”，要求人们正视现实。“不可能跟别人一样”，这是在人剥削人的阶级社会里的不争的事实）

⑦ 人贵在有自知之明，我跟你爹的观点完全相同。（“我跟你爹的观点完全相同”，是等比句。“我”，比较主体。“你爹”，比较客体。“人贵在有自知之明”，是“我跟你爹”的观点，在对人剥削人的阶级社会的认识上，我跟你爹是完全相同的。“自知之明”是说在人剥削人的阶级社会里的穷人是“不可能跟别人一样”的，作为穷人应该“自知”。“我”与“你爹”，都在人剥削人的阶级社会里生活，所以我们认识到有剥削、有压迫，穷人就“不可能跟别人一样”）

⑧ 人不能作践自己，人跟人在人格上是平等的。（“人跟人在人格上是平等的”，是等比句。“在人格上是平等的”，只要是“人”，就有“人格”，就有“人的尊严”。所有“人”的“人格”，都是相同的。一个人，不能因为“穷”，不能因为没得“权势”，就作践自己。你虽然“穷”，虽然没得“权势”，但你在人格上，与有“钱”、有“权势”的人是平等的）

2. 差比句

(1)“比”字句

“A＋比 B＋XP”，“A”，比较主体；“B”，比较客体；“比 B”，实施比较；“XP”，比较结果。“A”“B”，均由名词性成分充当，相比的甲乙两事物是不等值的。“比 B＋XP”，形容词充当谓语中心，用来表示甲乙两物或两事在数量、性质、程度上的差别。“比 B”，介词结构作“XP”的状语；“XP”，是就相比的甲乙两事物间的程度、数量和性状等方面的异同或高下做出的描述。如：

① 你看，这里比那里很高一些。（“这里比那里很高一些”，差比句。“这里”，比较主体；“那里”，比较客体；“比那里”，实施比较。“这里”与“那里”，地势高低有别，不是等值的。“很高一些”，对比较结果的描述。“高”，形容词，表示“这里”与“那里”地势高低的差别；“很”，程度副词，修饰“高”，说明不是一般的“高”；“一些”，数量结构，补充说明不只“高”一点，而是“一些”）

② 他是过来人，在这个问题上，他比我有经验。（“他比我有经验”，差比句。“他”，比较主体；“我”，比较客体；“比我”，实施比较。“他”与“我”，在这个问题的处理上，无论认识水平，还是具体方法，都有高下之分。“他是过来人”，经历过或处理过这类问题，“他比我有经验”。“有经验”，对比较结果的描述。“有经验”，意为经验丰富，与“缺乏经验”或“经验不足”相对）

③ 你真会说话，嘴比蜜还甜。（“嘴比蜜还甜”，差比句。“嘴”，比较主体；“蜜”，比较客体；“比蜜”，实施比较。“还甜”，比较结果。“嘴”，是人的五官之一，与“蜜”相比的不是人的五官之一的“嘴”，而是“嘴”说出的“话”。在言语交际中，人们把“会说话”、“话”说的使人感到有滋有味叫“嘴甜”。“嘴像蜜一样甜”是一个比喻。这里“嘴比蜜”，实际上是“嘴甜”与“蜜甜”之比。“嘴甜”与“蜜甜”不是等值的，在程度上有差别。因为“你会说话”，所以你的嘴“比蜜还甜”）

④ 他老是喜欢开夜车，比我睡得晚多哒。（“比我睡得晚多哒”，差比句。“他”，比较主体，承前省略；“我”，比较客体；“比我”，实施比较。“睡得晚多哒”，比较结果。“他”与“我”都睡得晚，“他”睡得晚与“我”睡得晚，是有差别的。因为“他老是喜欢开夜车”，所以“比我睡得晚多哒”。“晚多哒”补充说明“睡”，强调“他”睡得更晚）

⑤ 我这个人嘴笨，他比我会说话。（“他比我会说话”，差比句。“他”，比较主体；“我”，比较客体；“比我”，实施比较。“会说话”，比较结果。“会说话”，指口齿伶俐，能说会道。“说话”是人的交际能力，正常人都能用言语表达自己的思想。但不同的人，用言语表达自己思想的能力是有差别的。人们一般称用言语表达自己思想能力强的人“会说话”，称用言语表达自己思想能力差的人“不会说话”。能力差的人不“会说话”，被称为“嘴笨”。“我这个人嘴笨”，不会说话；“他”口齿伶俐，“会说话”）

⑥ 我这辈子就是吃哒没文化的亏，有文化比没文化好。（“有文化比没文化好”，差比句。“有文化”，比较主体；“没文化”，比较客体；“比没文化”，实施比较。“好”，比较结果。“有文化”与“没文化”是两种不同的“素养”，这两种“素养”是不等值的。“我这辈子”因为“吃哒没文化的亏”，通过比较，“我”认识到“有文化”比“没文化”要“好”。“有文化”，主语；“好”，形容词作谓语；“比没文化”，状语。“比没文化好”，是就“有文化”与“没文化”相比之后的高下做出的描述）

⑦ 这根竿子比那根竿子长一点，就要这根。（“这根竿子比那根竿子长一点”，差比句。“这根竿子”，比较主体；“那根竿子”，比较客体；“比那根竿子”，实施比较。“长一点”，比较结果。两根竿子的“长”与“短”，是不等值的，“长一点”是对“这根竿子”的描述。“这根竿子”，主语；“长一点”，谓语；“比那根竿子”，状语。“比那根竿子长一点”，是就竿子的“长”与“短”进行比较之后做出的描述）

⑧ 这根绳子比那根绳子粗些。（“这根绳子比那根绳子粗些”，差比句。“这根绳子”，比较主体；“那根绳子”，比较客体；“比那根绳子”，实施比较。“粗些”，比较结果。两根绳子的“粗”与“细”，是不等值的，“粗些”是对“这根绳子”的描述。“这根绳子”，主语；“粗些”，谓语；“比那根绳子”，状语。“比那根绳子粗些”，是就绳子的“粗”与“细”进行比较之后做出的描述）

(2)“没得”句

“A＋没得 B＋XP”，“A”，比较主体；“B”，比较客体；“A”“B”，均由名词性成分充当，相比的甲乙两事物是不等值的。“XP”，比较结果。“B＋XP”，是就相比的甲乙两事物间的程度、数量和性状等方面的异同或高下做出的描述，“没得 B＋XP”，是对“B＋XP”的否定，是“比 B＋XP”的否定形式。“没得”句，是用否定“B＋XP”的形式来表示甲乙两物或两事在数量、性质、程度上差别的比较句。“没得 B＋XP”，也可以说成“没有 B＋XP”“不如 B＋XP”。如：

① 她的学习成绩没得我好。（“她的学习成绩没得我好”是对“她的学习成绩比我好”的否定。“她的学习成绩比我好”是差比句，“她的学习成绩没得我好”是否定性的差比句。“她的学习成绩”，比较主体；“我［的学习成绩］”，比较客体。“没得我好”，是就“她”“我”的学习成绩进行比较

之后所做出的描述，这个描述与“比”字句的描述相反，用否定的形式表示了“她”“我”学习成绩的差别。“没得我好”，就是“没有我好”，或者说“不如我好”)

② 他的个子没得我高。(“她的个子没得我高”是对“她的个子比我高”的否定。“她的个子比我高”是差比句，“她的个子没得我高”是否定性的差比句。“她的个子”，比较主体；“我［的个子］”，比较客体。“没得我高”，是就“她”、“我”的个子进行比较之后所做出的描述，这个描述与“比”字句的描述相反，用否定的形式表示了“她”“我”个子高矮的差别。“没得我高”，就是“没有我高”，或者说“不如我高”)

③ 他拿的钱没得我多。(“她拿的钱没得我多”是对“她拿的钱比我多”的否定。“她拿的钱比我多”是差比句，“他拿的钱没得我多”是否定性的差比句。“她拿的钱”，比较主体；“我［拿的钱］”，比较客体。“没得我多”，是就“她”“我”拿钱多少进行比较之后所做出的描述，这个描述与“比”字句的描述相反，用否定的形式表示了“她”“我”拿钱多少的差别。“没得我多”，就是“没有我多”，或者说“不如我多”)

④ 他没得我会爬山。(“他没得我会爬山”是对“他比我会爬山”的否定。“他比我会爬山”是差比句，“他没得我会爬山”是否定性的差比句。“他”，比较主体；“我”，比较客体。“没得我会爬山”，是就“他”“我”会不会爬山的情况进行比较之后所做出的描述，这个描述与“比”字句的描述相反，用否定的形式表示了“她”“我”会不会爬山的差别。“没得我会爬山”，就是“没有我会爬山”，或者说“不如我会爬山”)

⑤ 我没得她姐姐漂亮。(“我没得她姐姐漂亮”是对“我比她姐姐漂亮”的否定。“我比她姐姐漂亮”是差比句，“我没得她姐姐漂亮”是否定性的差比句。“我”，比较主体；“她姐姐”，比较客体。“没得她姐姐漂亮”，是就“我”、“她姐姐”漂亮不漂亮的情况进行比较之后所做出的描述，这个描述与“比”字句的描述相反，用否定的形式表示了“我”“她姐姐”漂亮不漂亮的差别。“没得她姐姐漂亮”，就是“没有她姐姐漂亮”，或者说“不如她姐姐漂亮”)

⑥ 我没得他学习刻苦。(“我没得他学习刻苦”是对“我比他学习刻苦”的否定。“我比他学习刻苦”是差比句，“我没得他学习刻苦”是否定性的差比句。“我”，比较主体；“他”，比较客体。“没得他学习刻苦”，是

就“我”“他”学习是否刻苦的情况进行比较之后所做出的描述，这个描述与“比”字句的描述相反，用否定的形式表示了“我”“他”学习是否刻苦的差别。“没得他学习刻苦”，就是“没有他学习刻苦”，或者说“不如他学习刻苦”）

⑦ 我没得他的知识水平高。（“我没得他的知识水平高”是对“我比他的知识水平高”的否定。“我比他的知识水平高”是差比句，“我没得他的知识水平高”是否定性的差比句。“我［的知识水平］”，比较主体；“他的知识水平”，比较客体。“没得他的知识水平高”，是就“我［的知识水平］”“他的知识水平”高低的情况进行比较之后所做出的描述，这个描述与“比”字句的描述相反，用否定的形式表示了“我［的知识水平］”“他的知识水平”高低的差别。“没得他的知识水平高”，就是“没有他的知识水平高”，或者说“不如他的知识水平高”）

⑧ 我没得他的功劳大。（“我没得他的功劳大”是对“我比他的功劳大”的否定。“我比他的功劳大”是差比句，“我没得他的功劳大”是否定性的差比句。“我”，比较主体；“他”，比较客体。“没得他的功劳大”，是就“我”“他”功劳大小的情况进行比较之后所做出的描述，这个描述与“比”字句的描述相反，用否定的形式表示了“我”“他”功劳大小的差别。“没得他的功劳大”，就是“没有他的功劳大”，或者说“不如他的功劳大”）

（3）“有”字句

“A＋有B＋XP”，“A”，比较主体；“B”，比较客体；“A”“B”，均由名词性成分充当，相比的甲乙两事物是不等值的。“有B＋XP”，是就相比的甲乙两事物间的程度、数量和性状等方面的异同或高下做出的估量性的描述。“有……”与“没得……”相对，对于“比B＋XP”来说，“有B＋XP”是肯定，“没得B＋XP”，是否定。如：

① 这娃子好肯长，快有我高哒！（“这娃子快有我高哒”，是“有”字差比句。“这娃子”，比较主体；“我”，比较客体；“有我高哒”，比较结果。“这娃子好肯长”，意思是：“这娃子”长得快，拿“这娃子”的身高与“我”的身高相比较，“快有我高哒”。“快有我高哒”，对“这娃子”现在的身高来说，是一种估量；对“这娃子”过去的身高来说，是对“这娃子”达到“我”的高度的肯定）

② 你郎高寿啊，有他郎年纪大吧！（“你郎”，“你”的敬称；“他郎”，

“他”的敬称。“有他郎年纪大吧”，是“有”字差比句。“你郎”，比较主体，承前省略；“他郎”，比较客体；“有他郎年纪大”，比较结果。“你郎高寿啊”，意思是：“您多大年纪”？“有他郎年纪大吧”，是一种估量性的描述，对“你郎”来说。是对“高寿”的肯定）

③ 小小年纪蛮能干呢，拣棉花有大人拣的多！（“拣棉花有大人拣的多”，是“有”字差比句。“拣棉花”的施事是“小小年纪蛮能干”的人，比较主体；“大人”，比较客体；“拣棉花有大人拣的多”，意思是：“小小年纪”的人“拣棉花”，与大人“拣棉花”相比较，“有大人拣的多”。“有大人拣的多”，一种估量性的描述，是比较结果，也是对“小小年纪蛮能干”的肯定）

④ 这担柴火好重啊，有你爹挑的多哒！（“有你爹挑的多哒”，是“有”字差比句。“你”，比较主体；“你爹”，比较客体；“有你爹挑的多哒”，意思是：“这担柴火好重啊”，“你”挑的柴火，与“你爹”挑的柴火相比较，“你”挑的重量，已赶上“你爹”挑的重量哒。“有你爹挑的多哒”，一种估量性的描述，是比较结果，也是对“你”已赶上“你爹”的肯定）

⑤ 这鞋子还绣哒花的呢，有王大姐绣的好。（“有王大姐绣的好”，是“有”字差比句。在“这鞋子”上绣花的“人”，比较主体；“王大姐”，比较客体；“有王大姐绣的好”，意思是：在这鞋子上绣花的“人”，很会绣花，与村里最会绣花的“王大姐”相比较，已赶上“王大姐”哒。“有王大姐绣的好”，一种估量性的描述，是比较结果，也是对在“这鞋子”上绣花的“人”已赶上“王大姐”的肯定）

⑥ 她蛮会烧火，有她妈能干。（“有她妈能干”，是“有”字差比句。“她”，比较主体；“她妈”，比较客体；“有她妈能干”，意思是：“她蛮会烧火”，与“她妈”相比较，已赶上“她妈”哒。“有她妈能干”，一种估量性的描述，是比较结果，也是对“蛮会烧火”的“她”已赶上“她妈”的肯定）

⑦ 她蛮会唱歌，有电影明星唱得好。（“有电影明星唱的好”，是“有”字差比句。“她”，比较主体；“电影明星”，比较客体；“有电影明星唱的好”，意思是：“她蛮会唱歌”，与“电影明星”相比较，已赶上“电影明星”哒。“有电影明星唱得好”，一种估量性的描述，是比较结果，也是对

“蛮会唱歌”的“她”已赶上“电影明星”的肯定)

⑧ 她的身材好，有电影明星长得漂亮。(“有电影明星长得漂亮”，是“有”字差比句。“她”，比较主体；“电影明星”，比较客体；“有电影明星长的漂亮”，意思是：“她的身材好”，与“电影明星”相比较，已赶上“电影明星”哒。“有电影明星长得漂亮”，一种估量性的描述，是比较结果，也是对“身材好”的“她”已赶上“电影明星”的肯定)

(4)“越”字句

“A＋越来越＋XP”，“A”，名词性短语，指称有发展变化的人和事，充当主语；“越来越”，副词性短语，充当状语；“XP”，谓词性短语，充当谓语。“A”，隐含着“B”，“B”是“A”的过去，“A”是“B”的现在。“A＋越来越＋XP”，实际上是“A (B的现在) ＋比B (A的过去) 越来越＋XP”。“A (B的现在)”与“B (A的过去)”是不等值的。“A (B的现在)”，比较主体；“B (A的过去)”，比较客体；“越来越＋XP”，比较结果。

“A＋越来越＋XP”，是用来比较人或事物的数量或程度随着时间的推移而不断发展变化的句式，是同一事物不同时期或不同条件下的比较。“XP”中的“X”，可以是形容词，也可以是动词，如果是形容词，已经含有程度的意义 (比以前的程度更高)，一般不再接受表示程度词语的修饰；如果是动词，只能是表心理活动的动词，不能是一般动词。如：

① 他越来越会说话哒。(“他”过去，本来就“会说话”，口齿伶俐，能说会道；“他”现在，更加“会说话”，出口成章，头头是道。“他”现在，比较主体；“他”过去，比较客体；“越来越会说话哒”，比较结果)

② 我越来越喜欢我的兄儿哒。(“兄儿”，弟弟。因为“兄儿”是我们这一辈唯一的男丁，大家都喜欢他，“我”过去也喜欢他。“兄儿”现在已上中学哒，个子高高的，学习成绩好，懂礼貌，很讨人喜欢。“我”现在，比较主体；“我”过去，比较客体；“越来越喜欢我的兄儿哒”，比较结果)

③ 我越来越习惯吃辣的哒。(“我”过去，不大喜欢“吃辣的”；“我”妈祖籍四川，炒菜总是离不开“辣的”，现在“我”吃辣的已成哒习惯。“我”现在，比较主体；“我”过去，比较客体；“越来越习惯吃辣的哒”，比较结果)

④ 我妈越来越喜欢我的女朋友哒。(“我妈”过去，对“我的女朋友”

不太了解，现在接触多哒，加上“我的女朋友”不仅人长得白净，而且很会做人，蛮讨“我妈”的喜欢。“我妈”现在，比较主体；“我妈”过去，比较客体；“越来越喜欢我的女朋友哒”，比较结果）

⑤ 他越来越懂事哒。（“他”过去，因年纪小，贪玩，不爱学习。上小学以后，进步很大，现在开始懂事哒。“他”现在，比较主体；“他”过去，比较客体；“越来越懂事哒”，比较结果）

⑥ 他的学习自觉性越来越高。（“他”从上小学开始，就爱学习，放学回家，最重要的事就是完成家庭作业。现在读六年级哒，是班长、少先队大队长，在学校、在家里，表现都很出色。“他”现在，比较主体；“他”过去，比较客体；“学习自觉性越来越高”，比较结果）

⑦ 他的学习成绩越来越好。（“他”从小学一年级到六年级，每学期都是三好学生，现在已上初中哒，期末考试总分全年级第一名。“他”现在，比较主体；“他”过去，比较客体；“学习成绩越来越好”，比较结果。）

⑧ 他一天一天大起来，越来越听话哒。（“他”过去，虽然年纪小，但不贪玩，爱学习，很听话。“他一天一天大起来”，上小学以后，进步很大。“他”现在，比较主体；“他”过去，比较客体；“越来越听话哒”，比较结果）

（五）疑问句

疑问句是言语活动中表示疑问的句子。疑问句是相对于陈述句、感叹句、祈使句而言的，是汉语句子的语气分类。疑问句的语气是通过语调或者包括疑问语气词、疑问代词和疑问副词等语词来表达的。汉语普通话及各种方言疑问句的区别，主要是使用不同的疑问语词或者语调来表达疑问语气的区别。荆门方言中的疑问句，在表达疑问语气方面也有自己的特色。

1. 荆门方言的是非问句

荆门方言的是非问句，是正负二值变量疑问句。表达是非问语气的方式有两种，一是语调，二是语词。用语调表达是非问语气的，称之为语调型是非问句；用语词表达是非问语气的，称之为附加型是非问句。

（1）语调型是非问句

荆门方言的语调型是非问句，是在句末加上扬的语调，表示疑问。这种语调常伴有怀疑、惊讶或不满的意味。语调型是非问句所表示的怀疑、惊讶或不满，一般是对对方提出要求采取某种措施或进行某种活动的情感反映；所表示的疑问，需要对方证实或明确回答。回答时或者选择肯定性的正值（“＋A”），或者选择否定性的负值（“－A”），即“V”或者“没V”。如：

① 甲：我要去参加一个重要会议。乙：这时候就走？甲：马上走。（“这时候就走”，句末语调上扬，对“走”的时间表示怀疑，有“难道这么急”的疑虑）

② 甲：晚上有应酬，不能在家吃饭。乙：一定要去？甲：要去。（“一定要去”，句末语调上扬，对“应酬”的必要性表示怀疑，有“哪来这么多应酬”的疑虑）

③ 甲：大哥出哒车祸，在医院抢救。乙：真的？甲：真的。（“真的”，句末语调上扬，对“大哥出哒车祸”表示惊讶，有“大哥出车祸是真还是假”的疑虑）

④ 甲：我要到昆明开会，帮我收拾一下。乙：又要出差？甲：出差。（“又要出差”，句末语调上扬，对“到昆明开会”表示不满，有“是否真的到昆明开会”的疑虑）

⑤ 甲：我有事要走哒，吃饭不等我。乙：又不在屋里吃饭？甲：不在屋里吃饭。（“又不在屋里吃饭”，句末语调上扬，对“不在屋里吃饭”表示不满，有“是否真的有事”的疑虑）

⑥ 甲：厦门是一个很清洁的城市。乙：你去过厦门？甲：去过。（“你去过厦门”，句末语调上扬，对“去过厦门”表示怀疑。“去过”，是肯定性的回答；如果回答“没去过”，就是否定性的回答。“去过”是肯定性的正值“＋A”；“没去过”是否定性的负值“－A”）

(2) 附加型是非问句

荆门方言的附加型是非问句，在句末附加表疑问的语气词表示疑问，所表示的疑问需要对方证实或明确回答。回答时或者选择肯定性的正值（“＋A”），或者选择否定性的负值（“－A”），即“V”或者“没V”。

A.“啊”字是非问句

“啊”字是非问句，是句末附加表疑问的语气词“啊”的是非问句。“啊”，读为“a˥”或者“ia˥”，表疑问，有怀疑、惊讶或不满等意味。如：

① 甲：明日me˩˧ zʅ˥˧我们去kʰɨ˥˧武当山旅游，你准备一下。乙：我也去kʰɨ˥˧啊a˥？甲：你也去kʰɨ˥˧。（“我也去啊”，句末附加表疑问的语气词

“啊”，表怀疑。“我”是家庭主妇，平时很少外出，这次“去武当山旅游”要她“准备一下”，她怀疑是不是自己听错哒。“我也去啊”是对“我们去武当山旅游”的情感反映，是对要她去“旅游”的“怀疑”）

② 甲：佳佳，这件衣服是给你的。乙：好漂亮！给我的啊 ia˥？甲：嗯！给你的。（“给我的啊”，句末附加表疑问的语气词“啊”，表惊讶。“我[佳佳]”曾经多次请求父亲给她买“这件衣服”，可是父亲因工作忙，一直没给她买。今天突然间看见哒“这件衣服”，“我[佳佳]”感到十分“惊讶”）

③ 甲：现在念一下这次参加讨论会的名单。乙：怎么没得我啊 a˥？甲：没得你。你要外出，有特殊任务。（“没得我啊”，句末附加表疑问的语气词“啊”，表“不满”。“怎么没得我啊”是对不要他“参加讨论会”的情感反映。“我”是研究小组主要成员，为什么不要“我”参加讨论呢？内心十分不满）

B. “吧”字是非问句

“吧”字是非问句，是句末附加表疑问的语气词“吧”的是非问句。“吧”，读为“pa˥”，表询问，有猜度、估量、催促等意味。如：

① 甲：穿这件衣服可得吧 pa˥？乙：可得。（“可得”，就是“好”“恰当”“合适”的意思。“穿这件衣服可得吧”，“吧”，表询问。这里是询问对方，让对方看自己“穿这件衣服”是不是合适，包括颜色、样式、大小等等。如果合适，希望对方予以证实；如果不合适，希望对方提出建议）

② 甲：你郎是黄科长吧 pa˥？我有情况向你郎汇报。（“你郎”，“你”的敬称。“你郎是黄科长吧”，“吧”，表询问，有猜度的意味。如果“你郎是黄科长”，“我”就向“你郎”汇报“情况”；如果“你郎”不是“黄科长”，就请“你郎”告诉“我”谁是“黄科长”）

③ 甲：米怎么卖？这袋米有20来斤吧 pa˥？乙：两块五角钱一斤，有22斤。（“米怎么卖”，就是问“米卖多少钱一斤”，是问价钱，不是卖的方式。“这袋米有20来斤吧”，“吧”，表询问，有估量的意味）

④ 甲：时间不早哒我们走吧 pa˥？乙：走。（“我们走吧”，“吧”，表询问，有提醒、催促的意味。这里是询问对方，什么时候“走”，实际上是“提醒”对方，“时间不早哒”，要马上“走”）

⑤ 甲：人都到齐哒开会吧 pa˥？乙：开会。（“人都到齐哒开会吧”，

“吧”，表询问，有提醒、催促的意味。这里是询问对方，什么时候“开会”，实际上是“提醒”对方，“人都到齐哒”，应该马上“开会”）

C. “啵”字是非问句

“啵”字是非问句，是句末附加表疑问的语气词“啵”的是非问句。“啵”，读为“pe¬”，表示询问，有征询、请示等意味。如：

① 甲：刘总不在家，董事会还开啵 pe¬？乙：不开哒。（“董事会还开啵”，“啵”，表询问，有征询、请示等意味。“刘总”是开不开董事会的关键人物，既然“刘总不在家”，董事会是开还是不开呢？这必须向有关领导请示，并征询意见）

② 甲：银行贷款没落实，原计划执行啵 pe¬？乙：执行。（“原计划执行啵”，“啵”，表询问，有征询、请示等意味。执行原计划的前提是“银行贷款”，现在“银行贷款没落实”，是不是还执行原计划？这必须向有关领导请示，并征询意见）

③ 甲：小宝想买一台笔记本电脑，你同意啵 pe¬？乙：同意。（“你同意啵”，“啵”，表询问，有征询、请示等意味。“买一台笔记本电脑”，是“小宝”的个人愿望，这个愿望能不能实现，关键是“你”同意不同意。“你同意啵”，是“小宝”向“你”征求意见，或者说在向“你”请示。“你”同意，“小宝”才能“买一台笔记本电脑”）

④ 甲：我们准备骑摩托车到拉萨，你赞成啵 pe¬？乙：赞成。（“你赞成啵”，“啵”，表询问，有征询、请示等意味。“骑摩托车到拉萨”，是“我们”的一次旅游活动，对于个人来说是有风险的。要参加这样的活动，至少要得到家人的支持。“你”，当是下决心参加这次活动的“这个人”最需要征询意见的人。“你赞成啵”，是下决心参加这次活动的“这个人”在向“你”征求意见，或者说在向“你”请示。“你”赞成不赞成，是“骑摩托车到拉萨”能不能成行的重要因素）

⑤ 甲：学院开教师大会，你能参加啵 pe¬？乙：能参加。（“你能参加啵”，“啵”，表询问，有征询、请示等意味。“学院开教师大会”，一般来说，每一个教师都应该参加。“你”，可能是领导，也可能身份特殊，需要事先征询意见，或者请示）

D. “吵”字是非问句

“吵”字是非问句，是句末附加表疑问的语气词“吵”的是非问句。

“吵”，读为“sa˥”，表示询问，有推测、要求证实等意味。如：

① 甲：刘总不在家，董事会不开哒吵 sa˥？乙：不开哒。（“董事会不开哒吵”，“吵”，表询问，有推测、要求证实等意味。“刘总”是开不开董事会的关键人物，既然“刘总不在家”，董事会很可能不开，但这只能是推测。董事会开不开，只有领导有权决定，“董事会不开哒”，是要求证实的一种推测）

② 甲：学院开教师大会，你去吵 sa˥？乙：去。（“你去吵”，“吵”，表询问，有推测、要求证实等意味。“学院开教师大会”，一般来说，每一个教师都应当参加。“你”是一个教师，按理应该“去”，不过有特殊情况，也是可以请假的。“你去吵”，是按常规所作的推测。“你”去还是不去，还需要证实）

③ 甲：学院有个学术讨论会，你参加吵 sa˥？乙：参加。（“你参加吵”，“吵”，表询问，有推测、要求证实等意味。“学术讨论会”，并不要求所有的教师都参加。“你”是一个教师，可能与这个“学术讨论会”有关系，也可能就是课题负责人，按理是应该参加的。但是，也可能有特殊情况不参加。“你参加”，也只是一种推测。“你”参不参加，还需要证实）

④ 甲：大家都同意这个意见，你不反对吵 sa˥？乙：不反对。（“你不反对吵”，“吵”，表询问，有推测、要求证实等意味。“这个意见”，是“大家都同意”的，一般来说，“大家都同意”的“意见”，是不会有人反对的。不过也有特殊情况，真理也可能掌握在少数人手里，“大家都同意”，也可能有人反对。“你不反对”，也只是一种推测。“你”反不反对，还需要证实）

⑤ 甲：双休日同学聚会，你赞成吵 sa˥？乙：赞成。（“你赞成吵”，“吵”，表询问，有推测、要求证实等意味。“双休日同学聚会”，一般来说，是不会有人反对的。不过也有例外，一个人在生活中，不可能没有特殊情况，如果双休日有比“同学聚会”更重要的事呢，那他就不可能赞成“双休日同学聚会”。“你赞成”，也只是一种推测。“你”赞不赞成，还需要证实）

2. 荆门方言的正反问句

荆门方言的正反问句，是由并列的肯定和否定形式构成的正负二值变量疑问句。“V＋不 V”是正反问的典型格式。“V＋不 V”，肯定形式和否定形式并列，“V”与“不V”正反对立。“V”，可以是动词，也可以是形容词，也可以是动词性短语或者形容词性短语。“不”，表否定，也可用“没 mei˥”（口语中不用“没有”）表否定。

表达正反问语气的方式有两种，一是正反问格式充当谓语＋疑问语调，二是句末附加疑问语气词或者谓语前附加正反问格式充当状语。用正反问格式充当谓语＋疑问语调表达正反问语气的，称之为语调型正反问句；用句末附加疑问语气词或者谓语前附加正反问格式充当状语表达正反问语气的，称之为附加型正反问句。

(1) 语调型正反问句

荆门方言的语调型正反问句，有“V＋不V”正反问句和“V哒＋没得”正反问句两种句型。句末语调上扬，表示询问，一般都需要对方明确回答。回答时或者选择肯定性的正值（“＋A”），或者选择否定性的负值（“－A”），即“V”或者“不V”、“V哒”或者“没V”。

A. “V＋不V”正反问句

“V＋不V”正反问句，主语是施事，“V＋不V”（正反问短语）充当谓语，句末语调上扬，表示询问，有商量、征求意见的意味。如：

① 甲：这次活动，你说我参加不参加？乙：你应该参加。（“参加不参加”，句末语调上扬，表示询问。对于“这次活动”，“甲”又想“参加”，又想“不参加”，拿不定主意，所以与“乙”商量，征求“乙”的意见。“乙”的回答选择了肯定性的正值，认为“应该参加”）

② 甲：这个问题已经提出来哒，你说讨论不讨论？乙：不讨论，暂时放一放。（“讨论不讨论”，句末语调上扬，表示询问。对于已经提出来的“这个问题”，“甲”又想“讨论”，又想“不讨论”，拿不定主意，所以与“乙”商量，征求“乙”的意见。“乙”的回答选择了否定性的负值，认为“暂时放一放”，“不讨论”为好）

③ 甲：人家是真心请我，到底去不去？乙：还是去吧。（“去不去”，句末语调上扬，表示询问。对于“人家”的邀请，“甲”又想“去”，又想“不去”，拿不定主意，所以与“乙”商量，征求“乙”的意见。“乙”的回答选择了肯定性的正值，认为最好“还是去”，因为“人家”的邀请是“真心”，“不去”不大好）

④ 甲：我没得什么病，你说检查不检查？乙：还是检查一下好。（“检

查不检查”，句末语调上扬，表示询问。对于学校组织检查身体，“甲”认为自己“没得什么病”，又想“检查”，又想“不检查”，拿不定主意，所以与“乙”商量，征求“乙”的意见。“乙”的回答选择了肯定性的正值，认为“还是检查一下好”）

⑤ 甲：这是我们老一辈的事，到底说不说？乙：不说为好。（“说不说”，句末语调上扬，表示询问。“老一辈的事”，是过去的事，对于过去的事，“甲”又想“说”，又想“不说”，拿不定主意，所以与“乙”商量，征求“乙”的意见。“乙”的回答选择了否定性的负值，认为“不说为好”，过去了的事，就让它过去吧）

B. “V哒＋没得”正反问句

“V哒＋没得”正反问句，主语是受事，“V哒＋没得”（正反问短语）充当谓语，句末语调上扬，表示询问，有怀疑或关心的意味。如：

① 甲：我放在桌上的一本书你拿哒没得？乙：没拿。（“拿哒没得”，表示询问。“没得”就是“没拿”。“拿哒”与“没拿”正反相对。“书”是“拿”的对象，“放在桌上的一本书”不见哒，是谁“拿哒”？“你拿哒没得”，表示“甲”对“乙”的怀疑）

② 甲：《锄奸》这部电视剧你看哒没得？乙：看哒。（“看哒没得”，表示询问。“没得”就是“没看”。“看哒”与“没看”正反相对。“电视剧”是“看”的对象，“《锄奸》这部电视剧”，好多人都喜欢“看”，不知你“看哒”没有？“你看哒没得”，表示“甲”对“乙”的关心）

③ 甲：《三国演义》你读哒没得？乙：读哒。（“读哒没得”，表示询问。“没得”就是“没读”。“读哒”与“没读”正反相对。《三国演义》是“读”的对象，《三国演义》是中国古代文学名著，好多人都喜欢“读”，不知你“读哒”没有？“你读哒没得”，表示“甲”对“乙”的关心）

④ 甲：中饭你吃哒没得？乙：没吃。（“吃哒没得”，表示询问。“没得”就是“没吃”。“吃哒”与“没吃”正反相对。“中饭”是“吃”的对象，一日三餐，“中饭”是正餐。“吃中饭”的时间，一般在中午十二点钟左右。“民以食为天”，好朋友见面，多问“吃哒没得”。“中饭你吃哒没得”，表示“甲”对“乙”的关心）

⑤ 甲：天气这么冷，毛线裤你穿哒没得？乙：没穿。（“穿哒没得”，表示询问。“没得”就是“没穿”。“穿哒”与“没穿”正反相对。“毛线裤”

是“穿”的对象，天冷哒，就要“穿”毛线裤。“天气这么冷”，“毛线裤你穿哒没得”，表示“甲”对“乙”的关心）

（2）附加型正反问句

荆门方言的附加型正反问句，或者句末附加疑问语气词，或者谓语前附加正反问短语充当状语，表示询问。附加型正反问句所表示的询问，有时不需要回答，如果需要回答，或者选择肯定性的正值（“＋A”），或者选择否定性的负值（“－A”），即“V”或者“不V”。

A. “啊”字正反问句

“啊”字正反问句，是句末附加表疑问的语气词“啊”的正反问句。“啊”，读为“a˥”，表示询问，有关怀或训诫的意味。如：

① 甲：吃饭哒，你饿不饿啊a˥？（“你饿不饿啊”，“啊”，表示询问。“吃饭哒”，“甲”喊“乙”吃饭，可是“乙”还在做自己的事情，好像忘记了吃饭。“你饿不饿啊”，表现了“甲”对“乙”的关怀）

② 甲：天冷哒，这顶帽子你戴不戴啊a˥？（“你戴不戴啊”，“啊”，表示询问。“天冷哒”，“甲”关心“乙”的冷暖，怕“乙”出门不戴帽子会感冒，可是“乙”并不在意。“这顶帽子你戴不戴啊”，表现了“甲”对“乙”的关怀）

③ 甲：这件衣服又没烂又没破，你到底穿不穿啊a˥？（“穿不穿啊”，“啊”，表示询问。“这件衣服又没烂又没破”，“甲”认为“没烂”“没破”的衣服就是好衣服；“乙”穿衣服很讲究，认为“没烂”“没破”的衣服不一定是好衣服，所以不愿穿。“你到底穿不穿啊”，表现了“甲”对“乙”穿衣服太讲究的训诫）

④ 甲：这好的饭菜，你到底吃不吃啊a˥？（“吃不吃啊”，“啊”，表示询问。“这好的饭菜”，“甲”是受过苦的人，能吃的饭就是“好饭”，能吃的菜就是“好菜”；“乙”对“吃”是很讲究的，认为可口的饭才是“好饭”，美味佳肴才是“好菜”。“你到底吃不吃啊”，表现了“甲”对“乙”想吃好的喝好的坏毛病的训诫）

⑤ 甲：叫你洗碗怎么没洗，你到底洗不洗啊a˥？（“洗不洗啊”，“啊”，表示询问。“洗碗”，是琐碎的家务事，“甲”吩咐“乙”吃完饭后洗碗，因为“乙”的注意力在自己要做的事情上，把洗碗的事给忘了。当“甲”发现“乙”没洗碗就催促“乙”快点“洗”，可“乙”的表现并不积极。“你

到底洗不洗啊”，表现了“甲”对“乙”不洗碗的训诫）

B.“吵”字正反问句

“吵”字正反问句，是句末附加表疑问的语气词“吵”的正反问句。“吵”，读为“sa˥”，表示询问，有不满或责怪的意味。如：

① 甲：要上学哒，你去不去吵 sa˥? 乙：去。（“去不去吵”，“吵”，表示询问。“上学”，必须按时到校，学校的作息时间是相当严格的，既不能迟到，也不能早退。“要上学哒”，即规定到校的时间快到哒。“甲”担心“乙”上学迟到，可是“乙”还不想走。“你去不去吵”，表现了“甲”对“乙”不抓紧时间上学的不满）

② 甲：他们都走哒，你走不走吵 sa˥? 乙：走。（“走不走吵”，“吵”，表示询问。“他们都走哒”，集体活动必须遵守相互约定的时间，别人走你也得走，大家不能等你一个人。“甲”看见“他们”都走哒，担心“乙”赶不上。大家“都走哒”，“乙”还没走的意思。“你走不走吵”，表现了“甲”对“乙”不抓紧时间同别人一起走的不满）

③ 甲：大家都说《红槐花》好看，你看不看吵 sa˥? 乙：看。（“看不看吵”，“吵”，表示询问。“甲”很喜欢看电视剧，听别人说“《红槐花》好看”，巴不得马上调出放《红槐花》的频道。可是“乙”似乎并不积极。“你看不看吵”，表现了“甲”对“乙”不抓紧时间调出放《红槐花》的频道的责怪）

④ 甲：这么重要的会议，你参加不参加吵 sa˥? 乙：不参加。（“参加不参加吵”，“吵”，表示询问。“甲”认为这次会议很重要，希望“乙”能够积极参加。可是“乙”因为种种原因，不想参加这次会议。“你参加不参加吵”，表现了“甲”对“乙”不想参加这次会议的不快）

⑤ 甲：一件衣服穿哒个把月，你换不换吵sa˥? 乙：不换。（“换不换吵”，“吵”，表示询问。“甲”认为穿衣服应该勤换勤洗，一件衣服不能老穿不换。“乙”穿衣服不讲究，总是不记得换衣服。有时“一件衣服穿哒个把月”，也不愿意换。“你换不换吵”，表现了“甲”对“乙”不勤换衣服的责怪）

C.“得”字正反问句

“得”字正反问句，主语是受事，谓语由“V+不V”充当，后加“得”带补语，表示询问，有关心或体贴的意味。如：

① 甲：一碗饭你吃不吃得饱？乙：吃得饱。（“吃不吃得饱”，表示询问。“吃得饱”与“吃不饱”正反相对。“饭”是“吃”的对象，“一碗饭”对一个人来说，可能“吃得饱”，也可能“吃不饱”。“你吃不吃得饱”，表示“甲”对“乙”的关心）

② 甲：这首歌你唱不唱得好？乙：唱得好。（“唱不唱得好”，表示询问。“唱得好”，就是会唱；“唱不好”，就是不会唱。“唱得好”与“唱不好”正反相对。“歌”是“唱”的对象，“这首歌”，有的人会唱，有的人不会唱。“你唱不唱得好”，表示“甲”对“乙”的关心）

③ 甲：这个包袱蛮重呢，你拿不拿得动？乙：拿得动。（“拿不拿得动”，表示询问。“拿得动”与“拿不动”正反相对。“包袱”是“拿”的对象，“这个包袱”，因为“蛮重”，有的人“拿得动”，有的人“拿不动”。“你拿不拿得动”，表示“甲”对“乙”的体贴）

④ 甲：这是一篇文言文，你看不看得懂？乙：看不懂。（“看不看得懂”，表示询问。“看得懂”与“看不懂”正反相对。“文言文”是“看”的对象，“这是一篇文言文”，学过的人就“看得懂”，没学过的人就“看不懂”。“你看不看得懂”，表示“甲”对“乙”的关心）

⑤ 甲：这个舞蹈的基本动作比较复杂，不知你学不学得会？乙：学得会。（“学不学得会”，表示询问。“学得会”与“学不会”正反相对。“舞蹈”是“学”的对象，学跳舞，先学“舞蹈的基本动作”，如果“基本动作比较复杂”，“学”起来难度就比较大。因为“这个舞蹈的基本动作比较复杂”，“不知你学不学得会”，表示“甲”对“乙”的关心）

D. “能愿”正反问句

“能愿”正反问句，主语是受事，谓语动词前加“能不能”等正反问短语作状语。表示询问，有能愿、请求、请示的意味。如：

① 甲：你是共产党员，我能不能加入共产党？乙：怎么不能？（“能不能加入”，表示询问。“能加入”与“不能加入”正反相对。“共产党”是工人阶级的先锋队，是人民利益的忠实代表，凡年满十八岁的工人、农民、军人、知识分子和其他革命分子，都可以申请“加入共产党”。“我能不能加入共产党”，表示“甲”要求进步的一种愿望）

② 甲：你愿不愿参加学院舞蹈队？乙：愿意。（“愿不愿参加”，表示询问。“愿参加”与“不愿参加”正反相对。“学院舞蹈队”是大学生群众

性的文艺团体，需要吸收大量舞蹈爱好者参加。“你愿不愿参加学院舞蹈队”，是“甲”对舞蹈爱好者的劝导）

③ 甲：有句话我不知该不该说？乙：有什么不该说的？（“该不该说”，表示询问。“该说”与“不该说”正反相对。说话，就是发表意见。发表意见要看场合，当说则说，不当说则不说。“有句话我不知该不该说”，是“甲”对“乙”的请求，希望“乙”让他说出心里想说的话）

④ 甲：今天中午做哒四斤米的饭，不知够不够吃？乙：大概够吧。（“够不够吃”，表示询问。“够吃”与“不够吃”正反相对。“做饭”应根据吃饭的人数下米，“饭”做多哒是浪费，做少哒不够吃。“今天中午做哒四斤米的饭”是多还是少？“不知够不够吃”，是“甲”对“乙”的请示，希望“乙”提出具体意见）

3. 荆门方言的特指问句

特指问句是用疑问代词代替未知的部分进行提问，要求对方针对未知的部分做出回答的疑问句。荆门方言中的疑问代词，与北方话不同的有“啥个”（谁）、“啥尕 ka˩˥”（什么人）、“哪尕 ka˩˥”（哪一个），“什 son˥˩ 么子”（甚么事）、“什 son˥˩ 子”（什么）、“哪哈”（什么地方）等。疑问代词在特指问句中，一般充当主语或宾语，句末可以没有疑问语气词，有时也用语气词“啊”，但语气词不负载疑问信息。如：

① 他是啥个啊？他是谁？（“啥个”作宾语、询问人）

② 哪尕 ka˩˥ 叫你去的啊？哪一个叫你去的？（“哪尕”作主语、询问人）

③ 你说什 son˥˩ 么子？你说甚么事？（“什么子”作宾语、询问事）

④ 什 son˥˩ 么子影响你的情绪？甚么事影响你的情绪？（“什么子”作主语、询问事）

⑤ 什 son˥˩ 么子让你不高兴？甚么事让你不高兴？（“什么子”作主语、询问事）

⑥ 你在哪哈？你在什么地方？（“哪哈”作宾语、询问处所）

⑦ 像什 son˥˩ 子？像什么？（“什子”作宾语、询问性状）

⑧ 你为什 son˥˩ 子不听话？你为什么不听话？（“什子”作宾语、询问原因）

荆门方言的特指问句，有用疑问代词的，也有不用疑问代词的。不用疑问代词的特指问句，必须有表疑问的语气词，疑问语气词是疑问信息的传递者。荆门方言不用疑问代词的特指问句常用“呢 liɛ˥”传递疑信息。如：

① 姐姐！姆妈呢 liɛ˥？（姐姐！妈妈在哪里？）

② 我的书包呢 liɛ˥？（我的书包在哪里？）

③ 姆妈！学校发给我的奖状呢 liɛ˥？（姆妈！学校发给我的奖状放在什么地方？）

④ 我的红领巾呢 liɛ˥？（我的红领巾放哪里哒？）

⑤ 我买笔记本电脑的钱呢 liɛ˥？（我买笔记本电脑的钱谁拿哒？）

4. 荆门方言的选择问句

选择问句是提出两种或两种以上的情况，让对方从中进行选择的疑问句。选择问句经常使用“A 还是 B”“是 A 还是 B”等格式。荆门方言的选择问句与北方话的选择问句基本一致。所不同的是，在使用“A 还是 B”“是 A 还是 B”等格式的时候，荆门方言往往加添一些语气词，以加强选择语气。

（1）“是 A 呐，还是 B 啊？”如：

① 你到底是吃饭呐，还是看电视啊？（“吃饭”与“看电视”同时进行，有害健康。“吃饭”就吃饭，“看电视”就看电视，二者只能选其一。“呐”“啊”加强选择语气）

② 你是去上学啊，还是跟你大哥去逛公园？（“上学”与“逛公园”，不能同时进行。“去上学”就不能“去逛公园”，二者只能选其一。“啊”加强选择语气）

（2）“要 A 啊，还是要 B 啊？”如：

① 你要长的啊，还是要短的啊？（一件长衫、一件短褂，只能选一件；“要长的”，就不能“要短的”。“啊”加强选择语气）

② 你要小的啊，还是要大的啊？（两个人离婚，一人一个小孩。“要小的”，就不能“要大的”；“要大的”，就不能“要小的”。“啊”加强选择语气）

（3）“A 呢，B？”如：

① 上级通知，派一个去开会，你去呢，我去？（“开会”只要去一个，你去？我去？“呢”加强选择语气）

② 修水库一家出一个劳力，哥哥去呢，兄儿去？（“修水库”只要出一个劳力，哥哥去？兄儿去？“呢”加强选择语气）

(4)“A 啊，B ？还是 C ？还是 D ？”如：

① 中学的课程你最喜欢哪一门？语文呐，数学？还是物理？还是化学啊？（“最喜欢哪一门”，有四个选项，也就是说在四项中选一项。“啊”加强选择语气）

② 你最喜欢谁？爹啊，妈？还是你姐？还是你兄儿啊？（“你最喜欢”的人，有四个选项，也就是说在四项中选一项。“啊”加强选择语气）

（六）否定句

否定句是言语活动中对事物作否定性陈述的句子。否定与肯定相对，否定和肯定都是陈述，基本事实是相同的，只是肯定句传达的是确定的内容，否定句传达的是对确定内容的否认，二者的语义内容有所不同。否定性陈述有一定的否定标记，有否定标记的否定性陈述，就是句子的否定表达，有否定表达的句子，就是否定句。

现代汉语否定句有两种类型，一种是单重否定，一种是双重否定。现代汉语普通话的否定句与方言否定句的差别，主要表现在否定词的运用上。荆门方言中常用的表否定的词有“不”以及否定人和事物存在的“没”“没得”。荆门方言口语一般不用“没有”否定人和事物的存在，而用“没”或“没得”。

1. 单重否定句

单重否定句只用一个否定词，一般采用“A＋不 VP”式。“A”，主语，“不 VP”，否定性的陈述；“VP”可以是“一般动词”“形容词”以及“动词性短语”，也可以是“判断动词＋名词性短语”。“VP”是一个整体，“不”所否定的不光是“V”，而是整体“VP”。“不”也可换成“没”。“没”也是对整体“VP”的否定。如：

① 她不去北京上大学。（“去北京上大学”，是一个动词性短语，“上”是中心词，“大学”是“上”的宾语，“去北京”是“上”的状语。“不”否定“去北京上大学”，对“她”作否定性的陈述）

② 他到上海不坐宜昌开往上海的火车。（“坐宜昌开往上海的火车”，是一个动词性短语，“火车”是“坐”的宾语，“宜昌开往上海的”是“火车”的定语。“不”否定“坐宜昌开往上海的火车”，对“他到上海”的交

通工具作了否定性的陈述）

③ 她不漂亮。（“漂亮”，形容词。“不”否定“漂亮”，对“她”长的怎样，作了否定性的陈述）

④ 她并不孤独。（“孤独”，形容词。“不”否定“孤独”，对“她”的生活是否“孤独”，作了否定性的陈述）

⑤ 她不再是孤苦伶仃的一个人。（“是孤苦伶仃的一个人”，判断动词＋名词性短语，是一个肯定判断。“不”，对她“是孤苦伶仃的一个人”进行否定，说明她“不再是孤苦伶仃的一个人”）

⑥ 她还没去过上海呢！（“去过上海”，是一个动词性短语，“去”是中心词，“上海”是“去”的宾语。“没”否定“去过上海”，对“她”作否定性的陈述）

⑦ 这房子还没住过人。（“住过人”，是一个动词性短语，“住”是中心词，“人”是“住”的宾语。“没”否定“住过人”，对“这房子”是否“住过人”作否定性的陈述。“房子住过人”与“箱子装过东西”的结构一样，“住过人”陈述“房子”；“装过东西”陈述“箱子”。“没装过东西”的“箱子”，是新“箱子”；“没住过人”的“房子”，是新“房子”）

⑧ 解放前，他家里没得钱，没跨 k'a˥ 过学堂门。（“没得钱”是对“有钱”的否定。“家里没得钱”，主谓短语。“没得钱”，陈述“家里”。“家里没得钱”一个整体说明“解放前”他父母的生活状况。“跨学堂门”，就是“上学”。“没”对“跨过学堂门”进行否定。“家里没得钱”是“因”，“没跨过学堂门”是“果”。“家里没得钱，没跨过学堂门”对“他”作了否定性的陈述）

⑨ 没得人帮忙，这个官司恐怕难得打。（“没得人帮忙”是对“有人帮忙”的否定。因为“没得人帮忙”，所以“这个官司恐怕难得打”。“没得人帮忙”对“这个官司”好打还是不好打作了否定性的陈述）

2. 双重否定句

双重否定句一般要用两个否定词，常见的格式是“A＋不……不 VP”。“A”，主语，“不……不 VP”，双重否定性的陈述。双重否定性的陈述所表达的是肯定的意思，语气比一般肯定语气更肯定。“不 VP”是第一次否定，即“不”对“VP”的否定；“不……不 VP”是第二次否定，即“不……”对“不 VP”的否定，即否定之否定。表否定之否定的“不”也可换成“没得”，构成“没得……不 VP”格式。如：

① 谁也不会否认地球是绕着太阳转的。（“否认地球是绕着太阳转的”，第一次否定；“不会否认地球是绕着太阳转的”，第二次否定，即否定之否定。否定之否定所表达的肯定，肯定的语气更为强烈）

② 没得人不为黄梅戏中那缠绵的深情和委婉的旋律而感到身心激荡。（“黄梅戏中那缠绵的深情和委婉的旋律”使人“感到身心激荡”，这是客观事实；“不为黄梅戏中那缠绵的深情和委婉的旋律而感到身心激荡”，第一次否定；“没得人不为黄梅戏中那缠绵的深情和委婉的旋律而感到身心激荡”，第二次否定，即否定之否定。否定之否定所表达的肯定，肯定的语气更为强烈）

③ 我自己的寂寞是不可不驱除的，因为这使我太痛苦。（“驱除”我自己的寂寞，是“我”的情感要求。“不驱除”，第一次否定；“不可不驱除”，第二次否定，即否定之否定。因为“自己的寂寞”使我太痛苦，所以“是不可不驱除的”，用否定之否定表达，肯定的语气更为强烈）

④ 六十一个同志的生命，危在旦夕！一千支注射剂，非得空运不可！（为了挽救“六十一个同志的生命”，必须空运“一千支注射剂”，这是客观事实的要求；“非得空运”，第一次否定；“非得空运不可”，第二次否定，即否定之否定。否定之否定所表达的肯定，肯定的语气更为强烈）

⑤ 从前线回来的人说到白求恩，没得一个不佩服，没得一个不为他的精神所感动。（“从前线回来的人说到白求恩”，都很佩服，这是客观事实。“不佩服”，第一次否定；“没得一个不佩服”，第二次否定，即否定之否定。“不为他的精神所感动”，第一次否定；“没得一个不为他的精神所感动”，第二次否定，即否定之否定。否定之否定，就是肯定。否定之否定所表达的肯定，肯定的语气更为强烈）

⑥ 真正的朴素的风格并不是不费气力就能达到的。（“真正的朴素的风格”，是实事求是的风格，是在长期的革命实践中形成的。“不费气力就能达到”，第一次否定；“不是不费气力就能达到的”，第二次否定，即否定之否定。否定之否定，就是肯定。否定之否定所表达的肯定，肯定的语气更为强烈）

⑦ 妈，我知道旁人会笑话我，可你郎是不会不同情我的。（“我”的处境很尴尬，遭到旁人的非议，然而“我”的妈是一定会同情我的。这是

"我"在痛苦挣扎中的唯一希望。"不同情我"，第一次否定；"不会不同情我"，第二次否定，即否定之否定。否定之否定，就是肯定。否定之否定所表达的肯定，肯定的语气更为强烈）

双重否定句还有一种结构形式，就是否定副词或者否定意义的动词，加反问语气构成的句式。如：

①"敢于这样做的人，难道不是一个英雄吗？"（"不"，否定副词；"难道……吗"，反问语气。"不是一个英雄"，第一次否定；"难道不是一个英雄吗"，第二次否定，即否定之否定。否定之否定的"难道不是一个英雄吗"，意思就是更为强烈地强调"敢于这样做的人"，就"是一个英雄"）

② 难道能否认《红楼梦》是一部优秀的古典小说吗？（"否认"，有否定意义的动词；"难道……吗"，反问语气。"否认《红楼梦》是一部优秀的古典小说"，第一次否定；"难道能否认《红楼梦》是一部优秀的古典小说吗"，第二次否定，即否定之否定。否定之否定的"难道能否认《红楼梦》是一部优秀的古典小说吗"，意思就是更为强烈地强调"《红楼梦》是一部优秀的古典小说"）

（七）可能句

可能句，是言语活动中描述事物具有某种发展变化可能性的句子。可能句的谓语，由动词或形容词加上表示可能或不可能的"得"或"不"、再加上补语构成，表示谓语动词或形容词所指称的事物有某种发展变化的可能性或不可能性。

现代汉语可能句有"A＋V 得 /不 b_1""A＋V 得 /不 b_2""A＋V 得 /不 b_3"三种结构类型。"V"，是充当谓语中心的动词。"b_1""b_2""b_3"，是"V"的补语。"得"，表示可能；"不"，表示不可能。"V 不 b_1""V 不 b_2""V 不 b_3"，否定形式，描述事物不具有某种发展变化的可能性；"V 得 b_1""V 得 b_2""V 得 b_3"，肯定形式，描述事物具有某种发展变化的可能性。三种类型的不同，在于"补语"的所指不同。

1. "A＋V 得 /不 b_1"

荆门方言中的"A＋V 得 /不 b_1"，"A"，主语；"V 得 /不 b_1"，谓语。"V"，谓语中心词。"b_1"是"V"的可能补语。常见的可能补语是"得来 /不来""得了 /不了""得 /不得"，如"合得来""合不来""拿得了""拿不了""吃得""吃不得"。"得"，表示可能；"不"，表示不可能。

“V不b_1”，否定形式；“V得b_1”，肯定形式。如：

① 他们像兄弟伙里，一直很合得来。（“合得来”，动补短语；“合”，动词；“得来”，“合”的补语；“得”表示“可能”。“一直很合得来”，“一直”“很”修饰“合得来”，说明“他们”俩的关系一直很好，“他们像兄弟伙里”的关系，是现实的客观存在）

② 他们哪是夫妻，像仇人一样，一直合不来。（“合不来”，动补短语；“合”，动词；“不来”，“合”的补语；“不”表示“不可能”。“一直合不来”，“一直”修饰“合不来”，说明“他们”俩的关系一直不好，“他们哪是夫妻，像仇人一样”的关系，是现实的客观存在）

③ 这只箱子不重，我拿得了。（“拿得了”，动补短语；“拿”，动词；“得了”，“拿”的补语；“得”表示“可能”。“了”，原本是有“完”“尽”的动词，在这里意义虚化，与“得”组合，表示“拿”这一动作实现的可能性。“拿得了”，说明“这只箱子不重”，是现实的客观存在）

④ 把这只箱子给我，太重哒，你拿不了。（“拿不了”，动补短语；“拿”，动词；“不了”，“拿”的补语；“不”表示“不可能”。“了”，原本是有“完”“尽”义的动词，在这里意义虚化，与“不”组合，表示“拿”这一动作实现的不可能性。“拿不了”，说明“这只箱子”太重，是现实的客观存在）

⑤ 这个报告的材料我熟悉，我写得好。（“写得好”，动补短语；“写”，动词；“得好”，“写”的补语；“得”表示“可能”。“好”，原本与“坏”相对，在这里意义虚化，与“得”组合，表示“写”这一动作实现的可能性。“写得好”，说明“这个报告的材料我熟悉”，是现实的客观存在）

⑥ 这个报告的材料难搜集，你写不好。（“写不好”，动补短语；“写”，动词；“不好”，“写”的补语；“不”表示“不可能”。“好”，原本与“坏”相对，在这里意义虚化，与“不”组合，表示“写”这一动作实现的不可能性。“写不好”，说明“这个报告的材料难搜集”，是现实的客观存在）

⑦ 这种野菜吃得，我小时候吃过。（“吃得”，动补短语；“吃”，动词；“得”，“吃”的补语；“得”表示“可能”。“吃得”，就是可以“吃”。“我小时候吃过”，是历史的经验，经验是现实的客观存在）

⑧ 这种野菜吃不得，恐怕有毒。（“吃不得”，动补短语；“吃”，动词；“不得”，“吃”的补语；“不”表示“不可能”。“吃不得”，就是不可以

“吃”。“恐怕有毒”，是一种担心，在无法排除“这种野菜”有毒的情况下，“这种野菜”是“吃不得”的）

2. “A＋V 得 / 不 b_2”

荆门方言中的“A＋V 得 / 不 b_2”，“A”，主语；“V 得 / 不 b_2”，谓语。“V”，充当谓语中心的动词。“b_2”，大多数是形容词，只有少数是动词，如：“照亮”“走近”“抬高”“弄明白”“听懂”等。中间加“得”或“不”可以构成可能式，如“照得亮”“照不亮”等，表示“V”发展变化的结果，是“V”的结果补语。“得”，表示可能；“不”，表示不可能。“V 不 b_2”，否定形式；“V 得 b_2”，肯定形式。如：

① 话说得清楚的，你不要着急。（“说得清楚”，动补短语；“说”，动词；“清楚”，“说”的补语；“说”与“清楚”之间加“得”，构成肯定形式的可能式。“话说得清楚的”，意思是“话”是能够“说清楚”的，只要不“不着急”，就一定能够把话“说清楚”）

② 这话我说不清楚哒，你看着办吧！（“说不清楚”，动补短语；“说”，动词；“清楚”，“说”的补语；“说”与“清楚”之间加“不”，构成否定形式的可能式。“这话我说不清楚哒”，意思是“话”虽然能够“说清楚”，但你不讲道理，“我”没办法“说清楚”，所以“你看着办吧”）

③ 这娃子挨苗，他以后长得高的。（“长得高”，动补短语；“长”，动词；“高”，“长”的补语；“长”与“高”之间加“得”，构成肯定形式的可能式。“他以后长得高的”，意思是“他”现在不高，是因为“挨苗”，到他发育的时候，是可以“长高的”）

④ 女长十八就回头，她长不高哒。（“长不高”，动补短语；“长”，动词；“高”，“长”的补语；“长”与“高”之间加“不”，构成否定形式的可能式。“她长不高哒”，意思是说，“她”已经十八岁哒，按照农村的说法，发育生长期已经过哒，她的身材就这样子，不可能再长哒）

⑤ 你说普通话，我听得懂。（“听得懂”，动补短语；“听”，动词；“懂”，“听”的补语；“听”与“懂”之间加“得”，构成肯定形式的可能式。“我听得懂”，意思是“你”说的不是方言，是普通话，普通话是汉民族共同语，所以“我听得懂”）

⑥ 你说的方言，我听不懂。（“听不懂”，动补短语；“听”，动词；“懂”，“听”的补语；“听”与“懂”之间加“不”，构成否定形式的可能

式。“我听不懂”，意思是“你”说的不是普通话，是方言，方言是汉民族共同语的地域分支，非本地区的人，是听不懂的）

⑦ 这件事情不复杂，我弄得明白。（“弄得明白”，动补短语；“弄”，动词；“明白”，“弄”的补语；“弄”与“明白”之间加“得”，构成肯定形式的可能式。“我弄得明白”，意思是复杂的事情一般人很难弄明白，“这件事情不复杂”，“我”是能够“弄明白”的）

⑧ 你们把事情复杂化哒，我实在弄不明白。（“弄不明白”，动补短语；“弄”，动词；“明白”，“弄”的补语；“弄”与“明白”之间加“不”，构成否定形式的可能式。“我实在弄不明白”，意思是“你们把事情复杂化哒”，复杂的事情一般人是弄不明白的。所以，被你们复杂化哒的“事情”，我实在没办法弄明白）

3.“A＋V 得 / 不 b_3”

荆门方言中的“A＋V 得 / 不 b_3”，“A”，主语；“V 得 / 不 b_3”，谓语。“V”，充当谓语中心的动词。“b_3”，单纯趋向动词或复合趋向动词，如“拿来”“借去”“登上”“走进”“爬上来”等，表示“V”发展变化的趋向，是“V”的趋向补语。趋向补语的可能式是在中间加“得”或“不”，如“拿得来”“拿不来”。“得”，表示可能；“不”，表示不可能。“V 不 b_3”，否定形式；“V 得 b_3”，肯定形式。如：

① 这座山不高，爬得上去。（“爬得上去”，动补短语；“爬”，动词；“上去”，“爬”的趋向。“爬”是为哒“上去”，“爬”与“上去”之间加“得”，构成肯定形式的可能式。“爬得上去”，意思是“这座山不高”，是能够“爬上去”的）

② 这座山虽然不高，我腿疼爬不上去。（“爬不上去”，动补短语；“爬”，动词；“上去”，“爬”的趋向。“爬”是为哒“上去”，“爬”与“上去”之间加“不”，构成否定形式的可能式。“爬不上去”，意思是“这座山不高”，在正常情况下是能够“爬上去”的，但“我腿疼”，“这座山虽然不高”，我也“爬不上去”）

③ 我们穷家小户，你郎老人家走得进来啊？（“走得进来”，动补短语；“走”，动词；“进来”，“走”的趋向。“走”是为哒“进来”，“走”与“进来”之间加“得”，构成肯定形式的可能式。“走得进来”，意思是能够“走进来”。“穷家小户”，是说家里穷，不是高门大户；“你郎老人家走得进来

啊”，“你郎”，您；“你郎老人家”，您老人家；“走得进来啊”？反问，家里乱七八糟，担心客人嫌弃，“走不进来”）

④ 你郎老人家的门槛高，我们这平头百姓是走不进来。（“走不进来”，动补短语；“走”，动词；“进来”，“走”的趋向。“走”是为哒“进来”，“走”与“进来”之间加“不”，构成否定形式的可能式。“走不进来”，意思是不可能“走进来”。“门槛高”，是说有钱有势的高门大户；“平头百姓”，没钱没势的穷苦人。“是走不进来”，在旧社会，穷人哪敢随便进出高门大户！“是”，表示强调）

⑤ 我们俩的关系还可以，他屋里的东西我借得来。（“借得来”，动补短语；“借”，动词；“来”，“借”的趋向。“借”与“来”之间加“得”，构成肯定形式的可能式。“他屋里的东西”是“借”受事；“我”是“借”施事。因为“我们俩的关系还可以”，所以“我”能把“他屋里的东西”借来）

⑥ 你要借的可不是一般的东西，恐怕借不来。（“借不来”，动补短语；“借”，动词；“来”，“借”的趋向。“借”与“来”之间加“不”，构成否定形式的可能式。“你要借的可不是一般的东西”，指出所“借”的东西是非常贵重的物品。既然非常贵重的物品，凭“一般的”关系是很难“借”的。所以你“恐怕借不来”）

⑦ 他家里的传家宝，你拿得出来吗？（“拿得出来”，动补短语；“拿”，动词；“出来”，“拿”的趋向补语。“拿”与“出来”之间加“得”，构成肯定形式的可能式。“他家里的”一般的东西，“你”肯定“拿得出来”。如果是“他家里的传家宝”，就不见得拿得出来）

⑧ 我拿不出来，因为我从来就没见过什么传家宝。（“拿不出来”，动补短语；“拿”，动词；“出来”，“拿”的趋向补语。“拿”与“出来”之间加“不”，构成否定形式的可能式。“我从来就没见过什么传家宝”，所以“我拿不出来”）

（八）动补句

动补句是言语活动中陈述事物发展变化的趋向或结果的句子。动补句的谓语由动补短语充当。汉语的动补短语的结构形式为：“A＋Vb”。“Vb”，动补短语，充当谓语。“V”，多为及物动词，前可带状语，后可出现宾语或者能补出宾语，是动补句的结构中心。“b”，可以是形容词，也可以是动词，补充说明事物发展变化的趋向或结果，是动补句的语义中心。

动补句说明事物发展变化的趋向或结果，多为完成体貌。普通话动补句与方言动补句的区别，主要表现在体貌助词的使用上。动补句最主要的有两种，一是动趋式，二是动结式。

1. 动趋式

动趋式动补句，说明事物发展变化的趋向。荆门方言的动趋式动补句的结构形式为“A＋Vb_1哒”。“Vb_1”的“b_1”，由趋向动词充当；“Vb_1”之后一般出现“V”的宾语，如果不出现，也可以补得出来。“V”的宾语既可出现在“b_1”之后，也可出现在“b_1”之前。如果“b_1”是合成趋向动词，“V”的宾语还可出现在合成趋向动词之间。如：

① 前面走来哒一个人。（“走来哒”，动补短语，充当谓语，说明“前面”有人在走，而且迎面走来哒。“走”，是“前面”那个人的活动；“来”，是“前面”那个人活动的趋向。从句子结构来看，“前面”是主语部分，“走来哒一个人”是这句话的谓语部分，“一个人”是“走来”的施事宾语）

② 车下爬上来哒一个小青年。（“爬上来哒”，动补短语，充当谓语，说明“车下”有人在爬，而且从下面爬上来哒。“爬”，是“车下”那个人的活动；“上来”，是“车下”那个人活动的趋向。从句子结构来看，“车下”是主语部分，“爬上来哒一个小青年”是这句话的谓语部分，“一个小青年”是“爬上来”的施事宾语）

③ 窗户外面飞进来哒两只苍蝇。（“飞进来哒”，动补短语，充当谓语，说明“窗户外面”有苍蝇在飞，而且从外面飞进来哒。“飞”，是“窗户外面”那两只苍蝇的活动；“进来”，是“窗户外面”那两只苍蝇活动的趋向。从句子结构来看，“窗户外面”是主语部分，“飞进来哒两只苍蝇”是这句话的谓语部分，“两只苍蝇”是“飞进来”的施事宾语）

④ 他拿出来哒一本小说。（“拿出来哒”，动补短语，充当谓语，说明“他”在往外拿一本小说，而且从内面拿出来哒。“拿”，是“他”的活动；“出来”，是“他”活动的趋向。从句子结构来看，“他”是主语部分，“拿出来哒一本小说”是这句话的谓语部分，“一本小说”是“拿出来”的受事宾语）

⑤ 服务员抬上来哒一桶啤酒。（“抬上来哒”，动补短语，充当谓语，说明“服务员”在抬一桶啤酒，而且从下面抬上来哒。“抬”，是“服务员”的活动；“上来”，是“服务员”活动的趋向。从句子结构来看，“服务员”

是主语部分，“抬上来哒一桶啤酒”是这句话的谓语部分，“一桶啤酒”是“抬上来”的受事宾语）

⑥ 楼上丢下来哒一个酒瓶子。（“丢下来哒”，动补短语，充当谓语，说明“楼上”有人在喝酒，而且把酒瓶子从上面扔下来。“丢”，是“楼上”喝酒人的活动；“下来”，是“楼上”喝酒人的扔酒瓶子活动的趋向。从句子结构来看，“楼上”是主语部分，“丢下来哒一个酒瓶子”是这句话的谓语部分，“一个酒瓶子”是“丢下来”的受事宾语）

⑦ 她走出教室哒。（“走出教室哒”，动补短语，充当谓语，说明“她”已经离开教室。“走”，是“她”的动作；“出”，是“走”的趋向。从句子结构来看，“她”是“走”的施事，主语；“教室”是“走”的处所宾语）

⑧ 他游过河去哒。（“游过河去哒”，动补短语，充当谓语，说明“他”已经从“河”这边到哒“河”那边。“游”，是“他”的行为；“过去”，是“游”的趋向。从句子结构来看，“他”是“游”的施事，主语；“河”是“游”的处所宾语。“过去”，由“过”与“去”组合而成，“游”的处所宾语“河”出现在合成趋向动词的“过”与“去”之间）

⑨ 他翻过墙去哒。（“翻过墙去哒”，动补短语，充当谓语，说明“他”已经从“墙”这边到哒“墙”那边。“翻”，是“他”的行为；“过去”，是“翻”的趋向。从句子结构来看，“他”是“翻”的施事，主语；“墙”是“翻”的处所宾语。“过去”，由“过”与“去”组合而成，“翻”的处所宾语“墙”出现在合成趋向动词的“过”与“去”之间）

2. 动结式

动结式动补句，说明事物发展变化的结果。荆门方言的动结式动补句的结构形式为“A＋Vb_2哒”。“Vb_2”的“b_2”，大多数由形容词充当，也用一般动词、代词（怎么样）充当。能作补语的动词为数不多，主要有“走”“跑”“动”“倒”“翻”“病”“疯”“死”“见”“懂”“完”“通”“穿”“透”等。“Vb_2”之后一般会出现“V”的宾语，如果不出现，也可以补得出来。如：

① 我已向你说清楚哒这个问题。（“说清楚哒”，动补短语，充当谓语。“清楚”，形容词，表明“说”的结果。“这个问题”，是“说”的对象宾语。“向你”，介词结构，“说”的状语。“你”，名词，说的补语）

② 电脑的价格已经卖穿哒。（“卖穿哒”，动补短语，充当谓语。“穿”，

动词，表明“卖”的结果。“电脑的价格”，是“已经卖穿哒”陈述的对象。所谓“卖穿哒”，是说“电脑的价格”已经没有秘密，是公开的。“卖穿”，因为“卖”，才“穿”。“穿”是“卖电脑”这一商务活动发展变化的结果）

③ 我已经听懂哒你的话。（“听懂哒”，动补短语，充当谓语。“懂”，动词，表明“听”的结果。“你的话”，是“听”的对象。“我”听“你的话”，有一个由“不懂”到“懂”的过程。由“不懂”到“懂”，是“我”听“你的话”这一活动的发展变化，“懂”就是发展变化的结果）

④ 不管你说得怎么样，我们也没有办法帮你。（“说得怎么样”，动补短语，充当谓语。“怎么样”，代词，表明“说”的结果。“不管你说得怎么样”，意思是：“不管你的话”说得“怎么”好听，或者“怎么”有道理，“我们也没有办法帮你”。“说话”是言语活动，“怎么样”指“话”说得如何如何动听、如何如何有道理。“怎么样”，就是对“你”的言语活动发展变化结果的描述）

⑤ 好高兴！笑得合不拢嘴哒。（“笑得合不拢嘴哒”，动补短语，充当谓语。“合不拢嘴”，动词短语，表明“笑”的结果。“好高兴”，是“笑”的原因。“笑”有一个过程，“合不拢嘴”就是这一过程发展变化的结果）

⑥ 我们打赢哒球！（“打赢哒”，动补短语，充当谓语。“赢”，动词，表明“打”的结果。“球”，是“打”的对象。这里说的“打球”，是一场体育竞赛，竞赛的结果是“我们打赢哒”，“赢”就是这一竞赛过程发展变化的结果）

⑦ 我们打破哒球！（“打破哒”，动补短语，充当谓语。“破”，动词，表明“打”的结果。“球”，是“打”的对象。这里说的“打球”，是用手拍打球。“球”本来是让人“打”的，然而不知道是用力过猛还是“球”的质量不好，“我们打破哒球”。用手拍打球有一个过程，“打破哒球”，“破”就是这一过程发展变化的结果）

⑧ 我们打完哒球！（“打完哒”，动补短语，充当谓语。“完”，动词，表明“打”的结果。“球”，是“打”的对象。这里说的“打球”是一场运动，可能是“打乒乓球”，也可能是“打篮球”。“我们打完哒球”，是一场运动过程的结束，“打完哒球”，“完”就是这一过程发展变化的结果）

三、语法例句

这里所列例句248条，来源于张振兴先生提供的《汉语方言语法调查例句》。先列《汉语方言语法调查例句》上的说法。（本书选语法例句248句，每一句有两种说法。“|”表示并立，依次为北方话说法［宋体字］、荆门方言说法［仿宋字］、荆门方言说法记音［国际音标］）

001（这句话用荆门话怎么说？）

这句话用荆门话怎么说？

tse˦ tɕy˦ xua˦ ioŋ˦ tɕin˥ mən˩˧ xua˦ tsən˨ me˦ so˩˧?

002（你还会说别的地方的话吗？）

你还会说别的地方的话吗？

li˨ xai˩˧ xuei˦ so˩˧ piɛ˩˧ ti˦ ti˦ faŋ˥ ti˦ xua˦ ma˦?

003（不会了，我从小就没出过门，只会说荆门话。）

不会哒，我从小就没出过门，只会说荆门话。

pu˩˧ xuei˦ ta˩˧，o˨ tsʻon˩˧ ɕiau˨ tɕiəu˦ mei˥ tsʻu˩˧ ko˦ mən˩˧，tsɿ˨ xuei˦ so˩˧ tɕin˥ mən˩˧ xua˦。

004（会，还会说江陵话、武汉话，不过说得不怎么好。）

会，还会说江陵话、武汉话，不过说的不怎么好。

xuei˦，xai˩˧ xuei˦ so˩˧ tɕiaŋ˥ lin˩˧ xua˦、u˨ xan˦ xua˦，pu˩˧ ko˦ so˩˧ ti˦ pu˩˧ tsən˨ me˦ xau˨。

005（会说普通话吗？）

会说普通话吗？

xuei˦ so˩˧ pʻu˨ tʻon˥ xua˦ ma˦?

006（不会说，没有学过。）

不会说，没有学过。

pu˩˧ xuei˦ so˩˧，mei˥ iəu˨ ɕio˩˧ ko˦。

007（会说一点儿，不标准就是了。）

会说一低尕，不标准就是哒。

xuei˦ so˩˧ i˩˧ ti˥ ka，pu˩˧ piau˥ tsuən˨ tɕiəu˨ sɿ˦ ta˩˧。

008（在什么地方学的普通话？）

在什么地方学的普通话？

tsai˧ sɿ˩˧ me˧ ti˧ faŋ˥ ɕio˩˧ ti˧ p'u˧˩ t'on˥ xua˧?

009（上小学中学都学普通话。）

上小学中学都学普通话。

saŋ˧ ɕiau˧˩ ɕio˩˧ tson˥ ɕio˩˧ tu˥ ɕio˩˧ p'u˧˩ t'on˥ xua˧。

010（谁呀？我是老王。）

谁啊？我是老王。

suei˩˧ a˩˧? o˧˩ sɿ˧ lau˧˩ uaŋ˩˧。

011（您贵姓？我姓王，您呢？）

你郎贵姓？我姓王，你郎呢？

n˩˧ aŋ˧ kuei˧ ɕin˧? o˧˩ ɕin˧ uaŋ˩˧，n˩˧ aŋ˧ liɛ˥?

012（我也姓王，咱俩都姓王。）

我也姓王，我们俩都姓王。

o˧˩ iɛ˧˩ ɕin˧ uaŋ˩˧，o˧˩ mən˩˧ liaŋ˧˩ tu˥ ɕin˧ uaŋ˩˧。

013（巧了，他也姓王，本来是一家嘛。）

巧哒，他也姓王，本来是一家嘛。

tɕ'iau˧˩ ta˩˧，t'a˥ iɛ˧˩ ɕin˧ uaŋ˩˧，pən˧ lai˩˧ sɿ˧ i˩˧ tɕia˥ ma˥。

014（老张来了吗？说好他也来的！）

老张来哒吧？说好哒他也来的！

lau˧˩ tsaŋ˥ lai˩˧ ta˩˧ pa˥? so˩˧ xau˧˩ t'a˥ iɛ˧˩ lai˩˧ ti˩˧！

015（他没来，还没到吧。）

他没来，还没到吧！

t'a˥ mei˥ lai˩˧，xai˩˧ mei˥ tau˧ pa˥！

016（他上哪儿了？还在家里吧！）

他去哪里去哒？还在家里吧！

t'a˥ k'ɨ˧ la˧˩ li˧˩ k'ɨ˧ ta˩˧? xai˩˧ tsai˧ tɕia˥ li˧˩ pa˥！

017（在家做什么？在家吃饭呢。）

在家里做什么子？在家里吃饭呢。

tsai˧ tɕia˥ li˧˩ tsəu˧ son˧˩ me˧ r? tsai˧ tɕia˥ li˧˩ tɕ'i˩˧ fan˧ liɛ˥。

018（都几点了，怎么还没吃完？）

都几点哒，怎么还没吃完？

tu˥ tɕi˨ tiɛn˨ ta˩，tsən˨ me˦ xai˩ mei˥ tɕ'i˩ uan˩?

019（还没有呢，再有一会儿就吃完了。）

还没呢，过一哈哈就吃完哒。

xai˩ mei˥ liɛ˥，ko˦ i˩ xa˥ xa˥ tɕiəu˦ tɕ'i˩ uan˩ ta˩。

020（他在哪儿吃的饭？）

他在哪哈吃的饭？

t'a˥ tsai˦ la˨ xa˥ tɕ'i˩ ti˩ fan˦?

021（他是在我家吃的饭。）

他是在我家吃的饭。

t'a˥ sɿ˦ tsai˦ o˨ tɕia˥ tɕ'i˩ ti˩ fan˦。

022（真的吗？真的，他是在我家吃的饭。）

真的？真的，他是在我家吃的饭。

tsən˥ ti˩? tsən˥ ti˩，t'a˥ sɿ˦ tsai˦ o˨ tɕia˥ tɕ'i˩ ti˩ fan˦。

023（先喝一杯茶再说吧！）

先喝一杯茶再说。

ɕiɛn˥ xo˥ i˩ pei˥ ts'a˩ tsai˦ so˩。

024（说好了就走的，怎么半天了还不走？）

说好哒就走的，怎么半天哒还不走？

so˩ xɑu˨ ta˩ tɕiəu˦ tsəu˨ ti˩，tsən˨ me˦ pan˦ t'iɛn˥ ta˩ xai˩ pu˩ tsəu˨?

025（他磨磨蹭蹭的，做什么呢？）

他磨磨蹭蹭的，做什么子？

t'a˥ me˦ me˦ ts'ən˩ ts'ən˩ ti˩，tsəu˦ son˨ me˦ r?

026（他正在那儿跟一个朋友说话呢。）

他正在那哈跟一个朋友说话。

t'a˥ tsən˦ tsai˦ la˨ xa˨ kən˥ i˩ ko˦ p'on˩ iəu˨ so˩ xua˦。

027（还没说完啊？催他快点儿！）

还没说完哪？催他快低尕！

xai˩ mei˥ so˩ uan˩ la˨? ts'uei˥ t'a˥ k'uai˩ ti˥ ka˩ !

028（好，好，他就来了。）

好，好，他就来哒。

xɑu˨，xɑu˨，tʻa˥ tɕiəu˥ lai˩ ta˩。

029 (你上哪儿去？我上街去。)

你到哪哈去？我到街上去。

li˨ tɑu˥ la˨ xa˥ kʻɨ˥？o˨ tɑu˥ kai˥ sɑŋ˥ kʻɨ˥。

030 (你多会儿去？我马上就去。)

你好大一哈去？我马上就去。

li˨ xɑu˨ ta˥ i˩ xa˥ kʻɨ˥？o˨ ma˨ sɑŋ˥ tɕiəu˥ kʻɨ˥。

031 (做什么去呀？家里来客人了，买点儿菜去。)

做什么子去啊？家里来客人哒，买低尕菜去。

tsəu˥ son˨ me˥ r kʻɨ˥ a˥？tɕia˥ li˨ lai˩ kʻe˩ ən˩ ta˩，mai˨ ti˥ ka˩ tsʻai˥ kʻɨ˥。

032 (你先去吧，我们一会儿再去。)

你先去吧，我们过一哈就去。

li˨ ɕiɛn˥ kʻɨ˥ pa˥，o˨ mən˩ ko˥ i˩ xa˥ tɕiəu˥ kʻɨ˥。

033 (好好儿走，别跑！小心摔跤了。)

好低尕走，不要跑！小心跶跕溜子。

xɑu˨ ti˥ ka˩ tsəu˨，pu˩ iɑu˥ pʻɑu˨！ɕiɑu˨ ɕin˥ ta˩ ku˥ liəu˥ r。

034 (小心点儿，不然的话摔下去爬都爬不起来。)

小心低尕，不然的话跶下去哒爬都爬不起来。

ɕiɑu˨ ɕin˥ ti˥ ka˩，pu˩ an˩ ti˥ xua˥ ta˩ ɕia˥ kʻɨ˥ ta˩ pʻa˩ tu˥ pʻa˩ pu˩ tɕʻi˨ lai˩。

035 (不早了，快去吧！)

不早哒，快去吧！

pu˩ tsɑu˨ ta˩，kʻuai˩ kʻɨ˥ pa˥！

036 (这会儿还早呢，过一会儿再去吧。)

这会子还早，过一哈再去吧！

tse˥ xue˥ r xai˩ tsɑu˨，ko˥ i˩ xa˥ tsai˥ kʻɨ˥ pa˥！

037 (吃了饭再去好不好？)

吃哒饭再去好啵？

tɕʻi˩ ta˩ fan˥ tsai˥ kʻɨ˥ xɑu˨ pe˥？

038 (不行，那可就来不及了。)

不行，那可就来不及哒。

pu˩ çin˩，le˦ k'o˧ tçiəu˦ lai˩ pu˩ tçi˩ ta˩。

039（不管你去不去，反正我是要去的。）

不管你去不去，反正我是要去的。

pu˩ kuan˧ li˧ k'ɨ˦ pu˩ k'ɨ˦，fan˧ tsən˦ o˧ sɿ˦ iɑu˦ k'ɨ˦ ti˦。

040（你爱去不去。你爱去就去，不爱去就不去。）

你爱去不去。你爱去就去，不爱去就不去。

li˧ ai˦ k'ɨ˦ pu˩ k'ɨ˦。li˧ ai˦ k'ɨ˦ tçiəu˦ k'ɨ˦，pu˩ ai˦ k'ɨ˦ tçiəu˦ pu˩ k'ɨ˦。

041（那我非去不可！）

那我非去不可！

le˦ o˧ fei˥ k'ɨ˦ pu˩ k'o˧！

042（那个东西不在那儿，也不在这儿。）

那个东西不在那哈，也不在这哈。

le˦ ko˦ ton˥ çi˥ pu˩ tsai˦ la˧ xa˧，iɛ˧ pu˩ tsai˦ tsa˧ xa˧。

043（那到底在哪儿？）

那到底在哪哈？

le˦ tɑu˦ ti˧ tsai˦ la˧ xa˥?

044（我也说不清楚，你问他去！）

我也说不清楚，你问他去！

o˧ iɛ˧ so˩ pu˩ tç'in˥ ts'u˧，li˧ uən˦ t'a˥ k'ɨ˦！

045（怎么办呢？不是那么办，要这么办才对。）

怎么办呢？不是那么办，要这么办才对。

tsən˧ me˦ pan˦ liɛ˥? pu˩ sɿ˦ le˦ me˦ pan˦，iɑu˦ tse˦ me˦ pan˦ ts'ai˩ tei˦。

046（要多少才够呢？）

要多少才够呢？

iɑu˦ to˥ sɑu˧ ts'ai˩ kəu˦ liɛ˥?

047（太多了，要不了那么多，只要这么多就够了。）

太多哒，要不了那么多，只要这么多就够哒。

t'ai˦ to˥ ta˩，iɑu˦ pu˩ liɑu˧ le˦ me˦ to˥，tsɿ˥ iɑu˦ tse˦ me˦ to˥ tçiəu˦ kəu˦ ta˩。

048（不管怎么忙，也得好好儿学习。）

不管怎么忙，也得好好地学习。

pu˨ kuan˥˧ tsən˥˧ me˦ maŋ˥，iɛ˥˧ te˨ xau˥˧ xau˥˧ ti˦ ɕio˨ ɕi˨。

049（你闻闻这朵花香不香？）

你闻闻这朵花香不香？

li˥˧ uən˨ uən˨ tse˦ to˥˧ xua˥ ɕiaŋ˥ pu˨ ɕiaŋ˥？

050（好香呀，是不是？）

好香啊，是不是？

xau˥˧ ɕiaŋ˥ a˥，sɿ˦ pu˨ sɿ˦？

051（你是抽烟呢，还是喝茶？）

你是抽烟呢，还是喝茶？

li˥˧ sɿ˦ tsʻəu˥ iɛn˥ liɛ˥，xai˨ sɿ˦ xo˥ tsʻa˨？

052（烟也好，茶也好，我都不会。）

烟也好，茶也好，我都不会。

liɛ˥ iɛ˥˧ xau˥˧，tsʻa˨ iɛ˥˧ xau˥˧，o˥˧ tu˥ pu˨ xuei˦。

053（医生叫你多睡一睡，抽烟喝茶都不行。）

医生叫你多睡一睡，抽烟喝茶都不行。

i˥ sən˥ tɕiau˦ li˥˧ to˥ suei˦ i˨ suei˦，tsʻəu˥ iɛn˥ xo˥ tsʻa˨ tu˥ pu˨ ɕin˨。

054（咱们一边走一边说。）

我们一边走一边说。

o˥˧ mən˨ i˨ piɛn˥ tsəu˥˧ i˨ piɛn˥ so˨。

055（这个东西好是好，就是太贵了。）

这个东西好是好，就是太贵哒。

tse˦ ko˦ ton˥ ɕi˥ xau˥˧ sɿ˦ xau˥˧，tɕiəu˦ sɿ˦ tʻai˦ kuei˦ ta˨。

056（这个东西虽说贵了点儿，不过挺结实的。）

这个东西虽说贵哒一点，不过蛮结实的。

tse˦ ko˦ ton˥ ɕi˥ suei˥ so˨ kuei˦ ta˨ i˨ tiɛn˥˧，pu˨ ko˦ man˨ tɕiɛ˨ sɿ˨ ti˨。

057（他今年多大了？）

他今年多大哒？

tʻa˥ tɕin˥ liɛn˨ to˥ ta˦ ta˨？

058（也就是三十来岁吧。）

也就三十多岁吧。

iɛ˨ tɕiəu˧ san˥ sɿ˩ lai˩ suei˧ pa˥。

059（看上去不过三十多岁的样子。）

看上去不过三十多岁的样子。

k‘an˩ saŋ˧ k‘ɨ˧ pu˩ ko˧ san˥ sɿ˩ to˥ suei˧ ti˩ iaŋ˧ r。

060（这个东西有多重呢？）

这个东西有好重啊？

tse˧ ko˧ ton˥ ɕi˥ iəu˨ xau˨ tson˧ a˥?

061（怕有五十多斤吧。）

恐怕有五十多斤吧。

k‘oŋ˨ p‘a˧ iəu˨ u˨ sɿ˩ to˥ tɕin˥ pa˥。

062（我五点半就起来了，你怎么七点了还不起来？）

我五点半就起来哒，你怎么七点哒还不起来？

o˨ u˨ tiɛn˨ pan˧ tɕiəu˧ tɕ‘i˨ lai˩ ta˩，li˨ tsən˨ me˧ tɕ‘i˩ tiɛn˨ ta˩ xai˩ pu˩ tɕ‘i˨ lai˩?

063（三四个人盖一床被。一床被盖三四个人。）

三四个人盖一床被子。一床被子盖三四个人。

san˥ sɿ˧ ko˧ ən˩ kai˩ i˩ ts‘uaŋ˩ pei˧ r。i˩ ts‘uaŋ˩ pei˧ r kai˩ san˥ sɿ˧ ko˧ ən˩。

064（一个大饼夹一根油条。一根油条外加一个大饼。）

一个饼子夹一根馃子。一根馃子外加一个饼子。

i˩ ko˧ pin˨ r tɕia˩ i˩ kən˥ ko˨ r。i˩ kən˥ ko˨ r uai˧ tɕia˥ i˩ ko˧ pin˨ r。

065（两个人坐一张凳子。一张凳子坐了两个人。）

两个人坐一个凳子。一个凳子坐哒两个人。

liaŋ˨ ko˧ ən˩ tso˧ i˩ ko˧ tən˩ r。i˩ ko˧ tən˩ r tso˧ ta˩ liaŋ˨ ko˧ ən˩。

066 一辆车装三千斤麦子。三千斤麦子刚好够装一辆车。

一辆车装三千斤麦子。三千斤麦子刚好装满一辆车。

i˩ liaŋ˨ ts‘e˥ tsuaŋ˥ san˥ tɕ‘iɛn˥ tɕin˥ me˩ r。san˥ tɕ‘iɛn˥ tɕin˥ me˩ r kaŋ˥ xau˨ tsuaŋ˥ man˨ i˩ liaŋ˨ ts‘e˥。

067（十个人吃一锅饭。一锅饭够吃十个人。）

十个人吃一锅饭。一锅饭够十个人吃。

sɿ˨ ko˦ ən˨ tɕʻi˨ i˨ ko˥ fan˦。i˨ ko˥ fan˦ kəu˦ sɿ˨ ko˦ ən˨ tɕʻi˨。

068 (十个人吃不了这锅饭。这锅饭吃不了十个人。)

十个人吃不完这锅饭。这锅饭不够十个人吃。

sɿ˨ ko˦ ən˨ tɕʻi˨ pu˨ uan˨ tse˦ ko˥ fan˦。tse˦ ko˥ fan˦ pu˨ kəu˦ sɿ˨ ko˦ ən˨ tɕʻi˨。

069 (这个屋子住不下十个人。)

这间屋子住不下十个人。

tse˦ kan˥ u˨ r tsu˦ pu˨ ɕia˦ sɿ˨ ko˦ ən˨。

070 (小屋堆东西，大屋住人。)

小屋尬东西，大屋住人。

ɕiɑu˧ u˨ ka˦ ton˥ ɕi˥，ta˦ u˨ tsu˦ ən˨。

071 (他们几个人正说着话呢。)

他们几个人正在说话呢。

tʻa˥ mən˨ tɕi˧ ko˦ ən˨ tsən˦ tsai˦ so˨ xua˦ liɛ˥。

072 (桌上放着一碗水，小心别碰倒了。)

桌上尬哒一碗水，小心，不要碰倒哒。

tso˨ saŋ˦ ka˦ ta˨ i˨ uan˧ suei˧，ɕiɑu˧ ɕin˥，pu˨ iɑu˦ pʻon˦ tɑu˧ ta˨。

073 (门口站着一帮人，在说着什么。)

门口站哒一帮人，在说什么子。

mən˨ kʻəu˧ tsan˦ ta˨ i˨ paŋ˥ ən˨，tsai˦ so˨ son˧ me˦ r。

074 (坐着吃好，还是站着吃好?)

坐逗吃好，还是站逗吃好?

tso˦ təu˨ tɕʻi˨ xɑu˧，xai˨ sɿ˦ tsan˦ təu˨ tɕʻi˨ xɑu˧?

075 (想着说，不要抢着说。)

想逗说，不要抢逗说。

ɕiaŋ˧ təu˨ so˨，pu˨ iɑu˦ tɕʻiaŋ˧ təu˨ so˨。

076 (说着说着就笑起来了。)

说逗说逗就笑起来哒。

so˨ təu˨ so˨ təu˨ tɕiəu˦ ɕiɑu˦ tɕʻi˧ lai˨ ta˨。

077 (别怕！你大着胆子说吧。)

不要怕！你大逗胆子说吧。

puɅ iɑu˥ p'a˥！li˧ ta˥ təuɅ tan˧ r soɅ pa˥。

078 (这个东西重着呢，足有一百来斤。)

这个东西蛮重呢，足有一百来斤。

tse˥ ko˥ ton˥ ɕi˥ manɅ tson˥ liɛ˥，tsuɅ iəu˧ iɅ peɅ laiɅ tɕin˥。

079 (他对人可好着呢！)

他对人蛮好呢！

t'a˥ tei˥ ənɅ man˧ xɑu˧ liɛ˥！

080 (这小伙子可有劲着呢！)

这小伙子蛮有劲呢！

tse˥ ɕiɑu˧ xo˧ r man˧ iəu˧ tɕin˥ liɛ˥！

081 (别跑，你给我站着！)

不要跑，你给我站逗！

puɅ iɑu˥ p'ɑu˧，li˧ ke˧ o˧ tsan˥ təuɅ！

082 (下雨了，路上小心着！)

下雨哒，路上小心低尕！

ɕia˥ y˧ taɅ，lu˥ sɑŋ˥ ɕiɑu˧ ɕin˥ ti˥ kaɅ！

083 (点着火了。着凉了。)

点燃火哒。着凉哒。

tiɛn˧ anɅ xo˧ taɅ。tsoɅ liɑŋɅ taɅ。

084 (甭着急，慢慢儿来。)

不要着急，慢低尕来。

puɅ iɑu˥ tsoɅ tɕiɅ，man˥ ti˥ kaɅ laiɅ。

085 (我正在这儿找着呢，还没找着。)

我正在到处找呢，一直没找逗。

o˧ tsən˥ tsai˥ tɑu˥ ts'u˧ tsɑu˧ liɛ˥，iɅ tsɿɅ mei˥ tsɑu˧ təuɅ。

086 (她呀，可厉害着呢！)

她呀，不晓得好厉害！

t'a˥ ia˥，puɅ ɕiɑu˧ teɅ xɑu˧ li˥ xai˥！

087 (这本书好看着呢。)

这本书蛮好看呢。

tse˥ pən˥ su˥ man˨ xɑu˨ k'an˩ liɛ˥。

088（饭好了，快来吃吧。）

饭好哒，快来吃吧。

fan˥ xɑu˨ ta˩，k'uai˩ lai˩ tɕ'i˩ pa˥。

089（锅里还有饭没有？你去看一看。）

锅里还有饭没得？你去看一下。

ko˥ li˨ xai˩ iəu˨ fan˥ mei˥ te˩？li˨ k'ɨ˥ k'an˩ i˩ xa˨。

090（我去看了，没有饭了。）

我去看哒，没得饭哒。

o˨ k'ɨ˥ k'an˩ ta˩，mei˥ te˩ fan˥ ta˩。

091（就剩一点儿了，吃了得了。）

就剩一低尕哒，吃哒算哒。

tɕiəu˥ sən˥ i˩ ti˥ ka˩ ta˩，tɕ'i˩ ta˩ suan˥ ta˩。

092（吃了饭要慢慢儿地走，别跑，小心肚子疼。）

吃哒饭要慢低尕走，不要跑，小心肚子疼。

tɕ'i˩ ta˩ fan˥ iɑu˥ man˥ ti˥ ka˩ tsəu˨，pu˩ iɑu˥ p'ɑu˨，ɕiɑu˨ ɕin˥ tu˨ r t'ən˩。

093（他吃了饭了，你吃了饭没有呢？）

他吃哒饭哒，你吃哒没得？

t'a˥ tɕ'i˩ ta˩ fan˥ ta˩，li˨ tɕ'i˩ ta˩ mei˥ te˩？

094（我喝了茶还是渴。）

我喝哒茶还是干。

o˨ xo˥ ta˩ ts'a˩ xai˩ sɿ˥ kan˥。

095（我吃了晚饭，出去溜达了一会儿，回来就睡下了，还做了个梦。）

我吃哒晚饭，出去走哒一哈哈，回来就睡哒，还做哒个梦。

o˨ tɕ'i˩ ta˩ uan˨ fan˥，ts'u˩ k'ɨ˥ tsəu˨ ta˩ i˩ xa˥ xa˥，xuei˩ lai˩ tɕiəu˥ suei˥ ta˩，xai˩ tsəu˥ ta˩ ko˥ mon˥。

096（吃了这碗饭再说。）

吃哒这碗饭再说。

tɕ'i˩ ta˩ tse˥ uan˨ fan˥ tsai˥ so˩。

097（我昨天照了相了。）

我昨日照哒相哒。

o˧˩ tso˩˧ zʅ˥ tsau˩˧ ta˩˧ ɕiaŋ˥ ta˩˧。

098（有了人，什么事都好办。）

有哒人，什么事都好办。

iəu˧˩ ta˩˧ ən˩˧，sʅ˩˧ me˥ sʅ˥ təu˥ xau˧˩ pan˥。

099（不要把茶杯打碎了。）

不要把茶杯打破哒。

pu˩˧ iau˥ pa˧˩ tsʻa˩˧ pei˥ ta˧˩ pʻe˥ ta˩˧。

100（你快把这碗饭吃了，饭都凉了。）

你快把这碗饭吃哒，饭都凉哒。

li˧˩ kʻuai˩˧ pa˧˩ tse˥ uan˧˩ fan˥ tɕʻi˩˧ ta˩˧，fan˥ təu˥ liaŋ˩˧ ta˩˧。

101（下雨了。雨不下了，天晴开了。）

下雨哒。雨不下哒，天晴哒。

ɕia˥ y˧˩ ta˩˧。y˧˩ pu˩˧ ɕia˥ ta˩˧，tʻiɛn˥ tɕʻin˩˧ ta˩˧。

102（打了一下。去了一趟。）

打哒一下。去哒一趟。

ta˧˩ ta˩˧ i˩˧ xa˧˩。kʻɨ˥ ta˩˧ i˩˧ tʻaŋ˥。

103（晚了就不好了，咱们快点儿走吧！）

晚哒就不好哒，我们快低尕走吧！

uan˧˩ ta˩˧ tɕiəu˥ pu˩˧ xau˧˩ ta˩˧，o˧˩ mən˩˧ kʻuai˩˧ ti˥ ka˩˧ tsəu˧˩ pa˥！

104（给你三天时间做得了做不了？）

给你三天时间做不做得出来？

ke˧˩ li˧˩ san˥ tʻiɛn˥ sʅ˩˧ tɕiɛn˥ tsəu˥ pu˩˧ tsəu˥ te˩˧ tsʻu˩˧ lai˩˧？

105（你做得了，我做不了。）

你做得出来，我做不出来。

li˧˩ tsəu˥ te˩˧ tsʻu˩˧ lai˩˧，o˧˩ tsəu˥ pu˩˧ tsʻu˩˧ lai˩˧。

106（你骗不了我。）

你骗不逗我。

li˧˩ pʻiɛn˥ pu˩˧ təu˥ o˧˩。

107（了了这桩事情再说。）

了哒这桩事再说。

liɑu˧ ta˩ tse˦ tsuɑŋ˥ sɿ˦ tsai˦ so˩。

108 (这间房没住过人。)

这间屋没住过人。

tse˦ kan˥ u˩ mei˥ tsu˦ ko˦ ən˩。

109 (这牛拉过车，没骑过人。)

这牛拉过车，没骑过人。

tse˦ iəu˩ la˥ ko˦ tsʻe˥，mei˥ tɕʻi˥ ko˦ ən˩。

110 (这小马海没骑过人，你小心点儿。)

这小马脾气大，没骑过人，你小心低尕。

tse˦ ɕiɑu˧ ma˧ pʻi˩ tɕʻi˦ ta˦，mei˥ tɕʻi˥ ko˦ ən˩，li˧ ɕiɑu˧ ɕin˥ ti˥ ka˩。

111 (以前我坐过船，可从来没骑过马。)

我以前坐过船，可从来没骑过马。

o˧ i˧ tɕʻiɛn˩ tso˦ ko˦ tsʻuan˩，kʻo˧ tsʻon˩ lai˩ mei˥ tɕʻi˥ ko˦ ma˧。

112 (丢在街上了。搁在桌上了。)

丢在街上哒。尬在桌上哒。

tiəu˥ tsai˦ kai˥ sɑŋ˦ ta˩。ka˦ tsai˦ tso˩ sɑŋ˦ ta˩。

113 (掉到地上了，怎么都没找着。)

掉在地上哒，我说怎么找不逗呢。

tiɑu˦ tsai˦ ti˦ sɑŋ˦ ta˩，o˧ so˩ tsən˧ me˦ tsɑu˧ pu˩ təu˩ liɛ˥。

114 (今晚别走了，就在我家住下吧！)

今日晚界不走哒，就住在我这哈！

tɕi˥ zɿ˦ uan˧ kai˩ pu˩ tsəu˧ ta˩，tɕiəu˦ tsu˦ tsai˦ o˧ tse˦ xa˧！

115 (这些果子吃得吃不得？)

这些果子吃不吃得？

tse˦ ɕiɛ˥ ko˧ r tɕʻi˩ pu˩ tɕʻi˩ te˩？

116 (这是熟的，吃得。那是生的，吃不得。)

这是熟的，吃得。那是生的，吃不得。

tse˦ sɿ˦ su˩ ti˦，tɕʻi˩ te˩。le˦ sɿ˦ sən˥ ti˦，tɕʻi˩ pu˩ te˩。

117 (你们来得了来不了？)

你们能不能够来？

li˧ mən˩ lən˩ pu˩ lən˩ kəu˦ lai˩？

118 (我没事，来得了。他太忙，来不了。)

我没得事，能够来。他太忙，不能来。

o˧ mei˥ te˦ sɿ˦，lən˦ kəu˦ lai˦。ta˦ t'ai˦ maŋ˥，pu˦ lən˦ lai˦。

119 (这个东西很重，拿得动拿不动？)

这东西蛮重，拿不拿得动？

tse˦ toŋ˥ ɕi˥ man˦ tsoŋ˦，la˦ pu˦ la˦ te˦ toŋ˦？

120 (我拿得动，他拿不动。)

我拿得动，他拿不动。

o˧ la˦ te˦ toŋ˦，t'a˥ la˦ pu˦ toŋ˦。

121 (真不轻，重得连我都拿不动了。)

真不轻，连我都拿不动。

tsən˥ pu˦ tɕ'in˥，liɛn˦ o˧ təu˥ la˦ pu˦ toŋ˦。

122 (他手巧，画得很好看。)

他手巧，画得蛮好看。

t'a˥ səu˧ tɕ'iau˧，xua˦ te˦ man˦ xau˧ k'an˦。

123 (他忙得很，忙得连吃过饭没有都忘了。)

他忙得很，忙得连吃哒饭没得都忘记哒。

t'a˥ maŋ˦ te˦ xən˧，maŋ˦ te˦ liɛn˦ tɕ'i˦ ta˦ fan˦ mei˥ te˦ təu˥ uaŋ˦ tɕi˦ ta˦。

124 (你看他急得，急得脸都红了。)

你看把他急的，脸都急红哒。

li˧ k'an˦ pa˧ t'a˥ tɕi˦ te˦，liɛn˧ təu˥ tɕi˦ xoŋ˦ ta˦。

125 (你说得很好，你还会说些什么呢？)

你说得很好，还能说点别的什子啵？

li˧ so˦ te˦ xən˧ xau˧，xai˦ lən˦ so˦ tiɛn˧ piɛ˦ ti˦ soŋ˧ r pe˥？

126 (说得到，做得了，真棒！)

说得到，做得到，真行！

so˦ te˦ tau˦，tsəu˦ te˦ tau˦，tsən˥ ɕin˦！

127 (这个事情能不能说啊？)

这个事情说得说不得啊？

tse˦ ko˦ sɿ˦ tɕ'in˦ so˦ te˦ so˦ pu˦ te˦ a˥？

128（他说得快不快？听清楚了吗？）
他说得快不快？听清楚哒吧？
tʻa˥ so˩ te˩ kʻuai˩ pu˩ kʻuai˩? tʻin˥ tɕʻin˥ tsʻu˨ ta˩ pa˥?
129（他说的多不多？只有五分钟时间了。）
他要说的多不多？只有五分钟时间哒。
tʻa˥ iɑu˥ so˩ ti˧ to˥ pu˩ to˥? tsʅ˥ iəu˨ u˨ fən˥ tsoŋ˥ sʅ˩ tɕiɛn˧ ta˩。
130（这是他的书。）
这是他的书。
tse˧ sʅ˧ tʻa˥ ti˧ su˥。
131（那本书是他哥哥的。）
那本书是他哥哥的。
le˧ pən˧ su˥ sʅ˧ tʻa˥ ko˥ ko˥ ti˧。
132（桌子上的书是谁的？是老王的。）
桌子上的书是啥个的？是老王的。
tso˩ r saŋ˧ ti˧ su˥ sʅ˧ sa˨ ko˧ ti˧? sʅ˧ lɑu˨ uaŋ˩ ti˧。
133（屋子里坐着很多人，看书的看书，看报的看报，写字的写字。）
屋里坐哒很多人，看的看书，看的看报，写的写字。
u˩ li˨ tso˧ ta˩ xən˨ to˥ ən˩，kʻan˩ ti˧ kʻan˩ su˥，kʻan˩ ti˧ kʻan˩ pɑu˧，ɕiɛ˨ ti˧ ɕiɛ˨ tsʅ˧。
134（要说他的好话，不要说他的坏话。）
要说他的好话，不要说他的坏话。
iɑu˧ so˩ tʻa˥ ti˧ xɑu˨ xua˧，pu˩ iɑu˧ so˩ tʻa˥ ti˧ xuai˧ xua˧。
135（上次是谁请的客？是我请的。）
上次是啥个请的客？是我请的。
saŋ˧ tsʻʅ˧ sʅ˧ sa˨ ko˧ tɕʻin˨ ti˧ kʻe˩? sʅ˧ o˨ tɕʻin˨ ti˧。
136（你是哪年来的？）
你是哪年来的？
li˨ sʅ˧ la˨ liɛn˩ lai˩ ti˧?
137（我是前年到的北京。）
我是前年来的北京。
o˨ sʅ˧ tɕʻiɛn˩ liɛn˩ lai˩ ti˧ pe˩ tɕin˥。

138（你说的是谁？）

你说的是啥个？

li˧ so˩ ti˥ sɿ˥ sa˧ ko˥?

139（我反正不是说的你。）

我反正不是说的你。

o˧ fan˧ tsən˥ pu˩ sɿ˥ so˩ ti˥ li˧。

140（他那天是见的老张，不是见的老王。）

他那天是见的老张，不是见的老王。

t'a˥ le˥ t'iɛn˥ sɿ˥ tɕiɛn˥ ti˥ lau˧ tsaŋ˥，pu˩ sɿ˥ tɕiɛn˥ ti˥ lau˧ uaŋ˩。

141（只要他肯来，我就没的说了。）

只要他肯来，我就没得什子说的哒。

tsɿ˥ iau˥ t'a˥ k'ən˧ lai˩，o˧ tɕiəu˥ mei˥ te˩ son˧ r so˩ ti˥ ta˩。

142（以前是有得做，没得吃。）

以前是有做的，没得吃的。

i˧ tɕ'iɛn˩ sɿ˥ iəu˧ tsəu˥ ti˥，mei˥ te˩ tɕ'i˩ ti˥。

143（现在是有的做，也有的吃。）

现在是做有做的，吃也有吃的。

ɕiɛn˥ tsai˥ sɿ˥ tsəu˥ iəu˧ tsəu˥ ti˥，tɕ'i˩ iɛ˧ iəu˧ tɕ'i˩ ti˥。

144（上街买个蒜啊葱的，也方便。）

上街买点蒜啦葱的，蛮方便。

saŋ˥ kai˥ mai˧ tiɛn˧ suan˥ la˥ ts'on˥ ti˥，man˩ faŋ˥ piɛn˥。

145（柴米油盐什么的，都有的是。）

柴米油盐这些子，有的是。

ts'ai˩ mi˧ iəu˩ iɛn˩ tse˥ ɕiɛ˥ r，iəu˧ ti˥ sɿ˥。

146（写字算账什么的，他都能行。）

写写算算这些子事，他都能行。

ɕiɛ˧ ɕiɛ˧ suan˥ suan˥ tse˥ ɕiɛ˥ r sɿ˥，t'a˥ tu˥ lən˩ ɕin˩。

147（把那个东西递给我。）

把那个东西递给我。

pa˧ le˥ ko˥ ton˥ ɕi˥ ti˥ ke˧ o˧。

148（是他把那个杯子打碎了。）

是他把那个杯子打破哒。

sʅ˧ tʻa˥ pa˨ le˧ ko˧ pei˥ r ta˨ pʻe˩ ta˩。

149 (把人家脑袋都打出血了，你还笑!)

把人家的脑壳都打出血哒，你还笑!

pa˨ ən˩ ka˥ ti˧ lau˨ kʻo˩ tu˥ ta˨ tsʻu˩ ɕiɛ˩ ta˩，li˨ xai˩ ɕiau˧ !

150 (快去把书还给他。)

快去把书还给他。

kʻuai˩ kʻi˧ pa˨ su˥ xuan˩ ke˨ tʻa˥。

151 (我真后悔当时没把他留住。)

我真后悔当时没把他留逗。

o˨ tsən˥ xəu˧ xuei˨ taŋ˥ sʅ˩ mei˥ pa˨ tʻa˥ liəu˩ təu˩。

152 (你怎么能不把人当人呢?)

你怎么不把人当人呢?

li˨ tsən˨ me˧ pu˩ pa˨ ən˩ taŋ˩ ən˩ liɛ˥?

153 (有的地方管太阳叫日头。)

有的地方管太阳叫日头。

iəu˨ ti˧ ti˧ faŋ˥ kuan˨ tʻai˧ iaŋ˩ tɕiau˧ zʅ˧ tʻəu˩。

154 (什么? 她管你叫爸爸!)

什子? 她管你叫爹!

son˨ r? tʻa˥ kuan˨ li˨ tɕiau˧ tiɛ˥ !

155 (你拿什么都当真的，我看没必要。)

你把什子都当真的，我看没必要。

li˨ pa˨ son˨ r tu˥ taŋ˩ tsən˥ ti˧，o˨ kʻan˩ mei˥ pi˩ iau˧。

156 (真拿他没办法，烦死我了。)

真拿他没得法，烦死我哒。

tsən˥ la˩ tʻa˥ mei˥ te˩ fa˩，fan˩ sʅ˨ o˨ ta˩。

157 (看你现在拿什么还人家。)

看你现在拿什么子还人家。

kʻan˩ li˨ ɕiɛn˧ tsai˧ la˩ son˨ me˧ r xuan˩ ən˩ ka˥。

158 (他被妈妈说哭了。)

他被妈说哭哒。

tʻa˥ pei˧ ma˥ so˩ kʻu˩ ta˩。

159（所有的书信都被火烧了，一点儿剩的都没有。）

所有的书信都被火烧哒，一低尕剩的都没得。

so˨ iəu˨ ti˧ su˥ ɕin˧ tu˥ pei˧ xo˨ sɑu˥ ta˩，i˩ ti˥ ka˩ sən˧ ti˧ tu˥ mei˥ te˩。

160（被他缠了一下午，什么都没做成。）

被他缠哒一下午，什子都没做成。

pei˧ tʻa˥ tsʻan˩ ta˩ i˩ ɕia˧ u˨，son˨ r tu˥ mei˥ tsəu˧ tsʻən˩。

161（让人给打懵了，一下子没明白过来。）

让人给打懵哒，一哈没明白过来。

ɑŋ˧ ən˩ ta˨ mon˩ ta˩，i˩ xa˥ mei˥ min˥ pe˩ ko˧ lai˩。

162（给雨淋了个浑身湿透。）

给雨淋哒个浑身透湿。

ke˨ y˨ lin˩ ta˩ ko˧ xuən˩ sən˥ tʻəu˨ sɿ˩。

163（给我一本书。给他三本书。）

给我一本书。给他三本书。

ke˨ o˨ i˩ pən˧ su˥。ke˨ tʻa˥ san˥ pən˧ su˥。

164（这里没有书，书在那里。）

这哈没得书，书在那哈。

tse˧ xa˨ mei˥ te˩ su˥，su˥ tsai˧ la˨ xa˨。

165（叫他快来找我。）

叫他快来找我。

tɕiɑu˧ tʻa˥ kʻuai˩ lai˩ tsɑu˨ o˨。

166（赶快把他请来。）

赶快把他请来。

kan˨ kʻuai˩ pa˨ tʻa˥ tɕʻin˨ lai˩。

167（我写了条子请病假。）

我写哒条子请病假。

o˨ ɕiɛ˨ ta˩ tʻiɑu˩ r tɕʻin˨ pin˧ tɕia˨。

168（我上街买了份报纸看。）

我上街买哒份报纸看。

o˧ saŋ˥ kai˥ mai˧ ta˨ fən˥ pau˥ tsʅ˧ k'an˨。

169 (我笑着躲开了他。)

我笑逗躲开哒他。

o˧ çiau˥ təu˥ to˧ k'ai˥ ta˨ t'a˥。

170 (我抬起头笑了一下。)

我抬起头笑哒一下。

o˧ t'ai˨ tç'i˧ t'əu˨ çiau˥ ta˨ i˨ xa˧。

171 (我就是坐着不动，看你能把我怎么着。)

我就是坐逗不动，看你能把我怎么办。

o˧ tçiəu˥ sʅ˥ tso˥ təu˨ pu˨ toŋ˧，k'an˨ li˧ lən˨ pa˧ o˧ tsən˧ me˥ pan˥。

172 (她照顾病人很细心。)

她招呼病人很过细。

t'a˥ tsau˥ xu˥ pin˥ ən˨ xən˧ ko˥ çi˥。

173 (他接过苹果就咬了一口。)

他接过苹果就嗷哒一口。

t'a˥ tçiɛ˨ ko˥ p'in˨ ko˧ tçiəu˥ au˧ ta˨ i˨ k'əu˧。

174 (他的一番话使在场的所有人都流了眼泪。)

他的一番话叫在场的所有人都流哒眼流水。

t'a˥ ti˥ i˨ fan˥ xua˥ tçiau˥ tsai˥ ts'aŋ˨ ti˥ so˧ iəu˧ ən˨ tu˥ liəu˨ ta˨ iɛn˧ liəu˨ suei˧。

175 (我们请他唱了一首歌。)

我们请他唱哒一首歌。

o˧ mən˨ tç'in˧ t'a˥ ts'aŋ˥ ta˨ i˨ səu˧ ko˥。

176 (我有几个亲戚在外地做工。)

我有几个亲戚在外地打工。

o˧ iəu˧ tçi˧ ko˥ tç'in˥ tç'i˨ tsai˥ uai˥ ti˥ ta˧ koŋ˥。

177 (他整天都陪着我说话。)

他整天都陪逗我说话。

t'a˥ tsən˧ t'iɛn˥ tu˥ p'ei˨ təu˥ o˧ so˨ xua˥。

178 (我骂他是个大笨蛋，他居然不恼火。)

我骂他是个大蠢猪，他居然不恼火。

o˧ ma˥ tʻa˥ sɿ˦ ko˦ ta˦ tsʻuən˧ tsu˥，tʻa˥ tɕy˥ an˨ pu˨ lɑu˧ xo˧。

179 (他把钱一扔，二话不说，转身就走。)

他把钱一丢，二话不说，转身就走。

tʻa˥ pa˧ tɕʻiɛn˨ i˨ tiəu˥，z ɨ˦ xua˦ pu˨ so˨，tsuan˧ sən˥ tɕiəu˦ tsəu˧。

180 (我该不该来呢?)

我该不该来呢?

o˧ kai˥ pu˨ kai˥ lai˨ liɛ˥?

181 (你来也行，不来也行。)

你来也行，不来也行。

li˧ lai˨ iɛ˧ ɕin˨，pu˨ lai˨ iɛ˧ ɕin˨。

182 (要我说，你就不应该来。)

要我说，你就不该来。

iɑu˦ o˧ so˨，li˧ tɕiəu˦ pu˨ kai˥ lai˨。

183 (你能不能来?)

你能不能来?

li˧ lən˨ pu˨ lən˨ lai˨?

184 (看看吧，现在说不准。)

看看吧，现在说不逗。

kʻan˨ kʻan˨ pa˥，ɕiɛn˦ tsai˦ so˨ pu˨ təu˨。

185 (能来就来，不能来就不来。)

能来就来，不能来就不来。

lən˨ lai˨ tɕiəu˦ lai˨，pu˨ lən˨ lai˨ tɕiəu˦ pu˨ lai˨。

186 (你打算不打算去?)

你打不打算去?

li˧ ta˧ pu˨ ta˧ suan˦ kʻɨ˦?

187 (去呀! 谁说我不打算去?)

去啊! 啥个说我不打算去?

kʻɨ˦ a˥! sa˧ ko˦ so˨ o˧ pu˨ ta˧ suan˦ kʻɨ˦?

188 (他一个人敢去吗?)

他一个人敢去?

tʻa˥ i˨ ko˦ ən˨ kan˧ kʻɨ?

189 (敢！那有什么不敢的？)
敢！那有什么子不敢的？
kan˧? le˥ iəu˧ son˧ me˥ r pu˨ kan˧ ti˥?
190 (他到底愿不愿意说？)
他到底愿不愿意说？
t'a˥ tau˥ ti˧ yɛn˥ pu˨ yɛn˥ i˥ so˨?
191 (谁知道他愿意不愿意说？)
啥个晓得他愿不愿意说？
sa˧ ko˥ ɕiau˧ te˨ t'a˥ yɛn˥ pu˨ yɛn˥ i˥ so˨?
192 (愿意说得说，不愿意说也得说。)
愿意说得说，不愿意说也得说。
yɛn˥ i˥ so˨ te˨ so˨，pu˨ yɛn˥ i˥ so˨ iɛ˧ te˨ so˨。
193 (反正我得让他说，不说不行。)
反正我要叫他说，不说不行。
fan˧ tsən˥ o˧ iau˥ tɕiau˥ t'a˥ so˨，pu˨ so˨ pu˨ ɕin˨。
194 (还有没有饭吃？)
还有没得饭吃？
xai˨ iəu˧ mei˥ te˨ fan˥ tɕ'i˨?
195 (有，刚吃呢。)
有饭吃，我们才吃呢！
iəu˧ fan˥ tɕ'i˨，o˧ mən˨ ts'ai˨ tɕ'i˨ liɛ˥！
196 (没有了，谁叫你不早来！)
没得哒，啥个叫你不早低尕来！
mei˥ te˨ ta˨，sa˧ ko˥ tɕiau˥ li˧ pu˨ tsau˧ ti˥ ka˨ lai˥！
197 (你去过北京吗？我没去过。)
你去过北京吗？我没去过。
li˧ k'i˥ ko˥ pe˨ tɕin˥ ma˥? o˧ mei˥ k'i˥ ko˥。
198 (我十几年前去过，可没怎么玩，都没印象了。)
我十几年前去过，可没怎么玩，都没印象哒。
o˧ sɿ˨ tɕi˧ liɛn˨ tɕ'iɛn˨ k'i˥ ko˥，k'o˧ mei˥ tsən˧ me˥ uan˨，tu˥ mei˥ in˥ ɕiaŋ˥ ta˨。

199（这件事他知道不知道？）
这件事他晓不晓得？
tse˦ tɕiɛn˦ sʅ˦ tʻa˥ ɕiɑu˨ pu˧ ɕiɑu˨ te˧?

200（这件事他肯定知道。）
这件事他肯定晓得。
tse˦ tɕiɛn˦ sʅ˦ tʻa˥ kʻən˨ tin˦ ɕiɑu˨ te˧。

201（据我了解，他好像不知道。）
据我了解，他好像不晓得。
tɕy˦ o˨ liɑu˨ kai˨，tʻa˥ xɑu˨ ɕiɑŋ˦ pu˧ ɕiɑu˨ te˧。

202（这些字你认得不认得？）
这些字你认不认得？
tse˦ ɕiɛ˥ tsʅ˦ li˨ ən˦ pu˧ ən˦ te˧？

203（我一个大字也不认得。）
我一个大字也不认得。
o˨ i˧ ko˦ ta˦ tsʅ˦ iɛ˨ pu˧ ən˦ te˧。

204（只有这个字我不认得，其他字都认得。）
只有这个字我不认得，其他字都认得。
tsʅ˨ iəu˨ tse˦ ko˦ tsʅ˦ o˨ pu˧ ən˦ te˧，tɕʻi˧ tʻa˥ tsʅ˦ tu˥ ən˦ te˧。

205（你还记得不记得我？）
你还记不记得我？
li˨ xai˧ tɕi˦ pu˧ tɕi˦ te˧ o˨?

206（记得，怎么能不记得！）
记得，怎么能记不得！
tɕi˦ te˧，tsən˨ me˦ lən˧ tɕi˦ pu˧ te˧!

207（我忘了，一点都不记得了。）
我忘哒，一低尕都记不得哒。
o˨ uɑŋ˦ ta˧，i˧ ti˥ ka˧ tu˥ tɕi˦ pu˧ te˧ ta˧。

208（你在前边走，我在后边走。）
你在前头走，我在后头走。
li˨ tsai˦ tɕʻiɛn˧ tʻəu˧ tsəu˨，o˨ tsai˦ xəu˦ tʻəu˧ tsəu˨。

209（我告诉他了，你不用再说了。）

我告诉他哒，你不用再说哒。

o˅ kau˥ su˥ t'a˥ ta˩，li˅ pu˩ ioŋ˥ tsai˥ so˩ ta˩。

210 (这个大，那个小，你看哪个好?)

这个大，那个小，你看哪个好?

tse˥ ko˥ ta˥，le˥ ko˥ ɕiau˅，li˅ k'an˩ la˅ ko˥ xau˅?

211 (这个比那个好。)

这个比那个好。

tse˥ ko˥ pi˅ le˥ ko˥ xau˅。

212 (那个没有这个好，差多了。)

那个没得这个好，差多哒。

le˥ ko˥ mei˥ te˩ tse˥ ko˥ xau˅，ts'a˥ to˥ ta˩。

213 (要我说这两个都好。)

要我说这两个都好。

iau˥ o˅ so˩ tse˥ liaŋ˅ ko˥ tu˥ xau˅。

214 (其实这个比那个好多了。)

其实这个比那个好多哒。

tɕ'i˩ sɿ˩ tse˥ ko˥ pi˅ le˥ ko˥ xau˅ to˥ ta˩。

215 (今天的天气没有昨天好。)

今日的天道没得昨日好。

tɕi˥ zɿ˥ ti˥ t'iɛn˥ tau˥ mei˥ te˩ tso˩ zɿ˥ xau˅。

216 (昨天的天气比今天好多了。)

昨日的天道比今日好多哒。

tso˩ zɿ˥ ti˥ t'iɛn˥ tau˥ pi˅ tɕi˥ zɿ˥ xau˅ to˥ ta˩。

217 (明天的天气肯定比今天好。)

明日的天道肯定比今日好。

me˩ zɿ˥ ti˥ t'iɛn˥ tau˥ k'ən˅ tin˥ pi˅ tɕi˥ zɿ˥ xau˅。

218 (那个房子没有这个房子好。)

那个房子没得这个房子好。

le˥ ko˥ faŋ˩ r mei˥ te˩ tse˥ ko˥ faŋ˩ r xau˅。

219 (这些房子不如那些房子好。)

这些房子不如那些房子好。

tse˧ ɕiɛ˥ faŋ˩ r pu˩ zu˩ le˧ ɕiɛ˥ faŋ˩ r xau˨。

220（这个有那个大没有？）

这个有那个大没得？

tse˧ ko˧ iəu˨ le˧ ko˧ ta˧ mei˥ te˩？

221（这个跟那个一般大。）

这个跟那个一般大。

tse˧ ko˧ kən˥ le˧ ko˧ i˩ pan˥ ta˧。

222（这个比那个小了一点点儿，不怎么看得出来。）

这个比那个小哒一低孬，不怎么看得出来。

tse˧ ko˧ pi˨ le˧ ko˧ ɕiau˨ ta˩ i˩ ti˥ ka˩，pu˩ tsən˨ me˧ k'an˩ te˩ ts'u˩ lai˩。

223（这个大，那个小，两个不一般大。）

这个大，那个小，两个不一般大。

tse˧ ko˧ ta˧，le˧ ko˧ ɕiau˨，liaŋ˨ ko˧ pu˩ i˩ pan˥ ta˧。

224（这个跟那个大小一样，分不出来。）

这个跟那个大小一样，分不出来。

tse˧ ko˧ kən˥ le˧ ko˧ ta˧ ɕiau˨ i˩ iaŋ˧，fən˥ pu˩ ts'u˩ lai˩。

225（这个人比那个人高。）

这个人比那个人高。

tse˧ ko˧ ən˩ pi˨ le˧ ko˧ ən˩ kau˥。

226（是高一点儿，可是没有那个人胖。）

是高一低孬，可是没得那个人胖。

sɿ˧ kau˥ i˩ ti˥ ka˩，k'o˨ sɿ˧ mei˥ te˩ le˧ ko˧ ən˩ p'aŋ˧。

227（他们一般高，我看不出谁高谁矮。）

他们一般高，我看不出啥个高啥个矮。

t'a˥ mən˩ i˩ pan˥ kau˥，o˨ k'an˩ pu˩ ts'u˩ sa˨ ko˧ kau˥ sa˨ ko˧ ai˨。

228（胖的好还是瘦的好？）

胖的好还是瘦的好？

p'aŋ˧ ti˧ xau˨ xai˩ sɿ˧ səu˧ ti˧ xau˨？

229（瘦的比胖的好。）

瘦的比胖的好。

səu˥ ti˧ pi˨ p'ɑŋ˥ ti˧ xɑu˨。

230 (瘦的胖的都不好，不瘦不胖最好。)

瘦的胖的都不好，不瘦不胖最好。

səu˥ ti˧ p'ɑŋ˥ ti˧ tu˥ pu˩ xɑu˨，pu˩ səu˥ pu˩ p'ɑŋ˥ tsuei˧ xɑu˨。

231 (这个东西没有那个东西好用。)

这个东西没得那个东西好用。

tse˧ ko˧ ton˥ ɕi˥ mei˥ te˩ le˧ ko˧ ton˥ ɕi˥ xɑu˨ ioŋ˧。

232 (这两种颜色一样吗?)

这两种颜色一样吗?

tse˧ liɑŋ˨ tson˨ iɛn˩ se˩ i˩ iɑŋ˧ ma˧?

233 (不一样，一种色淡，一种色浓。)

不一样，一种色淡，一种色浓。

pu˩ i˩ iɑŋ˧，i˩ tson˨ se˩ tan˧，i˩ tson˨ se˩ lon˩。

234 (这种颜色比那种颜色淡多了，你都看不出来?)

这种颜色比那种颜色淡多哒，你都看不出来?

tse˧ tson˨ iɛn˩ se˩ pi˨ le˧ tson˨ iɛn˩ se˩ tan˧ to˥ ta˩，li˨ tu˥ k'an˩ pu˩ ts'u˩ lai˩?

235 (你看看现在，现在的日子比过去强多了。)

你看看现在，现在的日子比先前强多哒。

li˨ k'an˩ k'an˩ ɕiɛn˧ tsai˧，ɕiɛn˧ tsai˧ ti˧ zɿ˧ r pi˨ ɕiɛn˥ tɕ'iɛn˩ tɕ'iɑŋ˩ to˥ ta˩。

236 (以后的日子比现在更好。)

以后的日子比现在更好。

i˨ xəu˧ ti˧ zɿ˧ r pi˨ ɕiɛn˧ tsai˧ kən˧ xɑu˨。

237 (好好干吧，这日子一天比一天好。)

好好干吧，这日子一天比一天好。

xɑu˨ xɑu˨ kan˧ pa˥，tse˧ zɿ˧ r i˩ t'iɛn˥ pi˨ i˩ t'iɛn˥ xɑu˨。

238 (这些年的生活一年比一年好，越来越好。)

这些年的生活一年比一年好，越来越好。

tse˧ ɕie˥ liɛn˩ ti˧ sən˥ xo˩ i˩ liɛn˩ pi˨ i˩ liɛn˩ xɑu˨，yɛ˩ lai˩ yɛ˩ xɑu˨。

239 (咱兄弟俩比一比，看谁跑得快。)

我们兄弟俩比一比，看啥个跑得快。

o˧ mən˨ çioŋ˥ ti˦ liɑŋ˧ pi˧ i˨ pi˧，k'an˨ sa˧ ko˦ p'ɑu˧ te˨ k'uai˨。

240（我比不上你，你跑得比我快。）

我比不上你，你跑得比我快。

o˧ pi˧ pu˨ sɑŋ˦ li˧，li˧ p'ɑu˧ te˨ pi˧ o˧ k'uai˨。

241（他跑得比我还快。一个比一个跑得快。）

他跑得比我还快。一个比一个跑得快。

t'a˥ p'ɑu˧ te˨ pi˧ o˧ xai˨ k'uai˨，i˨ ko˦ pi˧ i˨ ko˦ p'ɑu˧ te˨ k'uai˨。

242（他比我吃得多，干得也多。）

他比我吃得多，干得也比我多。

t'a˥ pi˧ o˧ tç'i˨ te˨ to˥，kan˦ te˨ iɛ˧ pi˧ o˧ to˥。

243（他干起活来，比谁都快。）

他干起活来，比啥个都快。

t'a˥ kan˦ tç'i˧ xo˨ lai˨，pi˧ sa˧ ko˦ tu˥ k'uai˨。

244（说了一遍，又说一遍，不知说了多少遍。）

说哒一遍，又说一遍，不晓得说哒多少遍。

so˨ ta˨ i˨ piɛn˨，iəu˦ so˨ i˨ piɛn˨，pu˨ çiɑu˧ te˨ so˨ ta˨ to˥ sɑu˧ piɛn˨。

245（我嘴笨，怎么也说不过他。）

我嘴笨，怎么也说不过他。

o˧ tsuei˧ pən˨，tsən˧ me˦ iɛ˧ so˨ pu˨ ko˦ t'a˥。

246（他走得越来越快，我都跟不上了。）

他走得越来越快，我都跟不上哒。

t'a˥ tsəu˧ te˨ yɛ˨ lai˨ yɛ˨ k'uai˨，o˧ tu˥ kən˥ pu˨ sɑŋ˦ ta˨。

247（越走越快，越说越快。）

越走越快，越说越快。

yɛ˨ tsəu˧ yɛ˨ k'uai˨，yɛ˨ so˨ yɛ˨ k'uai˨。

248（慢慢说，一句一句地说。）

慢低尕说，一句一句地说。

man˦ ti˥ ka˨ so˨，i˨ tçy˦ i˨ tçy˦ ti˦ so˨。

第五章 荆门方言的现代发展

荆门方言，底层有华夏古荆楚方言的积淀，深层有唐宋时期荆楚方言的铺陈，表层有明清时期的荆楚人文特色，我们称之为现代西南官话荆楚方言。现代西南官话荆楚方言形成于“江西填湖广”移民活动之后的明清时期，是汉民族内部移民运动的产物。

现代荆楚方言是从古荆楚方言发展演变来的。早在殷商时期，原居中原的楚人向西南迁至汉水流域；周初受封子男之田，立国荆山；西周晚期，楚人沿古沮、漳（今南漳、宜城的蛮河上游）河谷进入汉西平原，自觉与三苗等南蛮部落融合，得江汉间民和；两周之际，楚征服汉阳诸姬，兼并汉北，抗衡中原；春秋早、中期，楚北进中原，东据淮域，与华夏融为一体。在楚族的发展变化中，楚人所使用的语言逐渐演变为华夏语言的古荆楚方言。

秦始皇统一中国，取鄢郢为南郡，取巫中地为黔中郡，以楚之汉北立南阳郡；后又分黔中为长沙郡。汉高祖分长沙郡为桂阳郡，改黔中为武陵郡，分南郡为江夏郡。汉武帝又分长沙为零陵郡。因袭旧名为荆州，统领上述诸郡。魏、蜀、吴三分荆州，魏武分南郡置襄阳郡，今荆门仙居、宜城刘侯集、钟祥双河口以北属襄阳郡。江汉流域一分为三，北属魏，南归蜀，东隶吴。

西晋末年，中国北方苦于战乱，迫使北方汉人大规模南移，据《宋书·州郡志》载：“胡亡氐乱，雍秦流民多南出樊沔，晋孝武帝于襄阳侨立雍州，并立侨郡县。”晋安帝隆安五年（401 年）桓玄“移沮、漳蛮二千户于江南，立武宁郡；更招集流民，立绥安郡”。武宁郡在今荆门市北境；绥安郡在今荆门市南境。武宁郡辖乐乡、长林两县，所谓“沮、漳蛮”，即土著居民；绥安郡，后改为长宁郡，辖长宁、绥安等县，所谓“流民”，即北方来的移民。以荆门地域而论，魏晋南北朝时期，北方来的移民与土著居民至少一半对一半，加速了古荆楚方言向北方话靠拢的进程。

唐代中叶，北部中国由于安史之乱的骚动，再度迫使北方汉人大规模向南迁移。《旧唐书·地理志·荆州江陵府》载："自至德后，中原多故，襄邓百姓，两京衣冠，尽投江湘，故荆南井邑，十倍其初。"这时属"荆州江陵府"管辖的荆门地区的居民，大部分是北方移民。北方移民带来的北方话，取代古荆楚方言成为通用语。然而古荆楚方言在相当长的时间里，仍活跃在本地原有居民的日常生活中，而且以各种不同的方式渗入南来的北方话中，使荆门地域的北方话带上荆楚特色。这带有荆楚特色的北方话就是唐宋时期的荆楚方言。

元朝末年，饱经战乱的湖广地域，人口锐减，朱元璋统一长江流域之后，于洪武年间下令从人多地少的江西等地组织居民迁往湖南、湖北。这就是发生在元末明初"江西填湖广"的大规模移民活动。从已掌握的资料看，现在两湖地区的人群中，除极少数是土著居民的后裔外，绝大部分人的祖先是从湖南、湖北以外其他省份迁来的。当时成千上万户的外省移民，扶老携幼，长途跋涉，迁入湖南、湖北，自主择居。就湖北而言，陕西、山西等北方移民落户在北部和西北部；江西移民落户在东部、中部以及西南部。江西移民进入湖北以水路为主，从长江中下游乘船溯江而上，先选择鄂东定居，然后分三路向湖北北部、中部、西南部扩散：一路沿长江西进，一路经汉水北上，另一路则走随枣走廊到达鄂北。

"江西填湖广"的移民浪潮，使荆楚地域的居民成分发生了根本变化，荆楚地域的北部，即清季之郧阳府、襄阳府所属各县，容纳了大量的陕西、山西移民；荆楚地域的南部，即清季之荆门直隶州、安陆府、荆州府所属各县，容纳了大量的江西移民。陕西、山西移民带来的北方话，江西移民带来的非北方话，融入荆楚方言之后，促使唐宋时期的荆楚方言向现代西南官话荆楚方言转变，形成了现代西南官话荆楚方言。

现代西南官话荆楚方言分布在湖北中、西部，清之季世安襄郧荆道及荆州府的部分地区，包括钟祥、京山、潜江、天门（以上为安陆府），襄阳、宜城、南漳、谷城、老河口、丹江口（以上为襄阳府），郧、房、竹山、竹溪、保康、郧西（以上为郧阳府），荆门、当阳、远安（以上为荆门直隶州），以及江陵、公安、松滋（以上为荆州府）等22个县（市）。

现代荆楚方言可分为两片，清季襄阳府、郧阳府所属各县为北片，安陆府、荆门直隶州、荆州府所属各县为南片。从现实情况来看，荆门东宝区姚河、栗溪，宜城刘侯集，钟祥双河、冷水、郢中以北为北片，以南为南片。现代荆楚方言南、北片的共同特点是绝大部分地区有颤音，中古清音入声字今读为阳平。南、北片的主要差异是今四声北片有曲折调，南片无曲折调。按群众一般的说法，北片“呔”，南片“蛮”。现代荆楚方言处于中原官话与湘方言之间，有明显地由官话向非官话过渡的特点。

一、语音的发展

中华人民共和国成立以后，国家推广全国通用的普通话，即推广“以北京语音为标准音，以北方话为基础方言，以典范的现代白话文著作为语法规范的现代汉民族共同语”。推广普通话是要求说方言的公民，还要学习普通话。从1956年秋季起，除少数民族地区外，在全国小学和中等学校的语文课内一律开始教学普通话。到1960年，小学三年级以上的学生、中学和师范学校的学生都基本上会说普通话。1960年“基本上会说普通话”的小学三年级以上的学生，现在都是六十岁以上的老人了。也就是说，现有居民至少百分之八十的人应该“基本上会说普通话”。如是，“以北京语音为标准音”的普通话对荆门方言的影响就可想而知了。由于推广普通话对方言的影响，从1949年到2009年的60年，荆门方言在语音方面有如下发展变化：

1. 鼻音韵尾 [n]、[ŋ] 的分混趋于规范

20世纪50年代，荆门方言 [-iŋ] 和 [-in] 往往不分，“英”＝“因”，一律念 [-in]。沿207国道愈往南，[-ŋ] 混入 [-n] 的程度愈大。钟祥的双河到沙洋的十里铺，不仅 [-iŋ] 混入 [-in]，而且 [-əŋ] 混入 [-ən]，“庚”＝“根”，一律念 [-ən]。沙洋的拾回桥、纪山往南到荆州，不仅 [-iŋ] 混入 [-in]、[-əŋ] 混入 [-ən]，而且 [-ɑŋ] 混入 [-an]、[-iɑŋ] 混入 [-iɛn]、[-uɑŋ] 混入 [-uan]。“旁”＝“盘”，念 [-an]；“枪”＝“遣”，念 [-iɛn]；“往”＝“晚”，念 [-uan]。今荆门方言中，虽仍然不能分辨 [-iŋ] 和 [-in]，“英”＝“因”，一律念 [-in]；大多数人也不能分辨 [-əŋ] 和 [-ən]，“庚”＝“根”，一律念 [-ən]。但 [-ɑŋ] 混入 [-an]、[-iɑŋ] 混入 [-iɛn]、[-uɑŋ] 混入 [-uan] 的现象，却已经基本消失。

[-iŋ] 和 [-in]、[-əŋ] 和 [-ən] 的区别，在于 [n]、[ŋ]。发[n]的时候，舌头基本上是平放在口中的；发 [ŋ] 的时候，舌头有一个往后缩的动作。荆门方言语调高而平，发 [ŋ] 的舌位与发 [n] 的舌位变化不大。在荆门方言中，就语音上说，“英”与“因”、“庚”与“根”是没有区别的。

[-ɑŋ] 和 [-an]、[-iɑŋ] 和 [-iɛn]、[-uɑŋ] 和 [-uan] 的区别，不只在于 [n]、[ŋ]。[ɑŋ] 与 [an] 的不同，除了 [n] 与 [ŋ] 不同外，[ɑ] 是舌面后、不圆唇、低元音，[a] 是舌面前、不圆唇、低元音；[-iɑŋ] 与 [-iɛn] 的不同，除了 [n] 与 [ŋ] 不同外，[ɑ] 还与 [ɛ] 不同，[ɛ] 是舌面前、不圆唇、半低元音；[-uɑŋ] 与 [-uan] 的不同，除了 [n] 与 [ŋ] 不同外，[ɑ] 还与 [a] 不同。在荆门方言中，对舌位前后、高低、圆唇与不圆唇的反映，是比较敏感的，一般来说，要有意识地纠正是比较容易的。

2. 唇齿音 [f] 与舌根音 [x] 的分混逐渐消失

荆门方言北片不存在 [f]、[x] 混读的现象，而南片有相当一部分地区存在 [f]、[x] 混读现象。钟祥的冷水、石牌、旧口沿汉水南下到天门、潜江的一部分地方 [f]、[x] 混读。

荆门方言区 [f]、[x] 混读，大多数是 [f] 混入 [x]，沙洋沈集“飞”“粉”“方”“风”，都读为 [x-]；也有 [x] 混入 [f] 的，钟祥旧口、京山永隆“胡”“虎”“黄”“魂”，都读为 [f-]。

今荆门方言中，[f]、[x] 混读的现象已经消失，沙洋沈集的中、青年人中，已经基本上没有人将“飞”“粉”“方”“风”，读为 [x-] 的了；钟祥旧口以及京山永隆的中、青年人中，也基本上没有人将“胡”“虎”“黄”“魂”读为 [f-] 的了。[f] 与 [x]，虽然发音方法相同，但发音部位的区别却很大，要有意纠正并不是难事。

3. 颤音有弱化的倾向

荆门话和周围其他一些方言有颤音，可以说是荆楚地区方言的“土特产”。因此我们称之为“荆楚颤音”。荆楚颤音以荆门市区为中心，东面与钟祥、南面与江陵、西面与当阳、北面与宜城连成一片，向周边扩散，遍及荆楚地区的绝大部分县（市）。荆楚地区北片存在儿化与颤音共处的现象，荆楚地区南片，只有颤音而无儿化。儿化是在音节的韵母发音时加上一个卷舌动作，使这个韵母带上卷舌音“儿”音色的音变现象。儿化与颤音相比，儿化只卷舌，颤音既卷舌又颤动且自成音节。

荆门方言中有颤音，但荆门人的言语中带颤音，并不是先天遗传，而是一种后天习得。据考察，一周岁到两周岁的幼儿一般都不会发颤音，两周岁半或三周岁开始从父母言语中习得。三周岁半或四周岁就说得比较自然。外地迁入荆门的孩子，十岁以内习得颤音很容易，十岁以后较为困难。荆门的学生到外地求学，方言腔调很难改变，要想不带颤音却十分容易。荆门人旅居外地，即使说方言，也很少带颤音，然而一旦回到家乡，在与老朋友交谈时，便很自然地带颤音说话。现在的年轻人，言语中带颤音，但与老年人、特别是与农村中很少出远门的老年人相比，颤音不十分响亮，有弱化的倾向。

荆门方言中有“什么子 son˨ me˦ r”一词，20 世纪 50 年代通行，相当于许多官话方言的“甚么”或“甚”。“什么子 son˨ me˦ r”，也说“什子 son˨ r”。20 世纪 70 年代，年轻人的言语中，就很少听到“什么子 son˨ me˦ r”或者“什子 son˨ r”的说法了，代之而起的是“么子 me˦ r”。有些到外面闯荡一阵子以后回来的人，干脆用“么事”代替“么子 me˦ r”。由“什么子 son˨ me˦ r”或者“什子 son˨ r”到“么子 me˦ r”，颤音弱化；由“么子 me˦ r”到“么事”，颤音消失。不过，用“么事”代替“么子 me˦ r”的现象，并不是主流，现在说荆门方言的人，大多数还是说“么子 me˦ r”，一般不说“么事”。

4. 关于古见系开口二等字的今读

在荆门方言中，有些古见系开口二等字今读没有颚化。比如“一间屋”的“间”，“地上有水间逗脚走”的“间”，都念 kan˥；“家里事情多不得闲”的“闲”，念 xan˩；“这菜炒得没得味要咸低尕”的“咸”，念 xan˩。

另：“街”念 kai˥，“解”念 kai˨，“鞋”念 xai˩。这写字的今读也都没有颚化。

荆门方言中以上这些非颚化的读音，在现代年轻人的言语中，特别是生在城里、长在城里的年轻人中，很难听到。农村上街卖菜的嫂子们，经常说：“这菜蛮好吃，一个不得闲 xan˩，今日 tɕi˥ zʅ˦ 才有工夫弄来卖。”城里的年轻人，同样的事情，一般会这样说：“这菜好吃吧，老早就准备请你们，一个没得时间。”“一个不得闲 xan˩”与“一个没得时间”所表达的意思是一样的，现在一般说“没得时间”，很少，或不说“不得闲 xan˩”，就是偶尔有人说“不得闲”，“闲”也读为ɕiɛn˩。

现代荆门年轻人口中的“街”“解”“鞋”“家”的读音也有变化。“街”“解”不念［k-］，而念［tɕ-］。“鞋”不念［Ä-］，而念［ɕ-］。“家”不念［k-］，而念［tɕ-］。不过，在“走人家”这一短语中，“家”还是念ka˥；不喊外婆，喊“家家”，“家”还是念ka˥。

二、词汇的发展

语言是与人的一切活动直接联系着的。社会不断发展，人的生活不断改变，语言的词汇必然会有所扩展，有所变化。经常处于变化之中的，是一般词汇。荆门方言词汇的发展，主要表现在以下三个方面：

（一）新词增加

①与社会政治文化背景有关的新词如：开放、搞活、责任田等；

②反映社会经济状况和生产的新词如：外向型、第三产业、绿色食品等；

③反映文化教育科技进步方面的新词如：茶文化、校园文化、宇宙飞船等；

④流传于群众口头的口语化新词如：走后门、关系户、铁饭碗、妻管严等。

（二）原有词增加意义或改变意义

①现在使用的意义与原义不同：“检讨”，以前指对某个问题或学说的检查研讨，而现在指严格的自我批评；“信心”，原指对宗教的信仰，现在指一个人的自信心。

②原义之外又增加了新义：“坦白”，原来指人的胸襟坦荡无私，是“坦率”的意思，用为形容词。现在把说出自己的思想或行为的真实情况叫坦白，用为动词。“坦白”一词原用为形容词，现在又增加了动词用法。

（三）旧词消失

在我们生活中消失得比较快的词，主要是那种已经过时的词和不符合时代精神面貌的词。如在旧的生产关系情况下，荆门方言中有“田户子”“课田”“看课”“收课”等，这些词已逐渐废弃不用了。还有“说婆子”

"送小媳妇子""拿八字""择期""过礼""过道路""卷帐"等反映旧的婚姻关系的一些词语，也已经消失了。

三、语法的发展

（一）虚词

荆门方言形成于元明清时期，这一时期北方汉语的双音节词进一步发展并占据优势，表示动作、行为体貌的时态助词"着""了"大量使用并固定下来，结构助词"的""地"普遍使用，"得"产生，新的语气词系统形成。与北方汉语相呼应，荆门方言关于动作、行为体貌描写的助词系统也在逐步形成。"逗""着""哒""在"等，广泛使用，或单独，或联合，附着在表示动作、行为的词语之后，把动作、行为的各种体貌表现得惟妙惟肖。如：

(1) 站逗｜坐逗｜睡逗

表示动作、行为的词语之后加"逗"，表明一种姿势，或"站"，或"坐"，或"睡"；也可以表示一种要求或命令，你给我"站逗"、你给我"坐逗"、你给我"睡逗"等。"逗"是表示进行的动态助词，相当于北方话的"着$_1$"，表示动作行为正在进行。

(2) 站着｜坐着｜睡着

表示动作、行为的词语之后加"着"，表示动作、行为正在进行，"着"是表示进行的动态语气词，相当于北方话的"着$_2$"，表达动作行为变化正在进行或正处于某种状态的持续。

(3) 看哒｜完成哒｜做好哒

表示动作、行为的词语之后加"哒"，表示动作、行为的完成，相当于北方话的时态助词"了"。

(4) 站逗着｜坐逗着｜睡逗着

表示动作、行为的词语之后加"逗"和"着"，表明一种姿势的暂时状态，是接着要出现的姿势的前奏，是"先'站逗着'""先'坐逗着'""先'睡逗着'"的意思。"着"是表示进行的动态语气词，相当于北方话的"着$_2$"，表达动作行为变化正在进行或正处于某种状态的持续。

(5) 站逗哒｜坐逗哒｜睡逗哒

表示动作、行为的词语之后加“逗”和“哒”，表明一种姿势的完成，或已经“站”起来，或已经“坐”下去，或已经“睡”下去；也可以表示对一种要求或命令的不折不扣地执行后的回应。

(6) 站逗在｜坐逗在｜睡逗在

表示动作、行为的词语之后加“逗”和“在”，表示对一种要求或命令的不折不扣地执行情况，意思是“是‘站逗在’”“是‘坐逗在’”“是‘睡逗在’”，没有人敢违抗关于“站逗”“坐逗”“睡逗”的命令。“在”，是表示进行的认定语气词，表达对动作行为变化正在进行或正处于某种状态的认定。

荆门方言关于动作、行为体貌描写的助词系统，从清季到现代，一直处在逐步完善的过程中。

（二）语序

“语序”是汉语表示各种语法关系的重要手段之一。在汉语语法的发展中，主语在谓语之前，宾语（包括代词宾语）在动词之后，定语、状语（修饰语）置于中心语（被修饰语）之前，已逐步成为汉语语序较为稳定的模式。

汉语的主谓关系、偏正关系、动宾关系等，是通过语序来表示的。作为表示各种语法关系的重要手段，一个短语或者小句，与另一个短语或者小句，语序不同，语法关系也就不同。“团结群众”与“群众团结”，语序不同，前者是动宾关系，后者是主谓关系；“报告老师”与“老师报告”，语序不同，前者是动宾关系，后者是主谓关系；“漂亮姑娘”与“姑娘漂亮”，语序不同，前者是偏正关系，后者是主谓关系。

语序不同，不仅语法意义不同，命题意义也不相同。“狗嗷 au˧˩ 人”与“人被狗嗷 au˧˩”，同为主谓关系，但因语序有别，命题意义便发生了变化。“狗嗷 au˧˩ 人”，“狗”是命题（主语），“嗷 au˧˩ 人”是陈述的内容（谓语），“人”是“嗷 au˧˩”的对象（宾语）；“人被狗嗷 au˧˩”，“人”是命题（主语），“被狗嗷 au˧˩”是陈述的内容（谓语），“被狗”介词短语作“嗷 au˧˩”的状语，介词“被”引出“嗷 au˧˩”的施事。语序不同，命题意义完全不同。

语序作为重要的语法手段，既有法则性，又有灵活性。所谓法则性，即某种语序表示某种语法关系，是绝对的，不可改变的。如果是“主谓关系”，就必须是“主”在前、“谓”在后；是“偏正关系”，就必须是前

“偏”、后“正”；是“动宾关系”，就必须是先有“动”、后有“宾”。这就是法则，约定俗成，谁也不能改变。所谓灵活性，就是在语用层面具有可选择性。说话人为了表达一定的语用意义，可以自由选择，选择某一语序，而不选择另一语序，是自由的。如：

(1)“我们都不晓得这件事。” | “这件事我们都不晓得。”

“我们都不晓得这件事”，“我们”，主语（施事）；“都不晓得”，谓语（动作行为）；“这件事”，宾语（受事）。“这件事我们都不晓得。”“这件事”，话题主语（“这件事”由受事宾语变为话题），“我们都不晓得”，陈述的内容（谓语）。

如果强调“这件事”，或者有人追究“这件事”的“责任”，为了回避，选用“这件事我们都不晓得”的说法。如是说，即使有什么责任也推得一干二净。

(2)“主席团坐在台上。” | “台上坐着主席团。”

“主席团坐在台上”，“主席团”，主语（施事）；“坐”，谓语（动作行为）；“在台上”，表处所意义的宾语。“台上坐着主席团。”“台上”，话题主语（由处所意义的宾语变为话题），“坐着主席团”，陈述的内容（谓语）。

如果要了解开会的情况，“台上”怎么样，“台下”怎么样，选用“台上坐着主席团”的说法，“台上”不像平时空无一人，而是“坐着主席团”，突出“台上”的存现意义。

(3)“十个人吃哒一锅饭。” | “一锅饭吃哒十个人。”

“十个人吃哒一锅饭”，“十个人”，主语（施事）；“吃哒”，谓语（动作行为）；“一锅饭”，宾语（受事）。“一锅饭吃哒十个人”，“一锅饭”，话题主语（由受事宾语变为话题），“吃哒十个人”，陈述的内容（谓语）。

如果从分配角度考虑，有上百的灾民，要煮好多饭呢？选用“一锅饭吃哒十个人”的说法，突出“一锅饭”数量分配意义。

一般来说，在语序的灵活性方面，说话人选择什么样的语序，起决定作用的主要是对语用意义的表达。荆门方言在运用特定的语序表达特定的语用意义的过程中，已经出现了一写特定句式，不过还很不完备，还在发展变化中。

第六章　荆门方言语料记音

一、故事传说

（一）问路

xən˦˨ tɕiəu˦˨ i˦˨ tɕʻiɛn˩˧，iəu˦˨ ko˦ liɛn˩˧ tɕʻin˥ ən˩˧ mi˩˧ ta˩˧ lu˦，kʻan˩˧ təu˥ tɕʻiɛn˩˧
很 久 以 前，有 个 年 轻 人 迷 哒 路，看 逗 前

miɛn˥ tʻiɛn˩˧ kai˩˧ r saŋ˥ iəu˦˨ ko˦ tɕiɛn˦˨ kəu˦˨ fən˥ ti˦ lɑu˦˨ ən˩˧，lɑu˦˨ yɛn˦˨ tɕiəu˦
面 田 界 子 上 有 个 捡 狗 粪 的 老 人，老 远 就

xan˦˨：“uei˦！ta˦ ko˥，kʻɨ˦ tsʻən˩˧ li˦˨ tsʻɑu˩˧ la˦˨ ko˦ faŋ˥ ɕiɑŋ˦ tsəu˦˨ a˩˧？”
喊：“喂！大 哥，去 城 里 朝 哪 个 方 向 走 呵？”

lɑu˦˨ ən˩˧ li˩˧ tɕʻi˦˨ sən˥，suən˦ kʻəu˦˨ in˦ tɑu˦：“tsʻon˩˧ zɨ˦ ko˥ ti˦ tɑu˦ tsʻɑŋ˩˧ uɑŋ˦˨
老 人 立 起 身，顺 口 应 道：“从 二 哥 的 稻 场 往

lan˩˧，tsʻuan˥ ko˦ san˥ ko˥ ti˦ u˩˧ tsʻɑŋ˩˧ ɕiɑŋ˦ ton˥，tsəu˦˨ sʅ˦ ko˥ ti˦ tsʻai˦ yɛn˩˧ r
南，穿 过 三 哥 的 屋 场 向 东，走 四 哥 的 菜 园 子

pʻɑŋ˩˧ piɛn˥……”
旁 边……”

tse˦ ko˦ liɛn˩˧ tɕʻin˥ ən˩˧，me˥ ta˩˧ me˥ lɑu˦˨ kʻo˩˧，tso˩˧ tɕi˩˧ ti˦ so˩˧：“zɨ˦ ko˥、
这 个 年 轻 人，摸 哒 摸 脑 壳，着 急 地 说：“二 哥、

san˥ ko˥、sʅ˦ ko˥ sʅ˦ la˦˨ ko˦？tʻa˥ mən˩˧ ti˦ tɑu˦ tsʻɑŋ˩˧、u˩˧ tsʻɑŋ˩˧、tsʻai˦ yɛn˩˧ r o˦˨
三 哥、四 哥 是 哪 个？他 们 的 稻 场、屋 场、菜 园 子 我

iɛ˦˨ pu˩˧ ɕiɑu˦˨ te˩˧。”
也 不 晓 得。”

lɑu˦˨ ən˩˧ so˩˧：“li˦˨ tse˦ ko˦ a˩˧ r，kuɑŋ˥ ɕiɑu˦˨ te˩˧ ta˦ ko˥，tsən˦˨ me˦ liɛn˩˧
老 人 说：“你 这 个 娃 子，光 晓 得 大 哥，怎 么 连

zɨ˦ ko˥、san˥ ko˥、sʅ˦ ko˥ tu˥ pu˩˧ ɕiɑu˦˨ te˩˧？”
二 哥、三 哥、四 哥 都 不 晓 得？”

liɛn˩˧ tɕʻin˥ ən˩˧ tɕi˩˧ ti˦ mei˥ te˩˧ fa˩˧，tsʅ˩˧ tɕiɛ˩˧ uən˦ lɑu˦˨ ən˩˧：“tsa˦˨ xa˦˨ tɑu˦
年 轻 人 急 得 没 得 法，直 接 问 老 人：“这 哈 到

ts‘ən˩ li˧ xai˩ iəu˧ xau˧ yɛn˧?”
城 里 还 有 好 远?”

lau˧ ən˩ so˩:“i˩ tɕ‘iɛn˥ u˧ pe˩ tsaŋ˦。”
老 人 说:“一 千 五 百 丈。”

liɛn˩ tɕ‘in˥ ən˩ so˩:“li˧ mən˩ tsa˧ xa˧ pu˩ tɕ‘iaŋ˧ li˧ a˩?”
年 轻 人 说:“你 们 这 哈 不 讲 里 呵?”

lau˧ ən˩ so˩:“li˧ tse˦ ko˦ a˩ r, tsən˥ sɿ˦ ɕi˥ tɕ‘i˩, sɿ˦ o˧ mən˩ pu˩ tɕ‘iaŋ˧
老 人 说:“你 这 个 娃 子, 真 是 稀 奇, 是 我 们 不 讲

li˧ (li˧), xai˩ sɿ˦ li˧ pu˩ tɕ‘iaŋ˧ li˧?”
里(礼), 还 是 你 不 讲 礼?”

(二) 憨头女婿

tsən˥ yɛ˩ ts‘u˩ i˩ ti˦ uan˧ saŋ˦, xan˥ t‘əu˩ ly˦ ɕy˦ so˩:“ma˥, me˩ zɿ˦ tɕiau˦
正 月 初 一 的 晚 上, 憨 头 女 婿 说:“妈, 明 日 叫

fon˥ zɨ˩ i˩ ko˦ ən˩ xuei˩ k‘ɨ˦。” xan˥ t‘əu˩ ly˦ ɕy˦ t‘a˥ ma˥ so˩:“ta˦ ko˦ liɛn˩ ti˩,
风 儿 一 个 人 回 去。” 憨 头 女 婿 他 妈 说:“大 过 年 的,

pu˩ ke˧ li˧ tsaŋ˦ lau˧ tsaŋ˦ mon˧ pai˦ liɛn˩, so˩ son˧ me˦ r xan˥ xua˦?” xan˥ t‘əu˩
不 给 你 丈 老 丈 母 拜 年, 说 什 么 子 憨 话?” 憨 头

ly˦ ɕy˦ so˩:“o˧ k‘ɨ˦ ta˩ so˩ son˧ r li˩?” xan˥ t‘əu˩ ly˦ ɕy˦ t‘a˥ ma˥ so˩:“so˩ pai˦
女 婿 说:“我 去 哒 说 什 子 呢?” 憨 头 女 婿 他 妈 说:“说 拜

liɛn˩ sa˥!” xan˥ t‘əu˩ ly˦ ɕy˦ so˩:“o˧ uaŋ˦ tɕi˦ ta˩ li˩?” xan˥ t‘əu˩ ly˦ ɕy˦ t‘a˥ ma˥
年 吵!” 憨 头 女 婿 说:“我 忘 记 哒 呢?” 憨 头 女 婿 他 妈

so˩:“pai˦ liɛn˩、pai˦ liɛn˩, tɕi˦ təu˩ sa˥!”
说:“拜 年、拜 年, 记 逗 吵!”

tsən˥ yɛ˩ ts‘u˩ zɨ˦ ti˦ tsau˧ sən˩, xan˥ t‘əu˩ ly˦ ɕy˦ t‘a˥ ma˥ ke˧ zɨ˩ r xuan˦
正 月 初 二 的 早 晨, 憨 头 女 婿 他 妈 给 儿 子 换

ta˩ sən˥ ɕin˥ i˥ fu˩, tɕiau˥ tai˦ ɕi˩ fu˦ tsau˧ k‘ɨ˦ tsau˧ xuei˩。lin˩ tsəu˧ sɿ˩ p‘a˦ zɨ˩
哒 身 新 衣 服, 交 代 媳 妇 早 去 早 回。临 走 时 怕 儿

r uaŋ˦ tɕi˦ so˩ pai˦ liɛn˩, t‘e˩ ti˦ ke˧ xan˥ t‘əu˩ ly˦ ɕy˦ ma˩ ta˩ i˩ t‘iau˩ uei˩
子 忘 记 说 拜 年, 特 地 给 憨 头 女 婿 抹 哒 一 条 围

iau˥, xəu˦ pei˦ ts‘a˩ ta˩ i˩ pa˥ liɛn˩ tau˥, kau˦ su˦ zɨ˩ r zu˩ ko˧ uaŋ˦ tɕi˦ so˩
腰, 后 背 插 哒 一 把 镰 刀, 告 诉 儿 子 如 果 忘 记 说

pai˦ liɛn˩, i˩ me˧ pei˦ xəu˦ ti˦ liɛn˩ tau˥ tɕiəu˦ xuei˦ ɕiaŋ˧ tɕ‘i˧ lai˩。
拜 年, 一 摸 背 后 的 镰 刀 就 会 想 起 来。

xan˥ t‘əu˩ ly˦ ɕy˦ tai˦ təu˩ ɕi˩ fu˦ fon˥ zɨ˩ kau˥ kau˥ ɕin˦ ɕin˦ ti˦ pai˦ tɕiɛn˦
憨 头 女 婿 带 逗 媳 妇 风 儿 高 高 兴 兴 地 拜 见

tsaŋ˥ lau˧ tsaŋ˥ mon˧, xai˩ iəu˧ ta˥ tɕiəu˥ kuan˥ r ta˥ tɕiəu˥ mon˧ r、zɨ˥ tɕiəu˥
丈老丈母，还有大舅倌子大舅母子、二舅

kuan˥ r zɨ˥ tɕiəu˥ mon˧ r, i˩ tɕiɛ˩ r i˩ mei˥ r、ta˥ liɛn˩ tɕin˥ zɨ˥ liɛn˩
倌子二舅母子，姨姐子姨妹子、大连襟二连

tɕin˥, xau˧ pu˩ ze˩ lau˥。
襟，好不热闹。

tsaŋ˥ lau˧ tsaŋ˥ mon˧ uən˥ xəu˥ ti˥ xua˥ so˩ uan˩ i˧ xəu˥, kai˥ xan˥ t'əu˩ ly˥
丈老丈母问候的话说完以后，该憨头女

ɕy˥ so˩ pai˥ liɛn˩ ta˩。sa˧ ko˥ ɕiau˧ te˩ kaŋ˥ ts'ai˩ i˩ ze˩ lau˥, pai˥ liɛn˩ zɨ˥ tsɿ˥
婿说拜年哒。啥个晓得刚才一热闹，拜年二字

suei˩ p'iɛn˩ tsən˧ me˥ iɛ˧ ɕiaŋ˧ pu˩ tɕ'i˧ lai˩ ta˩, tɕi˩ ti˥ xan˥ t'əu˩ ly˥ ɕy˥ man˧
随便怎么也想不起来哒，急的憨头女婿满

liɛn˧ t'on˥ xoŋ˩。tsən˥ tso˩ tɕi˩ ti˥ sɿ˩ xəu˥, xu˩ an˩ ɕiaŋ˧ tɕ'i˧ ts'u˩ mən˩ sɿ˩ ma˥
脸通红。正着急的时候，忽然想起出门时妈

so˩ ti˥ xua˥, i˩ xa˧ xo˥ an˩ k'ai˥ laŋ˧ ta˩。ɕin˥ li˧ ɕiaŋ˧, iəu˧ ta˩! kan˧ k'uai˩ me˧
说的话，一下豁然开朗哒。心里想，有哒！赶快摸

pei˥ xəu˥, pei˥ xəu˥ iəu˧ ko˥ uan˥ uan˥ ti˥ ton˥ ɕi˥。sɿ˥ ti˥, tɕiəu˥ sɿ˥ "uan˥"。
背后，背后有个弯弯的东西。是的，就是"弯"。

xan˥ t'əu˩ ly˥ ɕy˥ zu˩ sɿ˩ tson˥ fu˥, ta˥ sən˥ so˩:"tiɛ˥! ma˥! ɕiau˧ ɕy˥ ke˧ zɨ˥
憨头女婿如释重负，大声说："爹！妈！小婿给二

lau˧ pai˥ 'uan˥' lai˩ ta˩。"
老拜'弯'来哒。"

xan˥ t'əu˩ ly˥ ɕy˥ ti˥ xua˥ i˩ ts'u˩ k'əu˧, ta˥ tɕia˥ lən˥ tsu˥ ta˩。xai˩ sɿ˥ ta˥
憨头女婿的话一出口，大家愣住哒。还是大

tɕiəu˥ mon˧ r lin˩ kuaŋ˥, ən˧ pu˩ tsu˥ ɕiau˥ tɕ'i˧ lai˩。xan˥ t'əu˩ ly˥ ɕy˥ fei˥ saŋ˩
舅母子灵光，忍不住笑起来。憨头女婿非常

iɛn˩ su˩ ti˥ so˩:"ta˥ tɕiɛ˩, li˧ ɕiau˥ son˧ me˥ r? o˧ 'uan˥' ta˩ tiɛ˥ ma˥, tɕiəu˥
严肃地说："大姐，你笑什么子？我'弯'哒爹妈，就

lai˩ 'uan˥' li˧ ti˥。"
来'弯'你的。"

xau˧ i˩ ko˥ "uan˥ li˧ ti˥", ze˧ te˩ xoŋ˥ t'aŋ˩ ta˥ ɕiau˥, tɕiəu˥ liɛn˩ xan˥ t'əu˩
好一个"弯你的"，惹得哄堂大笑，就连憨头

ly˥ ɕy˥ ti˥ tsaŋ˥ lau˧ tsaŋ˥ mon˧, xai˩ iəu˧ t'a˥ ɕi˩ fu˥ fon˥ zɨ˩, iɛ˧ tu˥ ɕiau˥ tɕ'i˧
女婿的丈老丈母，还有他媳妇风儿，也都笑起

lai˩ ta˩。
来哒。

二、民谣儿歌

（一）小女婿

ia˥ tɕʻio˧ r tɕia˥ tɕi˨ tɕia˥，lau˨ ua˥ ua˨ tɕi˨ ua˨。ən˩ ka˥ ti˧ ly˧ ɕy˧ a˩ r
鸦雀子戛几戛，老鸹呱几呱。人家的女婿娃子

le˧ me˧ ta˧，o˨ ti˧ ly˧ ɕy˧ a˩ r i˩ ti˥ ka˩。suei˧ tau˧ pan˥ iɛ˧ li˨，tsʻe˨ tɕʻi˨ i˩
那么大，我的女婿娃子一低尕。睡到半夜里，扯起一

pʻa˧ liau˧，pa˨ o˨ ti˧ xua˥ kʻu˧ r o˥ sʅ˩ ta˩。ai˧ ia˥！o˨ ti˧ m˥ ma˥ iɛ˥，tʻa˥ tsən˥
汃尿，把我的花裤子屙湿哒。哎呀！我的姆妈耶，他真

sʅ˧ i˨ ko˧ tɕi˩ tso˩ pau˨。
是一个急作宝。

（二）放牛打赤脚

faŋ˧ iəu˩ faŋ˧ tau˧ pe˩ sʅ˩ pʻe˥，tsʻʅ˩ tɕio˩ tsəu˨ lu˧ tsən˥ lan˩ ko˧；
放牛放到白石坡，赤脚走路真难过；

ke˩ pi˩ mei˧ r ɕin˥ tʻən˩ o˨，tsəu˧ suaŋ˥ xai˩ r o˨ sa˩ tɕio˩。
隔壁妹子心疼我，做双鞋子我靸脚。

（三）骑竹马

ɕiau˨ tsu˩ ma˨，pu˩ tɕʻi˩ tsʻau˨，
小竹马，不吃草，

o˨ tɕʻi˥ tsu˩ ma˨ kai˥ saŋ˧ pʻau˨，mai˨ i˩ xo˩ ko˨ r lai˩ ko˧ tsau˨。
我骑竹马街上跑，买一合馃子来过早。

tiɛ˥ ɕiaŋ˨ tɕʻi˩，ma˥ ɕiaŋ˨ iau˧，
爹想吃，妈想要，

i˩ tɕia˥ lau˨ ɕiau˨ tu˥ so˩ xau˨，ən˩ ən˩ kʻua˥ o˨ kuai˥ pau˨ pau˨。
一家老小都说好，人人夸我乖宝宝。

（四）推磨歌

tʻei˥ me˧，kuai˨ me˧，tʻei˥ ti˧ miɛn˧ pe˩ pu˩ ko˧，tsəu˧ ti˧ pa˥ pa˥ xe˩
推磨，拐磨，推的面白不过，做的粑粑黑

pu˩ ko˧。
不过。

ke˩ pi˩ ti˧ ta˧ ma˥ lai˩ tiɛn˨ xo˨，i˩ saŋ˩ saŋ˩ ta˩ sʅ˩ pa˩ ko˧，
隔壁的大妈来点火，一尝尝哒十八个，

xai˩˧ iəu˥˧ i˩˧ ko˥ tai˦ xue˩˧ kʻi˦ tɕiɛ˩˧ pʻe˩˧ pʻe˩˧。
还 有 一 个 带 回 去 接 婆 婆。

pʻe˩˧ pʻe˩˧ tɕʻi˩˧ ta˩˧ ɕiaŋ˥˧ tsʻa˩˧ xo˥，
婆 婆 吃 哒 想 茶 喝，

ɕiaŋ˥ r ko˩˧，kuei˦ r ko˩˧，kʻo˩˧ ta˩˧ pʻe˩˧ pʻe˩˧ ti˦ xəu˦ lau˥˧ kʻo˩˧。
箱 子 角，柜 子 角，磕 哒 婆 婆 的 后 脑 壳。

tɕʻin˥˧ ɕiɛn˥ sən˥，tsua˥ io˩˧ tɕʻi˩˧，xau˦ tɕʻi˩˧ ti˦ pʻe˩˧ pʻe˩˧ kʻi˦ ta˩˧ xo˥。
请 先 生，抓 药 吃，好 吃 的 婆 婆 去 哒 喝。

三、俗语谜语

（一）谚语

zʅ˦ tsʻu˩˧ toŋ˥ lan˩˧ xoŋ˩˧，u˩˧ y˥˧ iɛ˥˧ iəu˥˧ foŋ˥。
日 出 东 南 红，无 雨 也 有 风。

zʅ˦ tsʻu˩˧ tʻiɛn˥ fa˩˧ tsʅ˥˧，iəu˥˧ y˥˧ pu˩˧ te˩˧ tsʅ˥˧。
日 出 天 发 紫，有 雨 不 得 止。

yɛ˦ liaŋ˦ tsaŋ˥˧ ta˩˧ mau˩˧，tsʻuan˥ təu˩˧ so˥ i˥ pʻau˥˧。
月 亮 长 哒 毛，穿 逗 蓑 衣 跑。

tʻiɛn˥ saŋ˦ xin˥ xin˥ toŋ˦，lai˩˧ zʅ˦ tɕʻi˥˧ ta˦ foŋ˥。
天 上 星 星 动，来 日 起 大 风。

xin˥ ɕi˥ zʅ˦ tʻəu˩˧ ta˦，xin˥ mi˩˧ iəu˥˧ y˥˧ ɕia˦。
星 稀 日 头 大，星 密 有 雨 下。

iəu˥˧ y˥˧ sʅ˦ tɕio˩˧ liaŋ˦，u˩˧ y˥˧ tin˥˧ saŋ˦ kuaŋ˥。
有 雨 四 脚 亮，无 雨 顶 上 光。

suaŋ˥ to˥ tɕiɛn˦ tɕʻin˩˧ tʻiɛn˥，ɕyɛ˩˧ to˥ tsau˩˧ foŋ˥ liɛn˩˧。
霜 多 见 晴 天，雪 多 兆 丰 年。

kʻai˥ mən˩˧ tɕʻi˥˧ fon kuan˥ mən˩˧ ɕi˩˧，
开 门 起 风 关 门 息，

pan˦ iɛ˦ tɕʻi˥˧ foŋ˥ tsʻuei˥ i˩˧ tɕʻi˩˧。
半 夜 起 风 吹 一 七。

yn˩˧ uaŋ˥˧ toŋ˥，i˩˧ tsʻaŋ˩˧ kʻoŋ˥；yn˩˧ uaŋ˥˧ lan˩˧，y˥˧ tsʻən˩˧ tʻan˩˧；
云 往 东，一 场 空；云 往 南，雨 成 潭；

ynʌ uaŋ˧ ɕi˥，y˧ tiʌ tiʌ；ynʌ uaŋ˧ peʌ，y˧ mei˥ teʌ。
云 往 西，雨滴滴；云 往 北，雨 没 得。

tsau˧ saŋ˥ faʌ ɕiaʌ，tənʌ sʅʌ sai˥ ts'aʌ；
早 上 发 霞，顿 时 筛 茶；
uan˧ saŋ˥ faʌ ɕiaʌ，kan˥ sʅ˧ k'eʌ ma˧。
晚 上 发 霞，干 死 蝌 蟆。

uənʌ r oŋ˥ oŋ˥ tɕiau˥，ta˥ y˧ tɕiəu˥ iau˥ tau˥。
蚊 子 嗡 嗡 叫，大 雨 就 要 到。
ma˧ i˥ man˧ ti˥ p'au˧，taŋ˥ t'iɛn˥ t'iɛn˥ tau˥ xau˧。
蚂 蚁 满 地 跑，当 天 天 道 好。
iɛn˥ li˧ yʌ tɕ'iɛnʌ xua˥，piʌ iəu˧ ta˥ y˧ ɕia˥。
堰 里 鱼 溅 花，必 有 大 雨 下。
tɕi˥ r saŋ˥ lon˧ tsau˧，meʌ zʅ˥ xau˧ t'iɛn˥ tau˥。
鸡 子 上 笼 早，明 日 好 天 道。

tsu˥ fon˥ tɕ'inʌ，kəu˧ fon˥ in˥，
猪 疯 晴，狗 疯 阴。
mau˥ r fon˥ taʌ ɕia˥ liɛnʌ in˥（y˧）。
猫 子 疯 哒 下 连 阴（雨）。

t'əuʌ xuən˥ k'oʌ suei˥ to˥，iəu˧ y˧ to˧ puʌ t'oʌ。
头 昏 瞌 睡 多，有 雨 躲 不 脱。
sən˥ saŋ˥ xanʌ tɕin˥ tɕin˥，ti˥ xa˧ suei˧ linʌ linʌ。
身 上 汗 津 津，地 下 水 淋 淋。

iəu˧ mi˧ uʌ ts'aiʌ，tsəu˥ ts'uʌ fan˥ laiʌ；
有 米 无 柴，做 出 饭 来；
iəu˧ ts'aiʌ uʌ mi˧，sau˥ ts'uan˥ ko˥ ti˧。
有 柴 无 米，烧 穿 锅 底。

iəu˧ səu˥ uʌ səu˥ sai˥ yʌ suei˧，səu˥ to˥ səu˥ sau˧ sai˥ yʌ feiʌ。
有 收 无 收 在 于 水，收 多 收 少 在 于 肥。
xau˧ tson˧ r yʌ xau˧ miauʌ，xau˧ xuʌ luʌ k'ai˥ xau˧ p'iauʌ。
好 种 子 育 好 苗，好 葫 芦 开 好 瓢。

iɅ liɛnɅ feiɅ ɕia˧ kəu˧，sɿɅ liɛnɅ tsɑŋ˨ puɅ səu˧。
一年肥下够，十年长不瘦。

tʻiɛnɅ xuɑŋ˥ tɕʻioŋɅ iɅ liɛnɅ，san˥ xuɑŋ˥ kʻu˨ iɅ sɿ˧。
田荒穷一年，山荒苦一世。

san˥ sɑŋ˧ to˥ tsai˥ su˧，tən˨ yɅ ɕiəu˥ suei˨ kʻu˧；
山上多栽树，等于修水库；

ɕia˧ y˨ tʻa˥ lənɅ tʻən˥，tʻiɛn˥ tɕʻinɅ tʻa˥ lənɅ tʻu˨。
下雨它能吞，天晴它能吐。

kɑu˥ san˥ son˥ peɅ xeɅ tʻɑuɅ kəu˥，ɕiɑu˨ xoɅ liɑŋ˨ an˧ tsʻaɅ iɑŋɅ liəu˨。
高山松柏核桃沟，小河两岸插杨柳。

ləuɅ tsʻuɅ ɕin˥ uɑŋ˧ tsu˥ ueiɅ səu˨，u˨ kuɅ fon˥ tən˥ liɑŋɅ lin˨ ɕiɛn˥。
六畜兴旺猪为首，五谷丰登粮领先。

tɕia˥ iəu˨ liɑŋɅ tʻiɛnɅ uan˧ tɕyn˧，puɅ zuɅ iɅ i˧ tsai˧ sən˥。
家有良田万顷，不如一艺在身。

tsʻanɅ uɅ iɛ˧ sɿɅ puɅ tsɑŋ˨，ma˨ uɅ iɛ˧ tsʻɑu˨ puɅ feiɅ。
蚕无夜食不长，马无夜草不肥。

kʻuan˥ suei˨ iɑŋ˨ ta˧ yɅ，sən˥ suei˨ yɅ kɑu˥ tsʻan˨。yɅ ənɅ kʻanɅ suei˨ sɿ˧，liɛ˧ ənɅ uɑŋ˧ liɑu˨ fei˥。
宽水养大鱼，深水鱼高产。渔人看水势，猎人望鸟飞。

tɕia˥ tson˧ iɅ məu˨ yɛnɅ，ti˨ ko˧ sɿɅ məu˨ tʻiɛnɅ。
家种一亩园，抵过十亩田。

puɅ pʻa˧ sən˥ i˧ ɕiɑu˨，tɕiəu˧ pʻa˧ ku˧ kʻeɅ sɑu˨。
不怕生意小，就怕顾客少。

tson˥ xəu˧ puɅ seɅ pən˧，kʻeɅ peɅ puɅ tsuan˧ tɕʻiɛnɅ。
忠厚不折本，刻薄不赚钱。

pʻiɛnɅ iɅ uɅ xɑu˨ xo˧，xɑu˨ xo˧ puɅ pʻiɛnɅ iɅ。
便宜无好货，好货不便宜。

tɕʻiɛn˥ tsəu˧ uan˧ tsəu˧，seɅ pən˧ puɅ tsəu˧。
千做万做，折本不做。

ənʌ to˥ xɑu˧ tson˥ tʻiɛnʌ，ənʌ sɑu˧ xɑu˧ ko˥ liɛnʌ。
人 多 好 种 田，人 少 好 过 年。

tan˥ sɿ˥ puʌ tsʻənʌ ɕien˥，tuʌ monʌ puʌ tsʻənʌ linʌ。
单 丝 不 成 线，独 木 不 成 林。

puʌ pʻa˥ sɿ˥ puʌ tsʻənʌ，tsɿ˧ pʻa˥ ɕin˥ puʌ tsʻənʌ。
不 怕 事 不 成，只 怕 心 不 诚。

kʻuɑŋʌ fon˥ tsʻuei˥ puʌ tɑu˧ liʌ i˧ pa˥，tʻiɛn˥ kan˥ o˥ puʌ sɿ˧ səu˧ i˥ ənʌ。
狂 风 吹 不 倒 犁 尾 巴，天 干 饿 不 死 手 艺 人。

puʌ pʻa˥ xu˧ sən˥ san˥ tsɿ˧ iɛn˧，tsɿ˧ pʻa˥ ənʌ iəu˧ liɑŋ˧ iɑŋ˥ ɕin˥。
不 怕 虎 生 三 只 眼，只 怕 人 有 两 样 心。

man˧ kʻəu˧ fan˥ lənʌ kəu˥ tɕʻiʌ，man˧ kʻəu˧ xua˥ puʌ lənʌ soʌ。
满 口 饭 能 够 吃，满 口 话 不 能 说。

puʌ xuei˥ soʌ xua˥ tɕʻiɑŋ˧ təuʌ soʌ，xuei˥ soʌ xua˥ ti˥ ɕiɑŋ˧ taʌ soʌ。
不 会 说 话 抢 逗 说，会 说 话 的 想 哒 说。

ənʌ uɑŋ˧ kɑu˥ tsʻu˧ tsəu˧，suei˧ uɑŋ˧ ti˥ tsʻu˧ liəuʌ。
人 往 高 处 走，水 往 低 处 流。

ənʌ lɑu˧ ɕin˥ puʌ lɑu˧，ənʌ tɕʻionʌ tsɿ˥ puʌ tɕʻionʌ。
人 老 心 不 老，人 穷 志 不 穷。

puʌ pʻa˥ manʌ，tsɿ˧ pʻa˥ tsan˥。
不 怕 慢，只 怕 站。

tsɿ˧ iəu˧ meʌ puʌ kʻuaiʌ ti˥ fu˧ tʻəuʌ，mei˥ teʌ pʻiʌ puʌ kʻai˥ ti˥ monʌ tʻəuʌ。
只 有 磨 不 快 的 斧 头，没 得 劈 不 开 的 木 头。

ənʌ puʌ tɕʻiəuʌ ənʌ iʌ pan˥ ta˥，suei˧ puʌ liəuʌ ton˥ iʌ pan˥ pʻinʌ。
人 不 求 人 一 般 大，水 不 流 动 一 般 平。

tsʻe˥ tɑu˥ san˥ tɕʻiɛnʌ piʌ iəuʌ lu˥，tsʻuanʌ tɑu˥ tɕʻiɑuʌ tʻəuʌ tsɿ˥ xuei˥ tsɿʌ。
车 到 山 前 必 有 路，船 到 桥 头 自 会 直。

tʻiɛn˥ puʌ sən˥ tɕyɛʌ ənʌ tsɿ˥ lu˥，ti˥ puʌ tsɑŋ˧ uʌ kən˥ tsɿ˥ tsʻɑu˧。
天 不 生 绝 人 之 路，地 不 长 无 根 之 草。

iʌ ko˥ liʌ pa˥ san˥ ko˥ tsuɑŋ˥，iʌ ko˥ xɑu˧ xan˥ san˥ ko˥ pɑŋ˥。
一 个 篱 笆 三 个 桩，一 个 好 汉 三 个 帮。

tɕin˥ u˩ tsu˩ tsʻʅ˩，ən˩ u˩ uan˩ ən˩。
金无足赤，人无完人。

xo˧ iau˦ kʻoŋ˥ ɕin˥，ən˩ iau˦ sʅ˩ ɕin˥。
火要空心，人要实心。

ən˩ pu˩ kʻo˧ tɕʻi˥，suei˧ pu˩ kʻo˧ liaŋ˦。
人不可欺，水不可量。

iaŋ˧ zɨ˩ pu˩ tu˩ su˥，pu˩ ti˧ uei˦ tʻəu˩ tsu˥。
养儿不读书，不抵喂头猪。

pu˩ pʻa˦ lau˧ r pən˩，tɕiəu˦ pʻa˦ pu˩ kʻən˧ uən˦。
不怕脑子笨，就怕不肯问。

tʻiɛn˥ kau˥ pu˩ uei˩ kau˥，ən˩ ɕin˥ ti˦ i˩ kau˥。
天高不为高，人心第一高。

a˩ r kʻan˩ tɕi˩ ɕiau˧，lo˩ ma˧ kʻan˩ tʻi˩ tsau˦。
娃子看泊小，骡马看踢爪。

tɕiəu˧ ɕiaŋ˦ tsʻuan˥ tsʻaŋ˩ ti˦ tu˩ io˩，se˩ zu˩ kua˩ ku˩ ti˦ kaŋ˥ tau˥；
酒像穿肠的毒药，色如刮骨的钢刀；

tsʻai˩ sʅ˦ ɕia˦ san˥ ti˦ mon˧ xu˧，tɕʻi˦ sʅ˦ ze˧ xo˦ ti˦ kən˥ miau˩。
财似下山的猛虎，气是惹祸的根苗。

y˩ tsʻuən˧ ti˦ ən˩ ɕin˥ tsai˦ se˩ tʻəu˩ saŋ˦，tsʻon˥ min˥ ti˦ ən˩ se˩ tʻəu˩ tsai˦ ɕin˥ saŋ˦。
愚蠢的人心在舌头上，聪明的人舌头在心上。

xau˧ kʻan˩ kʻan˩ pu˩ ko˦ su˦ ta˧ pan˥，xau˧ tɕʻi˩ tɕʻi˩ pu˩ ko˦ tɕia˥ saŋ˩ fan˦。
好看看不过素打扮，好吃吃不过家常饭。

tsai˦ tɕia˥ ɕʻiɛn˥ zʅ˦ xau˧，tsʻu˩ mən˩ i˩ sʅ˩ lan˩。
在家千日好，出门一时难。

lin˩ tsəu˧ san˥ pu˦ liaŋ˦，pu˩ tsəu˧ i˩ pu˦ xe˩。
宁走三步亮，不走一步黑。

lin˩ tsəu˧ sʅ˩ pu˦ yɛn˧，pu˩ tsəu˧ i˩ pu˦ ɕiɛn˧。
宁走十步远，不走一步险。

fan˦ xəu˦ pe˩ pu˦ tsəu˧，lən˩ xo˩ tɕiəu˧ sʅ˩ tɕiəu˧。
饭后百步走，能活九十九。

saŋ˩ ɕi˧ tɕio˩，sau˧ tɕʻi˩ io˩。
常洗脚，少吃药。

taŋ˥ tɕia˥ kʻai˥ mən˩˧ tɕʻi˩˧ tɕiɛn˦ sɿ˦，tsʻai˩˧ mi˧ iəu˩˧ iɛn˩˧ tɕiaŋ˦ tsʻu˦ tsʻa˩˧。
当 家 开 门 七 件 事，柴 米 油 盐 酱 醋 茶。

tɕʻi˧ tɕia˥ iəu˩˧ zu˩˧ tsən˥ tʻiau˧ tʻu˧，pai˦ tɕia˥ iəu˩˧ zu˩˧ laŋ˦ tʻau˥ sa˥。
起 家 有 如 针 挑 土，败 家 有 如 浪 淘 沙。

（二）歇后语

lau˧ xu˧ la˥ tsʻe˥ —— sa˧ ko˦ kan˧。
老 虎 拉 车 —— 啥 个 赶（敢）。

saŋ˦ xai˩˧ r pu˩˧ ioŋ˦ tsuei˥ —— tsən˥ xau˧。
绱 鞋 子 不 用 锥 —— 针（真）好。

xo˩˧ pu˧ li˧ tʻon˥ lin˩˧ ko˩˧ —— ko˦ ko˦ tsʻu˩˧ tɕiɛn˥。
荷 补 里 捅 菱 角 —— 个 个 出 尖。

io˩˧ pʻu˦ li˧ ti˦ kan˥ tsʻau˧ —— li˩˧ pu˩˧ te˩˧。
药 铺 里 的 甘 草 —— 离 不 得。

san˥ tɕiəu˧ tʻiɛn˥ ti˦ lo˩˧ pʻu˩˧ —— ton˦ ta˩˧ ɕin˥。
三 九 天 的 萝 卜 —— 冻（动）哒 心。

kau˥ liaŋ˩˧ kan˥ r tʻiau˧ suei —— tan˥ taŋ˥ pu˩˧ tɕʻi˧。
高 粱 秆 子 挑 水 —— 担 当 不 起。

tʻaŋ˩˧ u˩˧ li˧ ta˧ liɛn˩˧ kai˩˧ —— kʻan˩˧ saŋ˦ kʻan˩˧ ɕia˦。
堂 屋 里 打 连 概 —— 看 上 看 下。

kan˧ miɛn˦ tsaŋ˦ tsʻuei˥ xo˧ —— i˩˧ tɕʻiau˦ pu˩˧ tʻon˥。
擀 面 杖 吹 火 —— 一 窍 不 通。

tsəu˥ y˦ ta˧ xuaŋ˩˧ kai˩˧ —— i˧ ko˦ yɛn˦ ta，i˧ ko˦ yɛn˦ ai˩˧。
周 瑜 打 黄 盖 —— 一 个 愿 打，一 个 愿 挨。

tɕiəu˧ tsuei˦ lau˧ ko˦ tʻiɛ˩˧ so˩˧ tɕʻiau˩˧ —— saŋ˦ xuaŋ ɕia˦ iau˩˧。
酒 醉 佬 过 铁 索 桥 —— 上 晃 下 摇。

sa˩˧ tɕi˥ ioŋ˦ iəu˩˧ tau˥ —— ɕiau˧ tʻi˩˧ ta˦ tso˩˧。
杀 鸡 用 牛 刀 —— 小 题 大 作。

tso˩˧ r saŋ˦ tsʻaŋ˦ ta˦ ɕi˦ —— pai˧ pu˦ pu˩˧ kʻai˥。
桌 子 上 唱 大 戏 —— 摆 布 不 开。

tsaŋ˥ suei˧ kuan˦ r tiau˦ tau˦ mau˩˧ kʻən˥ li˧ —— yɛ˩˧ lau˥（lau˦）yɛ˩˧ tsʻəu˦。
脏 水 罐 子 掉 到 茅 坑 里 —— 越 捞（闹）越 臭。

tsua˩˧ mon˧ r pʻon saŋ˦ tɕi˥ —— tsai˦ tɕiɛ˩˧ lan˩˧ tʻau˩˧。
蚱 蜢 子 碰 上 鸡 —— 在 劫 难 逃。

tsai˥ koŋ˩˧ tɕʻi˩˧ iaŋ˩˧ zu˩˧ —— kʻai˥ iaŋ˩˧ xuən˥。
斋 公 吃 羊 肉 —— 开 羊（洋）荤。

tsən˥ tʻiau˧ xuaŋ˩˧ liɛn˩˧ —— ua˥ kʻu˧。
针 挑 黄 连 —— 挖 苦。

tsɿ˧ tso˨˦ tʻu˥ r ma˦ xo˨˦ saŋ˦ —— tɕie˦ tʻi˨˦ fa˨˦ xuei˥。
指着秃子骂和尚——借题发挥。

tsʻaŋ˥ in˥ tsʻai˧ mi˨˦ —— tsuaŋ˦ foŋ˥。
苍蝇采蜜——装蜂（疯）。

tsʻai˨˦ foŋ˨˦ foŋ˨˦ i˥ fu˨˦ pu˨˦ tai˦ tsʻɿ˨˦ —— tsʻən˨˦ ɕin˥ pu˨˦ liaŋ˦（liaŋ˨˦）。
裁缝缝衣服不带尺——存心不量（良）。

tsʻa˨˦ ta˨˦ fən˧ tɕin˦ kuan˥ tsʻai˨˦ —— sɿ˧ iau˦ miɛn˦ r。
擦哒粉进棺材——死要面子。

tsɿ˥ ma˨˦ tʻiɛn˧ li˧ sa˧ xuaŋ˨˦ təu˨˦ —— tsa˨˦ tsoŋ˦（tsoŋ˧）。
芝麻田里撒黄豆——杂种（种）。

kəu˧ au˧ pʻi˨˦ in˧ r —— mei˥ i˨˦ tiɛn˧ ən˨˦ uei˧。
狗嗷皮影子——没一点人味。

（三）谜语

tsau˦ r ɕi˦ iəu˦ ɕiau˧，tʻei˧ r kau˥ iəu˦ kau˥。
爪子细又小，腿子高又高。
tʻəu˨˦ tai˦ ta˦ xoŋ˨˦ mau˦，sən˥ tsʻuan˥ ɕyɛ˨˦ pe˨˦ pʻau˨˦。
头戴大红帽，身穿雪白袍。

（谜底：丹顶鹤 tan˥ tin˧ xo˨˦）

tsaŋ˧ ta˦ ɕiaŋ˦ tʻiau˨˦ loŋ˨˦，ɕiəu˥ liɛn˦ tsʻən˨˦ uei˨˦ foŋ˥。
长大像条龙，修练成为凤。
foŋ˥ fei˥ sən˥ pe˨˦ tsɿ˧，pe˨˦ tsɿ˧ əu˦ tsʻən˨˦ loŋ˨˦。
凤飞生百子，百子又成龙。

（谜底：蚕 tsʻan˨˦）

ta˧ o˧ uei˦ ta˨˦ li˧，ta˧ li˧ uei˦ ta˨˦ o˧。
打我为哒你，打你为哒我。
ta˧ te˨˦ li˧ pʻi˨˦ kʻai˥，ta˧ te˨˦ o˧ tsʻu˨˦ ɕiɛ˨˦。
打得你皮开，打得我出血。

（谜底：蚊子 uən˨˦ r）

sən˥ ɕiau˧ li˨˦ pu˨˦ ɕiau˧，tʻan˨˦ tɕie˨˦ iəu˦ tɕʻin˨˦ lau˨˦。
身小力不小，团结又勤劳。
iəu˨˦ sɿ˨˦ pan˥ liaŋ˨˦ sɿ˨˦，iəu˨˦ sɿ˨˦ ua˦ ti˦ tau˦。
有时搬粮食，有时挖地道。

（谜底：蚂蚁 ma˧ i˦）

tʻəu˩ tin˦ liɑŋ˦ tsɿ˦ ko˩，sən˥ pei˧ i˩ lo˩ ko˥。
头 顶 两 只 角，身 背 一 罗 锅。
tsɿ˦ pʻa˧ sai˧ tʻai˧ iɑŋ˩，pu˩ pʻa˧ ta˧ y˦ lo˩。
只 怕 晒 太 阳，不 怕 大 雨 落。

（谜底：蜗牛 o˥ iəu˩）

sən˥ tsʻɑŋ˧ xua˩ li˧ li˧，ɕi˦ xuan˥ tsuan˥ y˥ li˩。
身 上 滑 腻 腻，喜 欢 钻 淤 泥。
tsɑŋ˥ tsuei˦ tʻu˦ pʻɑu˧ pʻɑu˧，iəu˩ y˦ tɕiəu˧ iɑu˧ tɑu˧。
张 嘴 吐 泡 泡，有 雨 就 要 到。

（谜底：泥鳅 li˩ tɕʻiəu˥）

liɑŋ˦ iɛn˦ yɛn˩ tsən˥ tsən˥，tsʻɑŋ˩ uei˦ zu˩ tsɿ˦ tin˥。
两 眼 圆 睁 睁，长 尾 如 只 钉。
pan˧ tʻiɛn˥ yn˩ li˦ tsəu˦，suei˦ miɛn˧ tu˧ kuɑŋ˥ in˥。
半 天 云 里 走，水 面 度 光 阴。

（谜底：蜻蜓 tɕʻin˥ tʻin˩）

xe˩ liɛn˦ pɑu˥ tsʻən˩ ɕiɑŋ˧，tso˧ tsai˧ ta˧ tʻɑŋ˩ tsʻɑŋ˧。
黑 脸 包 丞 相，坐 在 大 堂 上。
tsʻe˦ tɕʻi˦ pa˩ kua˧ tɕʻi˩，tsuan˥ la˩ fei˥ tiɛn˥ tɕiɑŋ˧。
扯 起 八 卦 旗，专 拿 飞 天 将。

（谜底：蜘蛛 tsɿ˥ tsu˥）

xa˥ iɑu˥ tʻo˩ pei˧ koŋ˥，xu˩ r lan˧ pʻoŋ˦ pʻoŋ˦。
哈 腰 驼 背 公，胡 子 乱 蓬 蓬。
sən˥ tɕʻiɛn˩ mei˧ te˩ ɕiɛ˩，sɿ˦ xəu˧ man˦ sən˥ xoŋ˩。
生 前 没 得 血，死 后 满 身 红。

（谜底：虾 ɕia˥）

li˦ tso˧ o˦ pu˩ tso˧，o˦ ɕin˩ li˦ pu˩ ɕin˩。
你 坐 我 不 坐，我 行 你 不 行。
li˦ suei˧ tʻɑŋ˦ te˩ pʻin˩，o˦ suei˧ tsan˧ tɑu˧ min˥。
你 睡 躺 得 平，我 睡 站 到 明。

（谜底：马 ma˦）

附　　录

一、荆门区域地图

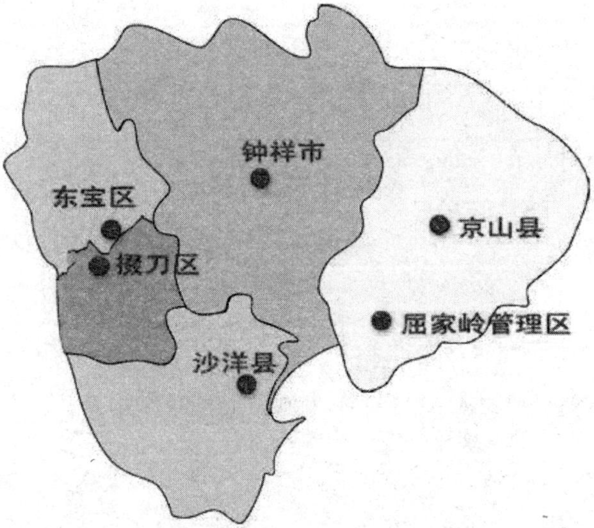

二、荆门地方器物

荆门位于宜城楚皇城与江陵纪南城之间，是楚文化分布比较集中的地方。荆门市博物馆建立以来，配合各项工程建设，抢救性地发掘了一批楚墓和楚文化遗址，出土了大量楚国器物，极大地丰富了楚文化研究内容。

（一）楚礼器

礼器，出土于楚国贵族墓葬。使用礼器有别身份等贵贱的意义。

升鼎　器身犹如一个扁形圆台体，束腰，上大下小，口部有两个向外弯曲的方耳，底部有三足。腹部装饰的三个爬兽作尽力上行状；耳上装饰的蟠螭纹，线条流畅。口径 39 厘米，通高 32.4 厘米，重 8.65 公斤。

豕鑐鼎　浅弧腹，不束腰，总体构成略如升鼎，变形云纹绕腹一周。口径 53.5 厘米，通高 42 厘米，重 13.9 公斤。

牛鼎　口微敛，深腹，平底，内盛牛肩胛骨、肋骨、椎骨。口径 63.4 厘米，通高 75.2 厘米，重 33.4 公斤。

方耳卧牛钮鼎 弧盖，中部套有三个卧牛钮。子口内敛，方附耳，扁圆腹，平底。三蹄足截面为八棱形。牛钮为三块外范，合埋在盖范中一次铸成。牛的卧姿造型闲静，仿佛在延颈远望。口径 40.9 厘米，通高 47.8 厘米，重 16 公斤。

汤鼎　盖呈平顶，直口，其上有四环钮，弧肩，对称方形附耳上外撇近平，圆腹，平底。三兽蹄足截面为六棱形。口径 21.8 厘米，通高 41.2 厘米，重 10.5 公斤。

上述诸鼎均出土于包山二号墓，同时出土的还有盖圆腹鼎、螭钮鼎、镩耳鼎、铁足环钮鼎、环耳环钮鼎、环耳卧牛鼎等，总计 19 件。其中 2 件升鼎是等级标识，不在正鼎之列，汤鼎和食鼎亦非正鼎，另有铜鼎 12 件，分别构成人器太牢七鼎一套，鬼器少牢五鼎一套。

（二）楚乐器

乐器，多出土于楚国贵族墓葬，村落居民墓葬中少见。

瑟　弹拨乐器。由整板雕琢而成，呈长方形。瑟面微弧，一条首岳、三条尾岳，榫接四个弦柄。21 弦被三条尾岳分为三级，每组七弦，首岳、尾岳外侧分别有 21 个弦孔。通体黑色，用红、黄、金彩绘纹饰，图案为变形卷云纹、倾斜式二方连续变形绹纹和波浪式二方连续绹纹。全长 87.2 厘米，尾端宽 42.2 厘米，高 6 厘米。

竽　吹奏乐器。由整木凿成，形似一个特大烟斗。斗部有两排椭圆孔，每排六孔，每孔插一实心木棍。嘴部内凹，实心。通身涂黑，以红色彩绘，图案为带纹、复线几何三角形纹。通长 21.5 厘米。

有柄鼓　由整板凿成，像乒乓球拍状。正面微凸，反面平正。通体涂墨，正面以红、白二色彩绘，图案有圆圈纹、云气纹、波浪纹等。带柄通长 23 厘米，鼓直径 15 厘米，厚 2.2 厘米。

虎座鸟架鼓　打击乐器。双虎在下，背向昂首而踞，卷尾目眈前方；二鸟在上，尾结引颈置喙，昂首立于虎背。双虎为座，二鸟为架，鼓悬于二鸟之间，双耳系于鸟冠之上。通体涂墨，用红、黄、金彩绘纹饰，图案为虎斑卷云纹、带纹和鸟羽纹。整器通高 101 厘米。附有鼓槌两根，一端呈槌形，柄上饰白色带纹。

（三）楚生活用器

折叠床　木质，由尺寸和结构完全相同的两半拼合而成，有床身、床栏、床屉三部分，床身的部件有床档、床枋、档枋连绞木、横撑。整体全长 220.8 厘米，宽 135.6 厘米，通高 38.4 厘米。其中床栏高 14.8 厘米，床屉高 23.6 厘米。两边床栏中间有 57.6 厘米的缺口，栏杆呈台阶状，以供人上下。折叠后床架长 137 厘米，宽 15 厘米。

矮足案　木质案面，铜足。案面呈长方形盘状，周边略高，四角包裹截面为曲尺形铜构件；铜足为马蹄形，上端为兽首衔环。曲尺形铜构件上为错银折线式连续勾连云纹。通体髹黑漆，案长 182.8 厘米，宽 85.4 厘米，高 13.6 厘米。

高足案　木质，由面板、足、足座三部分构成。面板长方形，背面四周削成斜边。两端榫接三足，下安拱形足座。面板长 80 厘米，宽 40 厘米，案高 46 厘米。

立板足几　木质，面板长方形，两端在立板中部以榫卯结合，立板顶部向内卷。通体涂墨，以白粉绘绹纹、s 纹，长 43 厘米，宽 10.3 厘米，高 41.4 厘米。

双连杯　竹、木制品。一凤负二杯状。凤首微昂，喙衔一珠，胸外鼓，下有两足。凤身左右一边一个竹制筒形杯，底部一根竹管贯通。凤头、颈、身、尾遍饰羽毛纹，双翼在两杯的前壁展开。杯处髹黑漆为地，用红、黄、金三色彩绘，上下绘红、黄相间的波浪纹；杯身绘二龙相蟠，龙首相对，绘勾连纹间以点状太阳纹；杯底用红色绘二龙相蟠纹间以变形云纹。通长 17.6 厘米，高 9.2 厘米。

长柄扇　扇面较大，扇缘张弧形，扇柄在扇面一侧。扇面外侧单层，双径单纬平编十字纹；内侧三层，中间一层为双径单纬平编十字纹。扇面分三段，各段之间有两个长方孔，孔两端双面编镂六角形空花，用宽竹片相夹细篾捆扎。扇缘用细篾纹锁。扇柄是一根粗竹竿，一端劈成六块，夹住扇面，用细篾捆扎固定。扇面外侧长 57.2 厘米，内侧长 63.5 厘米，宽 39.7 厘米，柄长（残存）122.2 厘米。

短柄扇　形同长柄扇，扇面外侧单层，平编人字纹；内侧双层，一层平编人字纹，一层经纬平编。扇柄由四块竹片拼叠而成，扇柄下端用篾捆扎呈人字纹。扇面外侧长 25.5 厘米，内侧长 29.3 厘米，宽 19.7 厘米，柄长（残存）38.8 厘米。

人擎灯　铜制品，一铜人立于方座之上，左手扪胸，右手执灯。铜人宽额、浓眉大眼、直鼻、小嘴、圆颌，耳略外长，头挽发髻，右衽，广袖，博带，深衣，神态娴静、典雅。灯为圆盘长柄，盘中有锥状灯钎。柱座铸蟠螭纹，深衣下摆为错红铜勾连纹。通高 16.3 厘米，重 0.95 公斤。

（四）楚车马器

单层伞盖　由盖斗、伞柄和 20 根盖弓组成。盖斗圆盘状；伞柄圆柱形、两段套接，铜箍加固；盖弓尾端套铜弓帽。铜箍、铜弓帽上有错金银纹饰，铜箍上饰龙纹和勾连云纹，铜弓帽上饰三角云纹和对称卷云纹。

车辕　车前驾牲畜的两根直木，两端细，中间粗。两端套束腰有铜箍为帽。铜箍帽上错银图案为勾连云纹和对称卷云纹。

车轭　木质，呈弧肩“人”字形，固定在车衡上，架于马颈。顶端锥状，套接束腰有铜箍为帽。铜箍帽上错银图案二方连续云纹和对称卷云纹。

车壁袋　挂在车上用的袋子。四周为一个木质方框，中间为皮革。袋上有各种纹饰，有龙凤纹、龙纹、变形龙凤纹等。

车軎　铜质，安装在车轴外端的套筒。軎为圆筒形，饰双箍，内插倒立伏虎辖。通体错银带纹和二方连续勾连云纹。直径 3.7 厘米，通高 8.2 厘米。

三、荆门民俗文化

（一）过年习俗

1. 团年

阴历腊月三十（月小二十九）的中午，全家人要围坐在一起吃团年饭。

这一天，在外地的人，不论远近，都要回家团年。团年饭，是一年最丰盛的一餐饭。

2. 守岁

阴历腊月三十（月小二十九）的晚上，红红火火的火盆放在堂屋中央，大人、小孩一起围着火盆向火。有玩牌的，有喝茶的，有讲一年来全家人辛勤劳动的成果或交流经验的，有互相问好祝福的。午夜零点，媳妇们帮助母亲烧好新饭（新年第一餐饭），全家吃新饭。吃完新饭，老人、小孩去“挖窖”（睡觉）。一家之主，还有长子，继续“守岁”，一直到“出行”，“守岁”结束。

3. 出行

阴历正月初一凌晨（五六点钟），东方发白的时候，一家之主带领孩子们“出行”，焚香烧纸钱，向天地跪拜，祈求新年大吉大利，诸事顺遂。

4. 办年货

进入腊月，不论城镇，还是乡村，开始办年货，忙过年。最盛行的就是杀年猪，腌腊货（腊肉、腊鸡子、腊鸭子），灌香肠，杵糍粑，打年糕，磨汤圆，做米酒，拓豆饼（用大米为主料，配制绿豆、黄豆、小麦，摊成大饼切成条状晾干）等等。

5. 吃腊八粥

阴历腊月初八，人们在这天都要食用腊八粥。腊月初七，家庭主妇，忙忙碌碌，剥果涤器，终夜制作，至天亮，粥熟，全家享用。腊八粥用大米、粟米、薏米、绿豆、小米、红豆、花生、红枣等，和水熬制，有条件的可放点核桃仁、杏仁等及白糖、红糖、葡萄干以作点染。

6. 吃年糕

年糕，香甜可口、色泽白亮，水煮不散、油煎不硬、久存不霉，是老百姓春节的传统美食。年糕用糯米浆加白糖制作，有的用糯米粉加猪油、香油配以玫瑰、桂花、薄荷、莲子等制作茶食点心，有方形、片糕、油余等多种花样。

7. 敬灶神

阴历腊月二十三是灶王爷上天的日子。灶王爷，即灶神，又称“司命菩萨”，一般用木头刻制，也有用石砖雕成，供在灶门旁。这天一大早各家各户都把“司命菩萨”请出来，燃蜡、上香、祈祷、跪拜，感谢“司命菩萨”一年来保佑烟火平安，恭送“菩萨”上天言好事。最后烧纸钱，上第二道香，祝灶王爷升天顺利。

8. 打堂尘灰

从阴历腊月二十三开始，到二十六结束，整理房前屋后及屋内卫生，特别是打扫天花板上的堂尘灰，以减少疾病，利于全家人身心健康。

（二）唱歌自娱

荆门人爱劳动，更爱唱歌，自娱自乐，调节生活。荆门唱的歌主要有号子、山歌、田歌、小调、灯调、风俗歌等。内容大都是讽刺和嘲笑统治阶级的，也有诉说自身苦难、揭露世道不平以及关于爱情、婚姻和家庭生活方面的。山区流行山歌，丘陵地区田歌较多，平原地区劳动号子较多，小调也比较丰富。

1. 山歌

山歌是青年上山砍柴、儿童上山放牛唱的歌。有独唱，也有对歌。平腔多，高腔少，均为徵、羽两个调式，歌词内容与形式不拘。青年人大都唱情歌，儿童则多唱调侃、戏谑人生的歌。对歌，一群对一群，一山对一山，由远而近，歌多为荣。

2. 田歌

(1) 栽秧歌：栽秧时唱的歌。“花闹叶”是栽秧歌中的主要唱腔之一。栽秧歌曲调优美动听，多为徵、羽两个调式；歌词取于流传的小调歌词。唱栽秧歌，分甲乙队或男女队，一问一答或一唱一解。有时也见景生情，随意编词。嘴里唱，手里忙，既消除栽秧人的疲劳，又提高栽秧速度。

(2) 栽秧锣鼓：是组织指挥栽秧的活动。由两位歌师，一人持锣，一人持鼓主唱。栽秧人下田时，歌师站在田埂上，先用锣鼓填充过门，然后边打边唱。等栽秧人到田中间后，歌师便随着人群进入田中，同栽秧人一起边打边唱。栽秧锣鼓的调式为徵调式，歌词大部分选自古书、古戏。

(3) 扯草锣鼓：是组织指挥扯秧草的活动。由三位歌师组成，一人持鼓，两人持锣，专门为在秧田里扯草的人打唱。扯草锣鼓有专门的锣鼓经，较流行的有“双龙抱柱”“将军打猎”“观音坐莲”“大翻身”“小翻身”（以上在上午唱），“云内发霞”“喜鹊闹林”（以上在下午唱）以及“步步紧”“吟诗鼓”等。扯秧草人下田以前，歌师在田埂上打唱；等扯秧草人下田排好队，开始扯草时，歌师就跟着下田，在扯草人面前边唱边退。

(4) 扯草歌：扯草歌是扯秧草的人自唱的歌。城南团林铺、五里铺一带的秧歌（扬歌）很有代表性。曲调高昂，大部分是徵调式，有的歌衬词很多。唱时分甲乙队，一领一合，有时有伴奏。清晨、上午、下午都有不同的歌词。清晨刚上工就唱几句客气话，如“客们上工早”“恭喜老板庄稼好”之类的歌词；上午唱正歌，下午则催老板放工。扯草中也唱一些其他的田歌，如：“猜地名”“数蛤蟆”等，主要让人们调剂精神，提高扯草工效。

(5) 薅草锣鼓：薅草，是薅旱田的草。薅草锣鼓是组织指挥薅草的活动。由两位歌师主唱，一人持锣，一人持鼓。每段唱四句，每句结束时用锣鼓填过门。歌词主要唱古人、古书。

3. 号子

(1) 硪号子：硪号子是打硪夯土时唱的，由一人领唱，大家合唱，叫号是为了使劲均匀，起落一致。硪号子在荆门有十余种，有“陕号子”“慢号子”“一字硪”“双号子”“二四硪”等。它的节奏性强，歌词广泛。有唱古书、古戏的，也有见景生情，随意编唱的。

(2) 搬运号子：是城镇的搬运工人唱的，唱词不多，主要唱衬词，音乐节奏感强。号子的种类很多，抬重物件时有“重件号子”，抖包时有“抖包号子”等。

(3) 船工号子：是解放前航运工人的歌声。由拉纤工人叫唤，一领一合，步伐统一，使劲一致。流行在汉江中游一带，有拉纤、摇橹、横江等十余种。

(4) 榨油号子：榨油坊工人的歌声，解放前榨油大多数是用人工撞榨，动作有轻重之分，轻则是拉撞杆（唱歌词），重则送出撞杆（唱衬词“哎”），一般情况是两人进行工作，甲为正手，乙为副手。由甲领唱，乙帮腔撞一次，动作一致，用力越猛，出油率越高。

(5) 耕田号子：流行于城北栗溪、盐池及子陵铺一带，主要是农民耕田调犁、赶耖、打斫滚转拐时有节奏的呼喊。耕田喊号子能使耕牛听使唤，人不疲劳。

4．灯歌

荆门的灯歌主要是每年春节期间表演高跷、彩莲船时唱的。高跷为三人，一男二女；彩莲船也是三人，一船中女子坐船，一撑船老汉撑船，一赶船老太婆手持破芭蕉扇赶船。无论高跷、彩莲船都有锣、鼓、镲、金锣、马锣伴奏。由一人领唱大家帮腔，有时也是大家一起唱。歌词有上下句为一段，也有四句一段和多句一段，唱腔欢快热烈，节日气氛浓厚。

5．风俗歌

“丧鼓”，山区群众称为“坐夜”，一般是老人去世后，由主人请来四名、六名或八名歌师在灵堂，围坐成圆形，两人同击一鼓，边敲边唱。开始唱缓慢而悲哀的第一曲；约半夜转唱第二曲，加上锣和镲；天亮时进入第三曲（歌师称转阳），锣镲鼓一并齐奏，速度较快，歌词来源于古书或唱亡人生前的事迹。可由一人唱，两人唱，循环不断进行，主要是陪同亡人过夜。

（三）民间习俗

1．结婚

结婚谓之“小登科”，结婚仪式，俗称喝喜酒。结婚这天，非常热闹，屋里屋外打扫得干干净净。有钱的家庭将房屋装饰一新，无钱的家庭也要把新房布置一番，门上贴大红双喜字和婚联。一般都要请杀猪佬杀猪，请焗长师傅做酒席，请吹鼓手迎客，请茶水师傅烧茶。

结婚典礼时，新郎戴上有红顶子的瓜皮帽，穿上新缝制的长袍长衫，脚穿新鞋袜，向祖宗行“八大礼”。下午两点左右在堂屋正中间，摆上八仙桌，四条板凳，礼傧先生把新郎请在桌旁正中坐着，装新的（帮新郎料理穿戴事务）两人分坐左右，接着将亲兄弟、叔伯兄弟、表兄弟等请来陪席，一般以未婚为好。上、下各坐三人，两旁各坐二人，恰好十人，叫陪“十弟兄”。喝酒很有讲究，问新郎是喝“一年”（即十二杯），还是喝一个月（即三十杯）？这天新郎为大，亲朋好友都来敬酒；当菜端到四碗、八碗、十碗时，吹鼓手要吹大号，以示祝贺。第三次来时新郎要拿出“封子”，就是给喜钱；焗长师傅也忙着送来“腰花汤”，新郎也要给“赏钱”。

结婚要请族长或学堂里的先生给新郎取号名。把号名写在一个精致的木匾上，晚上举行“升号”仪式，由能说会道的人抱匾，沿梯而上，唱赞道："上一步，荣华富贵；上二步，金玉满堂；上三步，三元及第；上四步，四海名扬……"将号匾挂在堂屋墙上，然后顺梯赞唱而下。

2. 生子

(1) 洗九

生小孩以后，娘家要"送祝米"。"送祝米"一般在第九天进行，通称"洗九"。日子确定后，外公、外婆、舅父、舅母、姨父、姨母要"送祝米"。生头胎，还要"抬盒"，"盒"，漆得红亮，三格一盖，中间一根杠供两人抬。"盒"底层白米两斗，中层油条200根，上层大小衣料、项链、长命锁、鸡蛋、红糖等。"盒"顶用绳子拴两只母鸡，外面用红纸贴封，写上喜庆祝词。启程由外公牵头，一行前往。富裕人家非常讲究，要抬"亮盒"。亮盒用玻璃镶成，内物透明，可供路人观看，以示荣华。所送除食物外，衣料是绫罗绸缎，还请唢呐送行，外公外婆得坐"兜子"。中下等家庭则用一担箩筐挑东西去送"祝米"，礼物数量少，质量差一些，箩筐上面放松、柏枝各一根，表示虽"清贫"，却"亲近"，要亲朋不要见笑。贫穷家庭只是用小篮子提点力所能及的东西，客套话是"不怕空手汉，只怕不来人""人到情到"。

"洗九"的规矩很讲究。外公、外婆等一行到来，鸣放鞭炮，用大号迎亲，外公、舅父等男客请到客房，外婆、舅母等女客请到堂屋，上烟敬茶之后，礼宾先生派人发些油条给满堂客人，以示主人"大方"。吃饭时坐位非常讲究，长辈坐上席，晚辈坐下席。上席有大小之分，坐席人的左边为大首、右边为小首。佳肴满桌，酌酒敬酒连续不断。第二天早餐，因都是"己亲"，酒糟内加三个鸡蛋，以示重谢。

(2) 抓周

小孩出生一年叫周岁，周岁请客叫"抓周"。这天，特别注重小孩子梳洗穿戴，新衣新帽新鞋袜。客人主要是外婆、舅母、姨母，也有家族和亲邻。礼物大多是小孩子的穿戴和玩具之类，也有送纸币、送银圆的。吃过中饭以后，选一间比较宽敞的房子，中间并列两张方桌，上面铺上桌布或席子，将客人送来的东西各选一两件放在桌上一端，抱来小孩放在桌上另一端，让小孩向前爬，用手抓最喜爱的东西。亲朋好友聚拢在一起，让孩子在没有任何指点和暗示的情况下，自己选择，用这样的方法预测孩子一生的发展和志趣。

“抓周”习俗是人们对孩子未来的一种期待，希冀孩子长大成才。人们一代又一代重复着父辈对后代的希望，虽然现实生活中，更多的是苦涩和无奈，然而总幻想孩子有幸福的未来。至于“抓周”所抓到的，以及日后能否成为现实，谁也不会去计较，谁也不想知道那充满变数的未来。

主要参考文献

(1) 中国社会科学院语言研究所. 方言调查字表 [M]. 北京：商务印书馆，1981.

(2) 丁声树，李荣. 汉语方言调查简表 [M]. 北京：中国社会科学院语言研究所，1958.

(3) 丁声树，李荣. 音韵学讲义 [M]. 上海：上海教育出版社，1984.

(4) 丁声树，李荣. 古今字音对照手册 [M]. 北京：中华书局，1981.

(5) 郭锡良. 汉语古音手册 [M]. 北京：中华书局，2010.

(6) 中国社会科学院语言研究所. 昌黎方言志 [M]. 北京：科学出版社，1960.

(7) 张振兴. 漳平方言研究 [M]. 北京：中国社会科学出版社，1992.

(8) 鲍厚星，等. 长沙方言研究 [M]. 长沙：湖南教育出版社，1999.

(9) 周长楫，等. 厦门方言研究 [M]. 福州：福建人民出版社，1998.

新出图证（鄂）字10号
图书在版编目（CIP）数据

荆门方言研究/刘海章 著. —武汉：华中师范大学出版社，2017.6
(湖北方言研究丛书)
ISBN 978-7-5622-7830-6

Ⅰ. ①荆… Ⅱ. ①刘… Ⅲ. ①西南官话—方言研究—荆门
Ⅳ. ①H172.3

中国版本图书馆CIP数据核字（2017）第142856号

荆门方言研究

作　　者 刘海章
责任编辑 王中宝
责任校对 王　胜
封面设计 罗明波
编 辑 室 学术出版中心
电　　话 027－67863220
出版发行 华中师范大学出版社
社　　址 湖北省武汉市洪山区珞喻路152号
电　　话 027－67863426/67863280（发行部）
027－67861321（邮购）
传　　真 027－67863291
网　　址 http://press.ccnu.edu.cn
电子邮箱 press@mail.ccnu.edu.cn
印　　刷 湖北新华印务有限公司
督　　印 王兴平
字　　数 313千字
开　　本 710mm×1000mm　1/16
印　　张 20
版　　次 2017年6月第1版
印　　次 2017年6月第1次印刷

ISBN 978-7-5622-7830-6
9 787562 278306 >
定价：60.00元